一 步 万 里 阔

全球视野与物质文化史丛书 | 主 编 蒋竹山

MAXINE BERG

Luxury & *Pleasure* IN EIGHTEENTH-CENTURY BRITAIN

奢侈与逸乐

18世纪英国的物质世界

[英] 马克辛·伯格 著
孙 超 译

中国工人出版社

献给我的母亲并怀念我的婆婆

伟大,快乐的土地！一片富庶之象,
海神将它环绕在流动的臂膀中;
上天赐予这里丰饶,
工业和技艺在这里成长!

啊,不列颠,天赐的商业繁荣之地,
愿奢靡之风不曾收服你的子民……

无论邻国之间何时纷争,
这都是你的好时光。
管它是谁统治那些土地呢!
只有商业带来荣光;
只有商品在人间四处蔓延,
它的好处真是难以计量;
它首先给你的国家带来声望,
然后大把的金钱涌入;
只有它能让你富裕,
整个欧洲都投来嫉妒的眼光;
从商是你唯一的出路,
鼓足干劲,整个世界将尽入你手。

——约翰·盖伊:《人、狗、猫和苍蝇》,《约翰·盖伊寓言集》,第二部,寓言8(索尔兹伯里,1800年)

序言

一切商品的增多和消费都是为了给生活带来装饰感和乐趣,这对社会是有益处的;因为它们同时给个人带来纯粹的满足感,并且它们是对劳动的一种储物,在紧急状态下,它们可以转而为公众服务。

——大卫·休谟:《论奢侈》(1752 年)

《奢侈与逸乐:18 世纪英国的物质世界》一书提供了通常在工业革命史叙述中所缺失的一环。品质产品作为奢侈品被人购买,它们为 18 世纪新崛起的中产阶级提供有装饰感和乐趣的生活。这些商品由工厂、作坊和住宅里的劳力、工具、发动机和机器联合打造而成,并且我们对它们在早期不列颠工业时代的作用已经了解颇多。新的设计和发明是产品革命的产物,我们对这一点的探究却刚刚开启。要想真正理解工业革命,我们需要分析这些产品及其购买者的情况。

《奢侈与逸乐:18 世纪英国的物质世界》是我从研究生时期开始探究的工业革命的社会反应这一课题的延续,但是这一研究如今走入了新的方向。我的这本书是从多年前的《制造业的时代》(*The Age of Manufactures*,1985 年首次出版)一书所研究的问题中生发出来的。这既受到我从制造业研究走向奢侈品研究这一知识转型的影响,我所处的机构以及个人的意外发现也是本书得以进行的关键。

与现在的华威大学人文系的同事以及华威大学的一个由研究员组成的新群体一道,我创办了 18 世纪跨学科研究小组。我们阅读曼德维尔的《蜜蜂的寓言》(*Fables of Bees*)和爱德华·赫伯特(Edward Hundert)的《启蒙运动的寓言》(*The Enlightenment's Fable*,1995 年),并且也开始了我自己的关于奢侈争论的研究。奢侈争论在华威大学的一项为期四年的资助项目中转而成为奢侈研究计划(The Luxury Project);这项计划包含工作坊、研讨班和重要的国际会议,它们将来自人文学的各领域专家集合到一起。以布里尔和波特的《消费与商品的世界》(*Consumption and the World of Goods*,1993 年)为代表的著作广泛地参与到关于 18 世纪消费社会的新研究中。他们的研究也探讨了 18 世纪的人们如何看待当时社会所面临的巨大挑战这一问题。真正刺激这一巨变得以出现的因素并非普通意义上的消费行为,而是人们对消费奢侈品的渴求与能力。从这一计划中延伸出的《消费者和奢侈》(*Consumer and Luxury*,伯格和克利福德编,1999 年)和《18 世纪的奢侈》(*Luxury in the Eighteenth Century*,伯格和埃格尔编,2003 年)就遵循着这一思路。

我自己对奢侈争论的解读将我引向了奢侈与工业互动的研究中。英国人对这一互动关系有着特殊的贡献,他们寻求在产品中创造出一种新式的、现代的奢侈品,而这又刺激着工业革命的发生。大卫·休谟所说的“生活的装饰感和乐趣”依靠的不是“印度的金子和宝石”,而是由“我们自己的钢和铁”制造而成的物品。孟德斯鸠的“甜蜜的商业”正是英国“漂亮的奢侈品”所鼓动的那种有益处的贸易活动。亚当·斯密的“饰品”和“精巧的人造物”填满了喜气洋洋的购物者的口袋,并且他们急于炫耀这些最新款的小物件。

不仅18世纪的奢侈争论,那些被忽视的更早时期的经济史学家的冷门研究也能帮助我们理解具有特殊地位的英国工业革命。伊丽莎白·吉尔伯伊(Elizabeth Gilboy)的作品写于20世纪30年代。她的作品指出,18世纪的经济波动受到"新式需求物"和"新的物件"的影响。约翰·内夫(John Neff)的《工业革命的文化基础》(*Cultural Foundation of Industrial Civilization*,1958年)则指出了一种消失的"工业发展中的品质路径",这一路径在17世纪后的一段时间曾为英国所追逐。约翰·哈里斯(John Harris)一生都在尝试将欧洲视角与英国金属装饰品和小饰品生产技术中的现代性结合起来看待,并最终在《工业间谍与技术转移》(*Industrial Espionageand Technology Transfer*,1998年)中走向顶峰。大卫·朗德(David Landes)的《被解放的普罗米修斯》(*Unbound Prometheus*,1968年)中阐释了关于金属业的经验教训以及精密技术的线性联系问题。她的《时间里的革命》(*Revolution in Time*,1983)展示了手表和小型钟表将时间私人化或个人化的过程。这是微型化所带来的乐趣,也包含表演式的比较;商品既是劳动制造的结果,它也出现在私人的和具有亲密感的空间中。乐趣的来源也是技术进步的来源。

一件意料之外的事情也将我带进了英国奢侈品起源的研究之中。普拉托的达提尼研究所(Datini Institute)从1997年起一直邀请我发表关于近代早期亚洲对欧洲工业影响的论文。我的关注点集中在瓷器、印花棉布和漆器,并且我探讨了欧洲的,特别是不列颠的制造商和消费者是怎样把"东方奢侈品"转变为新式消费品的。书写这样的文章开拓了我的眼界,有助于我重新认识工业革命过程中以亚洲的奢侈品贸易为代表的广大的世界商贸活动所具有的聚合性影响。于是,我便从原先孤立地看待工业革命转为放入全球史的 X
视角来看问题。

在写作本书时，我亏欠了太多的人情。华威大学这个我工作的地方鼓励并支持了我的写作的开启。布莱恩·福莱特先生（Sir Brian Follett）所建立的华威大学研究员项目和研究启动基金，让我有机会将奢侈问题不仅仅停留在一个概念中，而是成为一项计划。华威大学提供了学术休假和启动研究奖金以帮助新的研究机会的开启，并且最近还有一笔研究旅行资助的提供让我得以看到南亚的“那些来自东方的商品”的某些来源资料。

诺菲尔德基金（Nuffield Foundation）、ESRC、AHRB以及最著名的利弗休姆基金会（Leverhulme Trust）提供的资金支持本研究并让我写出了本书的部分内容，而且还帮助了一些更年轻的学者进行相关的课题研究。2003年到2004年，古根海姆基金会（Guggenheim Foundation）奖励给我为期一年的研究资金，这让我得以完成本书的写作，并且开启了关于印度和中国的技术和产品对全球贸易影响的新研究。牛津的罗瑟米尔美国研究所（Rothermere American Institute）授予我研究员称号，而泰罗瑞安研究所（Taylorian Institute）给我提供的办公室让我在伏尔泰屋（Voltaire Room）中修订了本书的初稿，并且还让我得以研究并写作关于美洲殖民地贸易的相关章节。斯考罗迪基金会（Scouloudi Fund）则支持图片复印的相关费用。我在整个英国和美国的部分档案馆、图书馆和博物馆中开展研究，这让我非常感激以上机构中职员所提供的知识介绍、学术指导以及无私的帮助。

大卫·朗德、帕特·哈德森（Pat Hundson）、简·德·弗里斯（Jan de Vries）、尼尔·德玛奇（Neil De Marchi）和马瑞娜·比安奇（Marina Bianchi）用完全不同的方式帮助我打造我的故事的框架。彼得·马蒂亚斯（Peter Mathias）则在我是研究生时就教导我注意技术和经济与文化之间的关系，并且他还指出，它们必须成为世界故事的一部分。安妮·贾诺维茨（Anne Janowitz）则反复提醒我要重视我的作品中的跨学科的性质。我们一起创建了这项奢侈研究计划。这本书也是在与许多研究员、研究生和与本计划中的一些学术助手的对话中完成的:伊丽莎白·埃格尔(Elizabeth Eger)、乔纳森·怀特(Jonathan White)、克莱尔·沃尔什(Claire Walsh)、马修·克拉斯科(Matthew Craske)、英格丽德·斯科尔斯(Ingrid Skykes)、菲利帕·哈伯德(Philippa Hubbard)、克洛伊·帕金(Chole Parkin)、马特·亚当斯(Matt Adams)、卡洛琳·方汀(Caroline Fontaine)、弗郎西丝·戴维斯(Frances Davies)、卡里玛·汉娜(Karima Hanna)和弗朗西丝·怀特(Frances White)。帕特里克·奥布莱恩(Patrick O' Brien)、约翰·布里尔(John Brewer)、比弗利·勒米尔(Beverly Lemire)和科林·琼斯(Colin Jones)曾阅读了论文和计划申请书;他们促使我走得更远。利利亚纳·希莱尔-佩雷斯(Liliane Hilaire-Pérez)和克里斯汀·布鲁兰德(Kristine Bruland)帮助我领导了华威—CNAM、巴黎研究交换(Paris Research Interchange)的项目,并且提醒我18世纪的英国是欧洲的组成部分,并让我去探寻技术的根源。土盐草光(Toshio Kusamitsu)在2000年时邀请我参加了他所组织的位于东京的关于奢侈与东方的工作坊,而且还让我与一批东京的艺术家和商贸人员进行对话。弗兰克·特伦特曼(Frank Trentmann)和罗伊·斯威特(Roey Sweet)则是给我带来鼓励的细心的读者。玛格特·芬恩(Margot Finn)为我付出了大量的时间去处理文本并提出了修改意见。那些修改是在我父母的早餐桌上完成的;他们对女儿跋涉6000英里去看他们,却在家庭访问中跑去工作的行为表现了极大的忍耐力。 xi

露丝·帕尔(Ruth Parr)对我向牛津大学出版社提交的手稿表示了欢迎并且立即开始相关工作,而且安妮·格林(Anne Gelling)和凯·罗格斯(Kay Rogers)通过出版社也看到了这本书。吉纳维芙·霍金斯(Genevieve Hawkins)则以锐利的眼光审查手稿。

我要向海伦·克利福德(Helen Clifford)致以特别的敬意;我们

自从奢侈计划启动之初就开始合作,完成了许多的计划和任务。她那无与伦比的关于奢侈品贸易的知识引导我走进一个与充满物品和人造物有关的学术的、评审员式的知识大全之中;本书的大部分照片由她搜集得来,并且由于她的善心,她在我最需要的时候给了我许多安慰。约翰·罗伯特森(John Robertson)是我的丈夫,也是历史学家同行。他给我介绍了大卫·休谟(David Hwme)的情况,并且在夜深时用曼德维尔和维科(Vico)作品中的相关段落的笑料给我带来了乐趣。约翰阅读并评价了我的许多后来进入本书中的论文和文章。他享受着我的热情,但却总是提醒我生命中真正重要的事情是"恍然大悟式的微笑"(batting to leg with a smile)。带有板球比赛图案的中国的圆形大碗对他来说尤其特别。我们的女儿弗朗西斯(Frances)、加百列(Gabriel)和杰西(Jessie)让人称羡之处是她们对太多的奢侈品有感觉,也就有着太多分散注意力的事情了,集中
xii 精力总是很难。但是,加百列认为,"甜蜜的商业"是一个优雅的研究主题,所以它值得一探究竟。

M. B

2005年1月1日

目录

导　论 / 001

第一部分　奢侈、品质与乐趣

第一章　奢侈的乐趣 / 026

品质型经济 / 026

从抑奢法案到社交活动 / 035

当时对奢侈的思考 / 038

从宫廷和沙龙到家内物品 / 046

从奢侈品到流行风尚 / 049

从仿制到发明:18 世纪的商品 / 053

第二章　货从东方来 / 056

向亚洲学习 / 056

亚洲消费者产品和消费者文化 / 068

亚洲的生产机制 / 071

为欧洲市场进行生产 / 072

“中国热” / 078
贸易与营销 / 079
贸易的机制 / 084
对华贸易的规模 / 087
出售亚洲货 / 088
欧洲的反应 / 090
仿制 / 092
第三章　民族的产品:论艺术与发明 / 099
特色、品质与新产品 / 099
制造消费产品:一项国家计划 / 105
经济和政治思想中的工艺、设计和时尚 / 111
仿制与英国式发明 / 120

第二部分　怎样制造

第四章　玻璃与瓷器:优雅餐桌上的语法 / 133
玻璃 / 133
无色玻璃的发明:面向新市场的新产品 / 136
18 世纪的玻璃 / 138
市场与价格 / 140
陶器与瓷器 / 145
技术、劳动与网络 / 150
市场与运输 / 161
销售 / 168
价格 / 172
品位 / 175

第五章　金属制品:实用的器具与讨人喜爱的小饰品 / 179

金属之迷狂 / 179

伯明翰 / 184

产品与消费品 / 188

组织系统与劳动力 / 194

原材料、技术与发明 / 200

那些金光闪闪的不都是金子:质量管理 / 207

市场、价格与宣传 / 209

英国商品与外国市场 / 216

第三部分　一个购物者的国家

第六章　中产阶级的男女:占有欲和体面 / 229

威廉·哈顿和詹姆斯·比塞特 / 230

中产阶级:他们是谁? / 235

中产阶级与城市 / 236

私人财产 / 251

性别与消费者 / 267

第七章　"购物就是不断前往的地方":时尚、购物与广告宣传 / 280

引言 / 280

定义时尚并了解消费者的品位 / 282

购物 / 292

广告 / 308

第八章　商业的舞台:英国商品与美洲消费者 / 316

全球贸易与帝国 / 317

北美的消费者 / 329

不列颠身份 / 333

商品 / 347

商业实践:新式消费品的贸易活动 / 356
广告:高品质、多样性和新奇性 / 363
尾　论 / 370
注　释 / 376
精选参考书目 / 422
索　引 / 451

插图列表

图 2.1　装饰有意大利戏剧场景的茶壶,斯塔福德郡,英格兰,18 世纪 / 061
图 3.1　茶壶,约书亚 · 韦奇伍德设计,约 1778 年制造 / 125
图 4.1　八件套银质调味玻璃瓶,马修 · 博尔顿制造厂生产,1814 年 / 143
图 4.2　查理 · 林奈爵士肖像,韦奇伍德和本特利公司出品 / 143
图 4.3　约书亚 · 韦奇伍德画像 / 154
图 4.4　工匠、劳工、妇女和年轻人在陶器制造业的每周工资 / 157
图 4.5　陶器离开斯塔福德郡的路线图,1660—1760 年 / 163
图 5.1　金属扣,正面为夏洛特往后头像,背面印有“韦奇伍德 & 本特利公司”字样 / 217
图 6.1　银烛台,威廉 · 哈顿家族企业制造,1896 年 / 232
图 6.2　伯明翰街景图 / 245
图 7.1　韦奇伍德和拜尔利展览屋,位于伦敦詹姆斯广场附近的约克街 / 306
图 8.1　谢菲尔德产的木柄茶壶,1780—1800 年 / 367

地图列表

地图 2.1　18 世纪后期世界贸易路径 / 059
地图 2.2　南印度的着色和印花白棉布产区 / 074
地图 2.3　日本、中国和东南亚 / 076
地图 8.1　北美东部,1690—1748 年 / 331

表格列表

表 2.1　EIC 平均纺织进口品估计值,1671—1750 年 / 066
表 2.2　英国东印度公司:陶器和瓷器进口量的最高年份 / 067

表 2.3　仿制型商品和精致品专利,联合王国,1700—1820 年 / 096
表 4.1　玻璃的价格 / 145
表 4.2　约翰· 威尔登支付的工资,1750—1751 年,1760—1765 年 / 156
表 4.3　夏洛特·哈米特在斯塔福德郡的玻璃大商店,查尔斯顿,南卡莱罗纳,1791 年 / 168
表 4.4　韦奇伍德花瓶制作成本,1772 年 / 173
表 4.5　约翰·韦奇伍德:精选的销售品及销售给瓷商的价格,1770 年 / 174
表 4.6　约翰·威利的玻璃工坊和大商场中的瓷器价格,1809—1810 年 / 176
表 5.1　伯明翰和谢菲尔德金属工的工资 / 201
表 5.2　谢菲尔德器具价格,1796 年 / 212
表 5.3　铁质和铜质烛台及刀具价格,1793—1794 年 / 212
表 5.4　地方零售业,伯明翰和谢菲尔德 / 216
表 6.1　商品占有情况,1675—1725 年 / 252
表 6.2　布里斯托及周边乡村瓷器占有情况 / 253
表 6.3　拥有新商品的家庭百分比:肯特和康沃尔,1660—1749 年 / 255
表 6.4　遗嘱中所见商品种类:根据立遗嘱者的性别,伯明翰和谢菲尔德,1700—1800 年 / 272
表 8.1　英格兰制成品出口情况,1700—1773 年 / 323
表 8.2　精选的英格兰和威尔士出口到欧洲和北美的产品(按价值),1740—1780 年 / 325
表 8.3　城市人口,北美和英国 / 332
表 8.4　英格兰和威尔士出口到欧洲和北美的玻璃器具和陶器(按价值),十年为单位,1741—1780 年 / 349
表 8.5　英格兰和威尔士出口到欧洲和北美的精选家具出口情况(按价值),1740—1780 年 / 353
表 8.6　《宾夕法尼亚公报》中广告所宣传的商品种类,1740—1790 年 / 364

导论

1791年7月14日夜，约瑟夫·普利斯特利（Joseph Priestley）——一位科学家、不从国教派牧师，也是法国大革命原则的激进倡导者——与他的妻子玛丽冲出家门，并在朋友的掩护下逃走避难。一群号称代表教会与国王的暴徒们蜂拥到伯明翰的马路上，他们这是要去烧掉普利斯特利的住所。就在此之前，他们已经把普利斯特利位于城市中的新聚会所（New Meeting House）教堂摧毁了。在这天早些时候，伯明翰的许多重量级的不从国教派信徒正参加一场庆祝法国革命两周年的晚宴。不过，普利斯特利却待在家中，因为他接到警告说城中气氛紧张，他可能会成为人们袭击的主要目标。在距离普利斯特利家半英里的花园里，人们借着明亮的月光看到家具被抛出窗外，科学仪器被尽情捣毁，书籍和手稿也被付之一炬。一位旁观者回忆道："在（普利斯特利）住所外的大道上，足足有半英里，人们可以看到书籍散落在地上。进入图书馆，没几本书在书架上了，但在地板上的手稿则有几英寸那么厚，不过却是破碎不堪的状态。"最后，这所房子也被烧毁了。暴徒们再次上路，他们现在要去罗素家。这两个家庭与他们的朋友们连夜撤到公路上以寻找安全之处。在天明前,他们曾回到家中待了几个小时,不过又再次离开,因为暴徒们返回来了。普利斯特利当天晚些时候就离开伯明翰去了伦敦;玛丽则去找女儿,然后待在了塞缪尔·高尔顿(Samuel Galton)的家中。共有四处聚会所和 27 个家庭受到了袭击,新聚会所和普利斯特利的家只是其中的第一批。这一切都是精心选择的结果,暴徒们选择的对象是那些激进的不从国教派人士及其朋友们。[1]

后来,普利斯特利给沃里克郡巡回法庭提供了一份赔偿清单,里面包括他的财产种类及其价值。普利斯特利是一位有文化的宗教异见分子,他还是一位生活在英国工业重镇郊区的中产阶级。对于这样一个人物,他拥有何等财产并且过着怎样的生活,我们可以
1 借此清单略窥一二。[2]经普利斯特利计算,他的损失总计 4083 镑 10 先令 3 便士,其中,他的家庭物品损失有 1307 英镑 8 先令。最终,在两年后,他通过保险获得了 2096 英镑的赔偿金。普利斯特利的住所足够大,能够容纳下他的图书馆和实验室,此外,还包括两个仆人的房间以及阁楼上的一个小房间。不过,房屋主体部分则有两个卧室、一个前厅和一个后厅、一个厨房以及一间储物室。他的家庭物品中包括大量的红木和漆艺家具,棉质窗帘,地毯,穿衣镜和旋转镜(pier and swing looking glasses),茶壶和各种茶具,还有大量的中国瓷器,镀银碟,甜品匙和茶勺,雕花玻璃,以及各种精巧的具有现代样式或流行风格的装饰品和陈列品。在这批家具中颇为引人注目的是一系列品质不俗的消费品,它们在 18 世纪的进程中被创造、发明或者制作出来,并风靡一时。红木家具包括一个可容纳双膝的梳妆台,一个女士工作台,几个牌桌,一些椅子,一个餐桌和一些茶桌,以及一个带有四根帷柱的床。这个四柱床上有包裹在印花棉布中的棉质床上物品。床、床罩以及床帘的价格不菲,总计有 25 镑 10 先

令。更小的那些床也值 1 镑 5 先令,餐桌值 2 镑 10 先令,一组八个的红木椅子和两个扶手摇椅价格则值 11 镑 10 先令。还有大量的漆器物品(Japanned Ware)——椅子、茶壶、加热盘、托盘和茶盘。两个卧室和前厅的窗帘都是棉纱或白棉布制品,它们的价格分别为 3 镑 3 先令,4 镑 4 先令和 6 镑 6 先令,可谓价值不菲。几个梳妆镜的价格也从 16 先令到 4 镑 10 先令不等。

瓷器的数量之多也让人难以忽视:在厅堂中有不少昂贵的瓷质装饰品。由 108 片瓷器拼成的一件南京(Nankeen)瓷桌值 16 镑 2 先令。南京瓷是对进口自中国的出口陶瓷物品的通称。还有三组韦奇伍德(Wedgwood)瓷器,镶有绿边的值 5 镑 9 先令,镶有蓝边的值 4 镑 4 先令,而镶黄边的那组则值 3 镑 12 先令。在厨房里还有女王的器具(Queen's ware)——由三打平底盘和 12 个餐盘组成,总计 2 镑 2 先令。几组瓷质茶器中就包括一组价值 4 镑 4 先令的南京瓷茶具。此外,他还拥有大酒杯,咖啡壶和茶壶,巧克力杯,糖罐,咖啡用具,几组奶油杯,点心盘和瓷盘。银质物品则包括奶壶和方糖夹,一组八个的大汤匙和四个甜品匙,总计 8 镑 12 先令。还有各种玻璃制 2
品,包括雕花玻璃调味瓶。还有一些就是上等的“公主”型号的铁质烛台和烛花剪刀。

还有一些特别的名品和最新的发明物:麦哲伦计时器(Magellan timepiece)、韦奇伍德牌黑色墨水瓶,以及一个博尔顿和瓦特牌(Boulton & Watt)的仿形机床。新式的装饰品和勋章也有一些,包括镀金扣、悼念扣①和膝盖扣。普利斯特利和威尔金森(Wilkinson)的勋章,牛顿的勋章以及四个不同样式的富兰克林的勋章。一个钱包里还存有各种纪念章以及价值 3 基尼的口袋吉利钱(guineas)②。

---

① 17 世纪发展出的一种悼念逝者的扣型装饰品,内含逝者的头发。

② 装在口袋里的非流通货币,用以求取吉利。

这份物品清单给我们提供了一幅18 世纪进入尾声时,一位根基深厚的中产阶级知识分子物质文化生活的生动图景。普利斯特利的婚姻非常不错,他进入了威尔金森炼铁家族。即使不是处在同一水平,也可以说,他的生活中所拥有的家具、装饰品和餐具跟那些工业家、商人和知识分子家族大体相似,而这些家族构成了他的生活圈并且给他在伯明翰的事业许多帮助。普利斯特利所计算的损失总价相当于家产殷实的贵族或者最富有的乡绅家族的年度收入。顶尖的商人和工业家们也可以宣称有类似的收入。当考尔克洪①绘制他的社会表格时,一位高级教士(不包括主教)在 1803 年的收入可以达到500 英镑;较低级的国教牧师和不从国教派牧师的收入可能只有 120 镑。与那些年收入达 800 镑的杰出制造商以及年收入350 镑的律师相比显得逊色不少。[3]现在,让我们把这些物品放到某个视角中来审视。我们可能会对普利斯特利所拥有的物品数量感到惊讶,尤其是当我们考虑到他是一个激进分子和不从国教派牧师时更会如此。但是,在这种现象出现之前的一百年里,那些精英阶层和更富裕的工业家们已经在家中塞满各种家具和装饰物品了。在东北煤田区的威克姆(Wickham),17 世纪后期经济的快速发展让小乡绅、富裕的约曼农以及商业和工业中产阶级能够积攒出琳琅满目的家内物品。小乡绅威廉·杰克逊(William Jackson)生活的七间房屋中就布满了各种物品:数量和样式繁多的桌子和椅子,挂有帘子的床,地毯,衣柜,各种画作,甚至还有一个镜子和一些窗帘。此外,他的厨房里还有大量的亚麻品,合金器具,铁质和黄铜炊具。[4]

在这两个世纪里,让我们眼前一亮的并非那些逐渐富裕起来的

---

① 此处应为帕特里克·考尔克洪(Patrick Colquhoun,1745—1820 年),苏格兰商人、统计学家,他也是现代英国警察制度的建立者。考尔克洪在1801—1803 年制作了当时英格兰和威尔士各阶级家庭的年收入统计图表。

中产阶级家中可以找到的家内物品的数量,而是其层次性、多样性、材质、闻名遐迩的样式,乃至物品的品牌美誉度。普利斯特利家内 3
有柳条席子和苏格兰地毯,他家的帘子是织有条纹的曼彻斯特或印度产棉织品,他拥有镀银餐具,雕花玻璃,他还有着南京瓷器和韦奇伍德牌的瓷器。此外,红木家具、漆器家具、茶具、咖啡壶和茶壶,以及各种上等烛台也是应有尽有。这些不是在几代人中留传下来的物品,它们是新品,闪烁着新奇性、机械化的技术,以及采用了符合流行风格的新型材料。它们的种类和价值各不相同,这至少也能让更普通的中产群体,乃至小商小贩和匠人们也得以在他们不断走向富足的过程中有能力购买其中的一部分产品。

与过去那些奢侈品相比,尽管它们是新近的发明,而且更多的是面对中产阶级,但这些物品依然价格不菲且品质不俗。一套南京瓷茶具的价格在 4 镑 4 先令左右,这笔钱在约克郡足以支付一位女佣一年的工资[5]。在餐厅里的一组红木椅子值 11 镑 10 先令。这笔钱对于一位有前途的工匠来说,他可以在伦敦东部或南部郊区租一间小房子长达一年多。[6]红木茶桌值 1 镑 7 先令,仆人的一件流行印花长袍也值这个价钱;其实,普利斯特利的女佣萨拉·罗林森(Sara Rawlinson)的印花长袍就值 1 镑 8 先令。但是四个上等的"公主"型铁质烛台更为昂贵。两套茶具配着镶上银边的塞子(cocks)和加热器,它们的价值在 2 镑 10 先令和 2 镑 19 先令之间。那些扣子和勋章的价格在 9 先令到 1 镑之间,这相当于一位普通伦敦工匠一周的工资。[7]

普利斯特利家内的物品都是英国的新奢侈品,透着一股现代、文雅和愉悦的气息。这不仅在精英阶层中,而且在中产阶级中也可以发现。1772 年,在《知识和娱乐的通行杂志》一书中有一篇文章叫"由奢侈品所提升的时代礼仪"(Of the Manners of the Age, as Refined by Luxury)。其中提出了一个问题:"什么能比富人对英格兰的礼仪有更普遍的影响?”答案可在“所有阶层”都可以接触到的商品中找到,各个阶层都在“花费上与日俱进,并且在花费的程度上,他们也要与比他们更高一级的人一较高下”。他们对于“炫耀自己的服饰、装备、房屋、家具和消遣等内容有着强烈的渴望”。“随着财富在人群中传播,更优雅的生活方式的出现”,这些东西就是这种变化的结
4 果。这种结果在更低一级的中产阶级和商贩中也非常明显:“他们的伙食跟 100 年前富裕商人吃的一样好:他们的住宅制造良好,装饰精美……家具与上个时代比,发生了奇妙的改善;在服饰上,可以看到儿子和女儿们被各种小饰品打扮着……他们把几千份的丝带扎在能扎的所有地方;关注着人们的各式娱乐活动;他们去剧院,他们走亲访友,喝茶打牌;乡村杂货商妻子的聚会所包含的礼节堪比一位女公爵举行的聚会。”[8]

《奢侈与逸乐:18 世纪英国的物质世界》一书提供了关于那些新的消费品的历史。这本书分为三个部分:“奢侈、品质与乐趣”,“它们是怎样制造出来的”,以及“一个购物者的国家”,分别探索了文化话语和新物品的发明,它们的制造和销售过程,以及谁来消费和如何消费等内容。本书讲述了一系列故事并且分析了从 16 世纪到 18 世纪东方奢侈品的全球贸易到 18 世纪末期英国新式消费品的新型全球贸易之间的历史进程。

许多我们在 20 世纪和 21 世纪所使用的消费品虽然是非必需品,但却是有着重要意义的物品,其包含着个人特质,可以作为文化或象征物进行展示,还可以用于社会交往,而且它们在 18 世纪之人的眼中算是奢侈品了。人们享受购买它们时所带来的乐趣;它们体现的美感、精致或便捷性也让人欣喜不已。形形色色的新产品出现在商店的橱窗里。构思精巧的混合媒体(mixed-media)广告吸引住了消费者并创造了新的需求。这种史无前例的“产品革命”让哲学家和各类专家兴奋不已,他们对“新奢侈品”赞不绝口,因为其直抵

中等阶级和商贸阶层，这与旧式的代表精英和腐败阶层的奢侈品不太一样。政治家和经济学家们争论着这些奢侈品所带来的井喷式的，全球范围内的交易热情给他们的经济、民族认同以及普通人的行为和期望所带来的影响。

今天，“消费文化”概念主导着西方世界的社会分析，并且伴随全球化，经常进入东方的分析语境中，而18世纪的商业、奢侈品和新产品也为它提供了同样的分析框架。消费者、店主们、经销商和广告商们并不享有我们今天所使用的“消费者”这样一个共同的政治身份，但是他们依然参与到一个共享的关于贸易、奢侈品和各种产品语言的圈子中去。[9]尽管“消费革命”这个词可能让人对18世纪 5
的欧洲乃至英国社会产生误解，但无可否认，在“小发明的浪潮”（wave of gadgets）中升起了一座新产品的高峰。毕竟，18世纪的工业化和商业现代性与消费者产品密切相关。这是一个由发明家、制造商、经销商和广告商共同打造的“产品革命”，并且更重要的是，这一革命是由那些购买“新奢侈品”的人们堆出来的。

有人认为这些新物品都是些品位诡异的人带来的，他们把数不尽的东西塞满了维多利亚时代的厅堂，这一看法并不对。这些物品体现的是启蒙思想、现代性、流行风和全球商贸往来。孟德斯鸠这位亲英派的法国哲学家对商业的赞美之情溢于言表，认为它高贵又甜美，“正如我们每天所见，它让野蛮的风俗烟消云散”。苏格兰国宝级哲学家大卫·休谟也对“合理的奢侈”（innocent luxury）表示认可；“家内物品变得精致”既能让人感受到“奢侈品带来的愉悦”，也能“给商业带来利润”。[10]这些新奇的物品之所以具有现代性的气息，有赖于其仿制材料（imitative materials）之优良和制作体系之先进。尽管在18世纪的大部分时间里人们很少使用蒸汽动力，但所谓的体系主要意思就是机械化；它有时候意味着在成规模的作坊乃至工厂中进行生产，但劳动分工是始终存在的——无论是在同一个工作地点内进行,还是将其外包给多人,都要如此。这些产品都经过高度设计,强调“艺术与工业”的完美结合;品质好意味着价格上有竞争力,并且中产阶级购买它们不是因为其便宜,而是因为它们是流行风潮的领导者。对于一些中产和精英阶层来说,这种领导力是他们接触到“上流”社会或文雅社会的机会。其中一些物品按照约翰·斯泰尔斯的说法就是:“无论是在餐室还是在聚会礼堂里,在表现文雅时,它们是构成这种文质彬彬特质的不可或缺的道具。这种高贵特性就是要通过你是否拥有合适的物品,这些物品在设计上是否足够优雅,以及你是否有能力正确地使用它们等途径来作出判断。”[11]但是,一个具有革命性特征的产品在发展过程中的影响力要远远超越上流社会的范围。这些物品在伦敦的风月场所和城市中浪荡公子、情妇和妓女所代表的性亚文化中也可以看到,它们成了上流贵族社会和中产阶级社会尊严身份的讽刺性的对立物。情妇们甚至比(那些男人的)妻子们的生活还要奢靡,她们为了能够赚到“精美的纽扣
6 和漂亮的瓷器”会走向“妓女生涯”①,最后在布莱德维尔(Bridewell)监狱中千金散尽。[12]丰富多彩的产品将日益壮大的英格兰和苏格兰市镇和城市中的排屋和公寓装点起来。它们也装点着居住于这些房子里的商人男女们的身体,并且短工、学徒,乃至有时候栖居于出租屋和宿舍中的巡游劳工等穷人的身上也可以发现它们的身影。实际上,培养对新奇物品的口味也是道德改革家言论的组成部分,他们正努力推动劳动穷人的社会进步。他们相信,在劳动穷人中,那些接受了饮茶装备、流行服饰和更优质的家具的人也就加入了范围更广的商业进步潮流中,这与那些陷入喝杜松子酒,懒惰成性并

---

① 《一个妓女的生涯》(A Harlot’s Progress)是英国画家威廉·荷加斯(William Hogarth)在 1713 年所画的一组六幅的绘画作品。这组画作描绘了一位叫莫尔(Moll)的女士从一位绅士的情妇到普通妓女,再到被捕关入布莱德维尔监狱,并且最终死于性病的过程。

穷困不堪的恶性循环之中的穷人比已是天壤之别了。[13]

这些新的消费品走向国际,并迅速成为全球性商品:伯明翰纽扣镶在法国产的鞋子上,谢菲尔德产的刀叉来到康涅狄格和巴巴多斯,斯塔福德郡的瓷器出现在英裔印度人的桌子上。产品革命是在全球经济体内成形的。在业已存在的全球贸易中,亚洲和加勒比地区提供了一批消费奢侈品(consumer luxuries),这刺激着英国去生产带有英国特色的产品。生产商和企业主们准备利用潜在的市场机会,他们要去创造出英国的消费品,既要能满足本国购买者,又要吸引外国王公和商人的注意力。

把这种产品革命和品牌货物带入全球贸易之中是英国人的成就。大多数高品质的货物主要在英格兰内生产,但是其中一些商品的生产还要利用威尔士的铁和铜,还有一些出售的物品的原材料则利用了苏格兰的亚麻布和细绒棉。来自格拉斯哥、斯旺西、布里斯托、利物浦和伦敦的商人把货品带到世界其他地区。来自苏格兰的流动商贩把这些物品带入波兰的厅堂和新英格兰的农场。在马德拉斯的苏格兰陆军上尉和在广东东印度公司的私人贸易商也购买英国货。在18世纪,不列颠性(Britishness)获得了更深入的发展,它首先是在对法国的战争中得以界定的,但是可以确定的是,由新产品带来的“不列颠认同”(British Identity)也是这一发展的组成部分。英国历史学家有时候把这种“民族认同”看作英格兰人的,有时候则看作不列颠人的。按照本尼迪克·安德森(Benedict Anderson)的术语,这是一个“想象的共同体”。按照琳达·科利的观点,这个大不列颠是在战争的锻造和帝国的发展中把英格兰、苏格兰和威尔士聚拢到一起的。[14]在与法国和天主教的对立中,不列颠岛上各个民族 7
获得了一个相互联系的方式。但是,身份认同也是在贸易和帝国中形成的,是在面对不同文明和文化中的“他者性”(otherness)时形成的。当1793年马戛尔尼率领第一支外交使团去中国时,他和他的团队所界定的他们共同的不列颠性是在两个文明都认为自己更伟大这一敌对态度中完成的。从这一时期开始,在国内外,那些参与到帝国中的英国人通过把自己置于不同的宗教信条、种族和“生活条件”(conditions of life)的对立面来界定自己的身份[15]。那些生活条件与商品货物息息相关。运往世界其他地区的商品体现了民族的权力;它们也给远离家乡去从事贸易、旅行和定居活动的人们提供了一个重要的物质认同(material identity)的途径。

数量更多、品质更优的商品带来了经济上的进步。在逐渐走向与中国爆发冲突的那个世纪,不列颠性既意味着商贸往来,也意味着在不列颠岛及其殖民地生产的商品的涌现。苏格兰人就把他们的不列颠特性看作通往自由和经济现代化的通道。他们在 1707 年与英格兰的合并将他们从陈旧的制度中“解放出来”,让他们能够彻底拥抱帝国的市场。[16]苏格兰人从贸易的合并中获得好处。他们自己的制造业获得改善并且能够向世界市场出售了。对他们有利的是,他们自己对礼仪乃至奢侈品的消费可以从不列颠岛内部获得供应,他们的品位从价格不菲的法国货转向更加“便捷”的、最近发明出来的、明显更便宜的英国本地产品。苏格兰人在合并过程中孜孜以求的经济现代化不仅跟贸易和工业有关,也与商品、消费和“生活条件”息息相关。最伟大的英国经济发展学理论家大卫·休谟和亚当·斯密都是苏格兰人,但他们也把自己看作英国人,他们的工作就是把商贸、生产和产品联系起来分析。[17]

我们最近对“认同”——个人的、社会的和民族的——问题的关注有点时代错置的感觉,因为我们更多的是对现实问题的关注,而
8 不是去探究 18 世纪时人们看世界的方式,[18]不过,毫无疑问的是,来自英国的商品是有着特别的意蕴的。它们在欧洲、在更广泛的世界和国内出售,却带有不列颠尼亚(Britannia)的形象,也就是自由和商业的象征。她将传统社会的支柱搬走,促进了政府和贸易的现代

化；她培育出了民族艺术；她给世界带来的不是“法国的浮华之物”(French fancies)和贵族的奢侈品，而是新式的现代商品。[19]

18 世纪是西方消费文化史中的重要时期。尼尔·麦克肯德里克(Neil McKendrick)宣称它是一场“消费革命”，并且它正好与 1760 年到 1820 年之间的工业革命经典时期相吻合。他认为这一革命就是新商品爆炸式的涌现和模仿竞争精神的出现，这刺激着人们去购买这些商品。与它的邻国相比，英国在财富分配方面更加有效，也更加均衡，并且它还有着一个相对开放的社会，让更多的人有机会能够参与到这场美妙的革命中去。麦克肯德里克把消费与现代性和工业化联系到一起。历史学家们立刻对这一概念展开批评，认为它把太多的内容装进来，并且它走上了如此多的所谓革命性概念的老路，将自身解构，以至于走到了否认存在任何重要的历史断裂这一面。[20]

消费革命的理论框架受到 20 世纪 60 年代关于经济发展起源的经济理论以及资本主义和民主制度为基础的新自由主义理论的影响。一些重要的社会学家早先认为，消费耐用品在大众消费中的蓬勃发展是长期以来西方经济成长和工业化不断取得成功后的终极体现。[21]但是，许多历史学者却反驳了这一模式的理论前提。18 世纪时，大多数人的生活水平并没有迅速增长到足以支撑一个“消费革命”的地步；恰恰相反的是，大多数人的收入处于下降趋势。经济 9
学家不断降低对经济成长水平的估计，而且对迟缓的生产部门多有批评，并且也只有棉纺织部门最终崛起为那颗孤零零又幸运的星辰。[22]这个所谓的“消费革命”的确只是一场面向大都市精英们的颂歌，它们是由言辞夸张的报纸上的广告业主和期刊经营者们一起“吹出来的”。

还有些历史学家与时尚潮流不一致乃至格格不入。他们慢条斯理又顽强不屈地收集着来自全国的遗嘱档案，从这些证据中可以看到在相对普通或低调的中产阶级这一庞大群体中，人们的收集爱好不断增长,他们拥有的物品愈加具有多样性。商品越来越多,购买人群也越来越多。其中很多都不是必需品,而是“面子工程”或奢侈品。但是,18 世纪更多商品的出现让一些人把战线推向更早的时期和更远的地域。与他们的前辈学者相比,从事众多不同国度和不同历史时期研究的史学家辨识出更加复杂的物质文化,并且强调自己研究的时期或地域拥有诞生消费革命或消费者社会的冠名权。一个具有普遍性的以新型消费模式、广告业态和零售业态为特质的“消费者社会”在 17 世纪时就已经流行开来。研究明代历史和文艺复兴意大利的史学家们认为在这一时期之前,生气勃勃的消费者文化就存在了,而考古学家则发现在古代希腊和罗马就有专业化的商店和兜售异国商品的中心地区。[23]正如约翰·布鲁尔所说,太多的历史学家更关心为自己的学科或民族争取优先权,而不是去问问为什么我们现在要探寻消费者社会的起源。宣称“我们第一个到达这儿”造成的影响就是削弱了历史变迁的意义,并且对于不同国度和历史时期的消费商品和他们的消费方式所具有的独特特征也一并否决了。[24]许多关于 18 世纪、19 世纪和 20 世纪的消费革命的记录展现的是一个前工业化的过去或者简单的消费者需求,以及一个跟习俗有关的道德经济学,而不是致力于解释人们的商贸关系。经过
10 对长时段全球范围的消费者文化资料的搜集,这些解释的不足之处就显现出来了,但是如何把消费商品、消费行为与更广泛的历史进程相结合才是真正的挑战。如果我们返回到 18 世纪,商品及其消费者与更广阔的经济变迁进程有着怎样的联系呢?简·德·弗里斯在 20 世纪 90 年代早期再次捡起消费革命这个命题。他认为,尽管我们看到生活标准发展迟滞,但是人们的确买了更多的东西;他们尤其被流行物和奢侈品给吸引住了。他们抛弃了生活必需品,他们更加勤奋地工作,或者通过其他方式弄到更多的现金,只为了能够将这些东西买下来。在市场经济中,人们工作更加勤奋,也愿意花

更多时间工作,而且人们也情愿放弃在家务管理和家庭积蓄上投入太多精力,这就自动地给新产业提供了劳动力。因此,通过在家务劳动和劳动力构成方面发生的变化,消费促进了工业化的产生。现在,这个世界正将早先全球贸易中的奢侈品的特色模仿过来,而家庭则为这些国内生产的新商品既购买了劳动,也提供了劳动。[25]

消费活动在从被动需求到主动欲求的过程中实现了重构,这与20世纪80年代以来我们身处的世界相吻合。内奥米·克莱恩(Naomi Klein)在《没有商标》(*No Logo*)中所描写的品牌革命显示,西方消费者所喜爱的口味已经从大众消费品转向了具有设计风格的商品(designer goods)。奢侈品这个概念曾经与超级富豪联系在一起,但现在却在广告中普遍使用。生活方式的自由选择、独特性、多元性和个性现在是消费主义的首要选项。支撑着这些价值观的西方富足状态被置于全球化的框架内。正如联合国发展报告和关于贫穷的社会调查所展示的那样,消费成为容纳与排斥的关键标志。社会科学家们现在探究的是哪些措施促进"生活品质",并且对促进生活便利程度的措施进行比较研究,他们不太关心卡路里摄取问题了。与收入、财富和职业分化一样,现在,西方社会内部社会分化的概念跟消费文化的分化相关联。欧洲、美洲诸国乃至全球贸易共同体和网络的发展不仅要达成国际市场的共同协议,也要不断满足人们对更高的生活水平,乃至"世界级"的富足生活的期待。这包括个人可以使用具有设计风格的和流行的产品,而这些产品的生产和销售框架实际上是面向全世界的,它的生产分配给亚洲和正在发展的东南亚以及中国这些最大的潜力市场来做。这很好地提醒了我们,英国的工业化在当初刚启动时,它的消费产品所处的全球背景与目前的全球化进程之间存在着紧密的相似性。 11

18世纪英国的新消费品也是从一个更加广阔的世界贸易背景下崛起的;新近从亚洲和美洲发现的新奢侈品以及与欧洲旧有的贸

易构成了一个全球性的贸易往来,这促使人们形成了与过去不同的物质文化品位。这个全球网络刺激产生了更新的英国生产的消费品,这些消费品有时候是山寨产品,但更重要的是它“模仿”全球奢侈品生产的内在精神。[26]这些新产品也是技术革新的成就。在制作中使用了新型材料,而且新奇的生产工艺制作手段,比如劳动分工和各种人力、马力(horse-powered)、水力,以及最终出现的以蒸汽为动力的机器陆续引入并得以应用。它们转而又成为全球性产品,把他们的英国名品运往美洲、帝国各地以及欧洲各国。

尽管社会史学家和文化史学家、文学研究者,乃至社会科学家都认为 18 世纪是一个消费者社会崛起的转折时期,并且他们把消费与现代性联系起来看待,但是他们却很少为那个社会的物质发展状况投入太多的精力。正如珍 - 克里斯托弗·阿格纽(Jean-Christopher Agnew)所说,“商品的世界”已经与制造商品的工作彻底断离了。那些曾经与物质世界的分析息息相关的概念——“生产”“加工”乃至“技艺”“资本”和“劳作”已经成为文化象征的比喻说法。[27]尽管在过去几十年中,历史学家和文学研究者对 18 世纪消费文化各个方面的研究投入大量精力,但是我们仍旧很少把人们购买的产品放入更广阔的历史中来考察。对物质商品的研究已经细化成为专业主义,博物馆员、艺术研究员、考古学家,或曾经开启物质文化研究路径的人类学者纷纷在各自领域内开展相关研究。博物馆研究的焦点以产品为基础,他们研究系列产品的设计类型,或者关注单个物品并对物品的起源进行研究,而物品之所以搜集过来是因为它是这一类中最优质的,或者是市场中的顶级售卖品。[28]还有一些是
12 作为物质文化的产品而成为具有“地方”意义的物体。[29]作为历史学家,我们的确了解那些特殊商品的象征价值,并且还掌握了社会各个阶层不同群体的清单目录中的商品数量。我们也了解一小群精英的购物癖好,高雅的社会行为,文化商品,以及几乎所有这些东

西的文化象征意义。然而,18 世纪消费文化史几乎与消费性物质世界研究完全脱节。经过学术的熏陶,学者们要么把商品仅仅看作讨论我们个人身份认同的一种方式,要么商品被剥夺了个性,变成工业发展浪潮中的一个“小玩意”而已。对于商品是什么,它们怎么被设计和制造出来的,它们被用于怎样的用途,这些都淹没在文化和经济研究的对立分裂之中了。

我们需要一部关于那些新式消费品的历史,这部历史要激发人们对流行的渴望以及对 18 世纪的家庭内部进行改造的热情。普利斯特利家中那些光彩夺人的家具和讨人喜爱的装饰品在更低层的社会中找到了对手。所有的社会群体都会把那些独特的、高贵的和好不容易弄到的消费品与他们的日用品区别看待。这些用起来顺手,适宜对外展示,并且透着一股子精细设计又有现代气息的物品意味着它们远非日常俗物。我们需要将这些家具、地毯、瓷器、玻璃、银质器具、烛台,以及铜挂锁、家具把手等物品与 18 世纪的室内布景和乔治时代的房屋放到一起来看待,它们都是这个世纪中英国人的所有物。那些印花纽扣、镀金扣子和纪念章为男女服饰提供了时髦的配饰,它们被人们精心挑选出来,成为英国人的装饰物以及地位的象征。这些饰品或装饰物足以与全球市场中寻来的异域奢侈品相媲美,完全可以取而代之。在伦敦皮卡迪利(Piccadilly)大街、圣詹姆斯大街和干草市场(Haymarket)等新出现的购物大街上,新式的、流行的英国商品应有尽有:韦奇伍德的奶油色陶器和装饰花瓶置于他们公司自己建立的设备齐全的陈列馆中;其他的商店则展示着萨德勒和格林公司(Sadler & Green's)新发明的转移印花(transfer-printed)瓷器。①

① 这是一种在瓷器釉面增加装饰图案的方法,它可以将纸上的单色图案从通过压印方法附着于瓷器表面。这一技术在 1756 年经过约翰·萨德勒和盖·格林改造完善并获得专利。

马修·博尔顿(Matthew Boulton)也在蓓尔美尔街(Pall Mall)①的克里斯蒂拍卖行(Christie's)和安塞尔商场(Ansell's)中展示他新近发明和设计的银质茶具和烛台,其中包括镶金铜器(ormolu)或蓝萤石等符合流行口味的奢侈品,以及钢质切割(cut steel)珠宝。雕花吊灯和玻璃经过美妙的灯光一照,在大镜子面前闪闪发光。在皮卡迪
13 利大街附近,家具制造工匠、室内装饰师出售红木和镶饰着图案的饭桌和茶桌,并且展示着用于女士书桌和梳妆台上的灵巧的锁具和弹簧(springs)。这些商品都是在英国制造出来的;它们的设计体现了一种现代感;他们在制造过程中使用了最新的工具、机械和化学工艺:这些产品充满了对先前技艺和东方奢侈品工艺的模仿,但却同样让人着迷。它们能让观赏者和购买者都惊喜不已,并且它们之所以被特别挑出来,就是因为其体现了新的设计风格和技术成果。"新发明"这个词是英国商品最好的代言人。

1758 年本杰明·富兰克林访问伦敦。他给妻子寄了一些棉布,而其中"让人惊奇的是,人们用铜板在棉布上印花,这是个新发明物"。[30]在 18 世纪 80 年代早期,另一位访问者把伦敦的街头形容为一个工艺产品的展示柜,各种颇具创意的新奇之物,画作,机械器具,以及珍贵的物品都在锃亮透明的窗户后面一一展示。与当时的电力实验(electrical demonstrations)以及关于光学、水力学的大众科学讲座所引发的轰动相比,商店橱窗在这一时期所具有的魅力一点也不弱。机器编织的地毯,铜板印花的窗帘,印有图案的黄铜器具(stamped bras)及其廉价模仿品,涂漆的鼻烟壶,钢质纽扣和怀表,这些新式的家庭装饰用品体现了何为新奇好玩、亮点频频、时尚新潮。莱因霍尔德·安格斯坦(Reinhold Angerstein)这位瑞典工业间谍在 18 世纪 50

① 蓓尔美尔街位于中伦敦地区,连接圣詹姆斯街和特拉法加广场。该街建于查理二世时期,当时作为时髦的居住区而闻名。18 世纪后成为高级购物场所。

年代中期将他在英格兰的行程记录下来并画成了图。他将报告送回本国政府，并且他在日记中将新式机械制造的物品的详细图表和描写一一转抄下来，其中就包括印有图案的纽扣，压制而成的茶杯柄以及各种数不尽的机械装置，并且它们大多数是由手工或马匹作为动力打造而成的。即使到这一时期，英国人在这一点上也是远超其他欧洲国家的。[31]

亚当·斯密就注意到，这些充满奇思妙想的小装饰品和玩具给生活带来了便利和实用的理念，他的国人们对此充满了好奇心并且着迷不已。詹姆斯·比塞特（James Bisset）是伯明翰的“小饰品制造商”（toymaker）——这是当时用来称呼那些制造小型装饰金属制品的生产商的术语。比塞特曾经沦落到无家可归并且债务缠身的境地，不过作为一个年轻的熟练工，他最后因发明了彩绘玻璃装饰品而得以发家致富。[32]爱德华·托马森（Edward Thomason）是一位伯明翰纽扣制造商之子，他在提升各种消费品的品质上下了极大的工夫。有两个发明让他特别骄傲，一个是他获得专利的可伸缩的马车阶梯，另一个是他那“无与伦比的软木塞开瓶器”。此外，他还发明了由银、镀金、镍、铜合铸而成的可滑动的长柄面包烤叉，他用同样的材料还制成了炉刷，只是这个物品添加了混凝纸浆（papier mǎché）。他的陈列店里有着各种造价不菲的小玩意儿，那些原先漫不经心的人在初次到他的车间旅行 14
一番后就被彻底征服了。[33]蒙塔古夫人（Mrs Montagu）在此之前就因造访一座苏荷制造厂（Soho Manufactory）①获得了许多的乐趣。在这个工厂里，她看到了各种高雅的美妙物品；在这儿所发现的各种令人钦佩不已的发明令她着迷不已，并且各种化学品和以机械为动力的产

① 苏荷制造厂是一座开启大规模生产时代的早期工厂，它主要生产纽扣、盒子和日式漆器物品等，由“小饰品制造商”马修·博尔顿建造，位于伯明翰的苏荷区。1863年该工厂关闭。

品所包含的秘密也让她难以忘怀。[34]

从职业专家、商人和企业主到普通商贸人员和工匠为代表的中产阶级在不断壮大,他们对于这些传递着现代感、高雅气质、尊贵独立等特性的消费品持欢迎态度。它们看似有着无穷尽的设计类型、品质等级和价格定位——真正重要的是其外观、精致度和价位。多萝西·里奇韦(Dorothy Ridgeway)是谢菲尔德的一位富裕的终身未婚女子,她把自己的银饰品,桌子和茶具,以及质地最佳的一套"白兰地"(也叫作中国出口瓷)瓷器赠送给了她的侄女们。还有一位跟她经历相似但财产少些的人叫伊丽莎白·莱恩斯(Elizabeth Lynes),她是伯明翰的小饰品制造商。她给自己女儿遗留了一堆普通家具和上好的衣服,还有一个银质鼻烟壶。1746 年,约瑟夫·马克斯(Joseph Marks)在伯明翰写下一份遗嘱。马克斯的资产不到 50 英镑,但他却拥有瓷器、巧克力杯、一个茶壶、一个穿衣镜、一个盒式挂钟、一个日式漆器碗橱和五个银茶匙。[35]威廉·泰勒(William Taylor)是一位 18 世纪中期的伦敦屠夫。一天早晨,在他上班的路上,一个强盗抢走了他的一堆服饰,其中包括一件灯芯绒礼服大衣,其上镶有 12 个纽扣,每个单价 40 先令,此外还包括价值 60 先令的银质鞋扣,以及一个价值 10 先令的假发。[36]无论是把银质鼻烟壶传给心爱的女儿,还是把金光闪闪的纽扣和鞋扣放在富裕的商人面前做一次时髦的展览,这些都说明了人们对这些轻奢物品(semi-luxury)存在着情感上的联系。商人和工匠们纷纷珍藏这些商品,重视它们的价值,并热衷于展示它们。

新式轻奢物品和流行商品经历了发明、制造和购买的过程,我们要在这里一探究竟。在英国城市中产阶级的私人家庭空间中,从茶具和铁质装饰品(或叫作"玩具")到流行家具上的小物件,它们或者被使用,或者被用来展览,我们要对其梳理一番。在这个时代使用的一些语言与这些物品有关系,它们传递出对新型消费品——主

要是现代的和流行的产品——的追捧精神。它们的关键词是:“新
颖”“仿真”“便捷和实用”“品位和风格”,还有最重要的“乐趣”。新 15
型商品不断增多,我们把它看作一场消费革命,它可不仅是个概念,它是实实在在的产品。这本书涉及如下内容:这些产品的特征,它们的多样性和质量状况,它们怎么被制造出来的以及规模如何,它们怎样被购买,人们支付的价格是多少,以及最重要的是为什么它们的设计风格要适应多个消费群体。我们需要更多地了解这些商品——哪些是新品,为什么它们有吸引力,哪些是流行品,哪些是日常普通物品,人们怎样将其发明出来的以及市场的反应如何。

这些商品的制造经历也是它们的消费过程。正如《国富论》中所说,“消费是整个生产过程的唯一目的”。因此,我们跟随着这些商品消费者的步伐,看看他们是怎么购买这些新商品的,以及他们怎么把新商品融入自己的生活方式之中的。此外,我们还要看一下他们是怎样赋予这些新商品以流行的特质并且把购买商品的过程变成了一种全民娱乐。最重要的是,这些新消费品如此快速、如此高效地成为英国的国民品牌,并且到18世纪的最后25年时,它们成为世界级的商品。这一切是怎样做到的呢?新消费品的市场在国内,也在帝国领域之内,尤其是在美洲殖民地之中。在大西洋市场中取得的成功加强了这些商品在国内市场的地位,也使得它们成为横跨整个欧洲的流行风和品牌领导者。

一个快速崛起的中产阶级对流行、现代、个性、多样性和选择能力非常敏感,他们对新产品精挑细选,他们在产品的发明和装饰上投入精力并且他们能从自己的消费经历中获得愉悦感。他们购买的产品从美学上看具有吸引力,并且在制作过程中使用了现代技术和良好的材质。他们并非贵族奢华生活的另一个版本,而是要从中体现出文明、品位和现代性来。一种全新的“品质和观赏”经济学弥漫在这些物品之中。英国为广阔的国际市场发明和生产了这一系

列的产品,就这一点而言,不列颠取得的成就如此之大,以至于这些新式消费品显现出一种不列颠认同(British identity)。正是由于轻奢产品现在与不列颠这个国家建立了紧密的联系,从 18 世纪后半期开始,在世界市场中产生了一种以英国人的“现代奢侈品”为基础的
16 “盎格鲁热”(anglomania)。

第一部分

奢侈、品质与乐趣

18 世纪时，英国的中产阶级迅速壮大，他们在购买财物、商品和新产品上投入巨大的人力和精力，为之迷狂。中产阶级追求新奇之物的脚步不曾停歇，他们始终期待着从中获得愉悦的心情，他们的内心渴望获得面子和社会地位。获得财富的过程也是花费钱财的过程。英国城市中产阶级在物质文化领域这一转变中处于领导地位，而且精英家族纷纷卷进来，它甚至改变了穷苦劳工们的生活方式。中产阶级为购买家中藏品而攒钱，他们精挑细选，从中锻炼了自己的品位。这些物品可不是日常家庭所需的普通工具，因为购买普通工具是出于生活必需，而不需要精挑细选。它们也不是用来向公众展示王朝或民族权势的昂贵装饰品。家中新添置的财物都是些消费商品（consumer goods）——茶具和餐具，玻璃器皿，日式漆艺茶桌，盒子，橱柜，碟盘，镀银茶具，咖啡壶，铜质或银质枝状大烛台（candelabra），刀叉，印有浮雕图案的铜质装饰品，精致的铁质品（fancy steelware），鞋扣，纽扣和勋章，装饰家具和地毯。

在这些新式的家居物品中，有些是进口货，有些则是在不断崛起的工业乡村、城市作坊和农村工场中制造出来的。买主把它们看作奢侈品，就是那种超出日常必需的多余的商品。奢侈品的出现以及社会大众跟它们的广泛接触为新式家居商品的发明搭好了舞台，而在这个舞台上，它们将变成英国人的消费品。政策制定者认为，奢侈品消费如果能有更广泛的群众基础，那会给经济带来好处，他们并不赞同道德家所强调的奢侈消费将带来社会失序和道德腐化这一观点。作家、社会调查人士和政治家们就普通人追求新奇物品、奢侈品以及各种让人上瘾的商品所带来的影响争论不已。他们接受了这样一个观念：对中产阶级家庭内部装饰和衣服装饰的渴求带来的是文明和雅致的情调。因此，奢侈品先前被看作外国进口商品，其中还带有贬义，如今却成为象征着民族认同的大众消费品了。

出售新式家居商品和装饰品的市场也随着东方商品的到来而

发生变化。这些来自异域的进口奢侈品给英国人和欧洲人灌了迷
19 魂药,因为他们借此接触到一种更加高贵、更加文明的生活方式,这让政治家和经济政策制定者们深感焦虑。在 17 世纪和 18 世纪,经东印度公司之手,亚洲奢侈品以前所未有之势涌入欧洲。丝绸和印花白棉布,青花瓷和白瓷,以及漆器橱柜皆俘获了欧洲购物者的“芳心”。这些来自东方的商品是专为西方市场生产的,这些新式奢侈品在技术上和市场营销方面经过了精心的安排,而它们在生产过程中既照顾到了数量和种类多样性的要求,也不失其品质和观赏性。这些商品在欧洲的销售主要通过拍卖会,玩具店,瓷器和金首饰店售卖,乃至流动商贩等方式来完成,这也为后来新式英国商品的出售开辟了道路。这些异域消费品的大量进口带来的终极效果是刺激着人们对家居物品产生了新的看法。制造商和消费者都希望奢侈品和轻奢商品产生新的款式和风格,只求一种文明化的生活方式。

追求新的款式和风格离不开人们在 18 世纪时所追求的一种特别的品格——“仿制”(imitation)。亚当·斯密把仿制称作“奇迹的来源”。制造商和工匠们寻求“仿制”东方奢侈品的方法:他们对来自亚洲装饰品的技术、材质和设计进行研究,吸收其中一部分特点,改造另一部分,并且他们还推动了一系列原则的出现,他们把这些原则看作对西方固有的家具物品和装饰品为代表的物质文化的发展。他们追求达到亚洲人的水平,他们生产并传播一系列具有高度多样性的商品,而且他们的市场是面向全世界范围内广大城市和中产阶级人群的。他们所秉持的概念和使用的材质适应了人们的口味和设计需求,他们使用了易接触的资源和独特的工艺技术。他们将艺术与技术贯通一体,制造出了全新的、为市场所追捧的、具有英国风格的产品。这些人知道,奢侈品消费能给人带来喜悦的心情,而且一个丰富多彩的全球贸易才能吸引人们的目光。

一个迅速扩张的中产阶级推崇流行风潮、现代性、个人主义、多样性和选择能力。他们到处寻觅新产品，发明新产品，并且让其装饰一新。中产阶级在消费经历中获得愉悦的心情。他们购买的产品具有美学上的吸引力，是用现代技术和材料制作而成的。这些产品与贵族式的奢靡生活没有关系，它们代表着文明、品位和节制。一种新的"品质与乐趣经济学"从这些产品中飘然而现。英国在为国际市场发明和制作这类产品上取得了如此的成功，以至于新的消费品俨然成为不列颠的代名词。有品位的轻奢品现在与英国联系起来了，从18世纪后半期起，一股"盎格鲁热"出现了，这是一股针对英国人的"现代奢侈品"的热潮。 20

第一章　奢侈的乐趣

> 心里的渴求是无限的。人们本质上都有追求，并且当他的头脑得到升华时，他的品位也更加精致，也更有能力获得愉悦感。[1]

品质型经济

奢侈与新奇感对18世纪的消费者有着特别的意义。甚至在极其普通的人群中，消费和家庭行为发生改变的关键动力也来自对新奇之物、奢侈品，或者是诸如糖、茶这类容易上瘾的新商品的渴求。在18世纪，社会上接触到这些商品的人越发增多，这为新式消费品的引入创造了条件。从流行的纺织品到茶桌，从铁质纽扣到精致的瓷器，这些新商品都在18世纪消费者的关注范围内，他们将其看作"奢侈品"。制造商、商人和店主改造、宣传并出售这些商品。在他们眼中，这些商品是品质和乐趣生活的组成部分。但是，他们所具有的特征也将其与更加传统的奢侈品分离开来。先前的奢侈品常被人消极地与外国进口品和精英们的浮夸展览联系在一起，而现在则被等同为代表着中产阶级家内装饰和服饰的消费品。具有鲜明特性的英国消费品把中产阶级与一种经济学联系起来，而这种经济学对品质、乐趣、流行和品位，以及舒适、便捷、多样性和仿制特色赞不绝口。

亚当·斯密在《道德情操论》中注意到国人的那种对新奇的小玩意或玩具所表现出的一种好奇式着迷:“让这些小玩意的爱好者感到高兴的不是那种效用,而是能增进这种效用的那个机械的精巧性。他们所有的口袋都塞满小小的便利设备。他们设计出新的口袋(那是在他人的衣服上看不到的),以便携带更多的东西。”[2]这些 21
有用的,也令人愉悦的发明物因其易获得和易展示而在18世纪潮流引导者的口袋里塞得满满的。对于他们来说,这些物品传递着一种现代性和技术进步的气息。市场在扩大,人们的购买力在增强,这些小玩意的拥有者借此乘上了发展的东风,而丹尼尔·笛福(Daniel Defore)在他死前不久也感受到了这一点。笛福是一位著作等身的手册写作者、社会经济评论家、小说家,也是那个时代真正的博学家。他在1713年如此描写他的国家:“人口茂密,富足,物产丰饶;人们的大气、放纵、浮夸和奢华的方式生活”“中等水平之人的购买力……是我们全部贸易生命力之所在……正是通过他们奢华的、大方的、无拘无束的生活方式,人们的家庭消费才能形成如此规模,既购买大量本国货,也买不少外国产品。”[3]

这两位他们时代最重要的分析家确认了两个对经济有深刻影响的文化和社会原则:人们喜欢现代工艺技术并且愿意在奢侈品上有所花费。为什么政治思想家和商业作家们在这时参与到关于奢侈品的热烈讨论中来呢?

长期以来,社会评论家们把人们对物质商品,特别是奢侈品的偏爱看作社会中的一股腐蚀性力量,但是,他们也认为邪恶的奢侈品具有社会意义。在这个世纪早期,曼德维尔提出,一些人对快乐的索取能让另一些人获得工作并有促进贸易发展之功效。曼德维尔作为一个在英格兰定居的荷兰人,他在这两个北方新教国家中发现了这些特征。在这个世纪中期,孟德斯鸠把物质的获得看作一种道德性力量,认为它是文明化的媒介,它推动了美妙的商贸活动(le doux commerce)。[4]孟德斯鸠只是在对他的国人发言吗?事实上,孟德斯鸠在表达对英国的商业和英国的社会与政治结构的钦慕,并认为它们能给更多的人以接触奢侈商品的机会。尽管奢侈品和品质生产经常与法国经济和文化联系在一起,但是它们很少能像英国的情况那样成为人们理解经济增长的来源这类严肃的主题。然而在英国,对奢侈品的渴求,以及在 18 世纪这些商品逐渐变成消费品的过程成为经济变迁的主要动力,并且实际上,它们也被看作工业化
22 的驱动力之一。

正是由于对品质独特、令人愉悦的物品的占有,以及在英国尽可能多的生产这些产品以满足迅速增长且日益多元的社会需求,商业化才有了发展的基础。这一发展的关键之处是来自东部地区或东方的奢侈品所具有的设计感、多元性和美学品质等特色所引发的灵感。制造商和发明家们实践着 18 世纪的仿制理念;18 世纪的设计者和消费者也把“仿制”看作品位的一个原则;这些发展也产生了我们今天所称呼的产品革命。因此,奢侈品的商业化提供了 18 世纪发明历程的重要组成部分。

到目前为止,关于人们对高档货、舒适品、新商品和奢侈物的需求尚未进入 18 世纪经济变迁的相关研究中,也没能进入工业化起源问题的讨论中来。亚当 · 斯密给这些“小物件和小饰品”所赋予的文化和社会吸引力究竟有着怎样的含义呢?新崛起的富人和城市中产阶级购买这些“现代奢侈品”,并把它们放置到空空如也的室内宅邸和新建的排屋之中。乡村的士绅和贵族将县城加以扩建或修葺一新,并且一波乡村别墅建筑的建设潮也逐渐铺开。他们需要现代奢侈品中的家具和装饰物。

这些消费品所起到的刺激经济变迁的作用在 18 世纪经济和社会史解释中较少被提及,或被模糊处理,但是,它们对于工业化本身

却有着重要的意义。在今天，关于消费品与奢侈品支出中所表现出的品位之间的关系已进入人类学家和文化理论家的视野。消费主义延续了 18 世纪时那些书写奢侈概念的人所展开的持续的争论。这些观念有重要的背景作为支撑，那就是在近代早期，对于奢侈品和消费品而言，人们既可以在宫廷和沙龙这样的公共环境中，也可以在城市家庭宅邸这样的私密场合中发现它们的身影。新式的、更具包容性的奢侈品及其对人们的口味和流行理念的吸引力刺激了产品的革新和新发明的出现。

就在亚当·斯密对小玩意儿、小饰品和小物件所具有的便捷和舒适性表示满意时，他还总结了技术和奢侈品所具有的种种特点，因为它们可以刺激 18 世纪英国生产改革和新的消费者产品的出现。仿制工艺与科学发明融合在一起。英国的新式消费品采纳了新的材料和产品，这其中就包括从亮漆（varnish）到灯光，从色彩和类型再到带有图案的黄铜和其他合金打造的一系列的物品。中产阶级、小乡绅和城市消费者从这样的精致消费品中获得了乐趣；他们先是 23
将其引进，继而造出自己的改良版或仿制版。这些新式奢侈品或轻奢商品都是具有独特材料或风格的私人和家庭装饰品。新型材料包括轻质棉（代替了丝绸），陶器（代替了瓷器），硬石，雕花玻璃，合金，以及诸如镀金盘、银盘、印图黄铜器、日式漆器等精致物品，还有混凝纸浆（papier mǔché），镶金铜器，切条钢（代替了金、银），亮漆和胶合板（代替了外国木材）等物品。对这些新物品进行操弄本身就是一个发明的过程，从中诞生了新型装饰用的铁质物品，陶瓷制品，玻璃物品，浅色家具，以及钟、表。这些商品充满了现代、创新的气息。在英国迅速崛起且社会结构迥然不同的市镇和城市中，它们作为新出现的奢侈品或轻奢物品而存在着。

这些新商品并非对过去国内制造产品的简单替代。它们具有特质的材料和风格，这让它们成为个人或家庭装饰物的特殊用品。

这些新商品经常引发人们对异域产品的好奇,并且亚洲进口奢侈品从 17 世纪后期就成规模的引入,它们也借助这些奢侈品的广泛影响力而获得自身的发展。印度的白棉布,中国的瓷器和日本的漆改变了欧洲的视觉文化(visual culture)。[5]这其中一部分商品是制作精良的奢侈类产品,但是,印度白棉布乃至瓷器这两种物品有特殊性,它们被成规模地引进英国,并且在价格上,那些口味刁钻的中产阶级也能接受。它们的种类繁多,风格多样,品质高低档次不等并且价格面向各种群体,这让它们具有易得性,这也成为它们的关键特质。因此,它们能够吸引从大城市和地方的中产阶层到精英消费者等各层次人群。它们将先前的抑奢法案(sumptuary legislation)①所强加的消费同质化和清晰的社会等级化给击碎了,个性和多样性成为广大社会阶层的可选项。

欧洲的王公和贵族们从古代就进口亚洲奢侈品,这些奢侈品经由地中海和漫长又艰险的通往中国的丝绸之路而抵达欧洲。在现代早期,人们通过里斯本和安特卫普从事商品贸易,这些商品先是由葡萄牙人,后来又借助荷兰的大帆船带回来,这里走的是一条漫长的海上线路,它需要绕行 1498 年瓦斯科·达·伽马(Vasco da Gama)发现的非洲好望角。17 世纪和 18 世纪时,先是荷兰人,后来还有英国人、法国人、丹麦人和瑞典人在新成立的东印度贸易公司中投入重金,不过,他们给欧洲带来的不仅有香料和丝绸,还有大批中
24 国和日本产的瓷器、漆器、小型家具、墙纸、扇子,以及印度的白棉布和平纹细布,还有黄铜和青铜装饰物等。

抑奢法案规定了谁可以拥有、穿着或展示某些奢侈品,这样的

① 在英格兰,抑奢立法从中世纪的爱德华三世时期开始出现一直持续到 17 世纪。相关的法案规定了不同阶层的人穿着衣服的颜色、质地,其目的是限制人们对外国纺织品的消费,并且防止人们穿着“高于自身的等级”的衣服。

法案从古代到现代早期不同程度地被施行着，用以控制过度消费，尤其针对下层社会。这种法案的目的是加强社会区分并维护社会稳定。到 18 世纪时，由于新产品的快速传播，在欧洲大部分地区严格执行这些法案的前景变得黯淡起来。在这个迅速成长并且越发多元的社会面前，亚洲的生产者所具有的满足这个新奢侈品市场的能力令人惊讶。英国的那些为奢侈品和新式消费品进行生产的人或售卖者从他们的亚洲前辈身上学到的是：他们要去满足人们对个性、自我分化（self-differentiation）的需求，制作的奢侈品要具有视觉上的多样性，并且在制作过程中要具有能有效降低成本的技艺。

很少有历史学家关注这些商品在 18 世纪繁荣的消费文化中所处的地位，也很少考虑它们在经济上的影响。我们把大众的或标准的消费品，或者是普通商品，乃至格调不高（populuxe）的商品统统放入各种框架中去分析。但是，我们在这儿所说的消费者产品不仅是大众消费品的早期阶段，而且它还是贵族所用的奢侈品的廉价版本。大众市场和大众生产体系的理念源于 20 世纪初期的福特主义（Fordism），它强调生产过程要做到尽可能小的差异就要利用自动化生产线和没有技能的劳工，从而实现大规模的生产。[6]类似的是，那些格调不高的产品——正如人们所描绘的 18 世纪的巴黎那样——都是些贵族奢侈品的低配版，比如，丝袜、扇子、伞、鼻烟壶以及其他在行会外非法转包（subcontracting）和贩卖出售的物件。[7]

这些方法都没能抓到 18 世纪消费中的新奇之物和消费乐趣所包含的重要性。它们激发人们的好奇与赞誉之情，并且最重要的一点是，它们在日常生活中的地位给予其以新的意义。要理解这种新奇之物，我们需要看看当时的社会反应，并且要了解日常生活中的物品所具有的象征意义。这些物品曾经相对珍稀，但现在不断增多并且吸引到更多人的注意。通过这种方式，甚至那些我们今天认为 25
是再普通不过的物品也在向人们传递着独创新颖、精致典雅和文化教养等内涵。[8]

这些物品的关键一点——尤其是正如他们被这一时期正在崛起的中产阶级所感知的那样——是其具有的现代性。它们可不是那种与东方专制君主相关的浮华和多余之物,它们代表着新颖、流行与独创性。

关于奢侈品、轻奢商品和便利用具的历史书写谱系一直以来都是一个常被人忽略的生僻领域,不过这一研究路径的开辟可以追溯到马尔萨斯和维尔纳·桑巴特(Werner Sombart)那里。赓续着前贤的研究,与商品需求和消费品相关的研究主题在 20 世纪 20 年代和 30 年代再次吸引到历史学家们的注意。从那时起,伊丽莎白·吉尔博伊(Elizabeth Gilboy)开始长期关注 18 世纪中产阶级的消费行为。约翰·U. 奈夫(John U. Nef)将这些研究主题引导到一个令人兴奋的新方向上来,他将消费与工业化联系起来的做法颇有启发性。

18 世纪英国的奢侈品一方面展现了自己具有的品质、艺术和风格特征,另一方面又融合了新的发明、新的技艺、仿制和新颖性等特色。二者并行不悖,从而锻造出了新奢侈品的特质——乐趣、舒适、便捷、实用和亲切。19 世纪 20 年代,马尔萨斯注意到当时的中产阶级,甚至那些相对普通的人对于购买这些新奢侈品的热情到了怎样的境地;他们为商业阶级提供了主要的动力。如果不是这种对休闲或者外国和异域奢侈品的渴望之情推动着,这些物品也不会在账房中被一一登记造册了。[9]

桑巴特在他的经典著作《奢侈与资本主义》中宣称,1300 年到 1800 年间的贸易、工业和金融资本扩张的主要原因是人们对奢侈品的需求,这种需求尤其依靠新崛起的富人们、宫廷和贵族来推动。对奢侈品需求的加强在源头上来自人们的性需求和政治需求,它们使流行风成为刺激社会精英前进的一股力量。他们的渴求只有通过消费品在数量上的不断增多和品质上的不断多样化才得以满足。[10]1932年，伊丽莎白·吉尔博伊将奢侈需求的相关分析从精英群体扩展到中等阶级。她认为，新的需求提供了“一股最积极的力量，它导致了消费水平的变化”。新商品让那些家有余财之人可以“尝试这，或尝试那，并最终让他们将许多新物品纳入生活的习惯水 26
平（customary standard）之中”。这些新物品也吸引到那些并无余财购买这些“必需品”的人，他们要么更加努力工作以得到这些多余之物，要么通过节流的方式攒钱购买这些必需品。[11]

最后我们谈谈约翰·奈夫。20世纪50年代，在一本名为《工业化的文化基础》的书中——这部著作让他与当时那些经济史学家区别开来——他谈及奢侈、惊奇和乐趣首次成为大陆制造业的目标，随后又在英国经过改造以适应品质型经济的需求。他认为，荷兰在把奢侈品变成家庭空间装饰品方面处于领导地位；那些规模更小的住宅中的房间更加紧致，这给美丽的物品提供了背景。这种生活方式的传播让这些商品的生产性扩张获得了动力。他认为，英格兰就是在此基础上发展出了新路径。因为到16世纪和17世纪，英格兰已经在利用生铁和燃煤来制造更便宜的物品方面取得了巨大的成功，并且毫无疑问的是，它在煤炭、啤酒、木材、铁、棕铜、黄铜、钢铁质造、建筑材料以及廉价纸等物品的产出方面已经对法国取得优势。制造商和消费者在17世纪后期和18世纪发生的转变是：他们生产自己的奢侈品，而不是依赖进口。这样做让他们可以利用本地的材料、技术和其他的优势。于是，“品质型经济”出现了，并引发了生产和创新的成长。[12]

在这些作品中所强调的需要、渴望和要求也是工业化历程的组成部分，但是直到最近，工业革命史学家仍然对宣称其具有中心地位的相关观点表示怀疑。例如，经济史学家并不把消费者革命（consumer revolution）看作经济增长的一个因素，他们只是把它看作对技术变迁、货品供应增加和整体经济进步的反应而已。他们认为，要从业已增加的实际收入中来寻找答案,并且也没有证据显示在工业革命时期人们的生活水准处于上升状态。尽管经济史家做了种种否定,但是消费者革命这一命题的吸引力并未远去。无论是关于消费主义的文化和社会史书写,还是人们在 18 世纪拥有消费品数量的相对广泛的增长的相关证据,都在聚集着更多的关注。如果我们认为这些因素对广阔的经济发展产生的影响并不太多的话,它们对历史解读方面的变化却产生了深刻的影响。消费已经重塑了这一时
27 期的叙事模式,它取代了先前工业革命的宏大叙事模式。

历史写作的新方向正在重新评估消费与工业化之间的联系。历史学家们现在正积极研究之前人们所设想的——这些设想建立在与生活水准相关的一系列结论基础上——种种消费模式。消费活动的变迁与口味的变化有关,也与未充分就业的(人力)资源(underemployed resources)有关,其在家庭内部尤其明显,同时它还与一个词语有关,那就是最近几十年经济史学家所切实转向的文化空间领域(cultural sphere),即欲望、态度、流行和仿制。简・德・弗里斯讨论了变化的家庭行为与消费品新市场之间的联系。他断言,关键的动力在于这些新奇之物、异域之物、奢侈品和新式迷人之物(addictive goods)具有良好的前景,此外还有,它们能够在市场经济中提供劳动机会,对于妇女们来说尤其如此。他把这些因素所带来的变化称作"勤奋革命"(industrious revolution),不过这一"革命"发生在那场工业革命之前,也在那场工业革命期间持续存在。新奇之物、异域之物和"奢侈品",无论它们是独特品种,还是流行之物,它们都是由中产阶级,乃至普通群众精心挑选出来的,现在它们走进了中央舞台,它们刺激经济发生了更深层次的变迁。

从抑奢法案到社交活动

经济学家把奢侈品与精英消费等同看待;他们从收入、社会分工和社会排斥(social exclusion)的角度来定义奢侈。从这一分析来看,奢侈品就是大多数人无法接触到的商品。在当下的消费者社会中,奢侈品要凸显自己的设计性和品牌性,而且它们还与一种代表着独特性、多样性、个性和可选择性的生活方式联系在一起。[13]社会容纳与排斥的分析框架已经影响到历史学家对奢侈历史的解释范式。奢侈概念传统上与抑奢立法联系在一起,并且其承担着等级、阶层及其相互间进行严格区别等任务。

抑奢法案是欧洲政府为了阻止人们在公共场合的外在形象超越了自己的社会等级而制定的,而且这一法案也与外国进口商品有着密切关系。政治家和政策制定者们把奢侈品与异域或外国商品及其贸易商联系起来看待。经过考古学家和人类学家的探究,这种联系能够远溯至古代和原始社会时期。珍稀之物在古代刺激了长距离贸易的发展。精英们精心挑选出特别稀有之物作为奢侈物品:石器时代的黑曜石和贝壳;铁器时代的贵重金属和稀有的有机物。 28
琥珀、象牙、焚香(incense)和丝绸都是罗马贸易中的重要物品。[14]但是,从事外国商品贸易的人却与本地的抑奢体系发生了冲突。原始社会经常把对外贸易限制到一小部分商品,并且把从事这些贸易的人看作陌生人(strangers),而不是亲属或朋友。[15]在殖民接触开始的头几十年里,对新式的西方和东方物质和产品形成了追捧,这加剧了与当时的抑奢法案的紧张关系。这种紧张关系进而演化成本土与异域生产体系之间的关系。抑奢立法的目的转为以保护主义(protectionist)的管制为中心,它关注进口和出口品的管理和品质管控。英国人相对较早地抛弃了抑奢法案。在 16 世纪时,法律禁止除最高等级人士外的其他人穿天鹅绒服饰,尤其是红色和紫色的服饰,以及精制的丝绸、皮毛和刺绣产品。低等级的人士只能穿用自然色(natural colours)染色的服饰,并且这些服饰由本地出产但却质地不轻。这些规定只是间歇性地得以执行,到 17 世纪时,英格兰就将其取消了。这时,国家通过保护主义和财政措施来控制人们的奢侈支出。这一与奢侈和外国进口品有关的遗产进入重商主义的争论中,并且在 18 世纪中期的保护主义立法中焕发光彩。[16]

历史学家把人们对奢侈品的需求看作欧洲文明至少自古典时代以来的一个持续性现象,但是奢侈消费的文化体系特别在文艺复兴时期发生了转变。从这时起,它们成为社会精英们不断热烈追求的东西。历史学家和人类学者探究了这种需求的心理和文化根源。人类学家玛丽·道格拉斯(Mary Douglas)把这种她称作“有价值之物”(valuables)的物品定义为现代经济中商品许可的一种形式。这些商品的特征包括:高度明确的占有权、分配控制权、生产和交易中的庇护关系和身份体系的保护与再生产。然而,流行风尚把原来与奢侈挂钩的社会控制和身份体系颠倒过来了。随着人们对有奢侈价值之物更广泛的接触,对流行的追求改变了奢侈中的社会角色。品位代
29 替奢侈品成为稳固的身份结构的标志。[17]文化批评家如让·鲍德里亚(Jean Baudrillard)和皮埃尔·布迪厄(Pierre Bourdieu)则讨论了对物体解释中从象征到符号学的转变。鲍德里亚的物体获得了一种“符号价值”(sign value),或者是其在那种与诸物体和不同社会地位挂钩的公共准则(public code)中的地位。布迪厄认为社会根据人的品位给予各种人类生产活动以价值认定。物体和人在权力、意义和身份组成的共同的公共结构中处于不同的位置。[18]阿尔琼·阿帕杜莱则应用这种符号学方法把奢侈品定义为“人体化的符号”(incarnated signs),并且她还把玛丽·道格拉斯的社会价值物转变为商品的记

录名册(register),并认为其有着修辞和社交功能。奢侈品成为消费行为的一种特殊"记录名册",它具有以下诸标志:

1. 由价格或法律限定在精英圈中;

2. 占有上的复杂性;

3. 符号学上的精致艺术品(semiotic virtuosity),比如,胡椒、丝绸、珠宝和遗留文物;

4. 专业化的知识作为他们恰当的消费行为的前提,其受到品位和流行风尚的控制;

5. 他们的消费行为与身体、个人和个性高度相关。

但即便这个记录名册也受到挑战,在奢侈观念中,限定到精英圈子并非其根本构成。任何的共同体或家庭都可以拥有象征性的时间、人或时刻,通过特别珍贵的消费行为来纪念他们。符号学上的珍贵物品并非只限定在奢侈品身上,它可以应用到任何物品上。[19]进一步讲,这样一种符号学的方法太过抽象,只分析了物体的类型和人的类型。大多数的私人所有物,尤其是奢侈品,都是由有意义(meaning)的公共体系塑造的,但是,这些公共体系又受到人们的经历以及人们在私下里对这些所有物的反应的影响而不断修正。[20]

总的来看,奢侈品在东西方社会的社会和文化生活中总能起到中心作用,从古至今概莫能外。在对奢侈品进行界定时,人们总是把必需品和额外支出的概念作为对照物。人类学家把它们看作"具有社会价值之物",并指出它们有如下特征:高度明确的占有权、分配控制权、生产和交易中的庇护关系和身份体系的保护与再生产。文化批评家们则更喜欢用"人体化的符号"这样的词语来定义奢侈品:这样的商品是具有符号学意义的精致艺术品,我们可以在烹饪中的胡椒,服饰中的丝绸,装饰品中的珠宝以及信仰崇拜中的圣物中发现它们。它们与身体、个人和人的个性也有着高度的关联性。 30

但是,奢侈品总是从历史的角度来进行界定的,它们还依靠价值的公共体系和私人经历进行塑造;我们可以在早期现代和18 世纪之间看到其在奢侈品定义上所发生的变化。

当时对奢侈的思考

从中产阶级所拥有的物品以及正在崛起中的消费者社会所具有的经济前景来看,人们的奢侈品概念和消费物品的增多在定义新式消费品在其中所起到的作用具有同等重要性。从 17 世纪后期到 18 世纪,经济学家和社会理论家就奢侈的意义及其社会和经济方面的作用一直争论不休。争论中的方方面面经由历史学家放入政治思想史的问题中进行讨论,也成为文学和道德争论中的焦点。[21] 但是,令当时之人深感兴趣的是关于奢侈品不断变化的特征以及把它们与必需品分离开来所产生的问题。他们不断地把这个正在扩展的奢侈商品的世界与商贸的扩张联系起来,并且认为从这两者中可见中产阶级有一个新式的消费主义。甚至在 17 世纪,商业作家们就远远地赶在知识分子的前面对商业与奢侈之间的紧密关系一一进行梳理。雅克·萨瓦里(Jacques Savary)是法国的税收审计官,也是法国第一部重要的商业词典的编者。他在《完美的商品》(*Le Parfait Negociant*)这本商人教科书中写道:

(神圣的天意)并不希望生活中所需的所有物品都在相同的地点被发现。其将各种赠予物四散开来,这样人们就要聚到一起进行交易,他们有着共同的需求,他们需要互相帮助,从而在他们之中建立友谊。各行各业持续的交换构成了商业,并且它成为舒适(douceur)生活的来源。[22]

到18世纪20年代,笛福认为,英格兰“勤奋的制造业从业者”,也就是她的工匠和贸易商们之所以能够生活幸福并不缺钱花就在 31
于这种贸易带来的好处:

就是这种贸易让我们的人民能在家中享福,它是这里人民幸福的源泉;正因为节俭并非英格兰的民族品行,所以他们赚了很多钱,也花了很多钱;因为他们努力工作,所以他们生活幸福,吃喝不愁,穿着暖和的衣服,并且住着舒适的房子![23]

在18世纪,奢侈问题的争论远不限于富裕精英腐败生活这种传统的话题。抑奢法案先前对人们的服饰穿着进行了严格的规定并且禁止除精英阶层以外的其他人穿金戴银,如今这些规定也被取消或被逐渐废弃。评论家们也不断地对“新式”和“旧式”奢侈品,或“现代”和“古代”奢侈品进行区分。劳动的分工和商业的扩张创造了新式奢侈品,而旧式奢侈品不过是许多拥有者进行过度炫耀的工具,所以,二者有着截然不同的内涵。

曼德维尔引发了奢侈讨论中的一次转折。他接受了传统观点中把奢侈与邪恶相联系的倾向。宗教和道德活动家们对奢侈抱持一种轻视的态度,而许多知识分子和政治思想家也由于倾慕所谓的道德公民(virtuous citizen)而有着类似的思想。与他们不同的是,曼德维尔还宣称奢侈对公众有好处。他进一步对奢侈品和必需品之间所划定的泾渭分明的界限提出了挑战。他认为,人们所提出的那种具有整洁性、舒适性、正直和便捷性特点的“必需物品”(needs)是道德品质的体现的观点并不能证明其比奢侈的住宅和家具更伟大。在曼德维尔看来,无论男女,人们都是自私的、喜好享乐和爱慕虚荣的,并且人们用奢侈品来填补这些心理需求。正是由于人们沉浸其中不能自拔,无论是富人还是其他具有购买力的人,他们的行为促进了商业的扩张,也帮助穷人获得更多的就业机会。

在曼德维尔之后,人们继续从经济优越性方面来考察奢侈概念。在法国,梅龙(Melon)和孟德斯鸠在他们的关于政治经济学和政府的专著中专门拿出几个章节来讨论奢侈问题。但是如今,奢侈已经不是道德话语讨论的主题,它是政治经济学关注的焦点了。[24]奢侈也成为商业争论这个大题目的组成部分。詹姆斯·斯图尔特爵士(Sir James Steuart)对古代和现代中成体系的奢侈品进行了区分。在他看来,新式奢侈品提供了可供感官享受的种种物品,而且享受程度之高让这些物品成为多余之物。在实际享用奢侈品时存在着感官享受,但是享受过度的话,那就是在滥用这种享受了。斯图尔特还认为,奢侈物品的供应鼓励了“仿制、工业和农业的发
32 展”。[25]大卫·休谟和亚当·斯密几乎把奢侈与商业、舒适(convenience)和消费完全等同。休谟从经济问题中析出了“哲学”问题。奢侈成为“满足感官的提炼物”,也是促进商业扩张的推动力。商业的扩张让所有的人不仅能接触到生活必需品,还能买到这些“带来舒适的物品”。[26]另外,世界贸易给消费者带来的动力又推动了家庭经济的发展。休谟不仅在他的《论奢侈》和后面的《论艺术品的提炼》等文章中使用了一系列巧妙的词语来描述这些联系,而且在他的《论商业》一文中也可以看到:

如果我们读下历史,我们就会发现,在大多数国家,外贸是先于国内制造业的改善而出现的,并且外贸促进了家内奢侈品的出现……因此,人们对于奢侈品带来的愉悦(pleasure)和商业带来的好处(profits)逐渐习以为常了;并且它们内在的精美度(delicacy)和技术特色(industry)一旦被唤醒,它们就将在国内外贸易中的每一个分支中得到进一步的升华;并且这可能是在与外国人进行贸易时所能获得的主要好处了吧。[27]

对于亚当·斯密来说，一国之财富在于其能增加“必需品和舒适品”的数量，并且劳动力在制造出这些产品后还要能带来与其人口数相符的产品交换。他认为，劳动分工能促进“各种不同种类产品的增加”，并且还能保证“在一个秩序良好的社会中”诞生一个“惠及穷苦大众的普遍的富裕状态”。[28]亚当·弗格森追随而来，他把奢侈品定义为一般人们所渴望的所有物：“人类设计出的巧妙工具是为了生活的便捷和舒适。他们的建筑物、家具、装备、服装、各种家内物品、桌上的精致产品，以及一切搜集来的物品，其目的都是取悦自己的喜好，而不是满足真实的需求，是装饰所需，而不是基本需要。”[29]

尽管这些作家拓展了奢侈的定义，他们给消费主义带来了更丰富的内涵，但是他们很少有人深入探究实际生活中商品的细节问题。曼德维尔曾略微谈及建筑、家具、装备和服装。梅龙也提到过食物和原材料——糖、咖啡、烟草和丝绸，而关于那些奢华的物质，金银物品和外国饰物，以及珠宝等物品也在他的笔下出现过。[30]应
该说直到亚当·斯密我们才见到奢侈品在分析术语中——装饰型 33
建筑、家具、书籍、图片、普通珠宝和小玩意等藏品——取得优势地位，并且在这时，奢侈品才与人们在家仆雇佣、精致桌子、马匹和家养犬等方面的支出区别开来。[31]

正是那些商业作家——包括丹尼尔·笛福和约翰·卡瑞(John Cary)，或马拉奇·波斯尔思韦特(Malachy Postlethwayt)和约西亚·塔克(Josiah Tucker)这样的小册子作者和记者——才沉浸在对进口奢侈品和家庭消费商品进行浓墨重彩的描写之中。新式的消费品满足了中产阶层和商贸人员的需求，其影响远超过富裕人士的进口奢侈品这个小圈子，而正是丹尼尔·笛福对这一过程进行了经典描述。他认为，富人们拥有顶级的酒、香料、咖啡和茶，但是这些商品略显粗糙的变种及其大批量的交易还有赖于中等阶层群体的购

买——“这是一群依靠贸易为生的人”。乡绅们可能拥有最精美的杜松子酒(hollands)、白纱布(cambricks)和平纹细布(muslins),但是商人们则大批量购买来自爱尔兰、法兰西、俄罗斯、波兰和德意志地区的其他品种的亚麻布。跟那些更高级的人士类似,他们也进口各种染料配料和染色剂,包括“巴西木和染料黄蝴蝶木(brasiletta),黄颜木(fustic),洋苏木(logwood),漆树(sumach),红杉(red-wood),红土,栎皮(gauls),茜草(madder),菘蓝(woad),靛蓝(indico),姜黄粉,胭脂虫(cochineal),西班牙芫青(cantharides),金鸡纳树皮(bark peru),各种树胶,灵猫香(civet),芦荟,肉桂,土耳其染料(turkey drugs),非洲染料,东印度染料,大黄,黄樟树,等等”。[32]在大量的外国进口货以外,英国人现在可以制造他们自己需要的商品了,其中,从梭结花边到锻铁和黄铜,再到玩具和锁栓、工具、钟和表,应有尽有,供国内家庭需要,也供外国消费者购买。[33]

像这样的商品名单在这时的商业手册中是一种常见的修辞手法。它激起人们对来自东方的异域财富的感知力,并且它跟当时旅行记录中的那些令人啧啧称奇的物品也有异曲同工之妙。商品名单就如同一个好奇屋(cabinet of curiosities)①,而且有些商品名单中对东印度和西印度公司储物室中藏物所进行的描述引人入胜,比如,让-尼古拉·帕维亚的《荷兰的愉悦》②(Jean-Nicholas Parival, *Les Délices de la Hollande*,1678 年)一书就是如此。在 17 世纪和 18
34 世纪,商人运输货物的详细列表作为惯例会印制在报纸的广告部分,或者商业名片以及零售商品目录上,如同一个关于 18 世纪消费品的万花筒。商品列表可是一种充满了诱惑力的东西,它能表现人

---

① 好奇屋是文艺复兴后兴起的收集世界各地物品的收藏室,它既有人造物品,也有自然物品。好奇屋可以看作博物馆的前身。

② 《荷兰的愉悦》一书最早于 1651 年于荷兰莱顿出版。书中有对荷兰政府的描写,以及历史大事记。作者帕维亚是一位酒商。

们的富足并满足其心理需求，人们对这种新的宣传形式热情高涨。[34]

这些物品不仅吸引了这些商人作家的目光，而且还包括那些购买者。许多人对奢侈物品消费在中等阶层以及技工和贸易群体中的传播纷纷做出点评。1717年，约翰·卡瑞（John Cary）确认店主（shopkeepers）在联系“国内贸易”与海外贸易和制造业主之间所起到的关键性作用。以制造业主生产的商品为基础的现货市场（ready markets）以及“引发各种时尚潮流的财富的涌现，都能促进他们的发明物的加速出现，当我们注意一下购买者的购物热情是如何推动了制造业价值的提升就更明显了”。[35] 1731年，笛福说，“你们的市场到周六晚上很晚的时刻依然开业，这是因为他们通常拿到每周工资的时刻已然不早……这是我们整个商业活动生命力之所在”。[36]约西亚·塔克曾经赞誉英格兰的制造业者，“尤其是那些从事小饰品珠宝、橱柜、家具和丝绸行业的人士”，并且他还问道，“什么样的人构成了消费者的主体?”他在中产阶层和商贸人员中找到了消费主体，其中甚至包括那些机修工（mechanics）:“这几种类别的英国人的家中有着更优质的便利之物。他们愿意拥有数量更多的干净整洁的家具，以及拥有各类产品，比如，地毯、屏风（screens）、窗帘、室内钟表、精致的铜锁、火炉围栏（fenders）等。国外同等级的人则对这些物品几乎一无所知……几乎整个大不列颠的全体人民既可以被看作消费者，也可以被看作制造者，此言不虚。”[37]

马拉奇·波斯尔思韦特这样的商业作家则对消费者的不同等级进行了区分。此外，他还强调了提供式样最多和品质最丰富的商品的能力的意义，以及那种“对各种消费者产生吸引力，或者更高程度的取悦消费者的能力”的重要性。“要让他们所有人受到吸引并为之高兴，就要提供与他们千差万别的购买力相称的各式物品。”奢侈品要满足“眼光之毒辣”和“品位之挑剔”人士的考验，并且价格要在顾客的购买力范围之内。“技工的妻子不会去购买 15 先令一码的锦缎,但是她会买 8 先令或 9 先令一码的;她也不太会因为过于注重丝绸的品质而让自己自寻烦恼,但是她会尽可能买优质的产品以让自己看起来像一位更高等级的人或者更富有的人士。”[38]

奢侈也一直被认为是一种社交活动,它出现在城市之中,中产
35 或上层人士可来参加。曼德维尔在 18 世纪早期做过一次颇具洞察力的社会—心理分析,他在其中赞扬了城市中的乐趣,商品的交换,购物过程以及购物中具有的匿名性等特质。在交易过程中,商人们传递的是文明性、娱乐性,并且他们还会使用乡村别墅和马车,并且互相交谈,还充满了幽默感。[39]购物就是流行风潮的一个展示过程,并且它还是一种用手势来表达情感和语言对话的过程,店员和女性购物者之间借此构建起一种情感联系。年轻的女士与出售精品织物的布商之间所建立的关系中各自都拥有一种权利——他(布商)拥有定价方面的信息,而她(女顾客)则拥有惠顾哪家店铺的选择权。这位布商“是这样一个男人,他在交易中的一个秘密就是能够具有很高的耐心……通过介绍某些原理,举出例子并且通过他所掌握的知识而很好地给顾客量体裁衣,就能不知不觉间浸润顾客内心最深处的需求,让他的客户恍然大悟,并且找出了她们过去未曾注意到的盲点”。但是,不管他在对话交流和流行展示中的技能有着怎样的处置,他都可能因为不完美的奉承,某些不恰当的行为或者他的领结的问题而失去顾客,但也可能仅仅因为一个不错的举止或者一种时尚的氛围而赢得这位顾客。“某些女性在对选择做出决定时经常表现得反复无常,这一直是一个难以参透的秘密。”[40]

商贸和购物中的社交特性不再是大商人和年轻女士的专利。它也受到制造业主、商贸人员和中产阶级人士的欢迎。苏格兰社会思想家约翰·米勒(John Millar)在 18 世纪末给予“中等阶层的商人”以特殊地位,因为他们与大批顾客打交道而不是单单依赖某一

个人的喜好。[41]但是,这种中等阶层的消费行为从未自发形成;它与富裕人群令人瞩目的活动联系在一起。消费者与商品之间有着紧密的互动;亚当·斯密认为,人们对物品的渴望度是建立在流行风潮、精致美观和便利实用的基础之上的。各种物品经常被放到一起来观赏,从而能够相映生辉。与之不同的是,流行风潮是由那些拥有这些物品或乐于展示自己物品的人带来的,并且其带有一种天生高贵的品质。"优秀人士的那种优雅、亲切和掌控一切的品性,再加上他们服饰中那种随处可见的富丽堂皇,就足以让他们正把玩的东西获得荣耀。只要他们继续喜欢这种样式,在我们的想象中,它就
代表着时髦和华贵……一旦他们弃之如敝屣,它就失去了过往曾拥 36
有的全部光彩,并且现在只在低等阶层人群中使用,它看起来也只是些粗糙且顽劣之物。"因此,流行风潮始终在变化之中——服饰在一年的时光里就会变得过时;家具也不过五六年的流行期。因此,它们不会由"非常耐用的材料制成"。[42]物品要想变得适用和实用离不开精湛的工艺,灵巧且具独创性的构思。斯密对这些特质赞叹不已,他还强调了"仿制"的重要性。这样的物品跟奢侈品一样,它们比"马匹、狗和一桌好酒菜"对经济的贡献更大,因为附着在这些物品之上的劳动会持续存在,而不是在表演之后就烟消云散了。[43]

在那个时代,人们对奢侈问题的讨论发生了快速的变化,早先人们多谈及奢侈代表着过度、腐败并出台了抑奢措施,但现在人们关注其中的商业意义,中等阶层的消费主义,其对城市、社交的作用,并且分析了它对感官的心理和文化作用,以及它与人们品位之间的关系。当时之人强调了物品品质的新类型,奢侈品的多样化以及其在一个个异质性市场中的地位,这就要求我们对品位、感官和商品的文化意义等问题一探究竟。20 世纪的历史学家和文化理论家们以宫廷、沙龙和家居文化为背景对此展开调查。

从宫廷和沙龙到家内物品

在 20 世纪初，桑巴特就提出，奢侈消费是由宫廷和沙龙界定的。消费者之城崛起于王室宫廷所在地，比如，巴黎、伦敦和维也纳；这些城市为宫廷社交中的奢华支出和丰富的文娱活动提供服务，并且它们也给那些追求加入精英社会的暴发户提供机会。桑巴特对奢侈消费的崛起进行了解释，他探究其根源在于人之心理。他认为，私人奢侈消费“都是从纯粹的感官快乐中生发的”。“任何使眼、耳、鼻、舌、身愉悦的东西都趋向于在日常用品中找到更完美的表现形式。而且恰恰是在这些物品上的消费构成了奢侈。”这种满足感官需求的心理动力又源于人的性欲需求。“归根结底，我们看到，我们的性生活正是要求精致和增加感官刺激的根源，这是因为感官的快
37 乐和性快乐在本质上是相同的。毋庸置疑，推动任何类型奢侈发展的根本，几乎都可以在有意识或无意识地起作用的性冲动中找到。”[44]

然而，个人的满足并不足以解释奢侈支出越来越多地出现在宫廷社会中这一趋势。社会关系和宫廷的文化模式也在其间具有作用。礼节和仪式至少与感官快乐同样重要。桑巴特的感官心理分析被诺贝特·埃利亚斯（Norbert Elias）转变为社会心理分析。埃利亚斯认为，16 世纪宫廷社会的礼节和仪式创造了一种自我约束的形式，它成为个性的一部分，事实上也成为个人心理的要素。宫廷展示着等级区别和社会边界的存在；卷入其中的个人被认为要花费金钱并且要完成埃利亚斯所说的与“宫廷理性”（court rationality）相关的一系列规定。廷臣、贵族和臣仆对他们住处的大小、装饰和风格进行选择时需要与自己的等级相称；进行这种奢侈支出是“必要

的”,因为它是展现贵族社会地位的方式。[45]埃利亚斯还指出,这一时期,人们把这种自我约束的形式看作超越时间的、永恒的,实际上也是人的个性的组成部分,但不会把它看作历史的(historical)。宫廷社会给自发性的冲动和情感施加限制。人们社会地位的维持来自一种心理视角,那就是人们在对自我和他人进行精确的观察时,是从一系列长时段内的动机和因果联系的角度进行的。这是一种“宫廷式的观察”;它从不与孤立中的个人发生关系。[46]

对桑巴特和埃利亚斯来说,文艺复兴时期的富人们所拥有的奢侈品可以从宫廷社会的心理学和社会—心理学的角度获得解释。不过,奢侈也是对权力的社会展示。伊丽莎白一世使用物品(goods)作为统治的工具。对耐用消费品的崇拜进而成为家族地位的展示台。使用“铜绿”(patina)——也就是那些在几代人的时光里流传下来的奢侈品——成为社会地位的象征和保证。[47]在法国,路易十四的家具是他的权力的体现。宫廷中的家具被认为不太可能被模仿。然而,在路易十五时期,这样的奢侈品也变得日益商品化;家具不再只是为了证明王室的权力。[48] 38

这些奢侈品先是与宫廷,后来又与沙龙和贵族家庭有着密切的关系,同时,它们还是品位的明证。物品之所以有价值,不仅在于它们质地珍贵,而且还是生产工艺的体现。奢侈品既说明人们品位上的提升,其本身也散发着文雅高贵的气息。正如戈德思韦特所说,品位融入新式物品之中,这是“将这些物品转换为高级文化”的途径。诸如意大利马略尔卡陶器①这样的物品,其之所以具有价值就是因为“从个人餐桌礼仪标准到高深的学问等内容都是通过这种绘画装饰品展现出来的”。这样的物品是为新的精英而生产的,不仅

① 马略卡尔陶器(Maiolica)是一种文艺复兴时期出现的意大利产锡陶器。制作者在白色的瓷器上涂上彩色的图案,这些图案有时候讲述一些历史或神话故事。

展现了他们的财富,也是他们的品位与精致生活的体现。[49]

过去和现在的奢侈历史研究者都注意到,在家庭装饰中有越来越多的奢侈品在众人面前一展芳姿,并且妇女在其中起到的作用也越发重要。桑巴特认为,17 世纪之后,妇女们把奢侈品带入家庭领域之中。正是妇女们将奢侈“物质化”了,与过去那种招待大批客人的宴饮和娱乐活动相比,现在她们更喜欢富丽堂皇的服饰,舒适的大房间和价值连城的珠宝。情妇与交际花们在肉色交易中获得奢侈品,不过她们也给奢侈品带来更优雅的一面。桑巴特认为,尤其是在英格兰,家具和别墅成为最大的支出项目。他还引用旅行家冯·阿申霍尔兹(von Archenholtz)在 18 世纪所写的话:

> 欧洲没有其他地方像英国人的宅第那样奢侈豪华。铺着最昂贵地毯的楼梯上装着上等印度木料制成的栏杆,装修精细巧妙,带着水晶瓶座的壁灯照亮了整个楼梯。楼梯平台上装饰着半身雕像、绘画、大圆雕;房间的护墙板和天花板漆着上好的清漆,装着金色的浅浮雕和充满欢快喜庆色彩的绘画和雕塑。那些壁炉用意大利花岗岩建成,式样十分雅致,其上摆放着鲜花和塑像,壁炉是主要的装饰品。房间的锁是嵌着金丝花纹的铜锁。每个房间都铺着地毯,它们每块价值 300 英镑,让人不忍踏足。亚洲出产的最昂贵的织品被用作窗帘,房间里摆放的钟表以其华丽的外表和巧妙复杂的机械结构让人惊叹不已。[50]

在谈完情妇、交际花和宫廷文化的喜好后,历史学家们把目光转向了沙龙文化。妇女再一次成为焦点。在 17 世纪和 18 世纪的法国,自路易十四统治中期开始,沙龙成为新晋升贵族的人士融入贵
39 族阶层的绝佳手段。我们可以认为,沙龙是传播品位与时尚政治的场所。它们以一种贵族阶层特有的方式给新贵们提供了学徒期。

沙龙与宫廷生活密不可分;它们是接近宫廷的一种手段,并且它们在服饰、家具和屋内装饰上发展出了一种相对应的美学范式。[51]但是要把这些物品放入国王和宫廷影响下的权力框架进行分析才有意义。包括中产阶级在内的广大消费市场带来的是流行风尚而不是王朝等级地位。在18世纪的巴黎,拥有一个全新的红木书写台并不太能说明社会等级,它只表示所有者拥有一定量的财富,同时,这个书写台也不体现腐败或道德,它只能说明社会风尚如何。[52]

然而,沙龙在成为品位实践的平台的同时,也能成为商业的积极宣传者。女学者伊丽莎白·蒙塔古(Elizabeth Montagu)把她的文学沙龙打造成一个文化展台和“正确使用奢侈品”的实践地。她以“最富丽堂皇的方式”生活,并且她的公寓和桌子体现着“最杰出的品位”;她被看作文学和艺术品位的仲裁人,也被看作书写美学的作家。她在蒙塔古宫(Montagu House)上花费奢靡,她雇用了一批英国的艺术家和匠人,其中包括各种从事青铜、大理石、玻璃、木雕和镀金物品制作之人。她鼓励人们大胆地实验,采用新的工艺设计去仿制那些昂贵的金属制品,并且她还是马修·博尔顿的那些装饰性金属品的热情的宣传员。她以一个消费者的身份宣传英国的工业成就。1790年,她曾给她的姐妹萨拉·斯科特(Sarah Scott)写信:“今天早晨,为了安装我那大别墅的窗帘,我去城市的另一端预定了280码的白色锻纹布,此外,我还订了200码的门帘。我觉得,这笔订单会让我在斯比德菲尔兹(Spittal Fields)大受欢迎。”[53]

从奢侈品到流行风尚

宫廷与沙龙为奢侈品提供了最好的展台;紧随其后的则是富人的家庭内部。富裕的消费者通过品位与审美让自己与众不同。但

是,新式商品——那些观赏性的、奢华的装饰品在各个类型和价位
40 上都有供应——在中产阶级的家庭之中以及日益崛起的购物中心里也找到了新的文化空间;在这里,流行风尚喃喃自语。新式商品具有的创造性、多样性以及其工艺中包含的聪明才智与流行市场一一对接。奢侈品所处的文化空间强调教养、礼仪、品位、流行等要素,并且与之相关的消费商品也是在"文雅"(politeness)的氛围内塑造出来的。"文雅"是因人们之间的互动而产生的一种类型或习惯。它包括人的行为和个人风格,但也会延伸到人的品位和流行风尚,以及物品、建筑和房间内部的设计特点。它代表一种社交友好型和温文尔雅的倾向,同时,它还是一种对话,传递着舒适与互惠的气氛。[54]新贵们也需要被教育,并且他们对各式商品的鉴别力、展示能力以及使用熟练度也需要逐渐培养。不过,基于商业的繁荣——正如在北方和密德兰地区所发现的那样——带来了知识和文明程度的增长。文雅文化应对的是经济的改善和道德与社会的改革。这是一种适应城市中产阶级以及现代商业政体的社会思潮。[55]在最新的商品做流行展示时,文雅特质也一并出现;最简单的例子可在全国各地的商店轻易见到。包罗万象与信誉良好是一个商店、一个人,乃至一个家庭在做展示和装饰时的必备条件。[56]

虽然历史学家认为在16世纪那个更狭小的市场内流行风尚有其地位,但是主要是在18世纪这个时间点上时尚风潮才逐渐具有了普遍的影响力。正如研究所示,亨利八世为弗朗西斯一世时期的法国流行之物所迷倒。在16世纪晚期的伦敦,流行风尚充满了"令人眩晕的喧闹",这一风潮从意大利风到法国时尚,再到荷兰和"巴比伦式"的奢华,变化迅疾。[57]这个世纪是一个"消费者市场中的风格
41 与技术发生活跃变化的时期"。[58]16世纪人们的社会地位决定了其需要在奢侈消费上有所支出,到18世纪时,人们在进行奢侈支出时主要受到当时流行风潮的强烈影响,很明显,这两个世界的区分已

经划清了界限。然而,流行风潮之所以越发重要,一方面是因为一个流行体系得以建立,另一方面则有赖于一个更广泛的文化变迁,那就是人们追求私密性、身份认同和娱乐享受等更具个人化的表达。

正如20世纪早期的社会和文化理论家齐美尔所说,流行由一部分特定群体实践而成,然后大多数人只是随波逐流予以接受。他认为流行具有阶级特征,是那些更高阶层的人与更低阶层的人进行区别的手段。但是,流行风潮的边界与内涵也随着时代而发生变化。在时间的长河中,它能变得更加宽泛,也更加动人,并且流行之物也不再像之前那样昂贵和奢靡。[59]

有时候历史学家会将奢侈与流行区别对待,他们认为那些反对奢侈的论辩会阻碍人们对流行的认知。一些流行服饰样式并非奢侈品,并且宫廷仪式和教会礼仪更偏好使用奢侈品而非流行之物。奢侈品与东方联系在一起,而流行之物则在欧洲取得胜利。对“铜绿之物”的审美品位代表着家族的地位与古老性,这种喜好在17世纪结束前一直主导着人们对奢侈品的认知,但是在此之后,一种新的流行体系和对精巧之物的喜爱开始占据上风。谢瓦利埃·德·若谷(Chevalier de Jaucourt)在《百科全书》(*Encyclopédie*)中区分了奢侈与流行之间的不同,他对工匠技艺和奢侈品所代表的高价值材质赞赏不已,但他对贩卖那些代表着不稳定和易逝性的流行之物则大加贬斥。[60]不过,社会风气的持续变迁能够让这种区分更具必要性,并且新贵们在追求自己的审美品位上也是煞费苦心。

尽管奢侈与品位最初是在宫廷和沙龙的范围内得以成形的,但是新式奢侈品的出现与社会交往密切相关,而流行风潮则可在城市住宅的家内装饰中找到。18世纪中产阶级的迅速崛起让人们追求新奇之物和流行风潮的热情成为现实。人们对所用物品的品位成为一个体系并且具有了文化上的意义,于是,当物品进入社会应用的范畴时,它们能够成为颇具魅力的消费商品。制造业主们知道,为消费者进行风格多样的设计是有意义的,在理解这一点并且能将之运用到实践中后,制造业主们可以为特定的市场进行生产了。在
42 英格兰和荷兰,高度城市化的社会对社会阶层进行了区分,并且人们对住所和家庭环境付出了更多心血,于是,我们可以在众彩纷纭的社会品位中看到一个个并不相同的文化体系。从 17 世纪中期开始的印花白棉布备受人们追捧的例子可以说明一些问题。这款由商人们从印度引进的物品本来用作窗帘和床帘(bed hangings),但是,这些商人又把它改造成精致的织品向流行服装市场供应。这些白棉布之所以受到追捧,不仅因为它们拥有相对较低的价格和体现了精英式的织物外观,同时还因为,在它们出现时,织物的轻便性以及在其上印有花卉图案的趋势在欧洲风头正劲。这种白棉布适合于那种具有多层活褶(pleats)的服饰,以及那种原来只适用于丝绸产品的多层式的服饰。白棉布所适应的服装样式与丝绸服饰吻合,但是它们又具有更加“自然”的印花,这是一种具有现代风格的精巧设计。此外,它们与法国式的织锦和刺绣上的那种规整的花卉图案又截然相反。[61]

就是这样,印花白棉布和印度平纹细布既是仿制之物,又别具特色。它们让时人感到新奇,不过又未逃脱时代的风格样式。让人眼花缭乱的各种材质与不断变迁的品位和流行时尚紧密互动,其中既有进口的印花丝绸、精制的印度产印花白棉布和平纹细布,也有英国产的白棉布——商人和制造商们在 18 世纪 70 年代到 90 年代之间将其引入市场。商人们在培养精英们的国际品位上功不可没,同时,他们在培育中产阶级和下层人民对稍微廉价却新奇的物品的喜好上也出力不少。在中产群体中,审美和生活方式上的变化也能激发人们的创新欲求。[62]

人们对瓷器和金属器皿的品位体系也有着类似的趋势。饮茶

之风的盛行,以及餐饮礼仪中餐具数量的增多所带来的餐桌礼仪的变化,这些都增加了人们对东方瓷器的需求。新式的本土陶瓷类型模仿了东方瓷器的诸多特质,但它们是新产品,它们成功地在本国和外国市场中打开了销路。韦奇伍德所走的创新之路让他的产品能够跟上流行风潮所发生的细微的变化。正是家庭装饰,而非宫廷展览厅才真正给陶瓷需求带来了文化上的关键动力。就金属器具而言,装饰性金属器具发生了大量的革新,它们一般被摆放在壁炉和温室(stoves)之中。城市的住宅、规模更小的房间以及私密性空间的产生推动着人们产生了对高效率的加热系统与装饰性之物融合为一体的需求。[63] 43

从仿制到发明:18 世纪的商品

奢侈品的内涵从多余之物向便捷和享受之物的转变并不是孤立发生的。人们评价上的变化是对越发繁荣的商业化和异质性城市社会快速发展的反应。不过,这也是国家对传统上由外国供应的奢侈品历史的一种反应。现代化的设计风格,机械工艺上的独特构思,再加上用国产货取代外国进口品的热情,这些因素的结果就是产生了一种新式消费品——它们更加便宜,又不同于传统奢侈货,并且这些消费品具有了更多的吸引力,那是一种具有现代创新性和流行风格的吸引力。因此,产品的创新与技术创新一同前行。在 17 世纪,法国人制造的家具具有新式的异域材质——热带木材、大理石、镀金材料、镶花装饰品\玳瑁壳(tortoiseshell)以及青铜器。在 18 世纪,用更加便宜的代替品来取代这些珍稀材质变得可能了,并且实际上,他们还能用创新的方式将这些物品装饰出新的效果来。新式的家具也被发明出来了,它们更易移动,“也更加舒适、更加讨人喜欢”。[64] 梳妆台、床头桌、女士写字台、针线桌（needlework tables）以及易移动的桌台统统引入，它们迎合了妇女们的喜好。这些新的家具采用一系列的新工艺，并将那些珍贵的异域木材予以抛弃，比如，经过涂漆上釉的马丁（Martin）装饰①，新式镀金工艺，正在消失的立体镶嵌装饰品，镶嵌着珍珠母的物品。[65] 在英国，新式家具、茶具和茶叶箱，橱柜和餐桌，漆器以及各种装饰过的物品在世人面前纷纷展现自己独特的风采。

在装饰性金属品、陶瓷、玻璃、轻质家具和钟、表中可以见到所用工艺体现了新式的现代主义，并且它与产品上的创新交融在一起。在这些商品中的新式奢侈品和轻奢物品，有些是首次出现的产品，有些则是采用新式材料改造而成的物品，还有些用新材料做外观装饰或精加工而成。染色、印花、转移印花、冲压制铁、镀金等新技术，以及在上漆和涂料方面众多的革新将各色货物，及其外观、品质和种类皆予以改变。

对物品的品质、种类和精致度的关注，对外国进口货物的迷恋，在 17 世纪后成为激发人们改善本土制造产品的动力。这并非仅是重商主义者的计划，或者一个对进口货物的简单复制，它是一个充
44 满活力的新式产品诞生的过程。英国的消费产品具有便捷、实用、种类多样和制造新奇等特质，它们不仅满足国内流行市场的需求，而且在欧洲和美洲也受到欢迎。越来越多的人希望物质产品日益丰富并且能够应时而变，同时，人们还希望这些产品的价格让人负担得起，也正是这群人的需求给创新带来了动力，让工业化找到了出路。这条品质之路（quality road）在大多数关于工业化的历史书写

---

① 这是一种法国的屋内设计风格。这种风格模仿中国涂漆技艺，它在家具、车厢等各色物品上有着广泛的应用。“马丁”一词则源于 18 世纪中期在工厂中率先采用这一工艺的马丁兄弟。

中湮没无闻，但是它却在“现代奢侈品”和新式消费品为代表的“乐趣经济学”中处于核心地位。[66]

“仿制”活动是这一过程的根本。它建立在传统奢侈品源于异国他乡和东方社会这一概念之下的。这些商品从17世纪后期以史无前例的规模引入欧洲，并且它们作为奢侈商品甚至为一些中产阶级能接触到。正是如此，它们才激发了新式消费奢侈品和轻奢品的生产浪潮。新式商品在欧洲各地生产，最成功的出产地是英国，它们纷纷在家庭内部和文明环境中被使用和得到陈列。它们有时候被看作替代品，但更常见的情况是作为全新商品的形象而出现的，并且其生产过程以高技巧性、高技术性、多样性和艺术性而闻名。在这一时期，这些特质也被人们看作东方奢侈品成功的根本。 45

第二章　货从东方来

我们从聪慧的中国人那里攫取精华。[1]

向亚洲学习

在 17 世纪和 18 世纪,政策制定者、船长和贸易公司沿着通往中国的路线前进。他们最初只是想找到一个东方宝库,但是最后却找到了一些有着重要意义的商品,这些商品不但改变了欧洲的精英和中产阶级的消费文化,而且连工匠和劳工的消费文化也最终一并发生了变化。在这个过程中,欧洲的制造工艺在来自亚洲的茶叶、瓷器和纺织品的压力下发生了改变。这个现象的影响遍及整个欧洲,并非只局限于英国一地。那些关于东方物品的贸易是欧洲整体贸易中的一环。

这些来自东方的货物是怎么弄来的呢? 纳撒尼尔·托利亚诺(Nathaniel Torriano)是东印度公司船只“奥古斯塔”号(Augusta)的船长兼货物押运员。1718 年 1 月,托利亚诺启程前往中国。除了作为押运员的身份,托利亚诺还是公司的经理,所以他需要跟船出行并在港口住下。他身兼商人、银行家、语言学家和外交家等多种身份,此外,他算是一位接受过教育并有才干之人,并且他还被认为具有不可腐蚀的诚实品质。8 月 20 日,托利亚诺到达广州,并且在那里待了五个月。他花费了不少时间兜售自己的货物，订购产品，购买商品，并为返程的船只装载上各种货物。他向中国人出售各种欧洲的物品，其中包括铜制品、铁器、玻璃器皿，以及钟表和珠宝等，但是，主要的出售物品是他从巴达维亚（Batavia）带来的印度产的白棉布。在广东与他一同外出采办的是商行商人（Hong merchant）皮克尼·周夸（Pinkey Chougua），我们也可以把周夸称为华人中间商。托利亚诺买到了几千件瓷器，并且他还预定了更多的瓷器，此外，他 46
还买了各种中国的奢侈品、漆器、茶桌、丝绸和塔夫绸。船上剩余的空间则塞满了茶叶，虽然要到 18 世纪晚期，茶叶才会成为贸易往来的主要动力。当托利亚诺在 1719 年 7 月回国后，他开始出现在各种拍卖会和私人交易中出售他的亚洲奢侈品。他为此忙碌了一年。[2]

几年后，托利亚诺再次踏上了前往广州的海路，他可能还要与荷兰、法国和丹麦的东印度公司竞争。还有一位英国人叫查尔斯·豪（Charles Hall），他是“普里侯爵”号（Marquis de Prié）的船长，他从 1723 年起为来自奥斯坦德（Ostand）的私人合伙人公司工作。豪也参与到一群来自英国公司的船只的竞速之中，他们都差不多同时抵达广州。与托利亚诺类似，豪也带回了大量的瓷器以及数量更多的茶叶。他还带回了一批医药材，包括大黄、土茯苓、荜澄茄、良姜，以及水银、硫酸、中国墨，还有各种的胶、漆器、香木、珍珠母、珍稀石头和金子。他的货物总计 49296 镑 5 先令 6 便士。[3]这次航行所获利润投入几处乡村别墅的建设中。在 1742 年，建筑师威廉·哈夫佩尼和约翰·哈夫配尼（William and John Halfpenny），罗伯特·莫里斯（Robert Morris）以及托马斯·拉特奥勒（Thomas Lightoler）计算过建设一处普通乡村别墅的价格需要 3152 镑，而建设一处更壮丽的乡村别墅的花费则多达 16810 镑。[4]

在豪和托利亚诺航行四十年后，威廉·希基（William Hickey）驾驶着东印度商船“埃尔金的伯爵”号（Earl of Elgin）踏上一次漫长的旅程。他从英格兰出发的时间是 1763 年 4 月末,直到 1765 年的 6 月末他才到达中国。他还记录了从 7 月中旬到 8 月末之间抵达的其他 15 艘英国或欧洲的船只的情况。在接下来的六个月里,他一直待在广州。在获得官方批准后,他的船上装上了茶叶、瓷器和丝绸等货物。此时,茶叶已经成为航运中的重要物品。很有可能希基购买了17000 ~ 20000 份瓷器。不过,瓷器在其中已经退居次要地位,在 1767 年早期的官方记录中,共有 1371 笔瓷器交易出现,此外还有几笔私下交易。这次航行有着极其丰厚的利润,其收入达到 20492 镑 4 先令 9 便士。[5]希基在 18 世纪 70 年代和 80 年代期间所获利润足
47 以支持他去建设几处大型阿克莱特①式的棉纺织工厂,甚至包括建厂所需购买机器的钱数。在 18 世纪 80 年代,像花费 3000 英镑购买的千轴纱锭以及花费 5000 英镑购买的加大一倍的纱锭这类投资对于他来说并无压力。[6]

长期以来欧洲人对东方奢侈品就非常熟悉并着迷不已,这是这些航运活动产生的背景。在文艺复兴时期的意大利,用瓷器、玻璃和银制成的精致餐具是文雅的象征,并且王公贵族和富裕的商人们都愿意在家中展示自己拥有的这些东方瓷器。但是,随着海洋贸易的深入进行以及 17 世纪初期东印度公司纷纷成立,这些东方消费品的交易呈现一种全新的样貌。这种贸易活动改变了欧洲的物质文化,并带来了新式的物品、颜色、风格样式,乃至抛光技术。

---

① 理查德 · 阿克莱特(1732—1792 年),英国工业革命时期的企业家。他创办的企业将能源动力、机器、劳动力以及棉花原材料聚集到一个固定的空间内进行大规模的生产,这成为现代工厂体系的开端。

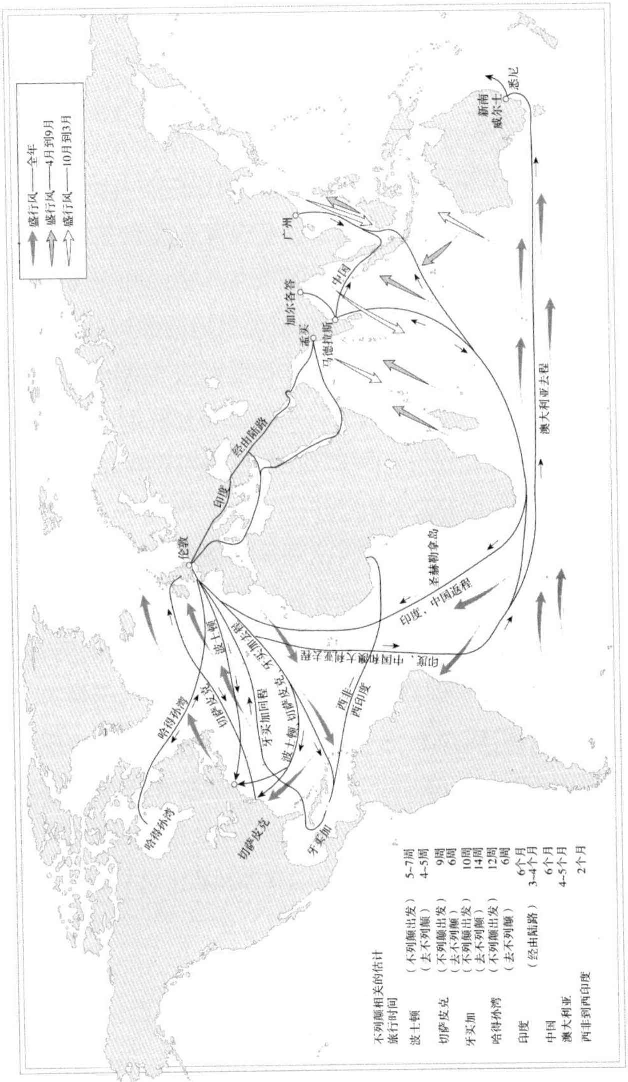

地图 2.1　18 世纪后期世界贸易路径

资料来源:《牛津大英帝国英国史》,第二卷

与东方贸易一同产生的还有对中国的着迷,用一个欧洲的词汇来表达就是:“中国热”(chinoiserie)。大规模地购买东方瓷器就是为了满足人们的这种品位。这些东方奢侈品——不仅包括瓷器,还有丝绸、白棉布和漆器——源自亚洲消费文化,但是它们很快改头换面并适应了海外市场的需求,先是在中东,后来在欧洲皆是如此。凭借着高效的、大规模的生产能力和高度复杂的贸易与分配网络,这些货物在整个英国及其帝国领域内为中产阶级和乡绅所熟悉,成为他们物质文化的组成部分。这些用于家内的装饰品满足了人们对于充满异域风情的东方的喜爱,同时它们也推动了欧洲,尤其是英国自己的工业生产和设计能力。东方商品有着难以抗拒的魅力;一旦它们不再限于王公贵族所占有,贸易的增长看起来无可限量。除了对物品本身着迷外,由于隐藏在这些物质、颜色和类型背后的异域生产技术和生产过程并未为欧洲所掌握,这也是它们充满魅力的原因。这时的欧洲尚缺乏长期积累的技术能力,这也不是单个工匠的艺术天赋能完成的,这些产品有着多重要求的生产过程,它包括大规模的生产、劳动的分工和专业化,商品化以及对全球市场多样性的适应能力。

从亚洲运往欧洲的经典的古代奢侈品是丝绸,它们通过传说中的丝绸之路运往欧洲。丝绸生产先是于公元 6 世纪出现在拜占庭的西部,后来在 9 世纪和 10 世纪时通过意大利南部传往西班牙。在近代早期,尽管意大利成为西方丝绸的主要生产者,但是中国丝绸仍然通过葡萄牙和荷兰商人运往欧洲。与丝绸不同,白棉布、瓷器和
49 漆器是相对较新的进口品,但是它们由于在 17 世纪和 18 世纪广受欢迎并且成为贸易的大宗物品而对欧洲工业产生重大影响,尤其是对英国工业的影响更为明显。这些后来引入的商品并不像金银器,珠宝,乃至丝绸那样被看作高档奢侈品,它们也不是面向大众市场的普通商品。它们到来后被看作代表体面的和高品质生活的轻奢

物品,并且它们的品种、种类、品质和价格都是多元化的。它们对从中产阶级到精英阶层的多个阶层都产生了吸引。亚洲制造商们满足了欧洲市场快速增长和需求多元化的现实,这种能力对欧洲制造商产生了压力,促使他们做出反应。亚洲的先进成就迫使欧洲人去"模仿"他们的生产过程和营销策略,欧洲人开始致力于生产进口商品的替代品。

图 2.1　装饰有意大利戏剧场景的茶壶,斯塔福德郡,英格兰,18 世纪

在 17 世纪和 18 世纪期间,大批的白棉布、瓷器和漆器从亚洲进口而来,它们散发着的异域气息让其人气大增。爱德华·萨义德认为,西方把东方变成一种话语;在 18 世纪到 20 世纪期间,西方预制了一种东方模式,它是西方的他者形象。这个"他者"是神秘的、狡猾的、内心阴暗的,带着一种由内心深处油然而生的疏离感。[7] 不过,在中世纪到近代早期的这段漫长的时间里,异域的东方已经通过特定的物品——织品、毯子、陶器、家具、珠宝、颜料、流行式样和装饰品——而为西方社会所了解。实际上,回顾更早时期,在欧亚大陆的其他地区,中国被叫作"塞里斯国"(Serica),这与丝绸(silk)的中文发音(si)是对应的。它的另一个名字"China"则取自瓷器的

中文发音“ci”。[8]从15世纪时的红衣主教贡扎加(Cardinal Gonzaga)所收藏的土耳其和东方珍宝,到巴黎商店里作为古玩珍品出售的“拉希纳日物品”(objects of Lachinage)①,这些东方的物品充满了奢侈和别致的气息。不过,这些东方的商品也“体现为”东方话语。它们是市场的产物,似乎代表着东方的生活方式和价值观念,实际上它们是在亚洲制造商的手中被造出来的,用于满足西方人对东方造物先入为主的观念。[9]

欧洲的中国观也影响了那些被运往欧洲的物品。在欧洲奢侈
争论的背景下,中国不是感官肉欲和奢侈过度的代名词,而是伦理
50 规范、和谐共融与美德风度的化身。中国与孔子先是给莱布尼茨带
来了灵感,后又启迪了伏尔泰和百科全书派,这些人通过中华物品
的万花筒得以窥视他们内心中对人类尊严和高尚的追求。在对中
华物品的占有过程中,他们希望接触到的文明层面脱离了市场的限
制,但是实际上,市场从最早的时代就如影随形。

从罗马古典时代以来,那些输入欧洲的亚洲物品就是为适应中
东社会的品位而生产出来的,或者是为了满足印度洋贸易的多元化
需求而出现的。[10]这些物品与西方社会的美学品位能够轻松对接。
“中国热”在17世纪和18世纪主导着欧洲的流行社会,从服饰到家
具、建筑和花园样式都受到追捧。这一风潮是一种对想象的东方的
构建成果,它反过来又渗入亚洲进口品贸易的方方面面之中。到17
51 世纪后半期,“中国热”在英格兰也开始出现。在这一时期,东方艺
术和工艺品被笼统看作都是中国的。在16世纪时,当时欧洲唯一的
东方艺术种类也是来自中国——在里斯本、安特卫普以及伦敦王家
交易所的中国商店(China shops)出售的极其昂贵的各式物品。[11]东

---

① “拉希纳日”是根据法语里“中国”(Chine)这个词创造的新词,泛指罗钿嵌镶家具等中国工艺品。

方的设计风格与物品样式被融入巴洛克和洛可可的风格之中，并且它们变得与西方艺术已经浑然一体。它们在传递出异国情调的同时，又隐然显现一种更具活力的灵动性。

亚洲奢侈品和设计风格很容易通过跨文化交流进行远距离的吸收和传播。这使它们成为极其成功的技术、设计和美学的传播者。从非常早的时期起，中国瓷器在广阔的贸易活动中具有的地位如此重要，以至于这些瓷器早期的设计风格从银器处获得启发，并且随后得以在伊斯兰的土地上作为金银代替物来出售，因为在《古兰经》传统中，金银受到鄙视，只是作为饮食器皿而有些用处。在西方，16 世纪和 17 世纪的瓷器代替了银盘的功能，因为在欧洲大战或国内战争时期，贵族家庭将银盘器皿大量融化掉了。[12] 中国风格的瓷器在西方的出售，以及后来出现的代夫特风格的复制品，这些都降低了中国视觉文化的繁复程度，并且满足了人们对设计风格的要求，即其中要包含一个具有创造性想象的中国意境。

类似地，进口自印度的白棉布也要适应这股“中国热”中人们的品位喜好。英国和印度之间在印花白棉贸易方面一直没有直接的渠道，直到 1649 年，第一艘装载着这些货物的英国船只驶离科罗曼德海岸（Coromandel coast）时这一状况才告结束。在此之前，葡萄牙人和荷兰人的奢侈品货物中只有一小部分是印度白棉布。商人们很快就在他们的白棉布上使用声名远播的中国艺术风格，他们要求在白色的棉布上采用其所挑选出来的印花风格，他们抛弃了印度传统的红色或其他色彩风格。[13] 一个明智的营销策略是将销售的范围从装饰性的织品延伸到了流行时装方面。到 17 世纪最后三分之一时，贵族男女们使用的印花棉布引导着新时尚，他们将印花棉布织造成非正式服饰，比如“晨衣”（morning gowns）。此外，这些印花棉布还成为新风格样式的首选材质。到 1687 年，东印度公司就记载印花棉布已经“成为最高贵的女士的服饰，她们将其穿在长袍和披风

(Gowns and Mantuoues)外面,这些印花棉布俨然可以与天鹅绒和黄
52 金饰衣等价”。随着威廉和玛丽执政时代的到来,荷兰人对印花棉布的追捧也开始了。“最高贵的女士的上衣和裙子现在都是印花棉布织品。她们永远不会觉得使用过量,也永不会认为你给她们送的印花棉布过多。”[14]与瓷器一样,印花棉布也适应了欧洲人的品位,不过它们对快速变化的服饰贸易有更强的反应能力。这些商品不仅能够在样式类型上具有多样性,而且它们能够每年都推出新的样式,甚至新样式上的花色也能年年不同。到 18 世纪中期,欧洲的中国风设计风格大量取材自印度的铜板印花技术,而且印度的仿制人员所设计的新样式具有丰富的色彩。[15]

漆器装饰品则是另外一种极富吸引力的亚洲进口奢侈品。它们对欧式设计风格产生了巨大的影响,并且在随后出现的替代性产品上处处可见其身影。它们从未大批量进口;品质最高的漆器来自日本,并且它们始终作为昂贵的奢侈品受到尊崇。当道德话语谈论到奢侈品时,漆器也是这一串商品列表中的常客:“如果要说恶习易染的话,没有什么东西能够像装饰客厅的印度式屏风、橱柜、床和门帘那样可算作首选之物了;同样还有那些装饰内屋的中国货或漆器。”[16]最常见的出口家具是一种橱柜,其配有两个门,并且其附带着一组小抽屉和一个处于中心位置的小橱。在欧洲,它们往往被置于一个台子上,并且经常用来作为陈列各色瓷器和其他异域物品的展示台。绅士们的私人空间以及临时开辟的特别的卧室珍藏着漆器装饰物以及东方运来的橱柜,它们上面安装着不易发现的抽屉,里面存着珍奇异宝。作为迷狂与性欲的象征物,它们让人与广阔世界得以亲密接触。漆具有全部美学品质,它能够将异域珍稀物转变为流行时髦品。

漆是由漆树树脂制作而成的,而且这种树只在东亚才有。它的制作工艺并不简单,因为有毒物质存在多层薄膜需要去除。黑色背

景的漆面上绘上风景、花鸟，而金色的树叶和凸起的浅浮雕也很常见。[17]这种早期的奢侈贸易对欧洲的家具风格和家具贸易产生了重大影响。许多人依靠模仿它的制作过程申请了专利，并且不同样式的涂漆新物品也大量面世，甚至按照欧洲样式生产的物品进入对亚
洲的贸易中来。英国的工匠抱怨着这些进口品造成的竞争压力，他 53
们说在 1697 年到 1701 年间进口的物品就包括 5582 件茶桌，4120 个喷涂框架(powder frames)，655 个高台橱子(tops for stands)，818 个涂漆桌子，597 个灯台，70 个衣箱(trunks)以及 52 个屏风。“与东印度做生意的商人们不但从那里得到，而且也向东印度输送了各式风
格和模样的橱中物品；而且这些橱中物品运来的数量非常多。它们 54
在运来前先是在当地按照我们英式风格的模板进行设计，这就使英格兰本地贸易处于岌岌可危的境地……”[18]在 1720 年到 1750 年间，亚洲漆器及其欧洲仿制品，以及日式漆器被广泛融入路易十四时代的洛可可家具风格之中。它还进一步延伸到大众使用的各种物品之中，并成为狄德罗(Diderot)心目中展示流水线生产方式的理想商品。[19]

瓷器、印花棉布和漆器成为中国热的典型商品，它们在 17 世纪和 18 世纪是欧洲物质文化的主要代表。从卧室到内所(inner sanctum)或藏品陈列室，再到晨室和会客厅都可见它们的身影，这是一股流行风潮中的根本元素。这些产品能够轻松融入欧洲文化之中离不开亚洲生产者们灵巧的双手。他们按照市场的需求，很用心地在设计和生产的物品上使用了东方的题材，也正是在这种小心谨慎情绪的指引下，他们的产品才适应了西方人的口味。除了生产中所体现出的智慧，他们还具有强健的扩张生产能力，这使亚洲生产者在这一时期面对迅速壮大的中产阶级和精英市场时，不但能够批量供应欧洲产品，而且他们提供产品的品质具有差异化，样式具有多元性，价格也具有层次性。

从亚洲进口的奢侈品和轻奢消费品的数量不一,织品占据绝对主导的地位,而瓷器和漆器的数量相对较少。从定量分析来看,这一贸易总体并非如表面那般重要。那些从热带进口的食品杂货经欧洲工业加工而产生的价值只占欧洲全部工业产出的1%。进口原材料有着更重要的地位,但是在17世纪和18世纪前四分之三的时间里,它们的进口数量也小得多。棉花业是欧洲工业在海洋贸易背景下得以快速发展的一个良好例子,但是即使到19世纪40年代,这一工业也只占英国国民生产总值(GNP)的7%。[20]这些定量数据只强调了内部市场和生产的绝对数量之大。在17世纪和18世纪,欧洲对亚洲和美洲商品的贸易是重要的,因为它相对较新,并且增长很快。这一时期经波罗的海的贸易显示出北方欧洲商品贸易的构
55 成变化很小,但是殖民地商品的综合种类(mixed category)则在这一时期增加了500%。1740年之前,胡椒、香料、纺织品和丝绸占到全部进口物品数量的3/4,而到这一时期末,茶叶和咖啡也进入主要的进口品名单之中。[21]

表 2.1　EIC 平均纺织进口品估计值,1671—1750 年

年份	件数	销售额(比索,千为单位)
1671—1680	578000	1993.3
1691—1700	296000	1845.2
1711—1720	552000	3493.0
1731—1740	765000	4237.2
1741—1750	772000	5005.2

资料来源:引自 N. Steensgaard, 'The Growth and Composition of the Long - Distance Trade of England and the Dutch before 1750', in J. D. Tracy (ed.), *The Rise of Merchant Empires* (Cambridge,1990),126。

这对瓷器的数量有着怎样的意义呢？在17世纪末和18世纪，中国人每年通过英国东印度公司出口数以百万计的瓷器。仅在1777—1778年，就有8艘船只返回英国，它们装载着345吨的瓷器。纺织品是亚洲制成品出口的主力。1668—1670年，它们占据英国东印度公司亚洲进口品货物价值的67.9%，到1738—1740年则达到80.6%。瓷器和漆器的出口数量要小得多，但是他们对于17世纪和18世纪欧洲的设计和流行风潮原则的建立有着广泛的影响。[22]

英国东印度公司从中国进口的瓷器和瓷片的数量在18世纪早期达到了顶峰，占据当时公司全部进口货物价值的13.3%，而当时从中国进口的生丝数量情况类似，达到19.7%。这两种进口货物的价值分别是20815镑和73483镑。比较来看，从中国进口茶叶的数 56
量占到1722年全部进口物品价值的19.2%，此后呈现下降趋势，直到1747年，这一数字回升到20%，1748年达到31%，而到了1760年，其在全部进口值的比率甚至达到39.5%。[23]

表2.2　英国东印度公司：陶器和瓷器进口量的最高年份

年	价值(£)	占全部亚洲进口品的%
1693	6275	10.4
1697	13067	8.9
1699	15282	3.9
1702	18764	5.0
1704	20815	13.3
1705	14338	7.0

资料来源：K. N. Chaudhuri, *The Trading World of Asia and the English East India Company* 1660 – 1760 (Cambridge, 1978), appendix 5, table C.8.

除了瓷器和棉花，亚洲还带来了欧洲在食物消费、服饰和社交方面的革命。喝咖啡和茶饮作为饮品从偶一为之走向习以为常。它们无论是在公众场合还是在家庭内的社交环境中——咖啡屋和咖啡文化,以及非正式的家庭和朋友间茶饮小聚——都广受欢迎。精英和较富裕的中产人士更喜欢装热液体的精致瓷质器皿。这些瓷器质地轻盈,呈半透明状,装饰精美,由中国或日本进口。类似地,印花棉织品最早引入时用来做床帏,后来又成为服饰的布料,它们占领了原来花式织造丝绸和亚麻布料所拥有的市场,因为这两种布料造价不菲但却样式陈旧,现在,这些制造者们也不得不去模仿这种新式织品所具有的流畅、自然,却又不失异国情调的设计风格。亚洲制造业所具有满足欧洲高档消费品需求的能力使我们产生了一个问题,那就是这些奢侈品和轻奢物品在亚洲经济中居于什么地位。奢侈品在亚洲的作用跟欧洲类似吗?为西方市场生产的产品与为中国或印度消费者生产的物品相似吗?或者,这种面向西方市
57 场的生产是飞地式经济的早期出口形式?

亚洲消费者产品和消费者文化

中国和欧洲一样,人的消费活动随着收入和审美的变迁而发生变化。活跃的消费者文化和高度商业化的经济为货物出口到欧洲提供了关键的动力。世界历史和经济史研究中一个永恒的话题是,与欧洲,特别是英国在 18 世纪和 19 世纪截然不同的是,亚洲在现代早期没能实现经济增长的转变。在过去,历史学家指责欧洲人对奢侈品的需求压制了亚洲的购买者,造成了通货膨胀和政治的不稳定。[24] 他们认为,欧洲人带来的银子造成了亚洲社会的动荡。他们指责的对象更多的是对腐败和奢靡无度的精英以及政府的军事支出。印度的政府没能对商人的法律地位进行界定;没有财产权,市

场就无法有效运作。在一些历史学家看来，伊斯兰世界的诸帝国属于“捕蝇草经济”（fly-trap economies），他们把资源用于满足精英购买奢侈品以及军事支出上，经济体却从中获益不多。亚洲的中央政府普遍没能建立一系列财政和法律制度让贸易和工业得以繁荣，并摆脱对奢侈品的需求。在这样的论述基础上，秉持欧洲中心论的历史学家宣称，这些社会缺乏“增长伦理”（growth ethic）。[25]

问题的关键不在于为什么亚洲失败了，也并非因为亚洲的巨大成就缺乏优秀的鼓吹手而西方历史学家又视而不见。[26]现在，让我们审视一下亚洲商业和制造业的特征，并且看一看中国、日本和印度在对外贸易中为消费品和奢侈品生产时的亮点所在。西方的观察者、商人和制造业主从中学到了什么？他们又对其进行了怎样的改造以适应自己的目的呢？

中国很早就经历了大规模商业化和融入国际经济的历程，这可以追溯到技术进步过早出现的宋元时期(960—1368 年)。在近代早期，主要面向大众市场的各种各样的消费产品就已经对不断扩大的城市人口敞开供应了，并且广泛开凿的运河又进一步促进了市场的发展。商业和制造业群体也更加富裕。苏州居民一掷千金的消费 58
方式也不足为奇。面对曾经朴实无华的阶层愈加奢靡的生活，这个国家在一个较短的时期里曾尝试运用抑奢法案对其进行控制，结果却证明无效。[27]中国瓷器售往 64 个国外目的地，而织品则出口到 85 个地区。中国对外出口的铁制品（包括金、银、铜、铁）则售往 134 个地区。[28]在明代（1368—1644 年），中国的主要进口物品包括马匹、中药材和制作钱币的材料，但是在整个近代早期，中国也是整个亚洲工业品的主要供应者。中国还出口铁制品，（丝绸和棉花）织品，瓷器和漆器，以及银、金、铜、铅为材料的制成品，各种手工艺品，文房四宝和书籍。中国与香料岛之间主要以以物易物的方式进口印度的布匹，从而形成了它自己的三角贸易。[29]

在明代,中国前往日本的贸易船只平均为 298.4 吨,而那些前往南亚和西亚的船只则能装载 955 吨的货物。在明代,每年在海外航行的中国官方注册船只有 130 艘;这些船只返航时携带货物吨位每年达 1767120 吨。中国与马尼拉之间的贸易也非常频繁,到明代末期已达 3200 吨,并且以高价值货物为主。在打开欧洲市场前后,中国向这些亚洲市场输送了大量的瓷器。仅在 1645 年就有 229000 件瓷器售往日本,还有 300000 件通过荷兰人之手卖往阿拉伯地区。现在将这一贸易活动与欧洲的进口物品做一个比较。欧洲在贸易中的份额从未超过 31%(而且,这也只是在 1645 年到 1661 年这样一个较短的时期里),而南海诸国和日本则能够在大多数时候占据超过 80% 的比例。[30]正是由于存在这样一个亚洲主导性的贸易,南中国海和印度洋才被中国的历史学家称为亚洲地中海。[31]

日本在 16 世纪后期的德川幕府统治下也经历了一个经济增长、城市扩张和商业化的过程。经过快速的城市化,江户(Edo/东京)成长为百万人口的城市,市场的统一和地区的专业化发展看起来弥补
59 了闭关锁国的经济政策造成的损失。国内市场依然在成长,农业生产率的提高也能够给予商人、神职人员、武士和城市工商业从业者更好的生活水准。家庭手工业能够生产漆器、扇子、伞、小装饰品、鞋子、纸灯笼,以及各种制造品。[32]“日本发展出一个风格多样、时髦的经济。尽管没有机器,但却有着奇思妙想的发明和令人惊叹的设计风格。”[33]中国、日本和印度长久以来就是典型的高度城市化和商业化的社会,它们拥有一个繁荣的消费社会。既然能够大规模向国内和国际消费市场供应产品,亚洲生产机制在 17 世纪和 18 世纪又是如何受到新兴的欧洲市场的影响的呢?

亚洲的生产机制

亚洲在打开欧洲消费市场上取得的成功要归功于奢侈商品的独特特征，以及建立这些商品之上的横跨整个亚洲的贸易活动。奢 60
侈商品由专业化的、非本地的工匠进行生产，这是大多数社会都会追求的事情。原因不在于其美学上的敏感度，而是由于艺术、宗教及其神奇的转化。在政治冲突时期这些贸易依然延续不断就是这些物品具有吸引力的明证。但是，在亚洲也发展出了一个针对普通家庭商品——粗布、陶器、铁器和铜具——的活跃的贸易网络。甚至在极其常见的物品上所体现的变化也与地方性有着密切的关系，它伴随一种适应目的市场的产品意识。地区专业化生产和广泛的产品差异化是生产机制的关键所在。[34]

在与欧洲开展大规模贸易之前，亚洲的生产商——特别是中国的——就以高超的工艺技术和生产规模而闻名于世。在近代早期，湖北、陕西、四川地区的制铁业就有 6 个到 7 个熔炉，雇工达千人。[35]据说，瓷都景德镇到 14 世纪末期成为世界上最大的工业生产基地，其拥有超过 1000 个窑炉，70000 名工人，并且它的生产过程是现代流水线制造业的先声。[36]它的分室“龙窑”建在山上，长度能达 60 码。这些窑炉能够在几天的时间里烧制超过 5000 件瓷器。在低端的火室（firebox）和高端的烟囱处温度差距可达 600 度，所以，无论是前窑（lower chambers）烧制的高焰瓷，还是在尾窑烧制的陶器，这些不同器具都可以在一次烧制过程中得以完成。[37]

虽然印度白棉布的生产过程属于家庭制造业，但是这儿的地区化专业生产、劳动分工和复杂的信息流动网络造就了一个原工业化生产的奇迹。在工厂体系出现之前,它对欧洲的纺织生产具有优势。印度最著名的产棉区是旁遮普、古吉拉特、科罗曼德海岸和孟加拉地区。在对欧贸易开始之前很久,旁遮普的棉花就出现在前往阿富汗、波斯和中亚的商队贸易中,而且漂洋过海来到波斯湾。古吉拉特盛产白色的带有格子图案的条纹棉,这种棉布出口到中东。印度南部和孟加拉所产高品质棉也在中东、东南亚和远东地区打开
61 了市场。[38]生产过程实现了高度分工。每一片的印花棉产品都由分工不同的人群接力完成,包括种植农、收割农、纤维提取农、起毛工、纺纱工、织布工、漂白工、印花工、上色工、细化工(glazers)和修补工。他们的职业有着不同的层级,由其所处种姓等级决定。[39]

早期由日本运往欧洲的漆器的数量更少一些,但是甚至这样一种奢侈品也非单个匠人所能完成。一位 17 世纪时的英国商人曾经描述一位制造主(makie-man)——或者叫作漆器制造者(lacquer maker)——雇用了 50 位工人日夜为他劳作。漆器黑色的背景上涂有故事情节、花、鸟。此外,经常还会出现金粉状或金条状的叶子图案作为一个个浅浮雕展现在漆器之上。[40]

为欧洲市场进行生产

在泛亚洲贸易领域长期运作的生产圈中,为欧洲而生产也是其组成部分。正如我们所见,从中东到日本的各个社会、宗教和民族群体的品位并不一致,而生产过程经过磨炼已经适应了这种情况。这些出口导向型的纺织品生产地区能够快速吸收和适应欧洲的风格和观念,从而向欧洲市场供应新式的东方设计品。在印度,工业地区各具特色。英国东印度公司的商人与在苏拉特、马德拉斯和孟

加拉的生产基地做生意。古吉拉特的白棉布价格只有孟加拉平纹细布价格的一半,并且他们在科罗曼德海岸购买的马德拉斯棉布也只有其三分之二的价格。1644 年,苏拉特所产物品占据东印度公司从亚洲进口全部货物的 50% ,而孟加拉则占到 9% 。到 1728—1760 年,孟加拉所产的品质上佳并且价格不菲的织品占据全部贸易量的 60% ~80% 。[41]

这些地区所供应的布料在样式、品质、种类、长度和宽度上花样繁多。对于其所呈现的多样性,通常我们认为它们只是在 21 世纪全球性市场中才能见到。[42]东印度公司与织工之间的联系通过位于港口的印度商人来完成。这些商人使用了一个预付款契约体系,也就是说,他们雇佣了代理人预付给织工一笔钱,实现所需织品种类的专业化生产。这种预付款方式从法律上对织工进行约束,要求他们按照约定的时间提供布料。整个体系由具有高技能并且值得信赖的织工所组成的紧密的信息网络——城镇对城镇,乡村对乡村——来
完成,从而能够按时将品质和种类各不相同的所需织品按时完成, 62
然后由代理人走街串巷把它们再收集起来。[43]

生产过程看起来并没有为迎合欧洲的要求而做出太大的改动;相反的是,更多的劳动力通过大家族(customary family)和乡村网络招募而来。欧洲在 19 世纪之前并不具备这些印花棉布在染色和绘图中所展现的技术水平。在使用植物和有机染料时混杂进化学提取物能够产生明亮且不褪色的颜色。但是,其间却有着不少于 10 ~ 12 种的转移染色法(dye transfer process)。[44]

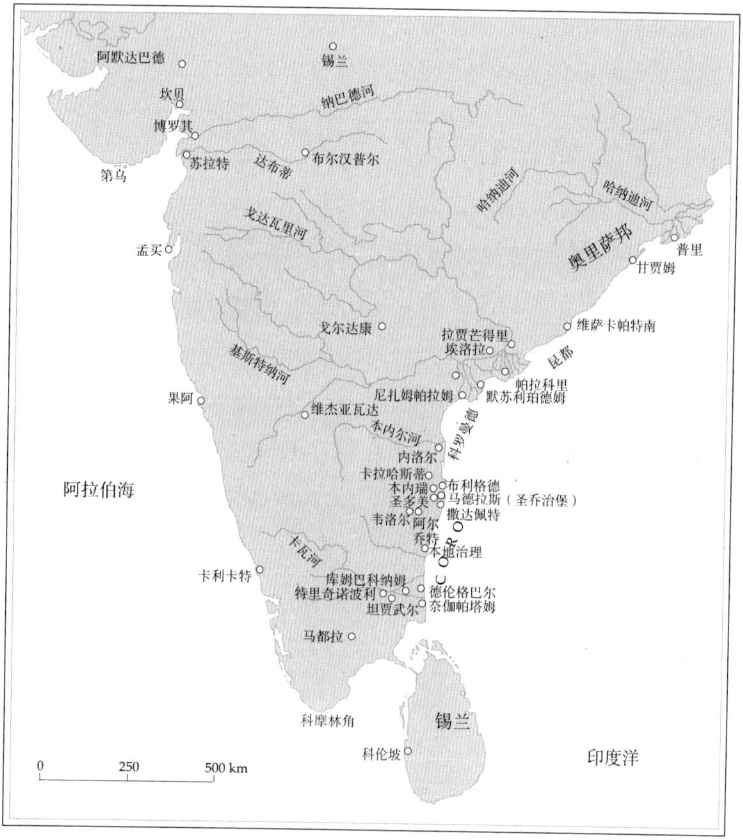

地图 2.2　南印度的着色和印花白棉布产区

63 资料来源：欧文和施瓦茨：《印度—欧洲纺织品史研究》

中国的瓷器生产中心聚集在有着合适黏土的区域附近，特别是两种优质白黏土——高岭土和膨润土（pai-tun-tzu）。许多欧洲瓷器都是在景德镇这个中心生产出来的。景德镇全城专事生产瓷器，其特点是产量不多并且釉彩简约。它们可以在广州购得。另一处中心德化城所产的德化白瓷也受到欧洲人的追捧。景德镇作为一处古老的产瓷中心，其产品为（青白相间的）青花瓷，而且景德镇生产的瓷器早在14世纪时就运抵西方了。当荷兰人在17世纪开始从事瓷器贸易时，其在万丹的代理人就曾报告说："在此需要跟你们说的是，这些瓷器是在中国内陆深处生产出来的。这些卖给我们的瓷器种类……首先要订立契约，然后还要提前付款，因为在中国是没有人用这些类型的瓷器的。"[45]据说，到17世纪中期，也是明朝时期，景德镇有100万居民，并且其城镇沿河流长达1.5里格。景德镇还有500座窑炉供3000个到4000个作坊使用，"并且当有人晚上来到景德镇时，整个城市看似一座火上的大都市"。在1683年的一场火灾后，这座瓷都得到重建。一批具有创新精神的大师对作坊进行了改革，推动了新式釉彩的出现，并且增加了产量。作坊进行了部门化改革，甚至下至施釉工作室中也有着高度的劳动分工。画坯师傅只负责自己所辖的特定形象——花、鸟，各种动物，或者山、河等——的绘制工作，没有一片陶瓷是由单个人来完成的。[46]

然而，这些商人们却从未亲自到过瓷都。广州到江西省西北部的路途并不近，并且瓷器是通过水路运往南部的南昌与北部的南京 64
后再转运他处的。所有的欧洲贸易活动都是由商行商人（Hong Merchant）来完成的，他们控制了广州的贸易市场，并且充当了与中国当局进行沟通的中间人。英国的瓷器贸易最初通过三个港口——厦门（Amoy）、舟山（Chusan）和广州（Canton）——进行。在厦门，他们还能接触到日本货物。但是到1710年，中国人把对外贸易限定到广州一处进行。

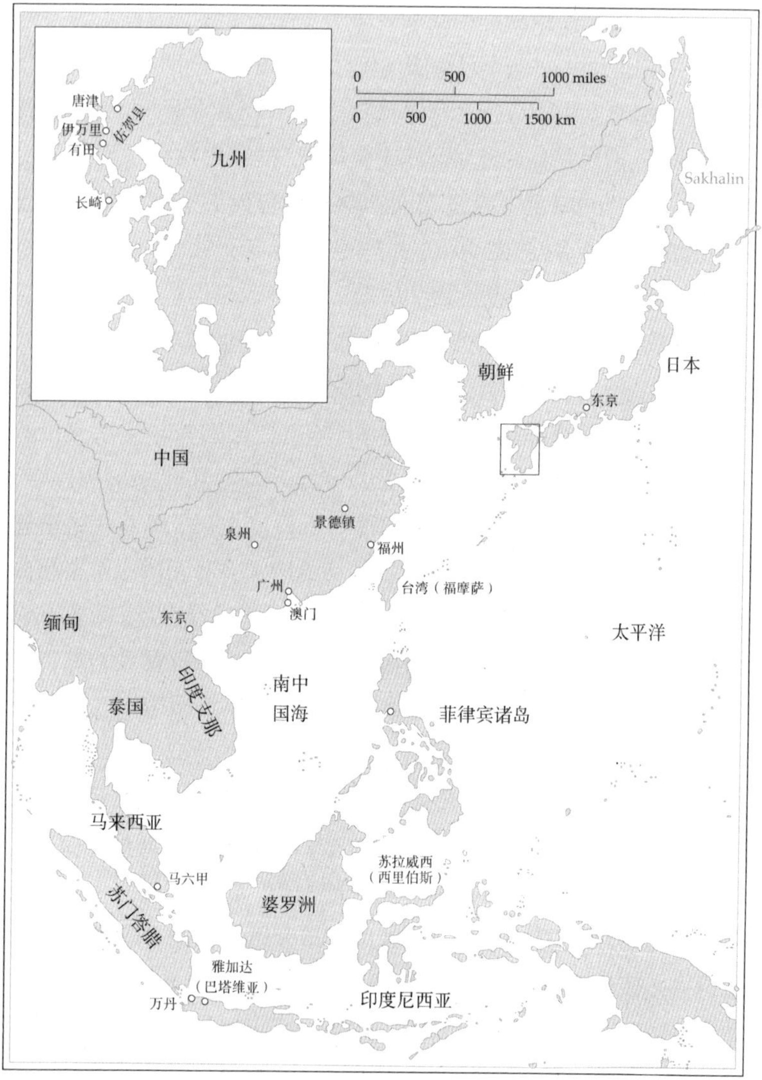

地图 2.3　日本、中国和东南亚

资料来源:英庇,《宫殿瓷器》

尽管欧洲人被排除在内陆工业城市之外，但是他们还是有办法与位于河南（Honan）①和佛山的广州人的作坊以及上釉作坊建立起联系。广州的上釉作坊提供中介性或替代性瓷器，它们算是18世纪的欧洲离岸生产中心。欧洲商人购买白色的瓷器，并将它们送往上 66
釉作坊，上釉作坊会按照商人所提供的设计要求在原有的釉面上再次绘制新的釉彩。这些彩绘作坊中有百余人，无论是老人还是孩童，这群劳动力在工作中实行全面的劳动分工。这样，欧洲商人可以避免在订购上花费太长的时间并支付高昂的成本，否则他们就要因为这种有着特别上釉需求的物品而向景德镇直接订购。再次上釉这种装饰需求无法追求精益求精的工艺，中国人瞧不起这种低劣品质的产品，但是它们足以满足欧洲市场的需求。[47]

大多数瓷器经过商行商人介绍得以购买。在广州有百余家商铺，商行商人负责将欧洲来的商人带进其中几家。在那里，欧洲商人可以购买店中货物。如果没有存货，他们还可以提出订购要求。生产和分销过程弹性十足，足以应对17世纪和18世纪对货物需求急剧增长的现状，而生产商也学会了吸收欧洲市场所需求的外观和样式。在1777—1778年，超过800吨陶瓷由欧洲各国的东印度公司的船只装载离岸，其中几乎一半货品将运往英国。[48]

日本产品在17世纪相对新颖，并且它们很快就成为出口瓷器贸易中的重要组成部分。在1641年闭关锁国前，日本早期对外贸易伙伴是荷兰人，后来日本把荷兰人的贸易活动严格限定在出岛（Deshima）这处小岛上进行。瓷器是在九州岛的肥前国（Hizen province）生产出来的。大部分的产品聚集到有田町（Arita），然后被运往伊万里（Imari）湾，这些瓷器也因此地而得名——伊万里瓷器（Imari ware），最后这些瓷器被用船运往长崎等待出口海外。制陶工人受到严格

① 广州彩瓷生产集中在珠江南岸之河南，故有“河南窑”之说。

控制,他们需要授权制度的认可才能工作。在 18 世纪初期,有 180 名陶工获得授权。陶工与商人之间并无接触。荷兰商人不能学习日语;他们不得不依赖日本翻译官,这些人经常起到阻碍作用。跟在广州的情况一样,需借助日本翻译官的帮助,交易活动才能在出岛的一些瓷器货店(booths)中进行。不过,物品的价格并不便宜并且供应也不稳定。实际上,日本人看起来并不太热衷于与欧洲建立直接贸易关系。瓷器生产商有其他的市场——国内市场和中国市场——可供选择。在对欧洲的贸易中,只有那些以代夫特瓷(Delft)
67 为样本的特殊造型和设计风格的订单才会入他们法眼。[49]

"中国热"

为了适应欧洲人品位而在设计与造型方面进行改动,需要人们通过市场需求与技术要求之间的互动来做出选择,这是一项复杂的工程。仿制的过程启动了,并且一股中国热也呼啸而来。西方的观察家们对于这种仿制活动发表了不少评论,他们对亚洲工匠能够轻易做出欧洲所追捧的异域造型、配色图案和花色样式羡慕不已,但是他们又对其中所包含的"盲目的"(slavish)复制工作冷嘲热讽。在 17 世纪早期,一位荷兰东印度公司的代理人就曾抱怨说:"印花棉布在这里绘上图案。绘制者拿到样品就能做出一模一样的产品,效果好极了,因为他们的民族性格就是如此的愚蠢,以至于他们都无法按照自己的想象做出东西来。他们只会把东西模仿得丝毫不差……"[50]在早期的科罗曼德印花棉布上,我们见到的图案主题有些取材自波斯和德干(Deccani)地区的微型图案,有些取自中国瓷器,还有些取自耶稣会的雕版画。但是从 17 世纪第三个 25 年开始,匠师们越来越多地使用英格兰、荷兰和法兰西寄来的样本书或样品。[51]这种仿制过程在欧洲物品生产过程中得到应用，但是它们实际上是从现实实践中获得启迪的。就像在印度那样，工匠们受到等级劳动体系的制约，他们还受到社会传统的束缚，这些社会传统对他们使用的设计风格有着明确的规定。“实际上，主题图案本身有着象征意义，存在着隐蔽的含义，这些为共同体成员所了解和承认。”当这种习惯延伸到国际市场时，很清楚的是，工业工人们不得不去满足他们的消费者的品位与喜好。这种以国际市场为导向的生产造成的结果就是加强了生产者的专业化，他们要为特定出口区域进行生产。商人们面临着高风险，因为设计本身就是一种未知结果的实验。[52]不过到18世纪时，东印度公司的商人们还是希望实现突破，他们希望出现一种适应力更强的仿制形式。公司董事会写道：

> 我们给你们寄送一些样本，这些能够引导你们了解我们所希望的那些新产品……努力每年给我们寄一些新样品，还要包括新的花色和条纹样式，至少一包里要有五六个吧。让印度人按照他们自己的喜好做产品，因为在我们从欧洲寄出任何产品来之前，这样做会受到欢迎的。[53] 68

贸易与营销

欧洲商人要想购得亚洲的制造品需要经由一批国家垄断机构，也就是东印度公司来完成。它们最初成立时的任务是将香料以及包括靛蓝在内的各种原材料带回欧洲。17世纪初，荷兰人打破了葡萄牙人的垄断地位，到1605年时，荷兰人已经控制了香料岛的大部分地区。他们还在苏拉特的穆斯林港口建立了一个贸易站点和工厂。1612年，一个英国人开办的工厂也出现在那里。到1609年时，荷兰人和葡萄牙人的工厂在日本的平户岛(Hirado)和长崎港纷纷出现。葡萄牙人继续控制着与中国的直接贸易路线。直到 17 世纪末,英国人、荷兰人和其他欧洲人才被允许在广州开展贸易。荷兰的工厂在印度洋上遍地开花,而英国人则获得了马德拉斯,此后在 17 世纪末期,孟买和加尔各答也落入英国人之手。印度地区开设的这些工厂最初是为了生产印度商品,特别是织造品。这些商品会被运往万丹、亚齐(Achin)、马六甲和马尼拉以供人们使用,从而代替了丝绸,而商人们则借此换取各种胡椒和香料。在过去,这种通过印花棉织造品而构建的跨亚洲贸易网络由印度商人控制,现在他们却被荷兰人赶出了印度尼西亚地区的贸易圈。

这些公司之所以建立也是为了给欧洲市场提供制成品。北方欧洲的港口过去通过里斯本只能获得有限的布料、瓷器和漆器,但是尼德兰革命结束了这一切。英国和荷兰的东印度公司分别在 1600 年和 1604 年成立,它们追求直接的贸易关系。此后,东方货物在阿姆斯特丹的开售引起了一阵阵的骚动。葡萄牙人在进口印花棉布时将他们拼成"pintados",英国人则使用"chint,chintes,chintz 或 pintathoes"等词语,而这些进口棉布又进一步激发了人们拓展贸易的热情。其他的欧洲国家也紧随而来。第一家法国东印度公司(Compagnie des Indes Orientales)在科尔伯特(Colbert)①的支持下于 1664 年成立,而中国公司(Compagnie de la Chine)则在 1698 年问世。另外,在 1719 年,约翰·劳(John Law)创立的印度永久公司(Compagnie Perpétuelle des Indes)②推动

---

①　让—巴普蒂斯特·科尔伯特(Jean Baptiste Colbert,1619—1683 年)是法国的政治家和国务活动家,长期担任法国的财政大臣和海军事务大臣,他是路易十四时代法国最著名的人物之一。

②　约翰·劳(1671—1729 年)是苏格兰金融家,他帮助路易十四创立了法国王家银行。在约翰·劳的指挥下,法国东印度公司、中国公司与其他贸易公司一起组成了印度永久公司。

了法国业已声名远播的贸易活动取得进一步的突破。到18世纪30年代时,法国已经成为印度地区贸易活动中的一个强有力的竞争者。南方尼德兰地区创立了奥斯坦德公司(Ostende Company,1715—1727年),不过,它的存续时间并不长。瑞典和丹麦在奥斯坦德公司终结后也成立了自己的公司,它们在18世纪结束前的经营一直非常顺利。这些特许建立的公司体现了北方欧洲特有的贸易形式,中央政府在其中主动对贸易分配进行干预,进而将自身融入业 69
已存在的奢侈品和大宗物品生产和贸易体系中。这些公司的贸易方向包括两个层面,一个是印度洋内的跨地区贸易,另一个是与欧洲进行的贸易。[54]

亚洲和欧洲之间的织品和瓷器贸易活动使用的贸易路线和贸易组织在香料贸易中就已经应用了。此后,这种运输制成品的贸易活动也被改造以适应殖民地杂货(colonial groceries)运输的需求,特别是茶叶的贸易需求。高品质奢侈品的贸易建立在长期繁荣的商业中心贸易活动基础之上。但是,到15世纪时,在亚洲世界到处可以看到大量的针对粗糙的、低品质的物品的生产和营销活动,其发展非常迅速。这可不是"大众"生产,因为这些产品经历了精心的设计以适应南亚地区不同市场的专门的品位。这些通行许久的先例为欧洲人提供了一种学习的样板,他们可以借此为那些被看作轻奢物品的东西设计出一套全新的销售模式。因此,欧洲人不仅掌握了亚洲先进的技术成就,他们还从这种高度发达的国际营销行业体系中获益匪浅。进入流通环节的货品受到区别对待,它们要能满足中产阶级市场中对独特性和新奇性的渴求。这些物品要实现大规模的生产和销售以保证它们的价格让人承受得起。

欧洲对印度棉织品需求的增长最初是由东印度公司培育出来的,后来欧洲各国政府将其"接管"过来。早在1609年,英国东印度公司就对从印度西部发现的棉花品种进行投资开发,他们认为这些品种适合欧洲和中东地区市场的需求。这一年,他们寻找到了12000 匹上乘的白色布料和古吉拉特的印花白棉布。荷兰的东印度公司在 1617 年也订购了 7000 匹类似的物品。他们还进口内亚地区出售的粗制棉花,主要面向非洲奴隶贸易和欧洲市场中廉价需求端使用。但是,这一时期普通人群在使用布料时,几乎还是以欧洲自产的亚麻品和棉麻混纺品为主。在 17 世纪 20 年代,英国东印度公司董事会报告称:“白棉布这种商品的使用并不普遍,要加大宣传并且让各地的人们都有机会试穿一下……这在很大程度上很有用处。当他们在英格兰出售时,细麻(lawns)、麻纱,以及其他亚麻布料就会随之应声降价。”[55]

公司要测试市场对其进口织品的反应,还经常会表现出对市场
70 库存过多的担忧。公司进口的货物包括天鹅绒、床罩、棉被、织锦、塔夫绸,以及波斯的绒头地毯。公司还尝试推出棉布织品,其中一些反响不好,但是来自古吉拉特邦的丝棉混织品(Baftas)卖得很好,人们一般用它制作床布或桌布。我们还可以看到公司借用欧洲亚麻贸易中的一些物品的术语——比如,白棉布亚麻(calico lawn)——来出售这种新式的布料。进口的粗制但有韧劲的白棉布通常会染上蓝色或棕色,这种白棉布用来做物品包装或船帆。最成功的进口产品当属印花棉布和条纹棉,主要作为窗帘和墙幔使用。

到 17 世纪后半期,需求增长的动力主要来自为奢侈品或轻奢品市场生产的服装制品。在这个世纪的末期,荷兰和英国的公司都进口了超过一百万匹的印度棉花货品。到 18 世纪时,孟加拉的平纹细布和科罗曼德的印花棉布已经成为织品界的新贵。[56]

东印度公司的成功不是依靠面向大众市场的织品取得的,而是要感谢这批价格更加昂贵、具有自我特色的织品,而这些织品供应的对象是一个具有自我风格、自我意识的市场。这个市场的核心要

义是要能在一大批各不相同的物品中，通过其织造的结构、颜色和类型挑选出自己所需要的轻奢品或奢侈品。广大的中产阶级喜欢具有独特性、时尚性和新奇性的物品，他们对于装饰品和日用品有着清晰的区分，而这些物品恰恰符合中产阶级的喜好。这些织品在其消费者和道德家眼中作为奢侈品而存在，其部分理由在于这些织品是东方的进口品，但是更重要的原因是他们具有特色鲜明的颜色、样式种类以及精致的构造。荷兰的道德评论家认为这样的织物是虚荣的体现，它对民族的利益有害，但是这样的言论无法说服公众放弃对这类物品的喜爱。瑞典清教徒把这种织物与东方奢侈品，以及道德的衰落联系起来进行批判，但依然无力阻止瑞典东印度公司的繁荣发展。[57]

奢侈品和轻奢品市场背后是瓷器进口市场在同一时期正在崛起。但是，在这种情况下，东印度公司并不希望给这个受到热捧的物品创造太多受关注的机会，因为自己本国都没有可替代的竞争品。一方面瓷器在东印度公司的全部贸易中的份额相对来说一直不高，但是在另一方面它却具有举足轻重的地位。在欧洲消费者心中，瓷器要比织品更能代表“东方”。早期抵达欧洲的瓷器都是顶级奢侈品，它们以其半透明状、耐久性和蓝白相间的独特外观而受到推崇（硬质瓷器到1709年才在那里出现）。大多数英国家庭使用镴盘（pewter plates）和木碗吃饭，还有些将涂着灰土色或泥砖色的粗制土陶器作为餐具。代夫特样式的锡釉陶器最初为精英阶层享 71
有，后来从17世纪早期开始才进入荷兰的中产家庭之中，但是白釉陶器容易形成缺口，所以这种物品并不适合做茶具。因此，东方的瓷器不仅仅可以作为一种装饰性的珍宝，它在实用性上也当仁不让。[58]

不过，瓷器还有一些其他的特点让它走出了精英奢侈品市场的小圈子。瓷器在中国和日本能够进行大批量生产，而且哪怕是最普通的中国瓷都比本地货更受欧洲人的欢迎。瓷器也是重物。如果它们不被作为压舱物(更常见的是铜和硝石)的话,它们也会被存放在船只的深处,放在携带着珍贵的香料和丝绸,后来还包括茶叶的船只中的真正的压舱物的顶部。瓷器是理想的轻奢品。品质最为上乘的装饰型瓷器放在欧洲王公和贵族们的宫殿和城堡的瓷器柜里熠熠生辉。不过,那生活在欧洲城市中社会地位不断攀升的商人们同样能够买得起那些实用型的瓷器,而这些瓷器由生活在当地的"瓷商"(china men)负责销售。

柿右卫门瓷器(Kakiemon ware)呈蓝白色,其图案取材自绚丽多姿的日式织品上的印花设计风格——浮世绘(Ukiyo-e prints)——和日本书籍里的插图。柿右卫门瓷器是首批出口的瓷器产品,此后外观中涂有红绿图案的伊万里瓷也进入出口名单。欧洲人特别喜欢这种多色型装饰外观,这威胁到了本地那些生产锡釉陶器的制造商人的生存。只有那些在平户开办工厂的荷兰人以及中国人才能直接参与到这些瓷器的贸易中来;其他的欧洲商人只能从中国商人那里购买。不过,这种物品的贸易规模有限。它在 17 世纪中期达到了贸易量的最高值,并且在 17 世纪后期和 18 世纪,日式瓷器的贸易始终处于规模不大且零星进行的状态。[59]

贸易的机制

东印度公司在开拓亚洲奢侈品市场、组织货物供应和运输方面做得很好。它们的生产体系能够向市场供应产品,模仿其他商品的样式,并且满足欧洲市场所需的设计风格。商人们给中国寄去了具有欧洲风格的样本和模型,这里面包括基本款的茶杯、巧克力杯、茶托、碟子和碗,也包括更为专业级的烛台、杯型(goblet-shaped)花盆、大酒杯(punch bowels)和小型烧水壶(tea kettles)。他们送来的样本图案有的绘制在木头上,有的则出现在使用石器、银、白镴或玻璃品上。根据这些样本的图形,中国工匠转而复制到瓷器上去。不仅外 72
观图案如此,物品的形态也要进行复制和改动。东印度公司在印度的工作都大同小异。商人们收到英格兰、荷兰和法国寄来的样品图册或样品后,会将他们再送给印度当地的花布印染工(calico printers)和制图工(painters)进行仿制生产。[60]特别是经英国人之手的贸易,大部分都是相对具有标准规格的实用器具——杯子、茶托、碗、碟和茶壶,它们都是按吨来预定的。与那些专业级的设计品相比,船长和押运员们更喜欢在船上装载这种大批量的压舱物。1724 年,为奥斯坦德公司工作的托马斯·霍尔(Thomas Hall)就在他的船上装了 167 箱的货物。在 18 世纪 20 年代,一条船所订购的运输物品通常包括碟子、杯子、茶托、汤盘和碗,每个都在 1000 ~ 2000 份之间;到了 18 世纪 70 年代,公司每季度仅仅碟子就订购了 80000 份,小茶杯和茶托则达到 87000 份。[61]

对产品的设计款式和图形有着特殊要求的订单大多属于所谓的“私人贸易”(private trade)。私人贸易,或者说是个人的(personal)贸易受到东印度公司的鼓励,公司把它作为对船上管理人员和船员的奖励,因为他们忍受了漫漫航程的痛苦以及如影随形的各种危险。事实上,私人贸易在东印度公司瓷器进口贸易出现之前就存在了,并且它一直都是大量物品进口活动的重要支柱,他们进口的物 73
品包括漆器、扇子、彩绘玻璃、纸、席子(mats)、黏土塑像(clay images)和装饰品,并且最多的还是装饰性或用作徽章的瓷质物品。其他被批准的物品还有:画作、橱柜、屏风、冰糖、波斯毯和珠宝。比如,在任何一次航程中都可见成百上千的扇子装载在船上;欧洲人从未做出等价的替代物来。在 18 世纪 70 年代,英国东印度公司曾限制自身对高品质的茶叶、丝绸和瓷器的进口。[62]

船上长官和船员们负责的私人贸易有时候会与东印度公司的贸易活动发生冲突。1680 年,私人贸易因为吞掉太多的白棉布市场而受到颇多指责。到了 18 世纪 30 年代,他们又因为造成瓷器价格的下跌而再次被批评。对于这种贸易形式的限制以及随之而来的新规定也就应运而生了。正如我们前面所说,纳撒尼尔·托利亚诺在 1718 年到 1723 年间从事印度和中国间贸易活动的押运员工作。他在为英国东印度公司的贸易活动服务的同时也在做自己的私人贸易。这段时间内的许多时候都是他的商行中间商皮克尼·周夸代为办理。托利亚诺一天的订货量就包括 570 件彩色和金色碟子,160 件蓝色和白色的碟子,81 件大酒杯,170 件茶杯和茶托,以及 200 件巧克力杯。还有一天,他订购的漆器物品就包括 4 件茶桌、16 件扶手桌(hand tables)、2 件放糖果的桌子(sweetmeat tables)、6 件小型茶桌,以及一件椭圆形牌桌。[63] 到 18 世纪 60 年代,像"埃尔金的伯爵"号和"海神"号(Neptune)这样的船只在这类私人贸易中能够装载成千上万份的物品。[64]

这些热门贸易往往由中国方面的商行商人和英国方面的押运员共同经手。由于货物押运员深度参与英国的贸易活动,他们不得不像银行家一样对外汇知识了如指掌,同时又要像商人那样有能力判断其进口商品的价值几何。他们既要为能挣来大笔银币的货物出口负责,又要管理那些成本不低的退货行为。他们因成为贸易活动的一分子而获得丰厚的回报,因为他们为了自己获利而买卖一定数量的金银是合法的,同时他们还有权利从事"私人贸易"。[65]

中国方面接应押运员的是商行商人。英国人在广州建立生产车间五年后,中国人在 1720 年建立了一个由 12 人组成的行会。商行商人由政府负责挑选并且要报送中国当局审查。商行商人有权作为对外贸易中的唯一代理人,并且能够掌控任何一个公司商人的活动方式,他们能参与整个交易过程,还具有设定价格以及租赁工厂的厂房的权力。他们还肩负着控制关税,佣金税(commission taxes)的缴纳,以及充当中国当局与外国贸易商中间联络人的重任。74 跟货物押运员一样,他们也能获得很不错的回报。[66]在欧洲贸易商眼中,他们也经常造成延误,偶尔还会漫天要价,有时甚至直接垄断了业务。[67]

对华贸易的规模

瓷器出口欧洲的重要性不可低估。它们阻遏了16世纪早期以来从意大利到荷兰之间广为分布的锡釉陶器的发展。无论是日本、伊斯坦布尔还是阿姆斯特丹,中国青花瓷受到普遍的欢迎,它们与这些地区的城市化和商业文化的发展同步进行。欧洲的饮食传统和礼仪正经历着变化,这与北方欧洲正在崛起的富裕中产阶级关系尤其密切,它们敞开怀抱迎接中国产品的到来。

中国进口商品因此主导了欧洲瓷器贸易接近两百年之久。从18世纪中期开始,中国瓷器价格不断攀升逼迫欧洲走上了新一轮瓷器创新之路。亚洲瓷器贸易最终衰落了,这成为18世纪中期以来,英国和欧洲对华贸易大变迁的一个写照。欧洲长期以来都希望能够找到令人满意的产品以代替中国生产的消费品,现在终于见到了曙光。欧洲的国家政策加速了这一进程,在这一时期,禁止印度白棉布的法令颁布了,并且进口瓷器的关税也提高了。从欧洲的立场来看,这些变化正逢其时,因为从中国进口的另一种物品——茶叶——的追捧风潮正迅速涌起。东印度公司把进口中国特产——茶叶和丝绸——作为优先发展战略;在1760年到1833年间,这些产品占据了中国向英国出口货物全部价值的90%。中国失去了多年以来牢牢占据的世界先进制造业消费品生产商的地位。同时,中国也失去了过去在亚洲的工业品市场,而这些市场是面向欧洲及其亚洲殖民地的。[68]

中国在对欧洲的制成品贸易方面出现的下滑只是新形势的一
75 部分。奥斯曼和印度帝国在 18 世纪中期也丧失了自己的霸权地位。就这两个帝国而言,它们丢失了在纺织业上的竞争优势,并且金银货币的流向也发生了逆转。从 18 世纪 30 年代早期开始,当中国在孟买和马德拉斯地区竞争力大增以后,孟加拉地区生产的丝绸和棉花制品的数量开始下降。同时发生的还有英国东印度公司直接控制中国贸易渠道的局面在进一步蔓延。中国开始利用自己农业部门生产的奢侈品——茶叶和生丝——方面所具有的比较优势,进而转向初级产品的出口。[69]同时,英国和欧洲制造商们从亚洲消费品生产商那里学到了许多经验,并把精力放到培育广阔的中产阶级市场及其生产体系中来,而在过去它们掌握在亚洲生产者手中。他们最终在技术和市场方面完全战胜了自己先前的亚洲老师。英国及其欧洲邻居们是怎样做到这一点的呢?这个问题的答案既与亚洲货物在欧洲的营销历史有关,也与欧洲人成功的设计和仿制亚洲货物的历程有关。

出售亚洲货

欧洲的亚洲产品市场是由东印度公司的官员、私人贸易商、中间商以及经销商共同打造的,而他们也借此发家致富。东印度公司的官员们建立了印花棉布与快速变化的流行风潮之间的早期互动体系。东印度公司的私人贸易商和经销商之间的网络体系培育出一系列关于中国瓷器和其他奢侈品的消费市场。无论是荷兰还是英国的东印度公司，它们都没有直接与消费市场接触。这个工作交给了批发商或公司里的个人去处理。从 17 世纪 50 年代开始，英国公司每年在伦敦按季度有四次拍卖活动。从阿姆斯特丹和伦敦收集的销售信息能传递给亚洲的贸易端，从而让公司能够管控出货量的多少。比如，在 18 世纪 60 年代，荷兰东印度公司不再搞大规模销售（large services），它们转而购买具有同样图形但类型多样的餐具，以便他们在各个拍卖会上小批量地出售。私人贸易货物也要拍卖出售，这是为了给关税征收确立合理的市场价格；还有一些物品为了免税则被打造成礼品（gifts）。其中包括这个时期的瓷器商主要通 76
过私人贸易的形式进行，因为他们的订单往往有着特殊的要求，其中包括各式各样的餐具和茶具，特别的设计品，以及装饰性的用品。[70]

这种在拍卖会上出售印度贸易物品的活动在奢侈品市场上更加流行，人们尤其喜爱购买供家庭用的瓷器。东印度公司的拍卖会上还会出售绘画、雕塑、书籍、印刷品、古玩和珍宝等其他物品。中间商大批量地购入，然后再转卖给经销商，经销商则会在地方出版物上给这些寄卖物品打广告。私人贸易和其他在公司拍卖会上购得的物品随后被运往欧洲各地出售，这一任务是由大都市或地方上的瓷商（china men）、绸布商以及专营东方货物的经销商完成的。

在 1780 年以前，伦敦有 190 位经销商从事瓷器和陶器业务，而英国全国则有 519 人。伦敦最重要的那些经销商的交易量都非常庞大。有几位经销商存货量的价值能达到 2000 ~ 3000 英镑。不过，小型地方经销商的存货也有 300 ~ 700 镑，这些经销商才是大多数英格兰乡村和城市人口的供应方。[71] 在英格兰的瓷商也宣传东印度商品，并且金匠和小饰品制造商也经常售卖中国瓷器。零售业是一个高度复杂的行业，瓷器商店在大都市和地方上遍地开花，并且创办那些应和着文雅风潮的展览室、独家展厅以及瓷器展会也很流行。[72]

增加国内产品的供应是应对这些抵达欧洲港口的异域或亚洲奢侈品大批量出售问题而产生的新手段。这种改变经历了一个相当长的时间,但是变化幅度有限。英国人的"瓷器"仍在中国瓷器店出售。瓷商们把伍斯特(Worcester)和萨洛普(Salopian)的产品直接与中国瓷器混在一起。如果说亚洲产品的销售为新式零售消费品提供了一个样板的话,那么这些产品及其生产过程为欧洲的工业发展提供了榜样。

欧洲的反应

中国瓷器和印度纺织品制造商为欧洲提供的货物出货周转快
77 并且满足了人们的需要。18 世纪期间,欧洲的经济规划家、企业家以及政治家们纷纷追捧这种亚洲模式。初看之下,欧洲人的反应是使用高关税或者直接禁止进口亚洲商品这种相当消极的重商主义政策。欧洲的政治家们指责亚洲奢侈品的进口带来了贸易的不平衡,而且完全看不到欧洲产品对亚洲消费者产生吸引力的可能性。对于企业家来说,要想找到取代进口自亚洲的原料或食品——特别是 18 世纪的茶叶——的替代物也不容易。但是,他们的确开始努力在加勒比和北美殖民地有着相似气候的地区移栽作物、药材和各种植物品种。但是这一系列的努力耗时很长并且结局不可知。亚洲的制成品则是另一个问题。欧洲人难道不能生产出与亚洲风格相似的物品吗? 于是,这些颇受欢迎的消费品很快就在欧洲面临着高关税乃至禁止进口的困扰。从 18 世纪 80 年代后期开始,英国就颁布了一系列的限制措施,并且提高了关税和消费税。1700 年,英国甚至直接禁止进口印花棉布。英格兰的禁令不仅针对进口物品，家庭手工制作的白棉布也在此范围之内。国家要照顾羊毛、亚麻和丝绸利益集团。1721 年，英格兰当局颁布了另外一个禁令，禁止人们出售、购买和穿着任何包含着棉花的印花服饰。印花工把自己的聪明才智运用到了亚麻布、棉麻粗布和专供出口的白棉布之上。法国人的行动更早一些，他们在 1686 年就禁止印花白棉布的进口、生产和使用，不过法国人在 1759 年又撤销了这一禁令。西班牙人则在《乌特勒支和约》(Peace of Utrecht)签订后的 1717 年禁止亚洲和中国的丝绸以及其他纺织品的进口，并且他们在第二年把这一禁令延伸到所有物品上。

荷兰、德意志诸国和瑞士则采取更加自由的立场。出口自由的政策也催生出一个地方性的印刷产业。本地的纺织品制造商在荷兰不断抗议这一政策，但是共和国并没有对亚洲进口的情况进行干预。在阿姆斯特丹，以及不来梅、法兰克福和汉堡这样的德意志的城市里出售印花棉布的商店不断增多。法国的印花工流亡到瑞士生活，他们在纳沙泰尔(Neuchâtel)、洛桑、日内瓦和巴塞尔流亡时建立了一批法国式的工业体系。[73]欧洲各国并不相同的政策使这些异域织品仍能在流行市场上大行其道，同时又给本国制造业带来了新的动力。 78

远东的瓷器进口并未在英国完全被禁止；然而，这些物品在 18 世纪发展过程中面临着越发高昂的关税。这种变化开始于 1704 年，当时关税价格占到零售价格的 12.5%。在 18 世纪 70 年代，关税几乎已占到零售价格的三分之一，而到了 18 世纪 90 年代，这些物品一半的价格属于关税收入。在 18 世纪前半期的大部分时间里，关税部门在瓷器进口方面征收到的税收从 1055 镑到 32800 镑不等；其中，1721 年共有 200 万件瓷器进口，而关税收入也达到空前的 104375 镑。

东印度公司不仅面临着高关税，他们还面对着伦敦瓷器经销商的垄断局面，这使进口瓷器的价格一直人为地保持较低的状态。这种情况让公司决定不再大规模进口瓷器。[74] 1701 年之后，英格兰的漆器进口也面临沉重的关税压力。“模仿日式漆器的专利持有人”要确保他们的专利能够获得保护，并且他们向市场提供了“许多橱柜、写字台（secretaries）、桌子、架子（stands）、镜子、茶几和壁炉架”。进口品被认为是对本地工匠和油漆工的一种威胁。他们向议会陈述：“有不少工匠拥有相似的技艺和制作秘诀。为了制作日式漆，他们忍受着让液体沸腾的火焰的炙烤，这样生产出来的产品趋于完美，超过了所有印度的漆器，就算跟日本漆器比也毫不逊色。”[75]

这些针对部分增速最快的进口制成品所实施的保护主义措施的确培育了进口替代品产业的快速发展。这些产业的市场是先前由亚洲进口品开拓的。很大一部分的殖民地进口品现在成为宗主国庞大的再出口贸易（到 1750 年占英国出口的 40%）的一部分，并且新式国内制造业生产的代替品越来越多地出现在出口名单中。

仿制

从 17 世纪开始，英格兰在棉布上压印图案。1767 年，威尔 · 舍温（Will Sherwin）向政府提交申请并获得一份允许在宽幅布上印制图形的许可证。但是在 1740 年之前，英格兰人还无法做到在布料上印制带有高亮度颜色的图案。当时的英格兰发出了大批关于印花技术的许可证，并且以伦敦为基地的工业从 18 世纪中期开始面临兰卡斯特地区（Lancashire）的竞争。这种生产轻奢品的工业的出现虽然以代替进口品为目的，但是它们受到亚洲进口品的启发，满足了
79 市场对高档印花纺织品的需要，同时它们也激励着棉花工业的发展

以及相伴随而来的机械化进程的快速推进。

尽管人们对亚洲瓷器贸易并未施加限制，但是这种亚洲进口品依然推动着欧洲重要的瓷器创新以及本地陶瓷业的发展。与陶瓷类似的锡釉瓷在16世纪就有了，并且这种锡釉瓷的种类也很多。西班牙、伊斯兰和意大利也生产出了彩陶（faience），这种陶器拥有白色的釉面以及点缀其上斑驳的色彩。荷兰有代夫特陶器。荷兰和英格兰的锡釉彩陶（Majolica）模仿自意大利的马略尔卡陶器（maiolica）。马略尔卡陶器成为16世纪时意大利工匠技艺的精彩体现。这种陶器在意大利有好几处制作中心，它们成为餐桌上各种文雅礼仪的基础，但它们的价格要比银器便宜得多。进口陶器的示范效果引发代夫特陶器制作工匠专门去模仿青花瓷。从1625年开始，它们的仿制工作取得了一定的成功。英格兰本地的马略尔卡陶器在布里斯托和利物浦生产出来，并且波城（Bow）和切尔西在1745年也加入马略尔卡陶器的生产中来。其他类型的陶器产品则属于王室手工工场或者高档奢侈品制造商的成果。（德意志）迈森地区首次制造出类似宜兴紫砂壶的硬红色无釉砂质器具（stoneware）。拜罗伊特、代夫特和斯塔福德紧随其后也做出了仿制品。隶属萨克森王室作坊的迈森地区的工厂取得了重大突破，它们在1709年生产出了硬质瓷，并且还制作出仿制中国和日本设计风格的价值不菲的产品。与此类似的是，法国的尚蒂利（Chantilly）工厂在17世纪结束前制作出了软质（soft-paste）瓷。这种瓷器是一个贵族推动产生的，这位贵族拥有大量的日本原产的装饰物品。鲁昂、维也纳、圣克卢（Sanit-Cloud）和梅纳西（Mennecy）等地也随之出现类似的产品。在18世纪时，塞夫勒、巴黎、柏林、维也纳、那不勒斯、佛罗伦萨和维琴察等地的瓷器工厂往往因为受到恩主的资助得以维持生产，或者是直接处在当地的统治者或幼主的控制之下。英国的两处瓷器中心——波城和切尔西——从贵族收藏的日本原产物品中吸收样式风格。波城就自称“新广州”(New Canton)。伍斯特则借鉴了伊万里瓷器的样式和色彩风格。[76]

不过,这些欧洲产的瓷器并没有完全代替亚洲陶瓷。它们主攻特别类型的装饰品,其产出的陶瓷价格非常高,往往成为上层阶级的珍藏品。这些瓷器可不是东印度公司的进口货,它们是制造商们从特定人士的藏品中获得的样本为依据生产出来的。当博斯韦尔(Boswell)和约翰逊(Johnson)于1777年到访德比(Derby)的工厂时,博斯韦尔写道:“这里的瓷器外观漂亮,但是约翰逊博士非常正确地注意到它们的价格也很高;他的银质器具跟这儿产的瓷器价格的一
80 样。”[77]大多数亚洲进口瓷器要便宜得多,它们大多为基本款的餐具和茶具,主要吸引广大的中等阶层人士。欧洲的陶器制造商主动迎接这些新挑战。他们生产的“奶油色陶器”(creamware)和“珍珠色陶器”(pearlware)臻于完美,完全可以替代陶瓷。1730年到1740年间,英国的制陶工制作的精美铅釉陶器首先在斯塔福德郡问世。与质地更软且容易破碎的大陆产的锡釉彩陶和代夫特陶器相比,这种陶器的优势很快为人所知。韦奇伍德只是斯塔福德制作奶油色陶器大军中的一位。韦奇伍德努力降低这种奶油色陶器颜色的亮度,最后使这种陶器几乎与陶瓷的色泽不相上下。1763年,他描述这种陶器“作为一种摆放于桌上的陶器种类,从其外观上看是全新的,它通体覆盖着浓郁且明亮的釉色,能够抵抗冷热突然交替而带来的压力。它的制作过程并不难,耗时不长,并且价格也随之变得更能让人接受”。这种陶器不像代夫特陶那样容易破裂,并且它拥有新古典主义(Neoclassical)那种新颖且简洁的特质。他创立了一个繁荣的出口贸易行业,代替了代夫特陶的生产地位,并且整个社会对奶油色陶器的仿制也蔚然成风。韦奇伍德看到自己扭转了对华作战中的不利局面。他在1767年给本特利(Bentley)写信说:“人们对这种奶油色陶器,也就是女王的器具(Queens Ware),也即象牙色器具

的需求在不断增长。它在几乎整个世界的传播速度真快，人人都爱它，这真令人惊讶……一位东印度的船长以及来自那些地方的一位绅士和女士订购了不少我的陶器。其中一些印花和镀金的陶器是作为礼物送给他们的朋友的，也用来给自己使用。他们告诉我，在他们那里已经有人在使用这种陶器了，它们的市场估值要比最精美的陶瓷还要高……难道你不认为我们将很快看到一些中国的使者来这儿学习制作奶油色陶器的工艺吗？”[78]

同样，日本漆器受到的追捧也引发了欧洲仿制的热情。尽管欧
洲没有制作东方漆所需要的关键原材料，但是他们可以使用替代
品，当然这个替代品也依赖于东印度贸易。东印度公司进口虫胶
（gum-lac）和紫胶（shell-lac）。这些来自印度的物品可以做成不透明
的清漆，在此之后人们还寻得了其他种类的替代物并申请了多项专
售许可。在最开始，欧洲人找到的替代物也是奢侈品。17 世纪 60
年代，它们首先在威尼斯被制作出来。在 17 世纪末期，伦敦和巴黎
的奢侈型家具制造商、杜克·德·孔代（Duc de Condé）的陶瓷和日
式漆生产工厂、阿姆斯特丹以及比利时的斯帕地区（Spa）也纷纷加
入这一行业之中。约翰·斯托克（John Stalker）的《论日式漆和清
漆》（*Treatise on Japanning and Varnishing*，1688 年）中提供了生产的
配方和详细的指导，并且他还插入一批具有东方风格的样本雕版
画。油漆工在他们绘制印度、波斯、中国和日本的景观时能做到兼 81
收并蓄。在 18 世纪的巴黎，家具制造者集中的区域被叫作“木器
工”（ébénistes），其中最著名的制造商是马丁公司（Martin firm）。该
公司在生产过程中反复试验并获得了大量的专售许可证。1754 年
时，威尼斯有 25 家生产漆的作坊；到 1773 年时，这一数字翻倍。

表 2.3　仿制型商品和精致品专利,联合王国,1700—1820 年(针对亚洲的仿制品)

种类	专利数量
陶器和上釉陶器	7
漆器和光泽型器具	13
印花白棉布、亚麻和其他纺织品	48

资料来源:摘自 Benet Woodcroft, *Titles of Patents of Invention*, *Chronologically Arranged from March* 2, 1617 *to October* 1, 1852, 2 vols. (London,1854)。

到了 18 世纪时,这一技术在更多的商品中得到了应用,它也进入一个更广阔的市场中。漆特别适合涂抹在铁器和托盘上。它的生产工艺如下:先是把黑色的柏油漆覆盖到锡釉的铁皮上,然后将其加热烘干,最后再在其上雕饰金色或其他颜色的图案。这一生产过程并非由宫廷城市(court cities)创立,反而是在斯塔福德郡的比尔斯顿(Bilston)和威尔士的庞蒂浦(Pontypool)这样的普通城市中研制出来的。伯明翰的亨利 · 克莱(Henry Clay)获得许可专售涂漆混凝纸浆。他的工厂为中产阶级生产新式的轻奢品,包括各种的"纸板做成的花瓶、小桌子、托盘(waiters)、茶盘、箱子(coach panels)等,它们都用纸浆做成,但涂抹和绘制上精美的漆图案"。[79]这一工厂的诞生受到了非常传统的东方漆艺的影响,并进而成为 18 世纪最具创造力的消费品生产商之一。它在容纳众多新式材料和产品的伯明翰经典贸易行业中也占有一席之地。

这些仿制性的企业在 18 世纪成为先进的创新者和成长中心。从英国的专利持有情况来看,白棉布印花工、制陶工和油漆匠无疑是其中最具活力的创新群体。

英格兰 17 世纪时的制陶企业中的劳动力不足 1000 人,到 1780
82 年,增加到了 5500 人,并且其中的 4000 人集中在斯塔福德郡的南部。在18世纪大部分时间里，英格兰的出口玻璃和陶器也实现了一定速度的增长，并且在最后的25年里起飞。到18世纪末，英格兰的奶油色陶器变得如此受欢迎，以至于它们在整个欧洲实际上压制住了锡釉代夫特陶的生产。[80]韦奇伍德知道，他的奶油色陶器所开拓的中产市场有着特别的优势。他宣称他已经“发现了制作女王的陶器的工艺，它在王国内生产时需要的人力比中国瓷器生产多十倍。他不会专利授权给别人……不会有100个女王的陶器生产商，只会有一家生产者。他不会向全世界出口这个产品，只会制作一小批精美的产品供英格兰喜欢流行物品的人们享用”。[81]

欧洲的纺织业获利是最多的。白棉布印花工厂在18世纪的欧洲各地纷纷开办，并且到这个世纪中期，它已经成为支柱产业。与羊毛和丝绸一样，印花棉布被政府纳入重商主义的进口替代品计划之中。尽管最终的结果跟欧洲各国的国家政策一样五花八门，但是在英国、瑞士、比利时和加泰罗尼亚还是产生了一批成功的棉花品生产企业。[82]

伟大的亚洲制造商在16世纪到18世纪期间涌入欧洲并给世界贸易带来了一批新的轻奢品。这些给人带来新奇感的消费品在产地和风格上带有异域风情，但是它们是为欧洲本地生产的，并且其所具有的多样性又展示着人们在品位和个性上的需求。这些物品之所以生产并进口而来不仅是为传统精英阶层使用，也是为了供应正迅速崛起的欧洲的中产阶层和城市人口。

然而，1793年，当首位英国对华贸易领导者马戛尔尼子爵（Viscount Macartney）站在满族皇帝乾隆前面时，他对英国挑战中国名品的能力充满信心。他随身带来的是代表着英国科学、工业和消费品成就中最好、最新的一批产品，这是一个价值13000镑的巨大的现代宝库。[83]他期待着这些新式英国制成品能给中国人带来深刻的印象。他觉得如果不能改变中国贸易的流向，至少可以用英国的制成品交换中国茶叶。但是正如我们知道的那样，他只是一个蛮族的后 83

裔来到文明的中心,他的要求被断然回绝。40 年后,也就是鸦片战争之后,英国的军队打开了中国市场的大门。这次英国人进入的是一个过去欧洲人很少踏足的地区,并留下了一批在中国旅行后记录下来的关于中国人生活和习俗的杰作。无论是那几本关于远征的旅行记录还是官方艺术家托马斯·希基(Thomas Hickey)和威廉·亚历山大(William Alexander)所绘制的几百件水彩画,都生动地展示了中国的城镇、乡村、建筑、劳作以及消费的情况,也带来了人们对东
84 方杰出文化成就的迷狂。

第三章　民族的产品：论艺术与发明

在更高程度上吸引乃至取悦各类消费者的技艺。

——波斯尔思韦特：《论工艺与制造》

特色、品质与新产品

特别是那些来自亚洲的消费品的大量进口促使英国人重新思考在制造消费品过程中该具有怎样的特色。这种创新性的互动结果就是新产品开始出现。从18世纪到19世纪早期，这些新产品成为独具风格的英国消费品部门的基础。

我们不应该像那些经济学家那样把商品看作价格和数量的集合，这是一种抽象的视角。我们应当把商品看作现实的、文化的和象征的物品，它们具有个体性，并成为推动我们“解码”商品的关键构成。任何个体性的商品，或者说商品类别都体现着自身的“独特性”，它们依靠着自身与众不同的品质和风格而引发消费者的追捧，它们还促成了新产品的涌现以及新旧商品的融汇。近来，很多消费史研究都把关注点放到了商品需求的意义和消费者的新喜好这样的问题上，却很少考虑消费品本身的情况。人们通常对商品分组归类,并且使用进口奢侈品、生活必需品、食物原料、殖民地杂货、织造品或服饰这样笼统的名词来称呼它。如果认真看一下商品各自的特征,关注其所具有的内在本质、品质乃至美学气质的话,一个关于商品的多样性和丰富性的新视角就打开了,而且我们还能真正理解
85 创造消费品的部门在生产过程中的创新活动所具有的意义。产品的创新出现在一个先前不容易获得的产品现在却能轻易制造出来的时刻,或者一个已有产品更新升级的时刻;不过,生产过程中的创新则出现在独具特色的商品生产成本被降低的时刻。

产品创新近来已经被认为是制造业成长和生产能力发生变迁的重要标志。现在是我们探究一下 18 世纪的创新所具有的关键影响力的时刻了。博尔顿和瓦特的蒸汽机长期以来被历史学家们认定为 18 世纪发明和创新的典范。但是,在 18 世纪时,新式精巧的消费品也呈现爆发性增长,从镀银茶壶到模压黄铜器以及混凝纸浆制成的涂漆茶托等产品成为人们心中的骄傲。制造商和零售商获得专售许可,他们大肆宣传各种消费品的好处,在这些商品身上打上了“便捷”“精巧”“新奇”“品位”和“流行”等词汇,成为令人称羡的 18 世纪产品的内在特征。

与品质一样,丰富性和新奇性也成为商品特色的核心要义。消费者可不是消极的价格接受者(price takers),他们也积极参与品位的形成、新产品的发明和新旧商品的融合与再融合的大潮中,他们创造了新的社会认同和生活方式。丰富性和新奇性与流行变迁联系在一起,这是人们投入更多的精力才创造出来的;进一步讲,与流行变迁傍在一起的丰富性也给那些面世的商品以更多的“感官刺激能力”。更加耐用的消费品的吸引力与日俱增,人们在购买它们时不再将其看作日用品;历史学家认为,这实际上是 18 世纪的一个产物。[1]消费者现在喜欢看到商品种类的增多,而作家们也在这个世纪的早期就开始探索这种变化对感官的影响。荷加斯将丰富性定

义为美的本质原则。丰富性激发了人们内心“对浮华和悦动的喜爱之情”。他认为,我们厌倦了对称性,并且人们在丰富性和精巧性上取得的成就越来越高、越来越复杂,也越来越有创造性。这种对丰富性的追求使消费者拥有的财产不但日益增多且丰富多彩,而且他们还不断地要求商品在种类和特征上要持续改变。[2]

这样的市场与生产过程的创新并不直接相关,但它与产品的发明是一体的。中产阶级在这个时期的快速成长引导着市场的发展。 86
这个群体关注消费品在视觉上的多样性,他们认为这是个性和自我独特性的体现。外观、颜色和抛光面是构成丰富性的关键部分,并且质地更轻、更不耐用的产品更新换代也更容易。零售业也很在意产品的丰富性和新奇度,而且零售商在宣传和展示琳琅满目的商品方面可谓不遗余力。广告宣传、名气提升和出现在各种消费品名录中都是为了促进商业交流,加深商品所体现的观念和形象,树立商品在社会上的知名度,规定商品的营销策略,并且“促进了消费主义吸引力的传播”。[3]零售业在各个地方完成一笔笔交易,也让大批的商品展现在众人面前,而这些物体是具有个性特征的,它们在生产和消费过程中的各个环节的要求也不同。

这样的市场压力又刺激着制造商们变出“花样”来——在外观、结构、功能、精细度上的创新,直到创造出一系列全新的产品。[4]产品丰富性也要求实现标准化的组件以及制造过程的标准化,不过在这种情况下,产品的多样性依然在进一步提升。产品型号的界定相对严格,只是产品的种类要尽可能多。同样,要想在分批次的生产过程中实现生产规格的标准化,那么不同规格产品的生产就面临较高的挑战。在市场出售各种货品时,一些附属的市场也要得到重视。不管出口的物品具有怎样不同的规格,都要对它们的“多样性”进行创造性的宣传。[5]

在 17 世纪后期和 18 世纪,品质与多样性共同为产品的发展引入新的因素。美学品位和民族体制是其中两个关键又相互联系的因素。奢侈品的销售与展示,以及奢侈品生产和手工生产是宫廷文化的载体,也是国家权势的表征。查理一世曾经想让齐普赛街(Cheapside)只开金银首饰店;这条街是伦敦城的主街,也是外交官和来访王室成员参加巡游典礼时的必经之路。金银首饰店门口金光闪闪的窗户可以成为伦敦财富和权力的最佳展示处。欧洲的宫廷和王宫从 18 世纪早期开始也热衷于通过资助瓷器工厂来展示自己的财富和权势。在塞夫勒、巴黎、柏林、维也纳、那不勒斯、佛罗伦
87 萨、维琴察和迈森都有着这样的瓷器工厂。瓷器是新金子,也是绝对主义的象征。[6]对品质、品位和样式的讨论成为全国性的议题,并且人们的关注点不仅聚集在精英的奢侈品上,各种消费品也是大众讨论的对象。民族的地位在一个强健的国内消费品部门和一个日益增长的出口部门中都能得到反映。不管是生产和技术中所包含的“技艺”(arts),还是设计、品位和流行风潮所代表的“精致的技艺”(fine arts),它们都促进了商品美学的发展,同时它们也成为民族的象征和国家政策扶植的对象。在 18 世纪英国的发展环境中,对工艺提高和工业发展的渴求是这个民族对不断扩大的国际奢侈品和消费品贸易的反应。对本国制成品品质的追求成为国家政策优先发展的方向。艺术风格和工艺技术应用到了制造业中,并且具有现代气息的设计风格与技术革新也交织在一起。

正如人们在 18 世纪时所感知的那样,审美品位是消费品的重要特征。艺术家和经济评论家们讨论着产品在美学上要想具有吸引力应该具备哪些原则。与审美品位同样重要的还有产品的耐用性、功能性和简约性,以及便携性和价格因素。18 世纪时人们在对品位做科学研究时所关注的就是美学原则。对品位的追求体现了人们识别力的提升和鉴别能力的改善。哲学家和艺术家们争论着人们要想具备良好的品位应该接受怎样的启蒙教育,以及该对艺术家们

做何训练。亚当·斯密在《道德情操论》(*The Theory of Moral Sentiments*,1759 年)中关注到了美与优雅的原则,他还讨论了这些原则是愉悦生活的来源。他把样式、颜色、多样性或珍稀性,以及仿真能力(imitation)作为美的关键原则。他特别关注的是商品的“适用性”(fitness)和“仿真能力”。适用性是指那些具有精巧构思和实用特性物品所散发着的美学吸引力。仿真能力则是“当人们看到一种物品时,感觉它很好地再现了另一个非常不同的东西”时所表现出的惊讶之情。他以一个在旧地毯上所绘制的荷兰的静物画为例,指出这幅画作要比原初的那个地毯价值高多了。[7]

威廉·荷加斯在他的《美的分析》(*Analysis of Beauty*,1753 年)中,亚历山大·吉拉德(Alexander Gerard)在他的《品位论》(*Essay on Taste*,1752 年)中,以及约书亚·雷诺兹(Joshua Reynolds)在第七部的《艺术谈话录》(1776 年发表,第一部则出版于 1759 年)中都对何为美进行了探讨。荷加斯界定美的本质是适用性、多样性、均质性(uniformity)、简约性和精巧性。荷加斯认为,感官上所感知的美感和愉悦要基于事物的内在本质,荷加斯正是用这种理论来代替道德论断(moral judgement)。他认为,人们从婴儿时期开始就喜爱模仿, 88
这是人的本质,“眼睛会因模仿而感到愉悦和惊奇,也会因为复制品的相同样子而感到高兴”。但是,他认为,我们更喜欢多样性:“植物、花、叶子和蝴蝶翅膀的外貌和颜色……在看到后会让人产生对多样性的喜爱。”[8]

吉拉德和雷诺兹讨论了具有相同口味的群体的形成过程。人们的想象力是无穷的,新观念的诞生是由各种感官汇聚而成的。学习绘画的学生发现他们的创造力是建立在复制基础上的。“通过精心的模仿,我们进而理解了绘画的‘原则性特征’。”[9]这种艺术领域的创造性理念与当时之人对发明的理解很相似。这点狄德罗在《百科全书》中有所讨论。在狄德罗眼中,发明就是一个基于模仿的累积性、集体性的事业。它是本真与艺术之间关系——重复、类比和“建立联系”——的发现之旅。[10]

亚当·斯密也对美学中的模仿行为展开分析。他认为,人们会因模仿得惟妙惟肖而欣喜不已,并且沟通自然领域和艺术再现的桥梁是想象力,这种想象力也能让人感到快乐。想象性联系和想象性的跳跃解释了我们对仿制材料着迷的原因。宾其贝克金色(pinchbeck)实际上与金色同样闪耀,而人造的或玻璃制成的珠宝也不比真珠宝的色彩差,而且“法式银色”(French plate)与银子的光彩也很相近。人们的审美原则包括适用性、多样性和仿制能力,这些原则也适用于新式奢侈品所带来的产品的新样貌。这些商品因其多样性和新奇性而闻名,它们凭着“适用性”和创造性“仿真”而给人带来愉悦,并且满足了广大的中产阶级消费者挑剔的口味和对独特性的追求。在欧洲范围内人们对瓷器、丝绸、印花棉布和漆器这样的东方奢侈品进行模仿。英国人则把这样的仿制行为与新技术和新材质融合在一起,从而实现了对传统原则的创新性再解释。英国的铅玻璃结晶体和斯塔福德奶油色陶器是对威尼斯产的玻璃和东方瓷器的仿制之物,它们是在炭烧玻璃房(glasshouses)和窑炉中烧制而成的。印花铜器,银质餐具和镶金铜器,涂漆锡器和混凝纸浆物品在制作过程中使用了金
89 属合金,同时还应用了滚压、印花和塑形等机械制造技术。

对亚洲奢侈品的反应在这些争论中仍占有重要地位。阿克曼(Ackerman)在 1809 年出版的《艺术宝库》(*Repository of the Arts*)关于“精致技艺”(fine arts)这个条目的介绍中对这一问题进行了最好的总结。“对装饰艺术和仿真艺术的热爱与人类的道德存在着如此密切的联系,以至于世界上很少有任何地方对其普遍影响表示欢迎,
90 但是它们又或多或少地收到了欢呼声……跟人自己从一国移民到另一国一样,我们并不打算说,与吸收一国艺术成就相比,吸收多国的艺术种类就可以宣称在发明塑像、雕刻、浮雕和绘画等艺术上拥

有荣耀。”看起来,“从历史和无可辩驳的事实出发,塑像和雕刻作品,以及浮雕作品在许多个世代以前就在广大东方国家出现了,而当时的希腊人还处于野蛮的状态”。[11]

人们的审美要求中对工业复制行为表达了羡慕之情,这开始了全国性的关于技艺与制造业关系的大讨论。制造消费者产品成为一项国民计划。这在英国是热议话题,并且在法国也有类似的情况出现。但是,18 世纪英国的政策制定者、商业作家和规划家们还是要求优先发展具有英国品质和风格的产品,因为他们要与他国展开竞争,这尤其针对法国。

制造消费产品:一项国家计划

早期的历史学将艺术史和经济史分割看待。艺术史家在描写公共领域中培养艺术和文雅风潮时往往避而不谈市场的力量。他们也很少谈及艺术品的商业应用。[12]在 20 世纪 60 年代,经济史家也把英国作为一个创新型机械生产和标准化消费品的产地,并且他们还把法国作为英国的对立面来看待,他们关注法国产品中的品位、风格和多样性。20 世纪的著作很少提到艺术对 18 世纪和 19 世纪英国工业变迁的贡献。这是阿尔弗雷德·马歇尔(Alfred Marshall)的观点,他认为这是因为法国和英国的社会结构不同。法国的消费市场建立在奢侈品和流行风潮基础之上,而英国的市场则聚焦于产品的简约、批量出售以及坚固和舒适特性。消费市场中的这种分化与不同的生产过程有关。“法国的越来越多的顶级艺术家们将自己投入那些迎合着个人口味和观念的工作中去,他们关注的是外观、类型和颜色,而同一时期,英国的艺术家们所热衷的工作则要求稳重、坚固、冷静和持久,要求具有掌控力和带来臣服感的权势,也

91 要求大量的资本投入。”[13]

正如马歇尔在英国和法国的发展路径上所划定的严格区分,后世学者在研究两国的奢侈品和消费品历史时继续秉持这一方法。法国与精英式奢侈品、宫廷和艺术恩主制画等号;英国则与中等阶层或下层消费者使用的普通商品归为一类。[14]现在,法国历史学家对这种对立的观念提出了挑战。原先对凡尔赛宫和宫廷的贵族精英的研究已经转向了对巴黎的流行经济学的讨论,这种讨论视野更加宽阔,因为这种经济在为特定的精英消费者生产的同时,它也对正在开拓的轻奢品市场和低成本商品市场保持开放。[15]英国历史学家还不愿意对自己所偏爱的这种技术和经济理论做出挑战。他们对新式的、多样的商品的出现尚未投入太多的研究精力。在英国历史学家眼中,英国的工业革命是一场严格意义上的技术革命;在商品的历史中,英国的工业革命与艺术或美学可没什么关系。

当时之人并不持有这样的观点。与之相反的是,18 世纪的人们认为自己正从事一项国民计划,这项计划是为了创造有品质的消费品。他们期待着充满设计感、有品位的艺术品的出现,他们希望英国的商品能够代替来自亚洲和欧洲其他地区的进口奢侈品,并且凭借着自己的实力打开外国市场。毫无疑问,重商主义政策在开拓艺术之路时有着重要的作用。在 18 世纪第二个 25 年时,人们在购买进口制造品时,其中,绝大多数商品已经缴纳高关税,对于法国进口品征税额尤其高。像印度棉花和法国丝绸这样的商品则完全被禁止进口。18 世纪时,对法国瓷器征收的关税很高,并且商业进口活动直到 1775 年都是被禁止的。从那时起,直到 1786 年与法国签订《艾登商业条约》(*Eden's Commercial Treaty*)①前,法国瓷器的进口关

① 1786 年,英法两国签订《艾登—瑞内威尔条约》(Eden-Rayneval Treaty),约定两国在特定商品上互降关税和实施“最惠国待遇”。该条约成为 18 世纪最重要的商约,并成为国际贸易长期通用的规则。

税达150%。政府、政策制定者和企业家们付出巨大的努力推动并开启了英格兰模仿外国制造形式的进程。这样做的原因不太好确定——这仅仅是英国版的关税壁垒?虽然有着这样的温室保护,但面对一个更自由的国际经济,其最终不是走向失败了吗?或者,不把它看作意图,而是一种去制造并建立新产品的实践?这种实践成 92
功地打开了国内市场,也打开了他们的国际市场吗?

经济评论家们对英国和法国制造业所体现的民族特性,以及如何改善英国商品品质方面提出了自己的观点。这通常与艺术和改进了的设计风格有着密切的联系。他们强调了在18世纪广泛的争论中艺术——特别是绘画、模型和雕刻——所起到的作用。尤其是在18世纪40年代到60年代期间,英国的政策制定者激烈地争论着改善艺术教育的方式。法国是欧洲最大的经济体,它在18世纪40年代时有2400万人。英国为了与法国争夺市场和殖民地发生了两次战争,它们在这几十年中有一半时间处于战争状态。[16]在当时,法国设计领先欧洲,并且法国进口品已经成为大众奢侈品。英国传统的呢绒(woollen cloth)出口市场则相对衰落,但是她的制造业部门则在各条战线上阔步前进。要想应对呢绒出口欧洲时所面临的衰退境遇,推动出一个更加多元化的制造业部门是一个办法。1700年,英国呢绒出口占到制成品出口总量的85%,到1750年时滑落到61.9%;铁和铁制品的出口额则从1700年的3.2%上升到9.2%,而不包括纺织品的剩余类别则从9%增长到21%。此时,她的出口市场从欧洲转向了美洲,这与进口的趋势一样。在1700年到1770年期间,来自世界其他地区,尤其是亚洲地区的进口品在她的全部进口额中实现了稳健增长。[17]尽管来自欧洲的——特别是法国和亚洲的——流行品和奢侈品的身影很少出现在国民经济核算(national accounts)中,但它们有着很高的政治和文化意义。

关于英国商品的争论在更大意义上是英国贸易与帝国关系大

争论的组成部分。伦敦是这个商业帝国的中心。虽然伦敦不是奢侈品和中产阶级消费品的生产基地,但它是分销中心。它的服务对象包括广大的商人、商业和官僚阶层,还有每年大量流入伦敦的贵族阶层。[18]亚当·安德森认为,商业对“不列颠帝国”(Britannic Empire)的特殊贡献是“其富饶与宏伟——其对艺术与知识的改善——以及普遍来讲,其涌现的大量非常舒适耐用的产品”。他承认,尽管
93 法国在七年战争中失败了,但它依然是一个挑战者。“她拥有,而且是长期以来都拥有着非常多的伟大又强劲的制造行业——并且仍旧有许多利润丰厚的海外殖民地和工厂。”[19]法国被认为是艺术和设计进步潮流的主要来源国。英国则把这一任务大多丢给了市场。科尔伯特和其他法国大臣与国家制造工厂和有技术的工匠移民之间建立了密切的联系,这是法国在地毯、丝绸、毛织品和玻璃品制造方面取得飞速发展的原因。英国人受到鞭策欲追赶这种法兰西模式。[20]1764 年,罗伯特·多思依提议通过建立一个类似法兰西学术院(Academy)的方式来改善英国的技艺和设计能力。他认为,法国“在所有阶层的工匠设计中都体现了这般判断力和品位,这使法国在此时成为几乎所有流行发明的来源地;这必然引起人们对她生产的所有物件的强烈需求,因为它们是在具有如此天赋的人们的手中制造出来的”。英国人要取得成就需要培育一系列制成品,而这些制成品应该属于“更加精致的产品;对其中所包含的技术和品位要有要求,这样的工作才能有更大的回报,并且这样的产品在手工制作的物品中要占据更大的比例才行”。[21]他还认为,英国胜在机械应用和手工熟练上,不过英国要想胜过法国,就需要在设计能力上多下功夫。

这些观点现在找到了散播的出口,那就是迅速扩大的印刷文化,它们不仅出现在政治和经济类的文章中,而且在各种周刊杂志、商业和工业类辞典和百科全书,以及各种全新的、多样的设计类出

版物——装饰指南、印刷作品、模型和绘图书籍以及设计类论文——中也出现了它们的身影。在人们的意识中,法国人之所以取得成功并非凭借其在工艺与材质上的优势,而是时尚风潮和装饰能力的功劳。因此,要想赶上法国,不能只依靠技术,而是要用产品说话。法国的产品在被看作威胁的同时,也被认为充满了艺术的观感,所以法国人在设计上的进展可以成为英国人利用的对象并且经过再组合后生产出一种英国式的民族品位。[22] 94

18 世纪中期的作家们注意到一个广泛的消费需求在整个欧洲和欧洲人定居的美洲和亚洲地区出现了,这是一个对有品质的消费品和奢侈制造品的需求——“使用的这些装饰物和装饰品运用于服饰、建筑物、装备(equipages)和家具,它们都经过了装饰艺术的修饰”。多思依把这解释成奢侈品从东方到西方的传播过程,并且他急切地认为,这些西方制成品的发展可以在贸易中将东方的货物替换下来。长期以来,法国与设计工艺和奢侈品制造业有着密切的关系,而英国则代表着机械技术和便捷性,这种联系在 18 世纪中期成为一个重要的政治问题。

英国的政策制定者和规划者们寻寻觅觅以期找到改善民族品位和国家在设计艺术中的地位的方法,他们希望借此可以取代法国和亚洲所具有的心理优势。他们通过高额奖金和专利授权的方式推动国家和私人机构支持这一事业。他们特别重视对设计学院的帮扶,其中最著名的一个机构是成立于 1753 年的技艺、制造和商业促进协会(Society for the Encouragement of Arts, Manufactures, and Commerce)。这是一个私人机构,并且很快在都柏林也出现了一个同样的组织。协会的创办者威廉·西普利(William Shipley)认为,富人们是“强者,而艺术和科学则是民族的装饰品”。[23]法兰西学院被看作法国装饰与流行的来源,所以英国也需要这样一个机构。人们相信,英国人已经变得对法国流亡者①太过依赖了,英国要想训练出一批跟法国匹敌的人才那可是相当不容易的。[24]

技艺协会站在一场创建具有英国风格的制造业运动的潮头,他们致力于建立一种符合国情的民族商业认同。艺术协会成立前的 1745 年,一个叫反高卢协会(Anti-Gallican Association)的组织成立了。这个协会“致力于推进英国制造,推广英国商业,减少法国流行风潮的影响,并且反对法国商品的引进”。技艺协会没有简单地否定法式产品,他们反而想利用法国在奢侈品领域的成功之道。协会的目标是将设计、艺术和机械与商业技艺融为一体。该协会反对把专利授权作为促进发明的手段。协会认为这是赤裸裸的垄断,他们进而提出应当对发明家或改良者给予一次性奖励这种措施,其奖励范围包括编织、刺绣和白棉布印花类产品,橱柜和车厢类产品,还有瓷器、陶器、铁器和铜器类产品,“以及在任何其他的有品位的机械
95 类贸易”中的设计成就。协会在创建新式英国产品和发明创造上建立了一系列紧密的渠道。协会的任务可以概括为:改善设计风格,发明英国的奢侈品,并且为英国本地或其殖民地产出的原材料寻找新的使用途径。协会为工艺发明提供奖金,这些新工艺应当能够在制造业中得到应用,尤其是在雕刻、网线铜板印刷(mezzotinting)、蚀刻版画(etching)、模型制造(modeling)、青铜铸件(bronze casting)、机械绘图(mechanical drawing)和建筑与装饰设计等行业中。[25]学会的规划也是当时英国应对亚洲和法国奢侈品入侵而提出的“品质经济学”的这一更广阔运动的组成部分。这一品质制造将工艺、设计与现代制造技术结合在一起。

① 此处的“法国流亡者”是指定居英国的法国胡格诺派教徒。

经济和政治思想中的工艺、设计和时尚

商业工艺之所以能应用于高品质英国消费品中得益于这项国民计划,但是它还存在着一个背景。这是一个长期存在的主题,起自17世纪后期关于经济和政治的观念,也是17世纪到18世纪期间设计工作中实际所发生的进展。法国人通过时尚圈的帮助成为纺织设计,特别是丝绸设计业的领导力量。但是这种设计上的主导地位并非由单个匠人创立;它是研究和开发(R&D)驱动型行业,是以巴黎为核心的商品商人(marchands-merciers)和里昂的纺织品制造商集体智慧的结晶。自17世纪开始,大量的资本投入设计工作室中,也投到了设计师和布景专家的身上。设计工作室引入一系列持续的设计改进原则,这是为了应对同行的效仿、仿制、彻底的复制和设计偷窃行为所带来的竞争压力。设计工作室推出新设计,并对自己的过往样式进行改进。一个公司的档案就是一笔宝贵的财富,因为整个设计体系都依赖于人们从旧有的设计和改进理念中获取灵感。商人们保持着与制造业者的联系,他们会提出改进样品的路径以适应人们的不同品位。一些人有能力实现设计更新的长盛不衰,还有一些人则能够对变迁的时尚风格做出及时的反应。这些人通过持续的设计变迁操纵着时尚风潮。[26]资本对设计工作室的投资活
动也促使人们对艺术家的培养投入巨大的精力。丝绸织工们利用 96
着奢侈品贸易中紧密的互补性及其与艺术作品紧密的连通性。年轻的设计师们在专门绘制花朵的画匠和哥白林画师(Gobelins painters)①的作坊里接受训练。甚至在他们返回里昂后仍要每年返回巴

① 哥白林是棉织画英语的音译,意为带有油画图案的手工编织挂毯。

黎待上一大段时间,他们需要将自己沉浸在宫廷、花园、艺术收藏、剧院和其他奢侈品贸易所带来的优雅和奢华的环境之中。他们的品位和敏感度得到了升华,并且他们与大型丝绸货店老板的紧密关
97 系也得到了维护。[27]

尽管这种规模的工业设计工作室——受到王家工厂的照顾——并没有在英国得到发展,但是早在 16 世纪,雕刻作为一种设计工艺要就已经得到了广泛的应用。金匠们对这种工艺进行了改革,并且在 17 世纪和 18 世纪期间,印花装饰也在伦敦诞生并且应用于奢侈品行业中。印花设计和装饰工艺随着制造业和奢侈品行业的发展而壮大。由于伦敦的印刷业在 18 世纪飞速发展,并且在这个世纪末开始领先于欧洲,许多这样的印刷品和图案书册都是在伦敦出版的。[28] 然而,印花设计材料仍旧需要进一步的改革、发展和创新。在 18 世纪 30 年代到 50 年代期间,设计师和制造业主们感到英国的草图设计缺乏技术含量,因为这是一个以多样性、装饰性和非对称性为主导的洛可可艺术流行的时期。那些对改善英国商品的品质和设计风格提出建议的人士首先关注的是绘图技术,然后是模型。建模技术能够通过物体和材质传递。那些从事铸造铁制模型的人员与那些从事木雕和瓷器制造的人员有着紧密的亲缘关系。建模人员经常是从银器制作和雕刻行业,以及雕像装饰贸易和艺术制作行业流动而来的。[29] 与制图和建模并行发展的还有雕版工艺(engraving)。雕版工艺的探索范围可谓广泛,从印刷媒介到铁器、瓷器、玻璃器皿、织品和墙纸的装潢与修饰应有尽有。

就在许多人要求工艺技术更紧密地融入英国制造业时,制造业自身的发展却越发细化、机械化并被复制模仿。尽管许多人对机械、化学和组织生产方面的独创成就倍感兴奋,但是它在品位、设计和工艺应用方面却显得不那么令人舒服。坎贝尔在他的《伦敦贸易商》(*London Tradesman*)一书中提出,专业化给英格兰"一个超越他

国的优势,因为他们必须在每个行业中都要达到同样的水准。要求一个人在这样无限多样中能将他的工作做到完美无缺是不太可能的事,甚至那些只做一件事的人也做不到这一点”。[30]不过,制造商 98
们对制图、设计和建模技能以及工艺技术在制造业中的应用极为推崇,但他们却不太会过多地谈论劳动的分工和工业模仿技术等概念。韦奇伍德在宣传他的产品时提到了“古董设计”(antique designs),却不曾说什么劳动分工、工厂组织,或者廉价的模铸陶器。他给同伴本特利(Bentley)写信谈及一个古典雕带(classical frieze)时说道:“我知道,它们要比大理石便宜得多,而且从各个方面来看,它们也更优质,但是人们感到它们是从模具中铸造出来的,或者是像伯明翰物件那样一击之下印上了图案。人们不会把这样的物品与那些不依赖模具、铸件或冲压技术的手工雕刻或自然成形的石头相提并论的。”[31]经济和商业作家、艺术家和发明家都表示在生产过程中的机械创造和物品的美学原则以及设计风格之间存在着张力。

在17世纪和18世纪期间,“技艺”(art)这个词就包括我们今天区别对待的艺术(art)和技术(technology)。约翰·卡里(John Cary)把技艺看作筑造,组合或制造的能力——“通过制造业,我们居民的劳动能力得到提高,并且使他们能够在多个行业大展身手”,而“要是没有技艺的帮助他们恐难胜任”。佩蒂(Petty)则认为,荷兰“通过在技艺上取得的成就”而夺走了英国人在服饰制作上的优势。马拉奇·波斯尔思韦特也对技艺与“创造性劳动”的关系有过长篇大论。但是,正是大卫·休谟对“技工工艺或工业技艺”和“自由或艺术技艺”进行了区分。他把技艺看作劳动的补充。他认为,一个民族的社会结构只有在“自由的技艺”(liberal arts)中生产出精致的产品,财富才会在其间涌动。[32]大多数当时的作家认定,技术包括艺术类技术,它在商品的品质和形象塑造中有其作用。

波斯尔思韦特在他的论文《论工艺与制造厂》(Of Arts and Man-

ufactories)中认为,民族要取得具有优势的进步需要更高水平的消费能力的帮助。他强调了“在更高程度上吸引和取悦每一类消费者的技艺”的重要性。这就需要人们制造出不同种类的产品。“要想让他们所有人受到诱惑并感到高兴,合适的做法是,在人们购物时,要提供与其能力相匹配的各种产品”,并且“把同样材质却有着不同价
99 格的商品集合摆在人们面前,这是让他们(即商人们)能够赚取合理利润的非常不错的手段”。他注意到,“怎样让商品看起来不错”是个重要的问题。对于这个问题,一个国家“必须使它的技术杰出”——“如果她的工人缺乏灵巧性和技能,她们是无法满足外国购买者的胃口的;要用新发明吸引他们,或者模仿别国产品;简单来说,要去满足各类人的脾性以及消费者的反复无常”。[33]

其他一些百科全书编纂者区分了两种技艺:文雅的、有文化的或自由技艺和技工的、实用型技艺。还有一些杂志纷纷对实用型知识展开调研。克罗克(Croker)的《技艺与科学大辞典》(*Complete Dictionary of Arts and Sciences*,1764—1766 年)提出,自由技艺与技工技艺是社会中劳动分工的产物。“技工技艺依赖于人工操作并且在一个惯例中运行,所以,技工技艺交给那些低等级的人去做……而自由技艺则优于技工技艺。由于自由技艺的运作离不开人的思维,同时要想做得好,其间也充满了艰辛,所以,在技工技艺中最常见的那些功能,自由技艺能做得更好。”[34]威廉·肯德里克(William Kendrick)则暗示,艺术家与“科学的实用技艺”有关;他认为,作家与雕刻工是平等的,并且他还认为,议会应当给他们的发明以更长的专利期。[35]“实用的知识”和“实用的技艺”是商业印刷文化中共同的修辞。伊拉斯谟·米德尔顿(Erasmus Middleton)把他的辞典称为一个“实用知识的通用体系”,并且他还宣称这部辞典提供了一种传播此类知识的廉价又快速的途径。《知识与娱乐的通行杂志》(*Universal Magazine of Knowledge and Pleasure*)是一份面向绅士阶层的杂志。

1758 年,该杂志论述了技工技艺在公众中的效用:它不仅给大批的民众以工作,而且还“文明化”了技工,他们的思想“因此深深地扎到那些给全人类带来好处的发明创造活动中去了”。“技工们从未打算发挥它们的知识体系的影响或进一步改善它们。我们可以看到,那些能工巧匠们通常都是些具有良好理解能力的人。”[36]

当 1778 年版《英国百科全书》的作者们对文雅技艺(Polite Arts)和世俗技艺(human arts)进行区分——“所有技艺的目的都是娱乐; 100
然而,科学的目的在于指导和实用”——时,他们仍旧认定这两种技艺对技术和商品的发展有着同样的贡献。他们认为,一些文雅技艺应用到了实用或指导性的物品身上。在其中,尽管“使人明智的科学”是关键,发明能力中的表达能力也很重要。美感对很多物品有着重要意义,并且需要被进一步定义;其产生过程所包含的精巧性和创新能力是相同的心态思维。这些百科全书派认为,这些包含美感的完美性物品充满了和谐的、愉悦的比例。这样的比例结构可以在同样的物品的不同部分,每一个部分和整体之间,以及各个部分和物体所归属的制造目的和设计风格之间得到发现。这就是斯密所说的“适用性”,它对发明创造有推动作用:“品位,喜好或者由技艺所改善的自然情感(natural sensation)能够指导着富有天分的人做出判断,拥抱并制造出各种各样的美来……现代的哲学家们对这样的知识、这样的理论使用了‘美学’(aesthetica)这个拉丁名来称呼它”。[37]

许多百科全书和辞典都与技艺协会有着密切的关系,并且它们都致力于宣传发明创造和国民品位的进展。其中一批百科全书和辞典收录了大量关于装饰技艺进展的条目。这些装饰技艺可以在奢侈品或轻奢品的制造业中得到应用,而这些行业也是英国进入国际顶尖水平的寄托所在。大多数的辞典还包含与建筑、染色、上釉、雕刻、蚀刻(etching)、镀金、玻璃制造、抛光、上漆、网线铜板印刷、绘画、瓷器、雕塑、挂毯和涂料有关的条目,努力向世人展示这些行业所包含的技术成就和设计特点。它们还向世人传递了一种通用的技艺语言,这打破了贸易中的神秘气氛以及知识为某些人所独占的现状。[38]图形再现是知识交流的一个方法。许多百科全书和辞典中包含着大量的雕版画,它们的功能通常是再现机械和技术的生产过程。许多人都在宣传雕版画技术(engravings)。《知识与娱乐的通行杂志》委托他人做了一批雕版画放在辞典的后半部分,而其中的一些雕版画上装饰上了代表艺术与工业合作的民族象征物。这种两
101 个层面的技术再现是现有技术知识的传播方式,是传递机械制造原则的手段,也是激励人们实现产品改善的途径。这种对现有工艺知识和实践经验的接触方式为它们"重新融合为一个新奇的混合物"提供了一把关键的钥匙。[39]这是一种让知识更易被接受的方法:图形再现作为一种机制,能让"厚重的"(复杂的)现实变成"轻便"(易理解的)之物。[40]机械技术的再现离不开绘图技术,而绘图技术当时又被认为是机械创造和美学敏感度的来源。

对图案和图形绘制的重视大体上与印刷文化的扩张有关,因为印刷商参与到一系列产品的生产中,这包括书籍、杂志、宣传手册、报纸,以及年鉴和地形志(topographies)、辞典、百科全书、商业和法律档案,还有各种类型的广告,尤其是商业票据和商业名片。样本书、商业目录(trade catalogues)、商业票据和商业名片是广告媒介,它们在生产过程中使用廉价的雕版样品反复印制。这些成果又进一步促进了人们对装饰和点缀技术的热情,以及对技术制图能力的追捧。随着廉价雕版业的扩张,技术制图手段进入一片新天地。对透视法和再现三维空间手段的掌握被看作建筑业、橱柜制造业和其他各种行业自我进步的手段。[41]

波斯尔思韦特强调了制图和雕版印刷业的重要性。他那关于印刷业的文章(1757 年)建议英国人撰写关于本国印刷业发展的史

诗。这部史诗可以“鼓励制图业的发展,因为没有它,那些设计师、绘图师或雕塑家们不管是天赋异禀还是勤奋过人,都很难完美地展示自己的作品”。这样的印刷业也给“公众一个鼓励,那就是我们所有的行业在设计、雕刻制图和上色绘图(painting)方面都很杰出……跟那些专事外国产品进口的人士一样,我们现在也能够将我们的能工巧匠们的产品出口出去了”。[42]他建议成立一个工艺学术院。他还认为,制图技艺是一个长期被忽视的主题。关于制图有一场特别的运动,这是由技艺协会在它于1753年成立时率先发起的。协会的创立者西普利(Shipley)在创办了一个私人制图学校后对此产生了特别的兴趣。欧季亚·汉弗莱(Ozias Humphrey)的例子是西普利办学目标的最好的证明。欧季亚因为要为家族的蕾丝花边生意绘制 102
图案而进入西普利的学校学习:“我如此急切地想进入西普利先生的学校是因为我知道,通过学习绘制各种头型的图案能让我在绘制花边图案时心里更加有数”。[43]

协会提出要对那些从事制图技艺的男孩和女孩们进行奖励,并且协会的奖励范围还包括那些绘制出上佳图案的不满16岁的孩子。协会把那些工作在第一线的工匠大师接纳为协会会员,并让他们来断定谁能获奖。1758年,人们根据文雅技艺目录清单的要求奖励了一批年轻人。这批年轻人的成果内容多样,从活物塑像(life figure)到复制印刷品(copying prints),以及各种类型产品的设计草图等内容应有尽有。罗伯特·多思依在《技艺的侍女》中大力宣传了这些获奖成果,并且他还提议青年、新人和技艺家组成自己的学会以推动研究的深入。多思依认为,奖励与优待应该给予那些能够给制造业带来完善性的技艺。[44]他和其他的一些人对制图、设计和工业进行了讴歌。一些人使用修辞手法宣传制图学校,或者宣传他们自己在建筑师、样图绘制师或设计师和建模师中的地位,还有一些人则大力赞颂技艺协会的成就。由于市场对丰富多样的物品样图和物品装饰图有需求,他们对这个市场的发展做出了贡献:他们为有闲暇的乡绅制作了各种自助式制图指导手册。这包括面向绅士或慈善事业的指南,比如,《技艺指南:心灵手巧者的助手》(*The Arts Companion:or,A New Assistant for the Ingenious*,1749 年)。这本书是为“那些对制图、涂漆、玻璃绘画……以及透视视图等技艺方法感兴趣的绅士和女士们提供指导”而出版的。另外一本书是多萝西·霍尔特夫人的《与大英国的女士谈蕾丝花边》(*Address to the Ladies of Great Britain on Lace*,1757 年)。这本书对英国的针绣花边(point lace)这一新发明进行了宣传,但是她认为,“我国那些被抛弃的女孩也应该学习”制图法,“因为对于这种能带来丰富想象力的资源,不知道为什么我们被法国人的雕虫小技战胜太久了,这使得我们自己的创新观念无法表现出来”。[45]关于装饰品和制图的书籍还包括:马蒂亚斯·洛克的《装饰图原则:制作叶子画的青年指南》(Matthias Lock's *Principles of Ornament:or The Youth's Guide to Drawing of Foliage*,18 世纪 40 年代第一版)和《给那些不熟悉制图实用功能人的装饰画指南新书。科普兰等撰写》(*A New Book of Ornaments for the Instruction of thouse Unacquainted with that Useful Part of Drawing. By
103 Copland and Others*,1758 年)。[46]印刷商们向艺术市场、业余爱好者市场以及工艺市场提供大量这类产品是为了让广大的读者能够接触到它们,并且所有的这些书册都宣称制图对发明创造具有普遍的用处。这种观点在世纪末时依然在走强。比如,弗朗西斯·菲茨杰拉德(Francis Fitzgerald)在 1788 年首次出版了他的 5 卷本的《技艺家的知识库和制图宝库》(*The Artist's Repository and Drawing Magazine*)这本制图指导手册。到 1796 年,这本书刊印到第 8 版时,菲茨杰拉德强调要培育我们的民族在技艺方面的品位,就需要发动青年人,并给他们指导。

1778 年,技艺协会撤销了大部分与制造业有关的制图奖金。新的趋势带来了这种变化:王家技艺协会(Royal Academy of Arts)在1768年成立了。它的目标是促进“文雅技艺”(polite arts)的发展。或许是早期那些私人机构,以及那些反映技艺和制造业现状的大批出版物推动着王家技艺协会寻找新的方向。历史学家一致认为,在这个世纪的最后30年里,文雅技艺和商业工艺分道扬镳,并且像建筑师、室内装饰师、设计师等职业人士也在寻找途径让自己与普通的制造业和奢侈贸易业区别开来。[47]现在,人们在出版技艺类的书籍时都会强调点缀式、装饰性技巧和技术所具有的经济价值,而且这是作为技工技艺,而非自由技艺来看待的。艺术类或文雅的技艺因此与根植在商业和工业体系中的技工类和实用的技艺斩断了联系。

对于制图技巧的作用还存在着一个疑问。在这个时期中期,如此多的作品关注制图技巧对发明创造和制造业的重要性,但是却没有什么证据显示它们在现实中产生了什么样的作用。制图手册,充斥着制图和雕版画的技术类和商业类百科全书,以及有着精彩插图的杂志中都可以发现这个世纪中期和后期盛行的一种文学类型,这一文学类型面向的市场根源于当时的印刷文化世界。有可能的是,这些作品提高了人们在“技术上的识字能力”(technical literacy),这一识字能力以图形再现为基础。另外,这种类型的文献反映了“有技能的、懂设计的英国劳动力的顶峰水平”。[48]不过,在技术变迁和产品发展与关于制图技巧的重要性的修辞之间却并没有一个直接的联系。制图学校和廉价版画以及机器分解图、工艺过程图的广泛出版并没有自动地为“有用的知识”、工艺技能,或发明创造提供资源。

艺术、设计和创新能够通过技工们在奢侈品和消费品行业的流动便捷地融入各行业长久以来形成的知识体系中。跟技工们需要了解进口品、新的物品、样品和模型所体现的新趋势一样,贸易业也
鼓励工艺和设计的发展。观察和分析新事物是发现特殊产品背后 104

的品质、设计风格和技术水平的途径。波斯尔思韦特希望人们研究、检视一下亚洲进口品。他认为这可以帮助人们更好地模仿并改善本国的产品。当时之人承认商业和交流所起到的作用。约翰·巴洛在《一部新式的、通用的技艺与科学辞典》(1751 年)中强调了商业在传播消费品知识中的重要性。通过商业,"所有民族的商人能融为一体;通过勤奋和远方来的贸易商,每一个贸易城镇和地区的财富都能流入普通人之手。通过这种方式,给我们带来便利和愉悦的生活必需品从遥远的东印度和西印度的海岸漂洋过海而来"。[49]在商业传播了商品知识和印刷文化的同时,人们认为它也打破了技艺的秘密;印刷文化加速了技术的交流。[50]

仿制与英国式发明

百科全书和商业辞典是新式印刷文化中的另一波市场领导者。百科全书的编纂者向世人展示了许多发明创造和新奇物件背后的知识。《自然与技艺奇迹》(*The Wonders of Nature and Art*,1750 年)一书从全国范围内的一系列权威作品中截取了各种知识。理查德·罗特(Richard Rolt)的《贸易与商业新辞典》(*New Dictionary of Trade and Commerce*,1756 年)中包含了关于"物质、地点和交通方式"的信息,人们从中可以看到关于贸易与商业的更本质的内容。伊拉斯谟·米德尔顿在他的《技艺与科学的新式大辞典》(1778 年)中强调了技工们对单卷本的廉价书籍的需求。[51]威廉·豪的《新王家百科全书》提供了过往的经验,以期"仿制"的进程能够进一步发展并引入新奇的物件。正如他所说,"仿制技艺的本质是尽可能地从他人那里获得经验以增加我们的品种种类,或者改善我们的产品,至少不能因为我们的改变而带来任何的损害"。这部百科全书也介绍了“新奇之物”:“一个新式的物件让人感到惊奇……人们背井离乡去寻找珍稀的、新式的事物,并且人们带着愉快的心情对这样的新奇之物进行改造。”[52]甚至到1794年,《技艺与制造业宝库》(*Repertory of Arts and Manufactures*)一书仍然强调其出版的目的在于“向世人展示实用技艺和制造业中的新发现和改进产品的方法”。105
这其中就包括编纂者从曼彻斯特文学与哲学协会(Manchester Literary and Philosophical Society)的卷档中提取的发现,即“用应用化学原理”去改进染色技艺。[53]

这些辞典和百科全书的编订者和作家们宣传着他们在对已有知识进行交流和传播上的功劳。发明创造的确随之而来。有时候他们也会相互指责对方提供的内容是有限的。多依思就批评先前的作品、百科全书和辞典——也包括萨瓦里的作品,因为他们“从古书中摘取一些段落,而不是秉持正确记录的心态从最有能力的技艺实践者那里获取改进技艺的方法”。[54]百科全书编纂者则宣称,发明创造并不是天才个人的成果,而是对已有知识进行富有成效的仿制和再组合后出现的。最好的百科全书要对“实用知识”进行最及时的总结。百科全书编纂者说得有道理。他们传播的技术知识为人所知并能带来竞争力,并且他们还向世人展示世界各地解答现实中存在的问题的知识和技术。正如乔尔·莫克尔(Joel Mokyr)最近所说,这样的知识是“工业启蒙运动”的一个方面。跟这些18世纪的前辈一样,他们都认为发明创造在很大程度上不是基于“天赋”,而是基于“再组合”(recombination)的能力。低成本地接触到其他地区的知识和实践技能给发明家提供了解决问题的途径,只不过这些问题在过去已经有人予以解决了。正是因为人们秉持着任何问题都是可解决的这类信念,这才促使人们去开发新的技术手段。[55]

这些建立在仿制原则基础上的创新对于聚焦于品质和多样性的创新活动很重要。技艺协会承包的奖金以及专利许可始终强调要建立仿制与新产品之间的联系。协会为人造鲜花的开发提供奖金以替代法国和意大利的进口品。协会认为,鲜花在制作过程中可以使用"其他的材质,其数量供应不受限制",并且人造鲜花的技艺"可以通过刺探并模仿外国货而很容易掌握"。"我们为了买各类这样的花付给意大利和法国的钱……其数量之多可以说是惊人的。"新近发明的英国人造鲜花是对国民财富的一大贡献。协会还为那些通过模仿中国、越南和法国漆而创造的新式清漆(varnishes)提供了奖金,并且还对"我们的工作人员在那种技艺上所达成的高度完
106 美境地"表示了赞赏。还有一批奖金在 1757 年、1763 年和 1764 年发出,这是为了促进本国纸业追赶上法国。但是,多思依在 1768 年的报告中说,这些奖金"本来想让这种纸在品质上与法国纸媲美,但却从来没能成功"。[56] 1759 年和 1760 年的奖金授予那些模仿"中国人"从丝绸废弃物中提取纸的技术,而 1759 年和 1762 年的奖金则针对大理石花纹纸,这种纸"跟法国的生产工艺一样"。[57] 协会对自己通过奖金的方式帮助本土清漆代替日本和法国漆器进口品上所起的作用骄傲不已。协会的奖金发出后就是各种专利申请活动的出现。在 1757 年到 1825 年间,仅与涂漆工艺和清漆工艺有关的专利申请就达 20 件。协会骄傲地宣称"我们的发明家在这一技艺上达到了完美的地步"。涂漆技术很快被广泛认可为英国人的成就,并且伯明翰的漆器成为比法国漆器更受欢迎的国民产品。[58]

协会对其在推动地毯制造上所取得的成就也倍感骄傲。协会促使工匠和规划者们模仿一款经典的奢侈品——土耳其毯(Turkey carpet)。托马斯·惠蒂(Thomas Whitty)在协会举行的针对"东方的土耳其毯的制毯模仿"竞赛中获胜,并且依靠获奖奖金和贵族恩主的支持,惠蒂于 1775 年在艾克斯敏斯特(Axminster)建立了一家地毯制造厂。他认为,他的这一"模仿"制造活动创建了英式织毯业,它不仅取代了土耳其的进口品,还打败了法国的进口货。他宣称,他的产品回应了

协会关于“开发更实用的新产品并取代土耳其地毯的销售地位”的号召,并且它还使用了英国产的原材料并自己训练劳动人员。[59]技艺协会还推出了一些成功模仿其他纺织品的案例。“通过模仿马赛双层布(Marseilles)和印度被料(Indian quilting)的制作工艺,丝绸、棉花、亚麻或羊毛织布机制造的产品差一点就消失了,但是现在却从濒危的状态中被拯救出来了,这正是借助技艺协会的帮扶才成为颇有价值的产品的”。[60]

品质、装饰、仿制和新产品也是许多英国专利持有人追求的目标。专售许可经常被看作具有创造性的标志。不过,在英国,取得专售许可证的同时还要根据覆盖地区的大小缴纳120~350镑不等的费用,这是一笔不小的花费。许多发明家认定,这笔花费与提供
的保护之间不成正比。结果就是,登记在册的专售许可比实际的发 107
明活动要少。它们的数量的确不能说明人们在消费品的技术、材质、外观设计和产品类型的改造方面所做出的努力。但是,那些取得了专售许可的人的确代表了高水平的消费方向。它们聚焦于新产品,或者对现有物品进行装饰和精加工,还有些人则致力于拓展
各类物品的品质和多样性;人们普遍强调商品的新奇性和艳丽感。 108
有人对166件纺织品的改进情况——既包括具有专售许可权的,也包括没有专售许可权的——进行了一番调查。调查结果发现,其中49.5%的被访者表示希望实现产品的升级换代或与众不同。另外一个调查则涉及对1625年到1825年间的1610份关于消费品的升级型专售许可的调查。这份调查发现25%的产品明确说明了自己在外观装饰、精细加工和仿制特色等方面所做的推陈出新。[61]

仿制成果可以获得专售许可;但是,发明家和设计师们也要防止其他“模仿者”对他们的技术直接拿来使用,而且在他们技术成果上做一些改变后再使用也不被允许,因为在此之后,这些模仿者就可能自行申请专售许可或版权保护了。在伯明翰的贸易市场上,在

英国的瓷器工厂中,以及在伦敦的印刷贸易和棉布印染行业中,对其他物品的外观和样式上的伪造、剽窃、盗版和假冒的活动层出不穷。包括棉布印花商在内的英国印染商对 1735 年、1767 年和 1787 年制定的版权法期待已久,并且他们还在 19 世纪 30 年代和 40 年代中参与到规范版权保护和技术复制的运动中来。法国的雕版工和印染商利用 1793 年《作者权法》(Act of the Right of Genius)挑战丝绸和墙纸制造商不法行为。这场针对着仿制及其合法性问题的运动其本身就是一场关于特权、财产权、发明创造和经济进步中的模仿因素的大讨论。[62]

有些英国新产品凭借着对珍贵奢侈品的"仿制"而拥有了专利权。比如,乔治·拉文斯克罗夫特(George Ravenscroft)在 1674 年"因其制造出如同水晶一般的晶体玻璃"而获得专利许可证;此外,罗伯特·雷德里希(Robert Redrich)和托马斯·琼斯(Thomas Jones)获得的专利使陶器上可以运用染色、布点(spotting)、纹路和斑纹(clouding)等新技术。在新技术下生产出的陶器有着大理石、斑岩、各类石头、玳瑁壳的外观。韦奇伍德在 1769 年获得的专利用于对陶器的外观进行装饰,使其看起来如同蜡画。伯明翰的油漆匠亨利·克莱(Henry Clay)则在诸如涂漆纽扣(japanned buttons)这样的物品中加入新材质而获得专利。[63]

仿制的对象多样,新的英国产品也得以问世。英国在陶器制作上的大放异彩也只是这些成就的一个方面。英国的陶器和陶瓷制造商不停地取得专售许可权,他们的目标很明确,就是要对荷兰的
109 代夫特陶器和中国陶瓷进行模仿。他们在新产品的创造过程中所经历的复制、剽窃和再设计都是为了让中产阶级和乡绅消费者在一个可接受的范围内享受精致的生活。在这一过程中,他们创造了英国奶油色陶器、伍斯特和德比的瓷器,以及斯塔福德郡的陶器。这些产品具有独特的品质,成为国际名牌,并且在世界市场上这些"英

国的"商品已经演变成高品质消费品的代表。"被发明的"商品具有美感、便捷性、创新性,并且在设计类别和品质类型上也很多样,它们到 18 世纪末期成为人们心中"具有英国特性的"产品。它们不断开拓世界市场;一个法语词汇"盎格鲁热"(*anglomanie*)因为这种英格兰式的现代奢侈品而流行起来。茶具和茶桌、漆器和搪瓷器具,各种雕版器具和特质装饰品,还有陶器,以及丰富多样的带扣和纽扣等成为各国进口、走私和渴求的对象。这些都是仿制的产品,可以肯定的是,之前就存在了,但是,它们经过了改造式的再发明,现在成了新产品。

图 3.1　茶壶,约书亚 · 韦奇伍德设计,约 1778 年制造

18 世纪发明创造中的竞争性和仿制性特征既在产品中得以体现,也在生产革新中得到贯彻。新的机械技术,滚压、冲压和塑形技术,以

及可替换零部件等在各类补充产品和替代产品中得到应用,产品开发的新方向由此诞生。化学技术上的革新,特别是染色技术,金属混合技术,以及煤为原料的生产工艺等方面的新技术也被应用到替代型材质的制作之中,而这些替代材质又是新产品的原材料。亚当·斯密把仿制活动赞誉为“奇迹的来源”(source of wonder),并认为它与美的审美原则和对产品的需求共同构成了现代英国消费品得以出现的关键
110 因素。

第二部分

怎样制造

英国的新式消费品作为轻奢品得到发展满足了多样化的中产阶级市场的需求。它们有着仿佛无可穷尽的品种,散发着鲜明的个性,还可以定制生产,这符合时代潮流并且普通人也能承担得起。这些轻奢品还成为出口品中的主力。这些产品向世界展示着英国品牌所具有的良好品质和精致的工艺。这一步是怎样做到的呢?它首先可以被看作发明能力和生产能力的胜利。它还是分销业和零售业中的一个成功案例。这些商品先是在创新中心进行产品设计,然后在具有发达的劳动和专业化知识的地区被制造出来。它们为广大的中产阶级服务。无论是小商贩还是有气质的精英人物,各个阶层的男男女女以及家庭成员们都对这些品质不俗的国产货趋之若鹜,它们在全国各地风靡一时。这些家用器具纷纷进入新式文明生活的空间,这包括:家具、地板覆盖物(floor coverings)、照明设备和镜子,以及玻璃质地或瓷质的餐具和饮器,精致的餐具,烛台和各式铁制装饰品。

玻璃器皿、瓷器和镀银器具,以及铁、铜和漆器装饰品都是最为常见的消费产品,也是英国式新型消费品中最为人所熟知的。它们都算是新式发明物,应用了新式技术工艺,并且它们是在这一时期快速扩张的核心工业区里制造出来的。关于这些商品制造和出售的故事将在接下来的两章里一一讲述。

这些新商品被人们所购买、使用和展示,但是除了这些新商品以外,还有更多的传统国产货在市场上供应,而这些传统产品在17世纪后期或18世纪早期也呈现出新的面貌。家居装饰品,特别是窗帘、床帘和被褥,在17世纪后期为大众所喜爱。进口自印度的印花棉布制品也始终保持着质优价廉的美誉。不过,从18世纪20年代开始,由于当局禁止进口这些织造品,英国亚麻业以及后来兴起的棉花制造业制造出了带有印花图案的产品,这些产品能够与家具搭配使用:到1750年,兰卡斯特制造厂(Lancashire mills)所生产的家具有 8 种不同类型的方格图案。窗帘到这时也成为体现中产阶级家庭气派的标配。

在以前,除了精英阶层以外,人们很少进行房屋装饰,但从 18 世纪开始,越来越多的家具被购置进来,其中一些家具装有保护套垫,
113 还有一些家具使用美洲进口木材制成。无论是那些生活在出租屋内的贸易人员,还是想把他们最好的房间出租出去的人,都会对会客厅和卧室进行一番精心的打理。在那些不易移动的装饰物中最常见的是新式壁炉,这些壁炉安上了能提高热效能的炉栅、壁炉架和火炉装饰品。在他们生活的鼎盛时期,这些工匠和贸易商还购买了桌子、书柜、衣柜、椅子和茶桌等个人使用的家具物品。对于那些更富裕的人,大型家具制作工场会给他们提供一整套家具,这被认为是文雅生活环境的必需。在伦敦或兰卡斯特这样的地方中心,雕刻师、造椅匠(chairmakers)、镀金工(gilders)、镶嵌细工和家具装饰工(upholstery workers)互有联系,而这些工场也会把制造任务分配给他们。这里所生产的新式轻质红木和胡桃木家具适合各类消费者的品位,而且人们也承受得起。到 18 世纪后期,从西印度进口的红木有 7000 吨,价值达 80000 镑。[1]

像兰卡斯特的吉洛斯(Gillows)这样的知名家具公司生产的家具产品颇为精致,并且充满了冷静节制的气息。这类家具不仅吸引了地方乡绅精英和商人、工业家、书商、食品零售商、五金商人,甚至杂货零售商、泥瓦匠和印刷工等商贸从业者也是它们售卖的对象。伦敦的大型家具制造商——托马斯·齐本德尔(Thomas Chippendale)、约翰·沙农(John Channon)和梅休与因斯(May hew & Ince)等公司,以及像约翰·林内尔(John Linnell)这类家具安装工——为贵族和富裕的城市消费者定做产品。同时,这些制造商也在广大的消费公众中传播产品的新样式和设计风格,这是齐本德尔的《绅士与家具工匠指南》(*Gentleman and Cabinet Maker's Director*)或乔治·赫波

怀特(George Hepplewhite)的《家具工匠与家具安装师指南》(*The Cabinet-maker and Upholsterer's Guide*)这类大众设计手册的功劳。还有大量的更为普通的家具工匠、家具制造商和安装工分布在地方城镇和伦敦的大街小巷中。他们利用新设计风潮为广大的乡村士绅和小店主、小商人服务。其中一些人承担起室内装潢师的角色;家具安装工不仅负责家具的安装,也会为家具搭配上合适的窗帘和门帘、墙壁装饰物以及照明设备。他们不仅为精英阶层服务,那些小店主也急切地需要他们,因为许多小店主也希望自己商店的内部商业氛围符合流行的趋势。

流行家具需要灯光和镜子的衬托,二者都属于传播最快的奢侈品。烛光和油灯让舞台、剧院、咖啡屋和各类聚会场所熠熠生辉,它 114
们也成为中产阶级家庭预算支出的主要款项。家庭油灯方面发生的深刻变革在阿尔干灯(Argand Lamp)上达到顶峰。阿尔干灯是由马修·博尔顿从法国发明者那里买来的。蜡烛与灯和镜子共舞。在1675年的样本调查中,在英国伦敦及其周边各郡以外的英国家庭中,只有10%的家庭拥有镜子,但是到了1725年,镜子已经成为跟床、椅子和桌子同样普通的物品。[2]穿衣镜(looking glass)是对大窗户的补充,也是对小型装饰性壁炉的衬托,它摆在那里表示对来访客人的尊敬。

至少从18世纪的前半期到18世纪第三个25年时,许多新商品的功能并非为了让家庭生活变得更轻松或更舒适,而是为了展示教养品位。时尚、典雅、高贵,"引人注目""样式恢宏与比例协调"以及"炫丽的外观"成为它们的卖点。但是在这个世纪更晚些时候,这些家具搬进了更狭小的空间中,为社交中的亲密和舒适感服务,与其他各式品质和价格不一的新产品形成互补,在满足富裕阶层的时尚感时也进入中产阶级的生活。壁纸尽管最初价格不菲,但是却随着雕版贸易和印刷贸易的发展而飞速成长,到18世纪40年代,壁纸变得流行起来,并且它取代了在浇筑和塑形上所需费用更加昂贵的灰泥墙面(plasterwork)。从 18 世纪 60 年代开始,地板上也铺上了地毯。英国产的艾克斯敏斯特地毯(Axminster)和基德敏斯特地毯(Kidderminster)专为富人所享有,但是一种更廉价的"基德敏斯特地毯"材质也出现了,它具有人们所期望的同样的效果。到 18 世纪末,在基德敏斯特有 1000 家地毯纺织工场。这些英国产的地毯已成为典型的新式消费品。[3]

尽管所有这些新式商品已经被人们分别进行了一番评头论足,但是其中的不少历史著作的聚焦点集中在为贵族消费者而生产的单个产品身上。这些商品的工业制造史并非只针对精英阶层,它们也面向正在迅速崛起的国内外城市中产阶级。关于他们的历史还没有被写成文字,也没有成为工业革命这一大主题的组成部分。甚至最著名的产品,也是长久以来被看作工业化的核心——棉花织品——直到最近也只是作为一种概念而获得解读,它还没有作为一
116 种现实的产品而得到论述。尽管最近对棉质服饰的书写已经在某种程度上对这一不足做了改正①,但棉花制造业者、商人、家具安装工、服装商和消费者之间的互动关系仍有许多工作要做。在这里对于所有这些消费品的发明、制造和分销过程进行全面记录是不可能的。我们要想知道"它是怎样被制作的"还需多下些功夫。然而,我们对于以下产品在 18 世纪末期成为国际名牌的过程可以进行初步的探索:英国玻璃,斯塔福德陶瓷,伯明翰金属扣,黄铜器和漆器,以及谢菲尔德的盘子和餐具。

---

① 2015 年,斯温·贝克特出版了《棉花帝国》一书在某种程度上弥补了这一缺陷。Sven Beckert, *Empire of Cotton: A Global History*, Penguin, 2015.

第四章　玻璃与瓷器：优雅餐桌上的语法

你驾临此方，伟大的安娜！三个王国都向你臣服参拜。
你有时在这里商议军国重事，而有时却饮茶闲谈。

亚历山大·浦柏：《夺发奇遇记》

17 世纪后期和 18 世纪期间最著名的仿制型商品是玻璃、瓷器和印花织布。正如我们所见，许多欧洲国家都想发展自己的亚洲印花棉布和瓷器的仿制品。英国在后来实现了本国棉花工业的高速发展，从而使自己抢先占领了彩绘印花棉布这一庞大的市场。但是，真正体现新式英国风格的现代消费品是英国生产的玻璃，尤其是无色玻璃(flint glass)，以及英式陶器产品。这些产品供本国和欧洲以及殖民地的中产阶层和上流社会使用。 117

玻璃

玻璃和瓷器是具有特殊品质的奢侈品。从 17 世纪后期开始，英国社会结构的变化催生出新的市场机遇与创新动力，而玻璃和瓷器是完美的候选之物。文艺复兴时期威尼斯所产的精美玻璃器皿是当时的商业和土地社会(landed society)进行财富的社会分配的结果。城市生活、文明性和文雅风(refinement)重新定义了人们的消费习惯。人们热衷于展现精美的、有技术含量的奢侈品,这些奢侈品向世人展示了一种有内涵、懂品位和热情好客的态度。玻璃使用沙石和土灰制作而成。它们跟精美的瓷器一样,也是奢侈品的一种,不过它们得以入选奢侈品行列的理由并非其材质的珍贵性和稀有性,而是有赖于其所体现的工匠技艺以及其对自然进行仿制的潜
118 力。玻璃和马略尔卡陶器都实现了文艺复兴时期美学所追求的真谛,即它们有能力唤起人们模仿现实世界的勇气。马略尔卡陶器是精美的白色锡釉陶器,它们包含匠人们精心手绘的设计图案,并且从 15 世纪起,它就成为意大利城市国家里精英们餐桌上的“明星之物”。玻璃则是水晶的仿制品,并且它与陶瓷也没有太大的不同,而马略尔卡陶器则对银器的形象进行了模仿。[1]玻璃还能够模仿其他更加珍贵物品的样子,而且它们能够被加工成各种样式和外观形象,这是其他媒介做不到的。这些都令文艺复兴的作家们着迷不已。他们羡慕玻璃内在的美感。最重要的是,他们对那些玻璃制作大师们制作的产品外观与视觉效果所达成的和谐统一状态赞不绝口。[2]

新贵族和商人们渴望在布置精美的餐桌上招待客人时显示出私人生活中的富丽堂皇,而威尼斯玻璃正好可以满足他们。它是纤弱的、易碎的,其细瘦性和易逝的特性正体现了现实世界的“浮华”(vanitas)和短暂。它达到了文艺复兴艺术的理想,即对外观的典雅和匀称以及和谐统一的目标的重视。玻璃器皿展现了组装过程中的复杂技巧,也体现了制造高品质物品中的工匠技艺。

精致的威尼斯玻璃和彩绘马略尔卡陶器的价格差不多,它们是越发壮大的文艺复兴社会中城市商业阶层的可购买之物。容纳它们的是两个截然不同却又有着类似追求的市场——商业阶层市场

希望能给自己的生活增添一点文雅的气息,而上流社会购买玻璃则是为了证明他们的品位以及展示自己对工匠精神的兴趣。威尼斯玻璃也是一种国际性的奢侈品,它们在欧洲范围内出售,并且还运抵到新世界和亚洲。[3] 威廉·哈里森(William Harrison)曾在他的《英格兰素描》(*Description of England*,1586 年)中对英国王室和贵族家庭中餐桌上的玻璃器皿的使用进行了描述:

> 我们今日可以看到在这个充斥着金银的世界里,为了展示自己的教养,人们不愿意使用那些铁制品(由于它们数量多),而是普遍选择威尼斯玻璃,用来盛葡萄酒和啤酒……这些物品大量出现是因为人们开辟了与慕拉诺岛(Murano)的贸易……从此之后,每天都有最精美的威尼斯玻璃器皿抵达。正如其在这类文雅活动中所见,富裕群体中的人们对这类玻璃的喜爱不能被忽视。[4] 119

到 1626 年时,每年有超过 10000 件水晶玻璃从威尼斯流入英格兰,而威尼斯玻璃工匠能够按照人们所需制造出任何的东西来。[5] 不久之后,欧洲的其余地区不仅希望能弄到光彩夺目的威尼斯玻璃,人们甚至打算在自己的国家仿制它。其中关于熔化技术、熔炉制作技术、工艺性和手艺要求等秘密的掌握,是通过把威尼斯玻璃工匠吸引到法国、尼德兰和英格兰而完成的。威尼斯的玻璃工匠在安特卫普建立了一所玻璃工场,并且据说在 1549 年也传播到了英格兰。一个叫维切利尼(Verzelini)的威尼斯人获得了一所伦敦的玻璃工场,并且在 1574 年获得一份专售许可证。到 17 世纪早期,英国工匠也掌握了他们的技术。擅长制作高品质平板玻璃和厚玻璃板(包括镜子)的威尼斯专家也进入科尔伯特治理下的法兰西,并且成为在 1688 年皮卡第(Picardy)成立的著名的圣戈班(Saint-Gobain)玻璃工场的基础。[6]

无色玻璃的发明:面向新市场的新产品

威尼斯技艺向欧洲北部的传播拓展了制造业的范围并且降低了产品的价格,但是这类生产仍然影响有限。17 世纪后期和 18 世纪,在玻璃的生产和使用方面,市场发生了一次重要的转变,但这次转变却与威尼斯技艺的传播无关。它是仿制活动的结果——英国发明了无色玻璃(flint glass)。恰恰是这一发明,而不是威尼斯玻璃技术的传播使玻璃成为一种现代奢侈品。当然,英国无色玻璃的成功既有赖于威尼斯的遗产,也是英国燃煤型玻璃生产这一更大背景的硕果。

无色玻璃是乔治·雷文斯克罗夫特(George Ravenscroft)的发明,他曾与其兄弟一起参与到威尼斯贸易业中。这是一种质量不轻、白色的、清澈的并且有光泽的玻璃品种,而且这种玻璃还易于切割。雷文斯克罗夫特的玻璃工场即伦敦的萨瓦熔炉厂(Savoy furnace),它由威尼斯工匠经营。正是在这种情况下,他引入的新技术使用了燧石,这是由意大利河床中的鹅卵石提炼的沙石煅烧而成的。另外,他还从意大利的草碱中提炼了苏打。此外,他在产品中添加了一氧化铅,从而制作出一种全新的玻璃。

在这种对威尼斯产品进行仿制活动的背景下,我们还可以看到
120 独特的英国玻璃工业的发展情况。与威尼斯和欧洲大陆的玻璃不同,新的无色玻璃和其他玻璃品种是由燃煤熔炉烧制而成的。1615 年,一份英国的玻璃专利许可中就禁止使用木材烧制玻璃产品。可以说,英国的玻璃生产技术是与燃煤熔炉技术的发展同步进行的。一旦制作高品质的饮水玻璃器皿的技术得到发展并克服了这一限

制,那么它们也就为实现高产出和低价格的生产机遇打开了大门。按照曼塞尔(Mansell)所说,17 世纪中期,英国的玻璃工业容纳了 4000 名工人,他们大部分从事玻璃瓶和玻璃窗的生产。在王政复辟时期,制作玻璃瓶成为玻璃制造业最大的一个分支。这也是一种英国式的产品,它与燃煤熔炉生产过程中的独特工艺联系在一起。在 17 世纪中期,玻璃制作工发现,在燃煤型玻璃制作熔炉中,敞口壶(open-topped pots)可以变成几乎是黑色(非常深的绿色)的硬质玻璃。这种玻璃可以阻挡住光的照入,从而成为储存和运输酒的理想器皿。到 1696 年,在英格兰的伦敦、斯陶尔布里奇(Stourbridge)、布里斯托和纽卡斯尔等地有 42 家玻璃瓶制作厂。从布里斯托和巴斯(Bath)运来的矿泉水,从西部诸郡运来的啤酒和苹果汁,都在布里斯托装入瓶中,然后再大批量运往美洲殖民地。到 18 世纪早期,这一生产过程传播到了法国。现在,人们使用玻璃瓶储藏各类酒,而不再放入陶罐壶(flagon)中了,瓶装酒进入千家万户。荷兰人和威尼斯人也采纳了这一生产过程。在威尼斯,玻璃瓶工场的产品以"英国瓶"(bottiglie d'Inghilterra)这样的称呼而闻名于世。[7]

1696 年对玻璃制造情况的一份调查显示,在英格兰和威尔士有 88 家玻璃工场:其中的 37 家是玻璃瓶制造工场,22 家是无色的和普通的桌台玻璃(table glass)制造商,19 家为平板玻璃制造商,2 家为冠状玻璃(crown glass)和厚板玻璃(plate)制造商,而剩下的工场则是玻璃瓶和平板玻璃都生产。这一工业主要集中在伦敦、布里斯托、斯陶尔布里奇和泰恩赛德(Tyneside)。从这些 17 世纪的创造活动中可以看出,这一工业以生产具有实用性、面向相对广泛的市场以及生产具有独特性的高品质玻璃器皿为己任。尽管无色玻璃为英国提供了新的奢侈品,但其玻璃工业也为中等规模的房屋供应玻璃窗。此外,它还向市场提供标准化的玻璃瓶,以及成千上万的普通款的饮水玻璃器皿。在英国各个地区的中产家庭和小酒馆中都可以发现它们的身影。18 世纪时,无色玻璃演化出更多类型的台式玻璃和雕花玻璃(cut glass),但是它们依然保持住了英国玻璃产品的核心原则。萨缪尔·约翰逊(Samuel Johnson)在访问玻璃工场时
121 发现的不是其珍稀性,而是便利的特点:“熔化了的玻璃尚未成型,其中‘充满了多余之物和不纯洁的杂质’……在其背后隐藏着的却是一个如此便利的世界。”[8]

18 世纪的玻璃

无色玻璃进入这个充斥着各类国产货物的新市场也只是 18 世纪 30 年代的事。玻璃出售者公司(Glass Sellers' Company)成立于 1664 年。这家公司领一时风气之先,并且在乔治·雷文斯克罗夫特的专利许可于 1684 年到期之前,无色玻璃的生产和玻璃进口事务都受这家公司管控。这家公司之前还推出了新的发明,那就是让新产出的铁块能根据需要塑型。[9]现在,玻璃行业从业者们把精力聚焦到如何制造出更新颖、更轻质的产品,让产品设计更实用。正是由此,英国产品在 18 世纪居于世界玻璃市场上的主导地位。

伦敦是大型玻璃工场的主要聚集地:怀特弗利玻璃厂(Whitefriars)、福尔肯和福尔肯阶梯玻璃厂(Falcon and Falcon Stairs Glasshouse)、米诺瑞斯玻璃厂(Minories Glasshouse)以及位于硝石浅滩(Salt Petre Bank)①的玻璃工场。到 18 世纪,斯陶尔布里奇成为仅次于伦敦的玻璃生产中心。在这一时期,布里斯托使用无色玻璃开发出玻璃瓶和冠状窗玻璃,并且到 1797 年,该地已有 14 家玻璃工场。纽卡斯尔也有两家出色的无色玻璃工场,其以生产窗玻璃而闻名。

① 即今日的船坞街(Dock Street)。

到1783年，英国玻璃贸易每年利润可达630000镑，并且在1835年时，已有106家玻璃工场，此外，苏格兰和爱尔兰也各有10家。在17世纪时树立的传统到18世纪初期依然对玻璃市场和玻璃工业产生影响。大部分的制玻璃工依靠委托生产进行工作；他们生产的大部分产品属于普通的商品。甚至贵族购买的也都是些外观简单、具有标准化图形，且定期供应的产品。这个产业在17世纪时主要依靠一些规模相对不大的企业支撑起来，这些企业雇用了15～20名制玻璃工，而这些工人每年挣得60～80镑的工资，这是一笔很高的收入。[10]伦敦玻璃工场的数量从1696年高峰期的24家跌落到1833年的3家。但是，这为数不多的几家企业已经成为大公司。1774年，瓦因（Vingne）、尼夫（Neave）、温斯科特（Winscote）和沃克（Walker）给他们在萨瑟克区（Southwark）的制造厂投保900镑，给他们的玻璃库存投保200镑，此外还为其他的存货和器皿（utensils）投保3500镑。到1821年，里德（Reed）和温赖特（Wainwright）所开办的玻璃工场成为伦敦最大的制造企业。他们光为史密斯菲尔德上东区（Up- 122
per East Smithfield）一处的仓库和玻璃工场而支付的保险费就达7290镑。[11]

到18世纪70年代，玻璃工业拥有各种工业结构类型。例如，像在雷文海德（Ravenhead）的英国整铸平板玻璃公司（British Cast Plate Glass Company）这样的大型企业，拥有多个加工车间、铸造车间，还建有圆柱门廊的经理宅邸以及各种雄伟的建筑，此外，还有如伯明翰的小规模玻璃产业，那里到处是只有几个人的加工作坊。一份关于伦敦的普通平板玻璃制作的说明书直陈，一家拥有50名工人的工场每周偿付的工资为15先令。那些地方上的无色玻璃工场的规模要更小，它们支付的工资也要少得多。位于斯塔福德郡比尔斯顿地区（Bilston）的希金玻璃厂（Hickin Glass Business）是一家生产玻璃瓶和窗玻璃的工厂。该厂平日只雇佣29名工人。这些工人中只有1

人可以拿到每周 15 先令的薪金,6 名少年雇工的工资每周 3 ~ 4 先令,而其余的人则在每周 7 ~ 9 先令之间。[12]

市场与价格

伦敦也是饮用玻璃杯和玻璃瓶的销售中心。甚至从纽卡斯尔到布里斯托这样的地方上的玻璃工场都通过伦敦出售它们的物品。纽卡斯尔利用运煤船向伦敦输送窗玻璃已有很长的传统了。不过,饮用玻璃杯也主要依靠伦敦销售。东北地区的贵族、乡绅和中产阶级是伦敦玻璃销售的主要客户。来自伦敦的代理人和货栈老板负责销售精美的餐具。纽卡斯尔的制造商们到 18 世纪后期已经制造出一些品质不俗的饮用玻璃杯。这些产品与他们生产的瓶子和窗玻璃一起纷纷发往伦敦。甚至苏格兰也在这个世纪的前半期享受到了来自伦敦的瓶子、饮用玻璃杯和各类玻璃产品。布里斯托把它们生产的瓶子送到了伦敦,但是却把它们生产的美妙的桌面玻璃(table glass)出口到美洲。伦敦还拥有一批玻璃切割工(glass cutters)和精修工(finishers),而布里斯托擅长涂漆工艺,伯明翰则在它的小型玻璃业与小装饰品贸易业(toy trade)之间建立起了互补关系。

地方上的制造商负责生产新式玻璃,而伦敦负责将它们分销出去。伦敦在奢侈品的批发和零售方面有着长期的经验。我们要回
123 溯到 1664 年,当时玻璃出售者公司建立了包括仓库和运输路线在内的一系列基础设施。人们给玻璃产品打广告。最初人们在玻璃工场的前厅建立一个陈列室或工厂直营店将其直接出售,后来从 1740 年后,玻璃产品的出售逐渐转到了独立的玻璃商店里进行。在 18 世纪前半期,大都市的玻璃销售商都是富甲一方的商人。要做他们的

学徒仅学费就要 20 镑,而且这些商人还会花 200 ~ 500 镑为他们的商店添置存货。把玻璃运往伦敦,然后再把它们运给地方上的零售商和顾客是一件费力且有风险的事情。商贩们在全国各地运送玻璃产品时会把它们放到驮马背部两侧的驮筐内,然后成纵队行进,并且商贩们还把自己武装起来以保卫这些产品。由于破损率比较高,顾客们在下订单时会被建议多订 25% 的量。在集市上,贩售玻璃制品的货摊随处可见,而流动的小商小贩从 17 世纪起就对玻璃出售者公司的垄断权展开抵制,他们采用在乡下各地边走边吆喝的方式出售玻璃品。[13]

对于制造者来说,国际市场跟国内市场同等重要。在 1714 年前 6 个月里,法国就购买了 23000 件玻璃品。到 1780 年,英国开始向爱尔兰、印度和英国各殖民地供应无色玻璃。在 1801 年前半年时间里,共计 75 船的布里斯托产的玻璃制品被从布里斯托运往加拿大、美国、爱尔兰和西印度,并且仅纽约一处就接收了 140 箱的布里斯托无色玻璃,此外还有多箱其他类型的玻璃品。[14]

这种玻璃还受到消费税的影响。从 1745 年起,每英担用于制作无色玻璃和白玻璃的原材料被征收 9 先令 4 便士的税款。人们对于这一税收对此后生产的产品的重量、大小和形状的影响议论纷纷。非常有可能的是,税收促使玻璃制造商在制作无色玻璃时偷工减料以实现每炉生产更多产品的目标,并且在制成品上添加更多的装饰物。但是实际上,税收并不沉重。未经深加工的无色玻璃每磅售价从 1746 年的 9 便士增长到 1752 年的 10 便士。1777 年,这一税种被取消,取而代之的是对每磅材料征收 2 便士的税;到 1820 年,该税种增加到每磅 $10^{1/2}$ 便士,并且每家玻璃工场分配 3 位收税官负责税款的征收。[15]

尽管饮用玻璃杯售卖的价格不高,但零售商依然把它们作为奢侈品来对待。专业性商店售卖的货物品相最好;这样的商店后来在

货架上还摆上了英国产的瓷器。“瓷商”,小饰品商,乃至纽扣制造
124 商的店里也代售玻璃器皿。[16]饮用玻璃杯包含的种类也非常全面,从简单的啤酒杯和果汁杯到英式带柄酒杯和花饰水杯,从廉价的小酒杯和杜松子酒杯到装果冻和蜜饯的玻璃杯,以及细颈玻璃壶、托盘(salvers)和高酒杯等应有尽有。铅玻璃具有保温功能。这种玻璃可不是美妙的威尼斯玻璃的仿制品,因为它的杯面上拉出了一条条缎带和丝线。设计师们发挥自己的能动性在非常简单的外观上添上了英式特色。玻璃工们在对这些玻璃器皿进行精加工时,他们会在玻璃还处于熔融状态时在其表面印上“花色”,拉出凸起的带状物,拖出链条形状,用模具吹出螺纹形状,最后再将它们扭在一起成型。这种玻璃有一种特别的优点:它能按照德意志式的玻璃雕花技术进行操作。在 18 世纪 20 年代,在一次次雕花玻璃的生产过程中,一种新的奢侈品工业诞生了——首先是昂贵的点心盘和点心玻璃杯问世,后来枝形吊灯玻璃也出现了。

康希尔(Cornhill)王家交易所①的约翰·阿克曼(John Akerman)从 1719 年起就极力宣传雕花无色玻璃的好处,并且到 18 世纪中期,伦敦的玻璃工和雕花工能够给全英格兰和欧洲的许多地区提供枝形吊灯玻璃。蜡烛或阳光经过雕花玻璃的切割面散发出光亮。这是一种英国式的成就,并且欧洲其他地区难以掌握这一技术。无色玻璃的低折射率使其完全符合烛光的照射要求。但是蜡烛价格很高,在 1739 年时一个蜡烛价格为 1 便士,所以许多人除了特定时刻,一般都是在光线昏暗的房屋内生活的。大量的蜡烛和玻璃吊灯能够驱散人们已经习以为常的幽暗环境并制造出绚丽的景致。当考珀夫人(Lady Cowper)在她那富丽堂皇的家中举办聚会时,仅光照一项就使用了 60 支蜡烛,成本 5 先令。

① 英国王家交易所创办于 16 世纪,最早位于伦敦的康希尔区。

图 4.1　八件套银质调味玻璃瓶,马修·博尔顿制造厂生产,1814 年

图 4.2　查理·林奈爵士肖像,韦奇伍德和本特利公司出品

雕花玻璃传递出奢侈、精致的感觉。这是伦敦的产物,并非地方上的发明。这些新式雕花玻璃产品不是在玻璃工场中制成的,而是在以伦敦为主的玻璃销售企业和玻璃切割企业中完成的。著名的雕花玻璃师有约翰·阿克曼(1719—1785 年)、哲罗姆·约翰逊(1739—1761 年)、托马斯·贝茨(Thomas Betts)及其徒弟乔纳森·科利特(Jonathan Collett,1738—1800 年),以及雕花玻璃企业斯特兰德的温德尔(Windle in the Strand,1751—1778 年)和舰队街的帕克家(Parker's on the Fleet Street,1762—1818 年)。在 18 世纪后半期,精英阶层的顾客希望在玻璃品方面得到服务。在 18 世纪 80 年代以前,那些形态各异且大小不一的玻璃品在欧洲大陆就已经是餐桌布景中的常见之物了。在英格兰,人们在使用玻璃品时常将其与餐桌上的瓷器搭配使用。在更富丽堂皇的环境中,这些物品进一步出现
125 在餐后的点心餐具之中。在这里,玻璃碟起到装饰作用。它们与糖果店的各类雕刻品和瓷像一样,能让人眼前一亮。[17]

饮用玻璃杯价格差距也很大。随着无色玻璃生产技术的传播,18 世纪前半期,其产品价格也迅速下滑,并且基本款产品的价格在 6 便士到 9 便士之间,但是要是配上花色装饰,产品的价格还能增加 75%。在地方层面进行销售时价格会发生改变。比如,1757 年,在诺福克的斯特比奇(Sturbich)集市上,高酒杯和大口杯的售价在每打 2 先令 3 便士到 2 先令 6 便士之间。[18]品相更好的物品的价格在每打 5 先令到 6 先令之间,这相当于玻璃工和制陶工一周的工资。基本款的玻璃器皿可谓物美价廉:一打玻璃品在集市上的价格比一套类似的普通款斯塔福德郡的奶油色陶器低一点,但二者的价格比大多数餐具更便宜。类似的钱也只能购买半打铁制汤匙。一组上佳的酒杯或啤酒杯要比一对铜制烛台便宜得多。[19]

表 4.1 玻璃的价格 126

	1715 年	1725 年	1734 年	1745/1747 年	1765 年	1781 年
1doz. 酒杯	6s.	—	—	5s. 6d.	6s.	—
1doz. 果冻杯	—	1s. 9d.	2s.	5s.	—	—
1doz. 啤酒杯	12s.	—	6s.	—	6s.	—
1doz. 雕花或刻字酒杯	—	—	—	—	—	18s.

资料来源:1715,1725,1734,1745/7——基于多种购买者的价格,引自 Francis Buckley, *A History of Old English Glass* (London,1954),146-7。1781 年的雕花和刻字酒杯资料取自 R. J. Charleston, *English Glass and the Glass Used in England c.* 400-1940 (London,1984). 1765——菲尔法克斯勋爵付给的玻璃价格。Fairfax Papers, Northallerton Record Office, 引自 Peter Brown and Marla Schwartz, *Come Drink the Bowl Dry* (York,1966),98,101。酒的价格引自 *Aris' s Birmingham Gazette* 1766,每打 2 镑 6 先令。Buckley, *A History of Old English Glass*,150。

陶器与瓷器

英国的陶器制品则是后来居上又青出于蓝的产品种类。它走的是玻璃制品所踏出的康庄大道,即从仿制走向发明的道路。这条道路一开始并非清晰可见,因为它与陶瓷这一奢侈品的关系太密切了。在 18 世纪初期,东方进口陶器成吨地运入英国,并在东印度公司的拍卖会上销售出去。这一产品风靡一时,刺激着欧洲范围内探寻瓷器秘密的热情。欧洲宫廷花费巨资寻找发明家。德累斯顿拔得头筹。1709 年,在强者奥古斯都(Augustus the Strong)手下工作的伯特格尔(Böttger)①制造出了欧洲的第一片瓷器。这一秘密被严加

① 即约翰·弗雷德里希·伯特格尔(1682—1719 年),德国化学家。

保守,并且在迈森(Meissen)的阿尔伯雷西特斯伯格城堡(Albrechts-
127 burg Castle)中的王家工场内生产的产品被看作最高等级的奢侈品,它们专供国王及其宫廷使用。[20]

这种高端奢侈品的生产也存在于德意志其他诸侯国内,比如,弗雷德里希大帝(Frederick the Great)的柏林工场。厄廷根-厄廷根(öttingen-öttingen)的阿尔伯雷西特·恩斯特(Albrecht Ernst)王子就把他的瓷器工场安置在他的动物园的花园之中。无论是从事软质瓷还是后来的硬质瓷生产,这样的情形在其他的欧洲王室工场中持续存在。法国王权也致力于这一制造业的发展,并且对其提供了强力保护:先是在1693年在圣-克卢德,后来在尚蒂伊(Chantilly)、梅纳西(Mennecy)、文森(Vincennes),最后在塞夫勒陆续建立了工场。卡波迪蒙特(Capo di Monte)的瓷器产品也用来装点那不勒斯和西班牙的波旁系国王查理八世的宫廷。[21]所有的这些瓷器产品成为价值连城的餐具奢侈品,并且它们并不面向市场,而是引领着国王及其宫廷的喜好。他们模仿了东方瓷器的生产技术,不过却没有采用亚洲的工业结构和销售策略。由于掌握了中国瓷器的制作秘诀,这些欧洲的产品成为一种文雅的艺术品。它们并没有因此替代东方瓷器,因为这种标准化的器物主要面向的是广阔的中等阶层的市场。

英国的制造商和零售商意识到了此时东方进口瓷器市场中蕴
128 含着一股力量。这个市场与那个推动着铅晶质玻璃(lead crystal)或无色玻璃——它们是英国人对威尼斯玻璃这一奢侈品进行仿制的结果——得以发明和发展的市场是一致的。当时,英国也一直在寻找能够成功地实现瓷器仿制并加以改良的路径。两条道路可供选择:建立一所杰出的英国瓷器工场,或者提升并改进英国的陶器。二者都是市场驱动型产业,并且没有得到王家特权、恩主制和保护制度的照顾。英国瓷器在这种情况下属于略有小成,但是陶器部门却在模仿中国的标准化生产和市场策略方面取得了真正的成就。

英国制陶术的三大技术成果——骨质瓷、奶油色陶器和转移印花术——突破了原有的藩篱,创造出了另一种"现代奢侈品",那就是具有独特的美学风格,实现了成本效益,并且在迅速扩大的中产阶级市场中形成了较高的声誉。

英国的瓷器作品在欧洲范围内属于后来居上。骨质瓷的制作创造了瓷器的新物种,是具有原创意义的成就。1749 年,骨质瓷的制作方法取得专利授权,并且在波区工场(Bow factory)①进行生产。在切尔西(Chelsea)、德比(Derby)、洛斯托夫特(Lowestoft)、普利茅斯和伍斯特(Worcester)也建立起陶器工场。在 18 世纪 80 年代和 90 年代,斯塔福德郡的朗顿豪尔(Longton Hall)和纽豪尔(New Hall)等地也建立起陶器厂。大多数的英国瓷器是对东方瓷器的直接模仿之物,其中还包括供日常使用的廉价物品。这种瓷器用钴蓝(cobalt blue)进行外观装饰,在外立面绘制或印制上青花。它们在出售时会利用已经繁荣发展的玻璃和瓷器批售网络,然后将其卖给中产阶级和贵族客户。这一产业给两大群体既提供了日常使用的普通货,也给他们提供了精致型的餐具。[22]

瓷器在英国虽然不为王室和贵族恩主们所独占,但它却深深地融入奢侈品贸易中去了;在高关税壁垒的背景下,它也得到了快速发展。这两大因素使其与陶器制造业区别开来,同时,它们也成为限制性因素,使其难以对产业和市场的新机遇做出灵活的反应。早期的英国陶瓷产品得到了广泛的传播,并且这一工业吸引了正在其他奢侈品行业中奋斗的企业家,而那些绅士科学家和艺术家们虽没有什么商业经验,但对这一产业却很向往。骨质瓷专利获得者托马斯·弗莱(Thomas Frye)就是一位艺术家兼网线铜版雕版师(mezzo-

① 波区瓷器工场(活跃期约在 1747 年至 1776 年间)位于伦敦的波区(Bow),即今伦敦陶尔哈姆莱茨区。

tint engraver)。尼古拉斯·斯普利蒙特(Nicolas Sprimont)和詹姆斯·考克斯(James Cox)陆续拥有了切尔西瓷厂。他们二人曾经分别是银匠和金匠。尼古拉斯·克利斯普(Nicolas Crisp)是沃克斯豪尔(Vauxhall)瓷厂的所有者,他是一位上流人士,也是技艺学会的创办人;克利斯普是很多计划和活动的参与者。伍斯特工场的约翰·
129 沃尔博士(Dr. John Wall)是一位医生兼发明家。伍斯特和波区拥有规模庞大的瓷厂。1760 年,波区瓷厂雇佣了 300 名工人,其中一家专业工厂的投保额就有 1675 镑;伍斯特瓷厂在 1764 年雇工 200 人,并为建筑投保 1000 镑。[23]

陶器生产则与之相反,其主要集中在斯塔福德郡北部地区。该地区的企业家主要来自当地约曼农群体。斯塔福德郡的制陶工所讲的方言①及其所占据的礼拜堂是当地突出的景致。诸如 1796 年在利物浦成立的赫库兰尼姆陶器厂(Herculaneum Pottery)使得当地制陶业进入全国领先地位。家庭和紧密的工作联系将陶器业从业者的核心群体紧紧地联系在一起——在布拉德韦尔伍德的埃尔斯兄弟(Elers brothers of Bradwell Wood)、约翰·阿斯特伯里(John Astbury)和伊诺克·布思(Enoch Booth)、伯斯勒姆的托马斯·韦奇伍德和约翰·韦奇伍德(Thomas and John Wedgwood of Burslem)、托马斯·威尔登(Thomas Whieldon)及其之前的工匠和学徒,约西亚·韦奇伍德(Josiah Wedgwood)、亚伦·伍德(Aaron Wood)、威廉·格雷特巴奇(William Greatbatch),以及约西亚·斯波德(Josiah Spode)。[24]

与当时的陶瓷工厂相比,陶器厂(pot banks)的规模很小。威尔

---

① 陶器方言(potteries dialect)是斯塔福德郡独特的地方方言。这一方言最初来自盎格鲁—撒克逊时期的古英语。工业革命时期,他成为当地陶瓷业和煤矿业从业者所使用的方言。宗教方面,斯塔福德郡是初始循道会创办地。

登的陶器厂在1750年雇工16人,而布拉德利(Braddeley)在谢尔顿(Shelton)的陶器厂的人数为40人。伦敦的陶器厂主要生产粗陶器和代夫特陶器。它们的规模要大一些,但是却从这个世纪的中期开始萎缩并在之后纷纷倒闭。与之不同的是,中部地区的陶器厂在18世纪的后半期开始成长,其中一些工场人数有三四百人之多,并且制造出了卓越且典型的陶瓷产品。不过,斯塔福德郡内部虽有100多家陶器厂,却无一家能控制市场。韦奇伍德的伊特鲁利亚(Etruria)工场建于1766年。该厂位于一处颇具盛名的制陶地区,与当地企业有着紧密的合作关系,并且已经向广阔的世界市场供应产品了。[25]1762年,韦奇伍德写道:“在伯斯勒姆有500家各式粗陶器和陶器制造厂。它们雇用了7000名工人,并出口到利物浦、布里斯托、赫尔,然后从那里运往美洲、西印度殖民地和欧洲其他地区。”[26]

与欧洲一样,除贵族之外,中等阶层也被人们期待着去购买一
些陶瓷产品。价位与装饰风格因此进入中等市场的考察范围。尽 130
管陶瓷产业雇用了大量的陶瓷美工师,但是许多英国的陶瓷设计样式依然是对中国和法国的原版产品的复制。广受欢迎的中国进口品适合中等阶级的口味。这些产品从很早时期就成为波区瓷厂在制作软胚陶瓷时的复制对象,并且它们售卖的价格一样。不过,这一市场依然凭借着高关税壁垒的保护获得了发展。针对东印度公司进口品的关税价目表出现了:在18世纪初期征税额为批发拍卖价的12.5%,而到这个世纪末,税率则达到拍卖价格的一半。然而,亚洲陶瓷进口的数量令人惊愕不已。18世纪前半期是其高峰期。1721年,进口陶瓷数量达到200万片,相应的关税额为104375镑。直到1775年,针对欧洲陶瓷的进口禁令才颁布。此后,对欧洲陶瓷征收的关税比率达到150%。1791年,东印度公司大规模进口中国陶瓷这一官方贸易活动终结了,这为英国人仿制中国原版货的行为打开了方便之门。同样地,1786年的《艾登协定》(Eden Treaty)中对

进口的法国陶瓷征收的销售税率降低到 12%,这意味着与法国工场的竞争也促使英国人去制造更具有简约风格的装饰型器具。[27]《艾登协定》为斯塔福德郡陶器在欧洲的出售打开了大门,但是英国国内的陶瓷市场也同样面临着欧洲同行的挑战。

这些面向中产阶层的瓷器市场随着精致陶器的发展得到进一步的重视。陶器原来作为烹饪业和乳品业的必备物品,而且它们也是穷苦劳工、普通技工和商贩的必备餐具用品。但是,陶器市场在 18 世纪成为新兴的奢侈品和流行市场的一部分。精美的陶器产品在餐具制作方面得到发展,并且这一发展是将技术与工业发展与流行的品位和审美特点,以及生活礼仪和餐饮文化等融为一体。这样的后果就是新商品给人们提供了良好的机会:由于其价格比陶瓷还要低一点,广大的新市场开拓出来了。在 1680 年到 1710 年间,陶器厂的数量增加了 47%,而雇佣工人数增长了 70%。但是在 1745 年到 1780 年间,陶器厂(现在建立的工场要比之前的工场规模大得多)的数量再次增长了 25%,雇工数则在 1745 年的基础上增加了 10 倍。1749 年到 1753 年间是国内市场的繁荣期。在此之后,由于出口市场的发展,陶器业居然发展得更好了,在 1785 年到 1800 年间,陶器业的营收翻倍。[28]

131　技术、劳动与网络

英国陶瓷制造者努力模仿东方和欧洲的陶瓷产品。他们没有宫廷的恩庇,也不曾拥有东印度公司那样的垄断权,但他们转而从本土元素和新技术成果中寻找答案,这样的努力帮助他们制造出了具有吸引力的商品,能满足人们对使用物件和装饰性商品的双重需求。可以肯定的是,其中一些生产以贵族市场为导向,尝试在奢侈品市场中取得国际性的声望。

在制陶业中,专利授权和相关规划呈爆发性成长态势,在1671—1818 年间,当局批准了48 件专利权。其中8 件针对陶瓷仿制品,5 件针对陶器产品,还有2 件授予代夫特陶产品。在批准的专利中,有12 件与精加工和美化装饰技艺有关,而与机械技术和生产技术相关的专利也有12 件。[29]英国陶瓷界最著名的一份专利是钱皮恩(Champion)和库克沃斯(Cookworthy)凭借在康沃尔使用高岭土和白墩子烧制的硬质瓷而获得的。该硬质瓷的成分构成和焙烧技术在1768 年臻于完善并获得专利。1775 年,专利授权虽获得延期,但却只针对“透明的”瓷器。这为其他陶工使用“不透明”陶器制作工艺打开了方便之门,并且也为更加精致的陶器的生产提供了机会。[30]

在陶瓷市场的发展中,更具有重要意义的是用骨质瓷(bone ash)制作的软质瓷的出现。1749 年,软质瓷在波区首次出现,此后,洛斯托夫、切尔西、德比和西潘斯(West Pans)的陶器厂也陆续跟进。软质瓷在仿制迈森和塞夫勒瓷器的形态和样式时发挥了光彩,并且它们也能为种类繁多的实用餐具的生产添一份力。软质瓷的生产工艺也有缺点:它的第一次焙烧容易产生各种缺陷,并且软质瓷是在第二次烧制后上铅釉以保证其不渗漏液体,这与硬质瓷的上釉和焙烧一次完成的工艺是不一样的。出炉产品也有点不一样——它是在一个有点模糊且柔软的表面上进行点缀和塑型的。但是,英国的骨质瓷的制造成本更低,它能够叩开原来只由东方瓷器占领的中等阶层市场,并且由于其借鉴了欧洲瓷器上装饰性形象而成为中等阶级人士所追捧的收藏品。事实上,德比的陶瓷厂在18 世纪后半期也的确致力于满足人们对瓷器釉彩形象和外观装饰的强烈需求。[31]

不但骨质瓷制造出了一种更加便宜又颇有人气的欧洲和东方
132 瓷器替代物,几个其他种类的瓷器厂也有自己的一席之地。早期的布里斯托和后期的伍斯特瓷器使用了康沃尔的皂石(soap rock)。从18 世纪中期开始的斯塔福德郡朗顿豪尔瓷厂和从 1764 年开始的西潘斯瓷厂都能大批量地制造家庭用具——敞口大水壶、汤盆、大啤酒杯(tankards)、茶壶和咖啡壶、茶具和咖啡用具,它们使用青花装饰,具有简单的外观。洛斯托夫瓷厂则制造出了廉价却实用的软质瓷具。这种对中国进口青花瓷器的仿制品主要供应地方市场。18 世纪后期,考格利瓷厂利用耐磨且易加工的皂石加工出的瓷器类型与伍斯特瓷厂的产品相似,并且这种瓷器使用青花装饰,可以作为实用的餐具使用,而在价格上又比伍斯特陶瓷便宜。[32]

通过寻找新材料、混合物和生产秘方以制造出更有成本效应的产品也是当时陶器生产商渴求的目标。从 18 世纪早期开始,人们竞相生产白陶(white pottery),并且其产品堪与进口瓷器以及布里斯托和伦敦生产的粗陶器及软质白色代夫特陶相媲美。从 18 世纪的第一个十年开始,人们就用白色的球黏土(ball clay)与细碎的燧石(ground flint)一起制造出了白色的盐釉器皿(salt-glaze ware)。经过铅釉的精美的奶油色陶器可能源于 18 世纪 30 年代的斯塔福德郡,它很快就占领了先前代夫特陶的市场。[33]从 18 世纪 40 年代开始,人们掌握了在玳瑁壳陶器和奶油色陶器上进行液态铅釉的技术。白色的粗陶器也在这时出现了。这是一种纤薄的、质地较轻的、呈半透明状且硬度上可与中国瓷相比的陶器种类,而且粗陶器的外观装饰也与东方瓷器类似。奶油色陶器的发明在效应上类似于骨质瓷的出现。白色的骨质瓷进入了中产阶级的瓷器市场中,而且骨质瓷还改变了原先人们对棕褐色和土灰色陶器的喜爱。在普通商贩和中产阶级所组成的不断壮大的市场中,骨质瓷为人们接触到精致的餐具提供了可能。在一份对普通商贩和约曼农家庭的调查中,到18世纪早期,46%样本家庭的货品清单中可以见到它们的身影。[34]

与骨质瓷一样,仿制是奶油色陶器的关键词。但是当韦奇伍德对其进行改良后,它们成为一种全新的发明物。在更早些时候,韦奇伍德所创造的绿色釉面陶器有着花椰菜、菠萝、甜瓜和柠檬的形状,而且他在采纳迈森瓷器制作理念的同时又在价格上更有优势。不过他的奶油色陶器才是更具深远影响力的成就。他在1763年描
述奶油色陶器为“一种在餐桌上使用的陶器,其在外观上很新颖,并 133
且覆盖着色彩丰富且明亮的釉面,能忍受冷热温度的突然改变,而它的制造过程简易且便捷,它的价格也不贵,具有人们所需要的所有必备品质”。[35]奶油色陶器能被安装在车轮、铸件和车床上使用。韦奇伍德把它的奶油色陶器打造成了他的优势产品,成为一种名品。事实上,奶油色陶器是斯塔福德郡陶工们的招牌产品,并且其在布里斯托、德比和斯旺西也有生产。[36]仅次于韦奇伍德的最大的制造商是利兹陶器厂Leeds Pottery,即哈特雷和格林公司(Hartley, Green & Co.)。

韦奇伍德对生产一种本土的瓷器兴趣颇浓。他在1766年曾花费500镑进行了一场美洲之旅,并从阿巴拉契亚山带回了6吨的高岭土。但是他放弃了这一高成本的选项,转而去改进他的奶油色陶器。[37]流行市场上对新的餐具的品位变化很快;他的竞争者在他周边努力工作并飞奔前进。创新是一场必要的战争而不是一个选项。他耗尽心血制造出了一种更加高雅的奶白色陶器。这种陶器在1768年被冠以女王的器具(Queen's ware)①这样的称呼。在威

---

① 韦奇伍德的奶油色陶器最初供应英国王后夏洛特和俄国的叶卡捷琳娜大帝使用,并因此出名。此后,在广告宣传中,这种陶器被称为“女王的器具”。

廉·库克沃斯对康沃尔的陶土垄断权终结后,他在 1775 年又生产了与陶瓷更为接近的产品。把陶土和瓷石熔炼为奶油色陶器,从而制造出更加精致、更加洁白的陶器,这与追求简约风格的原古典主义风尚非常吻合。其他的制陶师在 1775 年也制造出了更加洁白的器具,被叫作"瓷釉"(china glaze),而韦奇伍德针锋相对在 1779 年将自己的产品称为"珍珠釉"(pearl glaze)。[38]

图 4.3　约书亚·韦奇伍德画像

在陶瓷的合成或"成形"中所取得的这些技术成就只是故事的一个方面,在对陶瓷进行装饰中所体现的制造技能和发明过程同样重要。欧洲陶瓷产品的伟大建立在其所雇佣的雕刻师、绘图师和造型师的声望之上。英国陶瓷业的雇工中很大一部分是装饰工和造型师。波区瓷厂的300多名工人中绘图师就有90位。独立身份的造型师在瓷器业和陶器业中都存在。从18世纪70年代开始,韦奇伍德雇用了70位具有独立身份的设计师和造型师。他委托艺术家进行图案设计——威廉·弗拉克斯曼(William Flaxman)、约瑟夫·华特(Joseph Wright)和威廉·布莱克(William Blake)只是其中最出色者;此外,还有彼得·佩雷斯·伯德特(Peter Perez Burdett)、萨缪尔·阿尔肯(Samuel Alken)和威廉·哈克伍德(William Hackwood) 134
等人。不管是在工厂中还是在独立的工作坊中,上釉和绘图这样的活动有赖于一群在奢侈型行业——包括小饰品生产、漆器绘图(japan painting)、混凝纸浆、扇面画和微型画(miniatures)——中经过多年装饰训练的工人们合力完成。很大一部分的装饰工作是由瓷器经销商来完成的,像著名的詹姆斯·贾尔斯(James Giles)这样一批人就在东方瓷的空白处绘制上欧洲主题的图画,并且在完全独立的情况下将数以千计的伍斯特陶器装饰一新。装饰工的工资不低,而且这些劳工的工作流动性很高,因为装饰工们很容易从一个工场被引诱到另一个工场去。1794年,德比地区的大多数装饰工一天工资为3先令6便士。[39]

历史学家们在对韦奇伍德的工场进行研究时发现,劳动的分工贯穿整个产业。装饰工作就是这样“被区分开的”。在17世纪60年代,陶器厂的工匠平均每周工资9先令,普通工人6先令,妇女工资每周在2先令6便士到3先令之间,而儿童只有1先令。层级制度在装饰工作中建立起来了。青花瓷的装饰工作被认为有着例行的程序,一般使用现有的图案进行标准化的复制即可。正如她们在兰卡斯特所从事的印花棉布绘图和在密德兰地区的铁器制品业中所从事的装饰性工作那样,妇女们也适合从事这一类工作。诸如威尔登这样的制陶厂也训练儿童熟练掌握这一工作:小贝尔·布洛

(little Bel Blow)在第一年工作时能拿到的工资为每周 1 先令,到第三年时则能拿到 1 先令 6 便士。[40]

表 4.2 约翰 · 威尔登支付的工资,1750—1751 年, 1760—1765 年

135

	1750 - 1751 年		1760 - 1765 年	
	周工资	年预付工资	周工资	年预付工资
有技能的劳工(车削,制丝)	8s.	£ 22s.	7s. -9s.	£ 110s.
普通技能劳工(滑移制工,燧石打磨工)	5s. 6d. -6s. 6d.	2s. 6d. -10s. 6d.	5s. 6d. -6s. 6d.	2s. 6d. -5s.
女性劳工	—	—	2s.	1s.
男童工	1s. 8d. -2s. 8d.	6d. -1s.	10d. -22d.	—
女童工	1s. -1s. 6d.	—	18d. -2s.	1s.

说明: 工资的种类包括:除了现金工资外,有时候部分工资也以外套、长袜或衬衣抵付。

资料来源: Arnold R. Mountford, 'Thomas Wedgwood, John Wedgwood and Jonah Malkin, Potters of Burslem' (MA thesis, University of Keele, 1972), City Museum and Art Gallery, stoke - on - treat, 65 - 7。

陶器厂负责人发出的工资能反映斯塔福德郡的很多情况。有技能的工人在 18 世纪初能拿到每周 6 先令的工资,而到 18 世纪 60 年代早期,他们每周的工资额涨到了 9 先令;他们的工资比许多其他地区的技术工匠和农业劳工的工资都要高,但是比建筑业从业者的工资低。普通劳动人员的工资更低,在 18 世纪 60 年代每周工资大约 6 先令,而且他们的工资也更不稳定。男孩和妇女的收入更低,在 2 先令到 4 先令之间,而儿童的工资也更为可怜。[41]

136

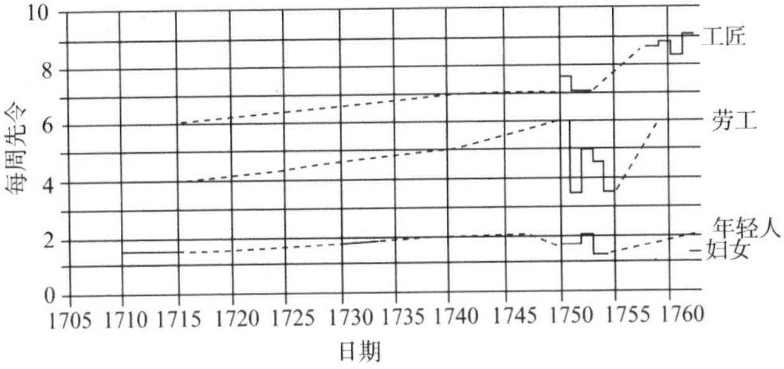

图4.4　工匠、劳工、妇女和年轻人在陶器制造业的每周工资

资料来源:L. Weatherill, *Tbe Pottery Trade and Nortb Staffordsbire* 1660—1760(*Manchester*,1971)。

韦奇伍德意识到由于优秀的装饰工的短缺,他不得不经常面对自己的学徒被尤其是帕尔默家族(Palmers)这样的竞争对手抢走的局面。韦奇伍德在给本特利(Bentley)的信中提到,他希望自己能做到他的首席装饰师、涂漆师和扇面绘制师凯瑟琳·威尔科克斯(Catherine Wilcox)曾达到的成就,但是"他们绘制的花色却并不太能让人满意……你要做的是把合格的绘图师训练出来,而不是简单把他们扫地出门,因为他们在满足我们的新要求时没法很快形成自己的手法"。[42]

真正的机遇在于另一种技术创新所带来的装饰成本的大幅降低——转移印花技术(transfer print)。1750 年到 1751 年间,在伯明翰工作的爱尔兰雕版师约翰·布鲁克斯(John Brooks)发现了这一技术。他将花色图案从刻好版型的铜板上转移到一页纸上,然后再从那上面转印到陶瓷或涂有瓷漆的铜器之上。他在专利申请中陈述他的技术是"用经过雕刻、蚀刻或网线雕刻的铜板将图形印制在瓷釉和瓷器的表面"。不过,这些申请都失败了。他的制作工艺有一个背景——伯明翰的小饰品业是另一个受到大众欢迎的新式奢侈品行业。转移印花技术制作漆器也已经产生多年了。另外一位伯明翰雕刻师罗伯特·汉考克(Robert Hancock)将转移印花技术介绍给波区以及伍斯特的陶瓷厂。但是,就在同一时期,利物浦的印刷商约翰·萨德勒(John Sadler)在代夫特陶片上开发了转移印花技术的升级版。

创新竞争的过程是激烈的。1759 年至 1760 年,伍斯特的工场实现了钴蓝色釉下彩转移印花技术,自此这一技术迅速传播开来。萨德勒和格林在此后不久就与韦奇伍德签署协议并在他的奶油色陶器上印制图案,1761 年到 1790 年间是他们这一印制工作的高潮
137 期。关于在陶器上印制图案的协定很快就得到延伸。萨德勒和格林在他们的商店以及其在爱尔兰和美洲的市场上代为出售韦奇伍德的器具。[43]萨德勒和格林也给来自利物浦、朗顿豪尔和伍斯特制造商生产的白瓷印制图案。当赫库兰尼姆陶器厂在 1796 年建立时,它很快就对转移印花器具表现出了兴趣。转移印花器具是新国际商品中的市场领导者。商人们在美国的市场中大量销售涂有黑色图案的釉上彩陶器,而到了世纪之交时,印有蓝色图案的釉下彩陶器则在英国国内和美国市场风行一时。[44]

转移印花技术离不开艺术的支持,同样也需要手工装饰技艺的帮扶。制造业者在网线雕版业和图案绘制业中寻找设计方案。马蒂亚斯·达利(Mathias Darley)和乔治·爱德华斯(George Edwards)的《中国式、哥特式和现代品位的图画,它们为制造业,以及建筑、装饰、景观和纹章等所需的雕刻术所需要,或者可以称为中国风设计新书》(*Drawings in the Chinese, Gothic and Modern Taste for any Manufactory Business, and Engraving of any kind in Architecture, Ornament, Landscape, Heraldry etc., or the New Book of Chinese Design*, 1754 年)和罗伯特·塞耶(Robert Sayer)的《绘图全书,出自勒克莱尔、勒布伦、巴洛、伯格汉姆和查尔顿的 113 幅铜板画》(*Complete Drawing Book*,

113 *Copper Plate from Le Clerc, Le Brun, Barlow, Bergham and Chaltain*, 1758 年)这样的插图集在经过一番改造后变成了制造业的艺术。萨德勒和格林雇用了几位著名的雕刻师,并且在一段不长的时间里,彼得·佩雷斯·伯德特也来到他们麾下效力。[45]

韦奇伍德的奶油色陶器生产和萨德勒与格林的转移印花技术之间互为补充关系,这是制陶业与其他奢侈品行业之间广泛的网络关系中的一个著名案例。制陶工经常将它们的器具卖给其他陶工,后者也可能会把它与自己的生产的器具一起卖给别人,或者是经过一番装饰后再行转卖。马尔金陶器厂(Malkin pottery)在 1747 年到 1749 年间将其生产的一些器具卖给了汉利的桑普森·巴格诺尔(Sampson Bagnall of Hanley),还有更多的产品则卖给了伊诺克·布思(Enoch Booth)、约瑟夫·沃伯顿(Jospeh Warburton)、约瑟夫·法默(Joseph Farmer)和托马斯·辛普森(Thomas Simpson)。马尔金也卖货给他的内弟托马斯·韦奇伍德和约翰·韦奇伍德。[46]

约书亚·韦奇伍德也与其他制陶商以及玻璃制造商签订协约购买他们出售的产品。他的条约对象包括自己家族的成员——约翰· 138
韦奇伍德和托马斯·韦奇伍德,还有杰西·伍德(Jesse Wood),威廉·伍德、约翰·伍德和拉尔夫·伍德(William, John and Ralph Wood),威廉·格雷特巴奇,威廉·格雷夫斯(William Greaves),理查德·梅尔和萨拉·梅尔(Richard and Sarah Meir),拉尔夫·芒福德(Ralph Mountford),托马斯·泰勒(Thomas Taylor),托马斯·劳(Thomas Lowe)以及威廉·特纳(William Turner)。他们都在博斯勒姆生活。他从萨缪尔·帕克斯(Samuel Parkes)、威廉·特纳、约瑟夫·沃伯顿和约翰·伍德那里得到了最多的陶器,并且从汉考克和谢波德公司(Hancock & Shepherd)和斯陶尔布里奇的罗伯特·哈尼伯恩(Robert Honeybone)那里得到最多的玻璃器具。

韦奇伍德不仅将从其他公司那里购买的器具出售出去,他还需要别处的专家来进行装饰、上漆、安装和精修等工作。他与伯明翰的装饰工和精修师建立了紧密的网络联系。从 18 世纪 70 年代到 90 年代,几家伯明翰的小饰品制造商——詹姆斯·阿彻尔(James Archer),詹姆斯·贝利(James Bayley),本特利和怀特(Bentley & White),约瑟夫·皮尔森(Joseph Pearson),萨缪尔·彭伯顿和儿子(Samuel Pemberton & Son),托马斯·沃纳(Thomas Warner),威廉·史密斯(William Smith),纳撒尼尔、玛丽和 G. 波拉德(Nathaniel, Mary & G. Pollard)以及怀特沃斯公司(Whitworth & Company)——为他提供了放置印章的凹槽,用于做浮雕的玉石胚子,经过抛光的镀金架子,以及放置纽扣的铁支架。著名的伯明翰漆艺大师亨利·克莱(Henry Clay)与韦奇伍德一道设计茶叶罐和茶托。当然,他的主要合作者还有另一个行业中的头脑人物马修·博尔顿。他在 18 世纪 80 年代到 90 年代期间每周都与博尔顿公司,以及博尔顿本人和斯卡莱(Scale)进行通信。[47]

韦奇伍德也给博尔顿送去了带有浮雕和印章的箱子、手链、纪念盒和纽扣等各类物品。但是他并非只与博尔顿打交道。他感受到帕尔默对他的产品的模仿所带来的竞争压力。韦奇伍德将他去伯明翰的旅程告诉了本特利,表示自己在苏荷工厂(Soho)待的时间太久以至于忽视了伯明翰。"我发现它值得花费更多的注意力,并且我认为我们已经忽视它太久了。从各个方面来说,它是一座富矿。我确信在这上面花些时间会有很好的回报……我在伯明翰发现,仅因为代理商(factors)和零售商很容易接近他们,帕尔默和沃耶兹(Voyez)就卖出了这么多箱的陶器……帕尔默在那里有一个中间人,他帮助帕尔默聚拢了一批零售商……在伯明翰有接近 100 位代理商和零售商。我们应该明白,我们的货物也要在这儿能被买到。"[48]伯明翰的代理商具有强大的竞争力。一位伯明翰小饰品商
139 人报告说:"我很遗憾地发现,当我给我的工人们展示您的浮雕玉石

时,他们说他们能用一半的价格购买到,而且他们还给我看了一些样品——他们是从伦敦的一个人那里购得的。"[49]

韦奇伍德雇佣的不仅是地方上的专家,还有国家级的大师。可以确定的是,他在18世纪70年代到90年代期间给库珀·格洛夫(Cooper Glover)、威廉·道森(William Dawson)寄去货品要进一步进行图案绘制和上釉工作,而博斯勒姆的詹姆斯·威尔逊公司(James Wilson & Co.)也负责给他货品镀金和上釉。不过,对于绘图和雕刻工作,韦奇伍德不仅依靠利物浦的萨德勒和格林公司,他还得到了伦敦的版画商威廉·达令(William Darling),查尔斯·迪金(Charles Dickin)、谢尔顿的弗莱彻尔和提特索恩(Fletcher & Tittensor of Shelton)以及罗宾森和史密斯(Robert & Smith)的帮助。他还使用伦敦的橱柜木工约翰·弗格汉姆(John Folgham)制作的箱子和炊具,以及霍斯金斯和奥利弗公司(Hoskings & Oliver)制作的模具、铸件、模型、塑像、半身像和花瓶。[50]

市场与运输

庞大的网络不仅仅局限在斯塔福德郡内部,它贯穿全国,在生产过程中,陶瓷的精加工和装饰的环节都按照奢侈品贸易所规定的环节一一进行。欧洲范围内的制造厂和装饰店组成了一个网络,技工和装饰工们在网络内流动。陶器制造商也会将精修工 140
(finishers)和装饰工的技能传播到国家的远方各处。由于这些器具易碎,在运输过程中,无论是制作者还是市场都面临着巨大的挑战。长期以来,精美的东方瓷器由瓷商和流动商贩负责运送到各地,但是这与18世纪后半期的贸易量比起来只能算是规模相对较小的运输。

大多数的承运组织规模不大。他们的队伍一般由 9 匹马组成,并且每一匹驮马的驮筐中装有 100～200 英担的货物。韦瑟里尔(Weatherill)估计在 18 世纪 40 年代有 10000 筐的货物被运出斯塔福德郡。18 世纪 90 年代形成了更复杂,也更广泛的贸易网络,而驮马仍居于中心地位。约翰·宾(John Byng)在 1792 年造访了斯塔福德陶器制造区(Stafforshire Potteries)的巷尾村(Lane End)。他写道:“数以百计的马和驴子背上驮着货筐,一刻不停地在装货。”[51]

虽然交通运输效率低下,但是已形成了一个系统,而市场和信息网络要比我们想象的更加发达。在 1760 年,从斯托克(Stoke)到伯斯勒姆的信件往来一周三次,而纽卡斯尔的来信也能做到一周一次。从伦敦到伯明翰的旅程接近 114 英里。在 1755 年,乘坐老式快速公共马车(Old Flying Stage Coach)要两天时间,20 年后这一行程则缩短到 19 小时。从伦敦到布里斯托的行程大约 120 英里,在 1784 年时,需要花费 16 小时。1772 年,从伦敦到曼彻斯特的旅行在夏季需两天时间,冬季则需三天;1769 年,到利兹的时间则为两天半。到 18 世纪 70 年代,每个地区的中心都有固定的前往伦敦的车次服务。在 19 世纪早期,这些旅程的时间再次大幅缩短。从 1773 年到 1816 年,从伦敦到一批地区城市的道路客运里程数从 183000 英里增加到 2043000 英里,增长量达 11 倍之多。当然,货运交通要更慢一些。载货骡子别称“大运量马车”(pot wagons)。这种骡子从斯塔福德郡到利物浦要花费两天时间。然而,在国家偏远地区与伦敦之间的道路网络在 18 世纪 70 年代中纷纷建立,而且在 1766 年到 1800 年间,运河系统也得到提升,只是陶器的货运价格依然居高不下。在 1765 年到 1826 年间,货运交通每周运输量按照吨英里(ton miles)单位计算估计增长了 240%。[52]

141

图 4.5　陶器离开斯塔福德郡的路线图,1660—1760 年。

资料来源:Weatherill,The Pottery Trade and North Staflordshire 1660—1760.

尽管交通业在这个世纪实现了现象级的大发展,但是它并未改变先前奢侈品贸易所遵循的路径。商人们出售欧洲和远东进口的货物,也会贩卖伦敦和布里斯托生产的代夫特陶器,这为 18 世纪早期英国的许多地区带来了精致的器具。类似的是,斯塔福德郡粗陶器的早期买家购买货物要通过伦敦的贸易网络进行。但是,更好的道路以及随后运河的开通意味着更大的市场开放了。从 1740 年开始,约翰·韦奇伍德向布里斯托和纽卡斯尔供货,并且再从那儿将 142

货物运往爱尔兰和美洲的市场。[53]他的记录册表明,依靠道路系统的帮助,至少从 18 世纪 50 年代开始,从斯塔福德郡出发的一个全国性的贸易活动成形了。借助海运或利奇菲尔德(Lichfield)转运站,陶器经常被运往伦敦。陶器还可以通过纽黑文(Newhaven)运往苏塞克斯(Sussex)。它们通过彻斯特(Chester)和赫尔(Hull)中转被分别运往利物浦和泰恩河畔的纽卡斯尔(Newcastle-on-Tyne),再从纽卡斯尔再运往利思(Leith)以进入爱丁堡的市场。其他的目的地包括:通过格洛斯特(Gloucester)中转站抵达史云顿(Swindon)和赛伦塞斯特(Cirencester),通过伍斯特抵达赫里福德(Hereford),通过谢菲尔德(Sheffield)抵达格拉斯哥(Glasgow),以及通过彻斯特抵达都柏林。[54]

尽管大多数的陶器生产聚集在斯塔福德郡,但是斯塔福德郡的许多制造商走出了本地,他们来到大都市,来到所有重要的商业中心和港口。特别依靠后者,贸易交流给他们提供了接触到广布各地的瓷器市场的机会。尽管陶瓷在全国传播,但是瓷器生产厂主要坐落于良好的交通网络节点上。许多工场建在伦敦,或者是主要的港口地区,诸如布里斯托、利物浦和普利茅斯(Plymouth),并进而得以展望全球奢侈品贸易所在的世界市场。德比、伍斯特、考格利和科尔波特(Coalport)的陶器厂,以及斯塔福德郡的朗顿豪尔、纽豪尔和巴德利(Baddeley)等陶器厂则位于方便前往港口或伦敦的地区。陶瓷生产商们承担着为国际城市市场和奢侈品市场供货的重任,并且他们把重心放到了伦敦贸易上来。从地方上到伦敦的道路有的利用了当年瓷商们把东方瓷器从伦敦运往全国各地而踏出来的道路,他们可谓相向而行,而有的则走在 17 世纪后期玻璃贸易中所建立的道路之上。[55]

陶器制造业的贸易活动也利用了这一遗产。但是从 18 世纪后半期开始,北方港口得到更加广泛的利用,并且运河网络的利用也在增多。除了将斯塔福德郡与大都市连接起来外,运河更多的是建立起与南方、中部乃至北方的地区性市场的联系。陶器制造商们现在进入欧洲和美洲的贸易之中,而它们的贸易则由纽卡斯尔、赫尔和利物浦所控制。[56]

约翰 · 韦奇伍德是约书亚 · 韦奇伍德的叔叔。约翰的记录册中载有他跟阿宾顿(Abingdon)、巴斯(Bath)、贝弗利(Beverley)、伯明翰的经销商和零售商交往的记录,而且他仅在布里斯托就有 62 处不同的贸易伙伴。1756 年到 1766 年间,他向八位桑德兰(Sunderland)的供应商售货。30 年后,约书亚 · 韦奇伍德的销售市场已经 143
迈向全球。到 1784 年,他的全部产品中 80% 供出口;从 18 世纪 70 年代开始,他就在欧洲大力宣传自己的产品。他与伯明翰的博尔顿和福瑟吉尔公司(Boulton & Fothergill)、利物浦的本特利和鲍德曼(Bentley & Boardman)以及萨德勒和格林公司(Sadler & Green)进行直接和间接的贸易往来,并通过它们将货物售往都柏林、敦刻尔克、尼斯、巴黎、阿姆斯特丹、鹿特丹、波恩、不伦瑞克、德绍、德累斯顿、莱比锡、那不勒斯、的里雅斯特、威尼斯、马拉加、莫斯科和圣彼得堡。他对于开拓德意志诸邦的市场格外用心,给德意志诸位王公送去不少陶器作为试用品:“没有人可以批评我们在德意志做事有纰漏……我们做事没有循规蹈矩——然而,我希望所有的事情在那里能够形成合力以助我们成功,归根结底,我们没有理由把大多数德意志王公当作异教徒、哥特人或汪达尔人这类野蛮人对待。”荷兰人是韦奇伍德最为信赖的欧洲顾客,最初只是些贵族和乡绅在购买,但是后来,女王的器具的购买人群不断扩展,最终韦奇伍德的陶器取代了当地制造的锡釉代夫特陶。[57]

韦奇伍德还调查了土耳其和中国的市场机会,这些市场将是奢侈品市场终极一战的场所。无论是把现代奢侈品出售给波斯,还是将东方奢侈品再销售返回给所有奢侈品的起源地,这些构想看起来如同一场梦,太过美好且很难实现。他积极研究土耳其的样品,阅读玛丽·沃特利·蒙塔古夫人(Lady Mary Wortley Montagu)的《书信集》(*Letters*),并且还从英国驻君士坦丁堡大使罗伯特·安斯利勋爵(Lord Robert Anslie)那里求得了几件茶具样品。在接受了这些样品后,把它们跟自己的货品比比,他感到很不满。

> 不过,人们肯定想知道,为什么我们的装饰品不能让东方诸国接受呢? 这些民族肯定不缺奢侈品,但是,可以说,而且我也确信的是,他们在许多方面对我们制作奢侈品的能力表现出无知……然而,土耳其帝国作为第一流的市场不能被放弃,而我希望您能考虑我们现在能给土耳其人展示什么样的装饰制造品,以及为了与优秀的穆斯林培养一种具有前景的联系,我们还能进一步给他们展示什么。[58]

他对自己的产品做了改良以适应土耳其的异国口味。当他在沃特利·蒙塔古夫人的《书信集》中读到他们喜欢拱形香水罐时,他写道:"如果我能获得这个令人愉悦的小东西,并能对它们进行装饰的话……这是我目前在土耳其最想做到的事情。"[59]

144 本特利也曾建议韦奇伍德考虑中国市场,但他认为这个市场没什么机会,他反而认为存在着中国人在瓷器生产时模仿他的设计风格这样的威胁。然而,在 1793 年,他还是给马戛尔尼勋爵送去了 7 件他生产的花瓶,托他送给中国皇帝乾隆。[60]不过,韦奇伍德关注的是另一个市场,不是东方国家的市场,而是生活在东方的英国人的市场。正如我们先前所看到的,到 18 世纪 60 年代后期,他对奶油色陶器售往印度殖民当局的情况骄傲不已。[61]

向帝国内的移居者售货是一件令人备受鼓舞又充满期待的事情。[62]然而,在所有东印度公司经营的边境地区的市场中,韦奇伍德对美洲市场的开拓比较缓慢。[63]从 18 世纪 20 年代早期开始,白色的斯塔福德郡盐釉器具就出口到美洲殖民地了,但是,直到这个世纪后期,韦奇伍德陶器、斯波德瓷器(Spode)和明顿瓷器(Minton)在美洲市场仍被视为过于昂贵的产品。英国的陶瓷器具最终在美洲实现了其在全球市场中的领导地位。到 18 世纪末,韦奇伍德的女王的器具在美国东部地区的城市中成为宣传力度最大的英国产品。然而,在 18 世纪 60 年代,韦奇伍德把美洲殖民地和西印度地区看作“倾销”他的已经过时的器具的地方。英国制造商和商人群体中有一批人跟他一样认为,美洲市场只能接受“劣等产品”“廉价器具”“实用类型的器具”,并且肯定无福享受任何“太贵的、太耗钱的”东西。他的第一笔奶油色陶器订单来自波士顿。这批货于 1764 年抵达。直到 1768 年,切萨皮克(Chesapeake)的零售商店中才出现了奶油色陶器的身影。但是,它们一旦现身,需求量迅猛增多,到 18 世纪 70 年代时,这个产品在东部海岸地区已经很常见了。本特利 · 鲍德曼公司将韦奇伍德的奶油色陶器售往美洲。该公司的记录显示,仅在 1771 年的 4 月、5 月和 12 月,运货量的价值就达 1200 镑。[64]到这个世纪最后 20 年时,一些品质最高的韦奇伍德奢侈器具被出口到波士顿、费城、查尔斯顿、南卡罗来纳:一箱箱的“精美的女王的瓷质茶壶上镶着金子并刻上了文字”,还有些“女王的器具涂上了釉彩,它们是最流行的产品”。夏洛特 · 哈米特(Charlotte Hammett)的商店 145
在查尔斯顿。1791 年,该商店出售的女王的器具和青花瓷的价格如表 4.3 所示。跟其他的陶器和瓷器制造商一样,韦奇伍德既会把他的东西直接卖给经销商、零售商和个人,也会通过代理人、商人和其他制造商代为出售。在国内,他直接跟零售商打交道,比如,伯明翰的安 · 布雷特(Ann Brett)在 1777 年到 1787 年间的十年里就负责出售印章、浮雕石、半身像、宝锥体(Pyramids),以及其他的装饰型器具。1778 年 7 月 24 日,他与韦奇伍德和马修 · 博尔顿的交易货单显示,他们的交易金额为 1204 镑 12 先令 6 便士。韦奇伍德雇佣骑手(Riders)去向各地的店主和私人顾客宣传他的产品。同样重要的是,他还利用这些骑手帮他收债。他在国际市场上与博尔顿建立了紧密的互补性关系。送往德意志的陶器样品首先要给伯明翰的博尔顿送去,博尔顿会根据各种器具和器具样品补充一本插图书册。[65]

表 4.3 夏洛特·哈米特在斯塔福德郡的玻璃大商场,查尔斯顿,南卡罗来纳,1791 年

	每打
女王的器具大碟盘	1s. 9d.
女王的器具点心盘	1s. 4d.
蓝绿色大荷口盘	3s. 2d.
蓝绿色点心盘	2s. 4d.
制作精良的青花,早餐餐具	9s. 4d.

资料来源:Neil Ewins, '"Supplying the Present Wants of our Yankee Cousins": Staffordshire Ceramics and the American Market 1775 – 1880', *Journal of Ceramic History*, 15 (1997), 20。

销售

跟玻璃器皿的销售情况一样,陶瓷器的销售过程高度复杂。早
在 18 世纪早期斯特兰(Strand)的新交易市场就有瓷器商店开办,而
146 到了这个世纪中期,陶瓷商店已经是遍地开花了。很多陶瓷经销商
都是妇女,比如安·布雷特和玛丽·罗拉森(Mary Rollason),她们生
活在伯明翰,经营规模都很大。金匠、珠宝商、小饰品制造商乃至糖

果制作师傅,都会把瓷器摆在店里与其他奢侈品一起售卖。“糖果制作工发现他们的生意在衰落,而小饰品商人和瓷器商店则成为时尚活动的终极供应者。最有品位的妇女们回家时往往满载而归,她们从切诺维克斯夫人(Mrs. Chenevix)的商店里购买各种陶瓷制成的小玩偶和小物件,这不是给她们的孩子带的,而是要送给她们的女管家的。”[66]在工场的展览厅中,在伦敦的批发商场(warehouses)中,以及在各种拍卖会上,人们都可以买到瓷器。[67]

精致的陶器在销售时跟东方瓷器和英国的瓷器一样。就在博尔顿在蓓尔美尔街建立展厅时,韦奇伍德也开始在纽波特街(Newport Street)创办展览厅。“从蓓尔美尔街到纽波特街,从纽波特街到蓓尔美尔街,来回穿梭的经历让人感觉眼花缭乱。正如当初圣保罗对其他公民所说的那样,要去听、去辨识、去观赏某个新奇的东西。”[68]他决定不跟博尔顿的商店隔得太近,他认为蓓尔美尔街跟普通人群靠得太近了。韦奇伍德对于展示产品有一套自己的原则:他的展览厅并非物品的简单集合,而是一个现代画廊。他的房间很大,这样能够安置两排桌子以完整地摆放他的餐具和甜点器具(dessert services),而这些器具能够“保证女士们用最简洁、最优雅和最佳的方式使用它们”。他的花瓶装饰墙面,他的布展内容经常更换,所以人们要不断回访,如同来看新展览一样。他注意到这种商店展览的方式取得了成功。“在伦敦,每一个新的展览会、展示会或珍品展销会的风头很快就会过去……在更换布展内容的两天内,我们卖出了三大套花瓶,每一套价值 2 基尼到 3 基尼,此外还有多对花瓶也卖出去了,而这几对花瓶一直放在我的 6 ~ 8 号展厅里,有一些甚至待了 12 个月。要想把它们出售不需要什么新手段,只需要重新布置展览的方式就可以了。”韦奇伍德和杜伊斯伯里(Duesbury)在为青蛙餐具(Frog Service)①和德比瓷质点心餐具布展时设计了入场券制度,而这批餐具分别制作于1774年和1775年,它们的顾客是北京的宫廷。[69]

韦奇伍德面临着其他奢侈品销售商的竞争压力,于是,他为伦敦和巴斯的展览厅设计出一套自己的战略,那就是在其他奢侈品追求过度的炫丽色彩时,他要展示一种克制的、静止的美学品位。他的阐释值得在此全文展示。

> 来自苏荷工场(Soho)的用金、银、铁制作的精美器具表现
> 147 出高贵和优雅的特性。考克斯夫人展览会上那奇迹般的辉煌,德比和其他瓷器展览品的耀眼风采一再证明这一点。我对此并非无动于衷——但是,如果没有片刻的舒缓,不在合适的时机给他们一点放松和宁静,脑袋和眼睛看到太多的富丽堂皇的、精美的装饰品所散发出的金光闪闪,能受得了吗?正是在这种谦逊的想法下,我对我们黑色的、伊特鲁里亚风格和希腊风格的花瓶抱有一些希望。正如我所认为的,人们既会因大量的金色而感到亢奋,也会在看到您的花瓶上青铜色饰带而感动不已。我也要建议您,务必要在您放置种斑纹陶器(pebble ware)的货架上抓紧安上帘子,这样在您发现顾客受到影响时,可以根据需要打开它、关上它、拉大一些或拉小一些。我真诚地相信,从多方面来看,在种斑纹花瓶的货架前面装上帘子是非常合适的。这会让人们一进去后有一种温润的感觉——在那些认为镀金并不是一件好东西的人面前把它藏起来。[70]

---

① 青蛙餐具最早由俄国的叶卡捷琳娜女皇定制,因每一个器具上都印有绿色的青蛙而得名。

韦奇伍德、博尔顿、伯明翰的铜器制造商和精美铁器制造商等人都使用目录进行销售,这在国际市场上尤其如此。韦奇伍德在1772年就考虑编制产品目录,并在1773年发布了第一份装饰器具的目录清单。他考虑用法语印制目录清单并一同附送上简易的样品盒,但是他在1774年实际送出的只是一份关于女王的器具的目录清单。这份清单中包括由约翰·派伊(John Pye)之手雕刻的10件碟盘,而派伊曾为萨德勒·格林公司、版画商约翰·博伊德尔(John Boydell)和马修·博尔顿雕刻作品。他还曾在1773年为青蛙器具设计图案。1790年,一份包含13种碟盘、80种物品的法语清单制作完成,但是这份清单似乎并未被印刷出版。[71]

1774年的清单文本叫作《一份关于浮雕石、凹雕石、纪念章、半身像、小型塑像、基线浮雕的目录,以及后古典风格的花瓶和装饰品的一般记录》(A Catalogue of Cameos, Intaglios, Medals, Busts, Small Statues and Bas-reliefs with a general account of Vases and Other Ornaments after the Antique)。这是一次仿制技艺的实践。他讨论了4种不同种类的物品,包括陶瓦(terracotta)、黑陶器、白瓷器和碧玉器(jasper),并且他是从它们与斑岩、埃及卵石和水晶石的相似度来考量的,此外他还把它们看作其他古代和现代物品无法比拟的精致的美的体现。从这些材质中制作出浮雕石、凹雕石、基线浮雕和纪念章,而这些产品在制作过程中借鉴了古风时期和古典时代作品的风格。写字台(Escritories)的制作建立在"新式的、充满哲学风格的"基础之上。半身像、塑像、灯具、枝状大烛台、装饰性花瓶和基线浮雕装饰品的制作模仿了碧玉、斑岩、卵石和其他石头的样子,"其上的釉彩画借鉴了古代伊特鲁里亚风格的花瓶和古代希腊的珍宝的样式"。韦奇伍德的目录是一份精彩的"现代奢侈品"的集中展示。它对古董、花瓶、珍宝和珍奇的石头所代表的奢侈品进行了宣传,同 148
时,它向世人介绍了最新的材质和技术所制成的产品体现的现代性。黑陶器成为“铁制品的试金石,它与铁相击可以打出火来,能够在熔炉里忍受高热、高温而不受损,它的外观之精良堪比原生的石头(native stone),也跟原生石一样能抵御酸蚀”。白瓷则有着“如蜡般的光滑表面”,但是“同样能抵御一切酸蚀的威胁”。[72]

这些现代奢侈品在成本和定价方面进行了精心的计算以符合其奢侈品的身价。韦奇伍德在 1766 年将他的花瓶的销售限定为四种风格——网状卵石色风(flue pebble)、斑点卵石色风(variegated pebble)、黑色伊特鲁里亚风(black etruscan)和伊特鲁里亚釉彩风(etruscan encaustic)。这四种风格的产品又在规模、形状、装饰、涂饰、纹理以及浮雕处理等方面各有不同,这将“为我们的目标顾客提供足够多样的品种”。韦奇伍德还特别重视他的釉彩制作技术的发展,因为他认为,这些技术一旦被注意到就会被别人迅速模仿。詹姆斯·考克斯(James Cox)的奢侈型小饰品商店闻名遐迩。在他的商店中,考克斯把这些花瓶与金、银、精致的时钟和其他自动装置摆在一起出售。[73]

价格

当然,韦奇伍德的价格策略与他的生产成本关系不大。在 18 世纪后期瓷器和陶器市场高度竞争的环境中,他选择设计师产品定价原则(designer-ware pricing)这条光明大道。他的产品定价要远高于竞争者。无论是装饰性器具还是实用餐具,它们的价格比通常定价要高两倍到三倍。[74]

我们先看一下像花瓶这样的昂贵奢侈品。韦奇伍德的一个 $5^{1/2}$ 英寸的黑色花瓶为 2 先令 $4^{3/4}$ 便士,而一个 14 英寸的黑色圆形饰边花瓶为 7 先令 $11^{1/2}$ 便士,他的产品定价就在此范围之内。卵石色和镀金色的普通花瓶也是这样的价位。他的规格最小的基础款花瓶的实际生产成本为 $9^{1/2}$ 便士。1778 年,他推出了更廉价的茶壶,填补了与帕尔默和尼尔(Neale)这些竞争对手之间的价格空白。“帕尔默先生出售三款带凹槽的黑色茶壶,共计 13 个,价格 18 先令,也就是说每个茶壶价位在 9 便士到 18 便士之间,而我们的价位则达到 50~60 便士。”[75]

在 1770 年,30 位制陶商制定了价格联盟。1773 年,他们达成一致,将产品价格降低 20%。然而,韦奇伍德决定维持价格水平不变。149
所以,就在大多数制陶商将每打碟盘的价格控制在 2 先令 6 便士到 3 先令之间时,韦奇伍德的价格则为 5 先令。对于其中一些产品,韦奇伍德的售价甚至达到别人的三倍。就连威廉·亚当斯(William Adams)这样生产高品质玉石的最有力的竞争者都比韦奇伍德的定价低 20%。[76]

表 4.4　韦奇伍德花瓶制作成本,1772 年

品种	尺寸(英寸)	制作成本
黑色花瓶	$5^{1/2}$	2s. $4^{3/4}$d.
黑色花瓶	9	4s. $5^{1/2}$d.
黑色圆浮雕瓶	12	5s. $7^{1/2}$d.
黑色圆浮雕瓶	14	7s. $11^{1/2}$d.

资料来源: Josiah Wedgwood's "Price Book of Workmanship", W/M 1780, n. d. [Aug. 1772], cited in Robin Reilly, *Wedgwood*, vol. i (London, 1989), 694 -5。

一打普通的斯塔福德郡奶油色陶器的价格通常要更低一些——在 18 世纪 70 年代,其价位在一打 3 先令或每个 3 便士。[77]约翰·韦奇伍德的售价记录册提供的是批发价而不是零售价。他把这些货物以如此的价格出售给其他的制陶商或者经销商。在大约同一时期,他出售的商品种类显示在表 4.5。

表 4.5 约翰·韦奇伍德:精选的销售品及销售给瓷商的价格,1770 年

	£ s. d.
给伊丽莎白·沃森 – 1770. 9. 29	
4 打普通款桌盘 2/ –	8 – 0
2 打早餐盘 18d.	3 – 0
2 夸脱茶壶	1 – 0
3 打杯子 2 打茶托 18/ –	7 – 6
24 桌盘镍边普通款	4 – 8
3 有凹槽的 18s. 奶油 茶壶	2 – 0
成本每双 7s(每打 8d)	
给雷切尔·雅各布 – 1770. 9. 28	
8 打普通款桌盘 2/3	1 – 0 – 3
2 件灰色茶壶 9	7 – 6
给伊丽莎白·金-1770. 9. 20	
12 黑色茶壶 18s.	2 – 6
12 白色光滑型茶壶	4 – 0
2 打杯子 2 打茶托	5 – 0

资料来源: John Wedgwood's Crate Book, 1770, printed in Mountford, "Thomas Wedgwood, John Wedgwood and Jonah Malkin, Potters of Burslem", 4 – 18。

我们能够把这些 18 世纪 70 年代的价格与 18 世纪 90 年代和 19 世纪前 10 年的伦敦批发商场记录的价格做一番比较。从 1794 年开始,约翰·威利(John Willie)的玻璃刻花作坊和批发商店中也存有斯塔福德郡陶器。他从一小批斯塔福德郡制造商那里弄到了一些黑陶器、淌釉(smear-glaze)粗陶器、印花陶器和奶油色陶器,而且他购买的价格适中甚至有些价格更为优惠。然后,他把这些器具卖给了瓷器和玻璃零售商、需要定期供应玻璃和陶器的酒店老板和旅店
150 老板,以及小商小贩和地方上的私人顾客。[78] 这些物品在出售时通

常会有 $12^{1/2}$的优惠价,而像霍林斯公司(Hollins)、沃伯顿公司(纽豪尔)为了即期回款会提供25%的折扣。

品位

陶瓷器在市场上的快速扩张与影响玻璃器皿文化变迁的因素有着同样的根源。不断增加的精致度、桌面摆放的习惯、高雅文化以及对个人卫生的讲究,都在刺激着为个人使用而进行的商品生产。在18世纪早期,瓷器还只是收藏爱好者所收集古董中的一种装饰品,而在这个世纪末期,它俨然成为一种英国式的消费者产品。茶叶的饮用在19世纪中期增长了六倍,到世纪末又翻了一番。这为各种与饮茶有关的新物品实现多样化发展提供了舞台。[79]乔纳斯·汉韦(Jonas Hanway)1757年的《茶叶论》(*Essay on Tea*)描绘了乞丐饮茶的生动图景。德拉罗什富科伯爵(Comte de la Rochefoucauld)在1784年对到处可见的饮茶之风进行了一番描述:最普通的农民一天饮茶两次,宛如一个富人。茶叶"提供给富人一个机会去展示他们茶壶、茶杯以及其他相关物品的绚丽多姿,这些物品按照伊特鲁里亚风格或其他古典风格样式设计,体现了最典雅的设计风格"。[80] 151

正如夏洛特王后的服装助理看管员巴本迪克夫人(Mrs Papendiek)所说,不同类型的瓷器和陶器因不同的目的而被购买。她在1783年布置她的第一个家时写道:"我们的茶叶和咖啡用具使用的是普通的印度瓷器,我们的餐具是陶器,对于我们这样的阶层来说,没有什么优越感可言,因为切尔西瓷器和精致的印度瓷器只是给富人使用。白镴器具和代夫特陶器也可以拥有,但它们品质要更低一些。"[81]

表 4.6 约翰·威利的玻璃工坊和大商场中的瓷器价格,1809—1810 年

	£ s. d.
4 打黑色荷兰茶壶(荷林斯公司)	2 – 8 – 0
1 打黑色椭圆茶壶(J. & M 和马尔公司)	1 – 15 – 0
40 套图案茶具(荷林斯) @ 6/ – 套	12 – 0 – 0
40 套带柄茶具 425(荷林斯) @ 7/ – 套	14 – 0 – 0
96 套次等茶具(荷林斯) @ 4s. 套	19 – 4 – 0
20 套带柄瓷器(伍尔夫、托马斯和汉密尔顿公司)	0 – 15 – 0
6 打金光型水壶(伯恩,爱德华) @ 18/ – 打	5 – 8 – 0
72 柳木盘 14≤(基林,詹姆斯)	5 – 8 – 5
22 打蓝色带花茶具(林多普 & 泰勒) @ 5/6 每打	6 – 1 – 0
20 打蓝色家庭茶具(林多普 & 泰勒) @ 5/6 每打	5 – 10 – 0
6 打新式风景带柄茶具(林多普 & 泰勒) @ 5/6 每打	1 – 13 – 0
48 打柳木盘 史蒂文森(J&A) @ 4/ –	9 – 12 – 0
12 对葡萄色大口水壶 & 水盆(史蒂文森 & 戈德温) @ 3/ –	1 – 16 – 0
4 打黑色荷兰茶壶(24,30)(荷林斯)	2 – 8 – 0
6 打压印茶壶(24)(谢里丹,J. H. & 海特) @ 21/ –	6 – 6 – 0

资料来源:Ann Eatwell and Alex Werner, 'A London Staffordshire Warehouse – 1794 – 1825', *Journal of the Northern Ceramics Society*, 8(1991), 104 – 15.

在瓷器和陶器上体现的价值变迁也反映在它们的展示过程中。在 18 世纪早期的大别墅里,摆放着茶叶器具的茶桌会出现在会客室中。但是,到 18 世纪 60 年代早期,饮茶已经变成了一件普通之事,所以在佩特沃斯(Petworth)①的会客室中,茶桌已经消失了。装饰性器具也放在墙上供人参观——首先是东方瓷器会被放在镀金的架
152 子上,或者放在具有洛可可风格的壁炉架上的壁饰中,后来韦奇伍

① 位于西苏塞克斯地区。

德的花瓶也出现在壁炉架之上。[82]尼尔·麦克肯德里克(Neil McKendrick)发现了韦奇伍德产品的销售记录册和订单记录,但他在分析韦奇伍德产品所渗透的社会阶层和全球范围时,对韦奇伍德的销售天赋的评论有夸大之辞。韦奇伍德的市场更多的只是在英国的瓷器市场内出名,而这个瓷器市场是由一小群斯塔福德郡制造商、奢侈型瓷器制造厂,以及利物浦、利兹和纽卡斯尔的大小不一的陶器商负责生产。不过,在麦克肯德里克笔下,我们还是能看到那种推动着专为制造新式、现代奢侈品的市场向前发展的热烈情绪。

> 正是在这些无与伦比但又字迹不清的记录册中,也正是在那一捆捆的日常订单中,韦奇伍德那无所不在的吸引力和闻名遐迩的成就跃然纸上。它们记录了柴郡游艇旅店(Yacht Inn)的大厨的野心,因为这位大师傅想利用韦奇伍德的奶油色陶器为自己烹饪的菜肴打出名声。我们还可以看到,在不伦瑞克的德国教授和剑桥的大学老师也很欣赏韦奇伍德的风格;韦奇伍德在魁北克的一处孤僻的要塞中也广受欢迎;当爱德华·吉本(Edward Gibbon)在洛桑写作他的伟大的历史书时,他购买了韦奇伍德的产品……[83] 153

瓷器和模仿它的陶器以及精致的铁制器有着难解难分的联系。我们已经在上一章中看到,二者是在对不同类型的银器的模仿中制作出来的。奢侈型瓷器经常装有镀金底座和把手以进一步凸显它的奢侈地位。从洛可可到新古典主义的风格也相应地伴随奢侈品与金子的大分裂。韦奇伍德写道,在爱尔兰,“同样存在着对黄金霸权的轻蔑之情……他们对画框外的镀金物品都难以忍受……这个世界会怎样呢!金子,这个所有金属中最珍贵的物品,绝对会被踢出家门,并且我相信,可怜的镀金师也会随之而去”。[84]他在制作花瓶时,其中的一个目标就是"即便不能完全清除,也要大力减少这种让人不快的镀金的存在"。"我发现要让花瓶的颜色显得自然、多彩、令人愉悦并且跟壶罐的颜色不一样,可不是一件容易的事。既不想要额外的把手、装饰品和镀金这样的外观标志,又想让它看起来值一大笔钱可不是一件容易的事。"[85]

韦奇伍德的黑色玄武岩陶器模仿自希腊和伊特鲁里亚的黑陶器。而这种物品又是对氧化银器(patina silver)的模仿。但是,韦奇伍德自己生产的黑陶器,以及对它的仿造品产生了共同的影响,那就是它们直接取代了银质茶具的地位。瓷器和陶器制作的茶具在富裕家庭中有着与银质茶壶、水壶、糖罐可匹敌的地位。到 18 世纪末期和 19 世纪早期,人们更加偏爱"埃及黑"(Egyptian black)或黑色玄武岩质地的茶壶。1807 年,一位前往英格兰访问的人写道:"在早餐时,茶叶在银器皿或黑色的精美瓷器中泡着。"黑色瓷器在此时用来指称这种黑色玄武岩器皿。[86]瓷器和陶器是对银、铁和宝石的模仿之物,但是它们也是天赋创造力所结硕果和铁饰品的演化
154 之物。

第五章　金属制品：实用的器具与讨人喜爱的小饰品

他们勤劳的双手所铸造的铁与钢俨然成为印第安人的金与银的等价物。

——大卫·休谟:《论商业》(1752 年)

金属之迷狂

希罗多德(Herodotus)曾对公元前 480 年波斯战争中的波斯人进行了一番描述。他说,在波斯人的长矛兵中,有 2000 人所执长矛的底端有一个金石榴,还有 1000 人执有金苹果,9000 人执有银石榴。人们纷传波斯人“拥有一切事物,他们有金子、银子、铜、精心装点的服饰、驮兽和奴隶”。当他们在那一年向希腊进军时,他们的“行装最为壮丽……全身金光闪闪”。[1]

金属制成的奢侈品在古代和近代早期的物质文化中具有一种内在的象征意义和美学吸引力。金和银是贵金属,人们掌握了加工金银的技艺,将它们打造成商品,它们也因此具有了贮藏的意义和价值尺度。人们精心制作出一批银盘或黄金珠宝,它们成为成功、地位和品位的表现,展示出了一种值得信赖和声誉良好的特性。王

室的碟盘和珠宝代表了民族的政治权势;金器商的店铺里堆积着大
155 批的碟盘,向世人传递出民族的富裕程度。人们把金和银制作的物品作为礼物赠予他人,还有些金银品成了过渡仪式(rites of passages)时使用的标志物,比如在洗礼时使用的银勺和葬礼时使用的金子制成的纪念戒指,这些也可以看作恰当的礼物(presents),因为它们将家庭与集体联系起来,而单纯的钱财交换是做不到的。那些将金银制作成容器的手工艺是从金属薄片的制作工艺中借鉴而来的,而这种制作工艺又是从公元前 4000 年时的美索不达米亚地区(Mesopotamia)的城市手工业中心那里传播出去的。在商朝西周时期(约公元前 1700 年—公元前 771 年)中国的青铜器铸造技术中,那些金属薄片技术及类似工艺的发展广泛地影响到了其他金属制作,也影响到了陶器和瓷器的制作工艺。诸如,铅、铜、锡、镍、锌,以及重要的合金制品,再加上青铜和黄铜等各类重要的有色金属在加工流程和制作工艺上跟金银制作工艺没什么不同。[2]

就在金银品变成装饰性器具与货币之时,铁与钢则成了制造武器的材料。刀剑和大炮的制造者的声望也仅次于金匠。制造钉子和马蹄的铁匠,以及制造农具和那些从事建筑业和制造业的锻工也因具备制造枪械的能力而备受推崇。这种建立在铁和精钢的生产和制造基础上的物质文化为民族权威提供了强有力的象征物。将武器的制造转化为家庭用具、建筑和交通业的材料、工具和机械等物品则提升了经济权力的水平。19 世纪的理查德·科布登(Richard Cobden)向金属工业和 18 世纪的技术工人表达了敬意:“我们的强大、财富和商业就是从这些在金属行业中工作的能工巧匠们手中得来的。他们是我们的制造业之所以伟大的根基。”[3]

那些持有不列颠特殊性(British exceptionalism)观点的人总是强调其在金属制造上的专长。历史学家们对英国在铁器加工方面所表现的多重才干进行了一番研究,此外,他们还注意到,英国人总能随机应变将类型广泛的工业技术应用到以钢铁为代表的金属产品上。实际上,到维多利亚时代,金属已经成为英国工人认同的关键因素。萨缪尔·斯迈尔斯(Samuel Smiles)将金子与铁对立看待:“在早期,技术工业的产品主要是供少数人享受的奢侈品,然而现在,大多数制作精良的工具和机器也参与到为大众群体制造普通的消费品的过程中去了。”[4]

英国的金属产品有什么独特之处吗?人们可不是仅仅站在那里对金银制作的精良奢侈品垂涎不已,他们还会主动出击。在世界大多数国家和地区,人们都会建立自己的军事工业——所有这些国 156
家都要建立自己的冶金工业。日常生活中的金属物品包括从家庭用品到犁、马蹄铁和钉子。正是它们让金属制造成为一个必不可少的产业。在许多国家的部分地区尤其擅长这一产业;他们在国内销售自己加工的金属或精心制作的产品,而在国外,则把销售过程交给了贸易伙伴来完成。尽管具有高度声望的金银类奢侈品的贸易活动起源于新石器时代,但是其他金属的交易史出现的也不晚。贵金属贸易成为国际贸易的基础,因为它们具有储备货币的价值。首先是青铜时代(Bronza Age,约公元前2500—前1200年)东地中海的居民,然后是爱琴海的居民开始交易铜、锡、金属商品以及精美的石头,而且实现了长距离的贸易。[5]中国到宋朝(960年—1279年)时每年能生产150000吨铁,并且宋朝人还用铁制成钱币。金、银、铜、铁制成的金属产品卖往134个地区。[6]南印度制造出了能够满足人们需要的廉价的高品质铁,并且在17世纪还能将铁器出口到巴达维亚(Batavia)。[7]瑞典、俄罗斯、列日(Liège)附近的南尼德兰,西班牙的巴斯克地区,以及法国都盛产铁矿石和铁制品。自16世纪以来,法国的铁匠家族将铸铁技术传播到了英国和瑞典。以匈牙利、蒂罗尔(Tyrol)和哈茨山区为代表的中欧地区从15世纪和16世纪起就能生产铜器,而亚琛则盛产黄铜。[8]事实上,英国在整个近代早期和

18 世纪的大部分时间里都离不开瑞典和俄罗斯生产的高等级铁和钢。在这一阶段,英国在金属资源和民族金属制造技术方面并没什么特别。

英国技术的起飞与殖民地贸易的飞速发展正好吻合,并且还与新出现的国内和欧洲市场对小型金属消费品的需求增加有关。它们既有新式金银制品,还包括手表、仪器、新式轻金属家用物品和装饰品,而后者更加重要。玻璃,瓷器和陶器,装饰性和家用物品成为新的流行产品。正如我们所看到的,它们所具有的奢侈品的吸引力来自人们对水晶和银所做的创造性的模仿。在新产品的发明过程
157 中,金属是更合适的候选物品。金银能制成的物品,其他金属仿而造之不在话下。小物品可以因其充满灵气的细致感而大放异彩,并且物品的价值来自它的制造过程,而非其材质。

在 18 世纪,金属消费品,尤其是钢铁、银制器皿以及所有各类合金制品成为英国产品的代名词。从工具、仪器、小型实用物品到高品质的珠宝等花样繁多的各类金属制品,对消费者产生了强烈的吸引力,这些产品也为流行市场的无限可能性提供了条件。到 18 世纪 40 年代,伯明翰产的精细钢扣、铜扣和搪瓷纽扣(enamelled buttons)成为世界级别的流行必需品;甚至在 1810 年,巴黎还出现了印有错误的英国身份标记的山寨货。[9]亚当·斯密看到了其中蕴含的巨大热情:地主们放弃了他们的地产,他们将“一对宝石扣”纳为己有,只是为了满足一己之私好。大地产主“为了满足自己幼稚的虚荣感”而将自己的地产变卖,并且放弃了他们的封建特权,换回的是“小饰品和小玩意儿,都是些更适合小儿玩弄的东西,这可不是严肃的人士应追求之物”。精巧的机器——弹簧、刻度盘、珍奇金属小箱子,抛光漆(finishes)与美术装饰,迷人的小链子与工具等,皆让顾客们欲罢不能。“让小饰品爱好者们欣喜不已的与其说是其实用性,不如说是机械的适用性(aptness),正是这一点使它们广为人知。”[10]仿

制型金属器具凭借其特有的新奇性和原创性而受到人们的关注。斯密使用金色黄铜(pinchbeck)这种铜锡合金物作为例证。他认为，许多人关注它是因为它与黄金的颜色一致，并且人造宝石和玻璃珠宝(glass jewellery)并不逊于真实珠宝的光泽，“法兰西盘”(French plate)这种英式仿制品散发着银制品的那种魅力。[11]

伦敦的新购物街位于皮卡迪利、圣詹姆斯和威斯敏斯特地区。到18世纪中期，这些街道取代了原来齐普赛街、舰队街和斯特兰周围的购物区域，甚至霍尔本(Holborn)、莱斯特广场(Leicester Fields)和科芬园(Covent Garden)这类购物地区的风头也被压倒。奢侈品购物地区有不少男士服装商店和绸布店，并且在其间点缀着许多金匠铺和珠宝店，而沿着这些商店我们还能发现各种饰品店和瓷器店。装饰性的银制金属器、银盘、宝石、合金材料和玻璃器皿在商店的窗户里闪耀着光芒。伦敦的饰品和金器店成为欧洲精英们旅行的目的地，而这座城市也成为饰品和装饰性金属器的主要制造中心。甚至在18世纪的前30年，要想找到鼻烟壶、表壳、剑柄、鞋扣和其他小 158
饰品的制造商，就要去“公寓，阁楼，城市最边缘处，数以千计的家庭靠此维持生计”。[12]

许多装饰性金属品具有相似的风格和外观，但是它们却是由不同类型的金属制成的，不仅富裕的贵族会购买它们，小商贩也拥有它们。对于消费者来说，它们是用于炫耀的物品，它们也是值得收藏的物品。对于它们的购买者来说，这些产品传递出一种实用、文雅和创造性的内涵。它们的制造者们跨越了两个世界：他们有些来自大都市的奢侈品世界——其中就包括当地金匠和银匠，他们也有些来自地方制造业——在南兰卡斯特郡的工业乡村中，他们是钟表制造者，精致的工具制造者和钢制锉刀制作者；他们还是伯明翰的饰品制造商和油漆工，以及谢菲尔德的刀剪商和银制器具制造商。这些银制小物品可能是作为家庭纪念品——杯子、汤匙、胡椒调味瓶、茶镊、奶油沙司盘(cream sauce pans)、大啤酒杯、调味瓶、长勺和平底杯——而被购买的,并且它们还要传于儿子、女儿、侄子和侄女,它们是刀叉、镀银烛台、茶壶、钢扣和搪瓷纽扣,以及铜制家具和小型炉具。与这些产品经常摆在一起售卖的有瓷器、玻璃,有时候还要加上香水,它们与消费新时尚的风格相配。可以与纪念章,纽扣和带扣,装饰盒,珠宝,枝状大烛台,以及用玻璃、轻金属合金、铜锡合金和漆打造的小家具配合使用的,还有瓷质茶具、刺绣亚麻布和花边,以及红木家具和藤条家具。现在,这些家具成为中产阶级贸易商家里的"最佳的物品"。小饰品制造商也紧跟流行贸易的趋向。"针对伦敦的季节变化,斯比塔菲尔德(Spitalfield)的丝绸织布商每年都会推出他们的新款设计,而伯明翰的饰品制造商也会推出他们的新款纽扣、带扣、化妆盒(patch boxes)、鼻烟壶、腰链、表、表带、项链、耳环、发梳和其他珠宝。"[13]

伯明翰

到 18 世纪 30 年代,伯明翰成为这类贸易的中心城市。伯明翰不像其他黑乡(Black Country)①城镇那样靠近铁和煤炭的产区,又与
159 东部水运交通相隔甚远,直到 18 世纪 70 年代早期,伯明翰才开通了通往东部航运区的伯明翰运河。正是由于这样的原因,伯明翰的劳动技工们主攻的方向是颇有价值或较为流行的小物件。大批工人掌握了黄铜和棕铜的加工工艺,有 6500 个家庭从事黄铜制成品的制造工作。金属加工的核心技能和技术经过不断改进与提升,已经可

① 黑乡是英格兰工业密集区,大体位于密德兰西部,伯明翰的北部和东部,伍尔夫汉普顿的东部和南部之间的区域,并且斯塔福德郡的煤田区在其附近。

以应用到多个新商品的生产中;金属制造专家和工程技术专家在满足消费者对商品的需求方面投入了巨大精力。跟商品制造过程一样,制造这些商品的工具、机械和材料也充满了创造力、现代性和流行感等特性。伯明翰制造商认为自己不但负责制造奢侈品和非必需品,而且还要供应各种发动机和机械设备。

> 如果我们没有贵族、乡绅和富人,谁来消费伯明翰的制造品呢?我们的制造品主要是些奢侈性的和非必需的产品;并且,如果我们在意自己的利益,我们应当尽量不去做伤害或赶跑这些产品消费者的行为。[14]

马修·博尔顿和他的资助者——富裕的矿主伊丽莎白·蒙塔古(Elizabeth Montagu)对技术进步感兴趣并且是奢侈品的爱好者。博尔顿曾给她写信,“您不仅是技艺进步的鼓动者和捍卫者,您也是它们的父母和乳母,因为您从厄瑞波斯(Erebus)黑暗界中挖出了乌黑的矿石,它们是所有铁制品的来源,也是技艺进步的基础”。在随后的一封信中,蒙塔古向博尔顿推荐了改进蒸汽机和银饰品的方法。“非常感激您送我的最昂贵、最美丽的家具。此外,在您的工作中通过采用火力发动机,这将很快降低您的成本,而且节省的钱跟购买这些雅致的奢侈品的花费一样多”。[15]

博尔顿的资助者帮助他与贵族群体实现了良好的关系,并且还帮他维持着外国显贵们的造访。这样的关系让他能为自己的产品找到模仿的榜样,并有利于他的银器、银盘、镀金物品、刻花钢扣、珠宝和纪念章等奢侈品打开精英们的市场。他会在王室成员生日时推出纪念版,为像叶卡捷琳娜大帝这样的外国王公制作展览专用品,并为中产阶级推出的仿制版或改动版使用更为廉价的构造和材质。正如埃里克·罗宾森(Eric Robinson)所言,“社会的等级变化在

鞋扣所体现的礼仪中成为规范。它们产品的规格和所用的材质非常多样,既使用了天然宝石,也有人造宝石,既有真金也有金色的
160 铜。博尔顿向社会所有阶层、所有男男女女出售产品”。[16]

小制造商詹姆斯·比塞特(James Bisset)将伯明翰的消费品描述为艺术世界的一部分,她的奢侈品和轻奢商品将技术与高雅艺术结合在一起。伯明翰的产品是新的珍奇异宝,他们利用了新的技术、新的化学工艺,以及现代工厂制度,但是他们也融进了一些原则唤起了人们对古典遗产的记忆。比塞特也将自己的一生融入进这个故事中,他是发明家,实验家和产品设计导师。他在绘画、文学上颇有修养并且阅读广泛,但是他“心心念念的是,那个充满了进步力量和奇迹的地方以及相邻的苏荷工场有着各种技艺,也充斥着关于它们的各类神秘故事,而他自己该如何踏入这一领域呢”。他在贝拉明(Bellamy)的漆艺工场的绘画室中做学徒。之后,他在已经实现
161 高度劳动分工的工厂中从事绘画工作,“他在一周的时间里就画了20 多个鼻烟壶,包括玫瑰、银莲花以及五颜六色的花朵,而且这种多色花朵上的每朵花和每片叶子上都有三种色彩”。他通过发明一种玻璃上的装饰技艺而将冗长的制作时间大为缩短,并且他还建立了自己的工作坊,在这里,他会根据人们品位的变化而改变产品的情况。他首先开发出了装饰性的大衣扣,然后是玻璃画,之后又转而研制出了政治和王室用途的纪念章。此后,他的工作就是经营他的图画交易。[17] 他出版了一本城镇和工厂指南《壮丽的目录》(*The Magnificent Directory*),这本书用诗歌写成并且配上大量昂贵的雕版画。他的诗歌对伯明翰的发明赞赏不已:

从物品记录,到沉重的矿石,
这儿有不少王家批准的专利,
我见到了巨大的机器,一张一弛,

三捆稻草在很短的时间里就加工好了；
用着这新奇的轮子，很快就酿出了麦芽浆，
而且这些机器中还吐出了鞋带、新奇的腰带……
宏伟的战争武器，各种艺术产品，
混凝纸浆，和新奇的载货马车……
要想检测下假币，这里有获得专利的测试器。

他的诗句（couplets）将实用之物与玩乐之物，艺术发明物与战争发明物联系起来。比塞特关于铜匠的雕版作品成为该城九位铜匠的商业名片。在其中，比塞特所刻画的“一座王家现代工场”的设计风格和规划样式带有古典气息，但又画上了烟囱、烟雾、各类建筑物，堆积如山的煤炭，以及各种机器。在他手中，伯明翰的现代工业与古典布局融为一体的样貌跃然纸上；与这些机器制造厂的雕版画一并出现的还有艺术家和油漆工作品。这些新的消费物品作为文明产业（enlightened industry）而为人所知，它们充满了新奇感，看起来像手工艺品，但却是由最新的机械技术生产出来的。[18]

伯明翰对金属产品的繁荣发展的贡献还缺不了一个搭档，那就是谢菲尔德的银盘贸易的发展。托马斯·布尔索弗（Thomas Boulsover）在1742年发明了谢菲尔德碟盘（Sheffield plate）——一种在银质的薄层间熔合进棕铜而制成的碟盘。这种碟盘的制作工艺 162
迅速为其他制造业所利用，包括纽扣、茶壶、咖啡壶、平底锅、大酒杯、烛台，以及之后的各种餐具、水壶、汤匙和叉子等制造业。银器制作者从伦敦、约克、纽卡斯尔和伯明翰等地聚集而来。奢侈品制造业迅速成长，发展出了装饰性银盘和银具产业，以及日常的餐具和钢制产品。

产品与消费品

装饰风格和流行元素在 17 世纪后期和 18 世纪主导着人们对银器奢侈品的需求。伦敦的金匠们想在视觉惊奇度和流行元素中闯出一片天地,于是他们把眼光转向法国的设计风格,他们也引进了新的产品类型,除了茶具、汤盘、挖耳勺及其配套物件外,还有包括鼻烟壶、锁具、榨橘汁机和酒类标签(bottle tickets)。[19]

商品的质量由金匠学院(Goldsmith Hall)的一系列规章制度进行把关。其中,金银检验所(Assay Offices)负责对产品中的金银含量进行标记而确保商品能够合格。这些检验所建立于 1700 年,它们分布在伦敦、约克、埃克塞特、布里斯托、彻斯特和诺里奇,后来又在泰恩河畔的纽卡斯尔,以及伯明翰和谢菲尔德(1773 年)各建立了一处检验所。制造业主实现了生产的多样化;他们制作新的产品;新的商品用轧制薄板制作,这样可以免除检验所的检验;免检的规模从 18 世纪 30 年代开始扩大了,并且他们制造的大部分珠宝进入免检范围。随着管制的去中心化,地区制造水平开始升级。正如海伦·克利夫德(Helen Clifford)所示,人们经常对银器进行加工再利用,因为流行风格比内在价值更重要:银盘如果被损坏或过时,人们就会拿去将其熔化以铸造一个新品。经过精心装饰的洛可可风格的银器从法国引入。通过奢侈品贸易活动,金匠、雕刻师和塑型师很快将设计风格传遍四方。[20]

中产阶级家庭中新餐具的出现速度很快,利用率也高。韦瑟里尔敏锐地感觉到这点。他说,家庭社交以餐桌上的饮食为中心,其间包含着内在的习俗与礼仪并借此传播给后人。精英们在餐饮过程中借鉴了法国的礼仪,他们要避免手与食物直接接触。不过,中产阶级家庭也接受了一些新的行为规范,比如,在刀与汤匙外,叉子也摆上了台面。到18世纪前25年时,大多数追求中产阶级地位和工匠荣誉感的人士都会将一套套的刀子、叉子和汤匙买回家;零售商们将这些产品放入定制的盒子或箱子中成打出售。他们所提供 163
的餐具不仅有装饰精美的贵重产品,那些非常实用的产品也在出售范围内,因为它们被看作具有一种必不可少的庄重感,比如用铁、棕铜或黄铜制作的基础款的陶器、壶和平底锅,以及锡镴制品和亚麻产品。[21]

银制茶具在中上层阶级中成为高贵和雅致的代名词。人们越发容易见到新的消费品——不仅有茶壶和水壶,还有奶油盒、牛奶壶、汤匙、方糖夹和糖罐,以及茶壶和一整套配套器具。这些可以由伦敦的金匠和银匠们加工制成并供应市场,但是到18世纪中期,它们经常是从银板(silver plate)直接加工而成的,并且生产地转移到了伯明翰和谢菲尔德。伦敦的银匠们在展示他们的银板时,银子就放在一旁——为了凸显它的设计感,强调它的流行性和新奇性,而不是用银子的价值来吸引消费者。[22]在新问世的流行红木茶桌上,闪烁着光亮的银板制成的茶具与瓷质茶杯和茶壶相映生辉。早期的银制茶壶有的模仿自问世已久的大酒杯形状的咖啡壶,还有的银制茶壶从17世纪60年代起开始模仿中国瓷茶壶的形状。尽管银制茶壶使用了特别容易导热的金属材质制成,并且还安装了木把手,但是它所使用的材料却为世人所熟悉并喜爱,而且这种茶壶还把品尝异域风格的饮品与精英市场和具有贵族气息的文化活动勾连起来。[23]与银茶壶一同出现的还有银制储物罐,奶油盒和牛奶壶,银制汤匙、榨汁机和方糖夹。精英阶层的消费者给家族和各类机构留下的传世物品现在因装饰新风而发生了迁移。各种奢侈型小物品——其中的许多物品让人感觉具有高雅的“实用性”——诱惑着中上层的购买者。

银板在制作过程中使用了新式的轧钢技术和模压技术。新的产品很快就因其独特的印花构造而出名——烛台在制作过程中使用了印花仪器。正因如此,到 18 世纪 50 年代,大规模的样品制造和多样化的餐具生产有了可能。到 18 世纪后期,一切皆有可能了。谢菲尔德制造商芬顿和克雷齐克公司(Fenton, Creswick & Company)在 1794 年宣布"在板材生产线上没有我们不能生产的东西"。[24] 到 18
164 世纪 60 年代和 70 年代时,茶壶出现了。这是一种非常受欢迎的银板制成的茶具。茶壶(tea urns)成为 18 世纪的象征物,这是一种瓮缸形状的壶,在其底部安装的不是水管,而是水龙头。这种茶壶最初使用焦炭加热,但在 1774 年,获得专利的块铁(box iron)加热应运而生①。更多的搭配茶壶使用的茶具也随之产生,它们在 18 世纪引领着时尚的风潮。

伯明翰的企业家们很快就吸收了谢菲尔德的发明经验。从 18 世纪 60 年代起,马修·博尔顿先人一步进入银板制作和银器加工制造行业中。代表最高技术水平的印花和滚轧技术都被博尔顿掌握
165 了,他在设计、发明、材质利用和技术开拓上实现了融会贯通,这推动了他的产品快速完成和跨越式发展并且周转率也得到极大的提高。即使是这样,博尔顿还是对他的奢侈品顾客和银器制作技术太过重视,并且在 18 世纪 70 年代,他忽视了同伴福瑟吉尔(Fothergill)从苏荷工场写给伦敦的一系列焦虑不已的信中所表达的担忧之情:

> 我非常确定,我们的注意力现在完全放到当下的贸易产品上了,我们的声望处在一个更加有前景的基础上……我相信,

① 最初的茶壶使用焦炭加热器加热。1774 年,约翰·瓦德汉姆(John Wadham)进行改进,让水流经过加热容器,而容器内放置烧热的生铁。这样,加热器就从茶壶外部,转移到茶壶内部,并且热效能利用率提高。

> 我们的博尔顿牌镀金纽扣将是我们事业中最好的成就，因为我们的纽扣外观之靓丽是我所未曾见过的…… 166
>
> 我们的钢链贸易因缺乏新产品而岌岌可危，正如我们的金属扣、玳瑁盒和镀金盒，镀金链贸易面临的境况那样。事实上，在你归来时，大多数我们当下的物件肯定能吸引到你的一些目光。
>
> 我很遗憾地告诉您，我们现在的资产并不足以支撑我们当下的纽扣贸易，所以对于您提出来的，将雅致的金属板样本搜集齐全并于今年夏天在苏荷厂举办展览的提议，我们恐怕难以完成。[25]

在伯明翰和谢菲尔德，除了银器和银板商品外，流行的消费品还有黄铜、棕铜和钢铁制成的产品。小饰品、纽扣、金属扣、锁具、烛台、家具、马车车厢和马具配件，以及装饰品和各类珠宝都可以覆盖上金属，有的使用了银，有的则使用了铜锌锡合金、锡合金或铜锌合金制成的合金材料。这些物品经历了锻造、印花、滚扎和金属熔炼等制作过程；它们的材质中还有混合媒介、玻璃、仿金物、切削钢材和陶瓷。在这样的材质和技术下，一系列新产品面世了，这也是人们想象力的一次飞跃。

伦敦的金匠和银匠们生产的传统商品逐渐落伍。有些评论家谴责伯明翰和谢菲尔德生产的器具质量低劣，还有些人说它们只是些普通金属产品，不管这些批评声有多少，它们还是凭借着自己在设计、价位和新奇度上的优势赢得了时代的心。轻薄规格的银在塑造产品的新外观并装饰它们时更方便；重铸厚板银可以很容易被银板仿制。伦敦的金匠和银匠们曾在 1773 年试图阻止伯明翰和谢菲尔德成立金银检验所。他们指责两地的制造商们暗行欺诈，宣称在这些城市中的几个人“在最近的一些年里，除了给部分器具表面镀上一层银外,其制造的器具本身使用的只是些廉价金属;但是这些产品的标记却显示它们是全银制成的器具”。[26]谢菲尔德的银匠理查德·莫顿(Richard Morton)从消费者的角度对此做出了回应。他报告说:

> 他看过几乎每一种银子做成的产品在制作外壳时的经过,并且它们样子都很像,所以在辨别之前还要查查这款银外壳的资料。他的消费者宣称,如果他不说,他们看不出镀银产品和银制产品有什么区别。[27]

许多更年轻的消费者和中产阶级消费者更喜欢伯明翰和谢菲
167 尔德的产品。这不仅因为它们更便宜,而且因为它们更时尚,它们的仿制品充满了智慧,而现在,消费者们因商品的数量和多样性的日益繁多而兴趣大增。许多商品使用了少量的金银却达到了奢侈品的地位,实现了以小搏大的目标,成为颇受追捧的时尚物品。在一件价值 20 先令的印章上加入的金子仅值 2 便士;一款 18 先令的鼻烟壶中的金子的价值不到 $1^{1/2}$ 便士。在谢菲尔德,一打刀具售价 6 先令,装饰刀具的银子的花费不到 3 便士。优雅度和设计感要比材质本身的价值重要得多。[28]新英国式小商品成功的关键是在对棕铜、黄铜和钢铁的创新性利用中实现的。

银板镶在普通金属制成的物件上,更加昂贵的银器同样也会对“基础款”的产品进行“模仿”。伯明翰的黄铜制造到 18 世纪中期已经是一个高度专业化的产业了:这里有着专业的烛台制造者,此后,金属扣和纽扣的专业制造人士也出现了;这里有着黄铜橱柜、黄铜马车和黄铜马具的制造者。到 1785 年,袖珍书锁(pocket-book lock)制造师、窗帘环制造师、铜制胡桃钳制造师、大头钉制造师、钢制转环制造师、女士帽针制造师、剑鞘铜包头制造师、铜钉制造师、木螺丝和床螺丝制造师也纷纷出现。印花铸铜业能将金属薄片打造成任意形状，并且从1770年起，随着约翰·泰勒的专利授权的施行，铜制金属扣、纽扣、鼻烟壶以及其他各种物品都可以镶上银制的外观了。

先进消费品真正的新起点是伯明翰的金属扣和纽扣。伯明翰的铁制纽扣可谓无与伦比。从18世纪早期起，它们在加工过程中使用了渗碳处理技术和“水泡型”钢铁，这使得这些纽扣的表面非常光洁且平整，并且金属扣的流行也成为现代英式产品流行风潮的代表。为了防止关于禁止出口环装金属扣（buckle-chapes）的法案通过，马修·博尔顿曾在下院委员会讨论时坦陈金属扣的意义。环状包头作为金属扣的组成部分类似于一个嘴，它可以帮助金属扣“咬住”皮鞭和丝带。博尔顿说，在沃里克（Warwick）和斯塔拉福德从事这一产业者有8000人，并且他还谈及，金属扣在铸造过程中熔合黄铜、棕铜、铁、锡、粗锌以及其他多种物质，并且还装饰上玻璃材质以模仿珠宝的样式。这是一个巨大的出口产业，博尔顿娓娓道来英国在这一产业的国际市场上起主导地位的原因：

> 这就是金属扣贸易的秘密所在。外国人对此一无所知。这使得他们认为，外国人无法造出跟英格兰一样品质的金属扣…… 168
>
> 它们在西班牙和葡萄牙也生产金属包头，但却无法像英格兰生产的那样质优价廉，因为他们没有切割机和滚压机。如果他们要从别的地方进口钢铁，那制造的成本就会变得太高。他们既没有工匠也没有煤炭。德国人是能制造金属包头，但他们还是要从我们这里大批量购买，因为他们的铁并不适合生产金属包头……[29]

组织系统与劳动力

新产品增长迅猛,这包括钢铁、黄铜、棕铜、各类合金,以及金、银和镀层器具,它们为生产过程——组织和技术方面——的转型奠定了基础。尽管一些金属物品仍要由专业工匠进行生产,但是大多数产品已经成为正在形成的一个新的、规模更大的奢侈品工业的组成部分。

在 18 世纪,要想将金匠与其他行业相隔绝已经不可能了。他们的确主要与金银打交道,但是他们也制作并出售一系列的镀层器具以及各种金属小饰品。他们与五金行业有着广泛的联系,伦敦的制造商们通过与谢菲尔德、伯明翰和兰卡斯特的制造商建立多样的联系来获得原材料和零部件。由伦敦金匠负责生产的大多数奢侈品是许多公司和许多人共同努力的结果,转包合同是惯例而不是例
169 外。伦敦金匠的工业组织实现了一条龙服务,这就跟兰卡斯特南部地区人口密集的乡村中将工具和制表配件包买(putting-out)下来的制度没什么两样,同样与之类似的还有水平更高的谢菲尔德餐具贸易中乡村锻造工、研磨工和安装工之间进行分工合作的制度。在谢菲尔德的一些规模较大的饰品厂已经实现了高度专业化的生产过程,而这种生产过程也被当地的一些分工不同但有互补性的产品和零部件的制造商模仿过去了。

博尔顿的苏荷工场或约翰·泰勒的饰品车间制造出了类型多样的奢侈品、轻奢品和消费类产品;他们之间学习借鉴对方设计品的速度很快,并且针对各种材质和产品有不同的吸收路径。但是,本杰明·乌里米亚(Benjamin Vulliamy)是 18 世纪末期的一位伦敦的生产金器的奢侈品制造商,也是一位制造精美的钟表产品的商

人。他在当时极力鼓吹装饰性的碟盘、银器,金属器,并且还负责售卖宝石和珍珠。“他们准备向他们的顾客出售任何一样东西,从一个壁炉架到一个门把手,从一架钢琴到一个纽扣。”这些产品——甚至包括钟表——很少由乌里米亚亲自制造,而是由他转包出去并进行利润分成。从乌里米亚的订货簿中就可以看出任何一个物品的转包过程的复杂性。为一位顾客生产的一对陶罐或一对架子就要分成不同的工作,获得分包任务的工匠就有 11 人,其中一些人在整个生产过程中只负责其中的一部分任务。每一个工作都是分别计价的,而物品也是分别进行成本核算的。[30]

像伦敦这样的大城市的奢侈品制造商也会将他们的工作转包出去;这是一个理性的行为,因制造商们定期需要专业工作的帮助,而且这也与他们面临赊账的情况有关。转包能够带来专业化生产,并且可以弥补雇佣全日制短工的不足之处。按照这个逻辑推演,师傅们能够减少他们自己参与制造活动的时间,他们可以担任纯粹是零售商的角色。奢侈品零售商被迫在富裕的顾客因一时穷困而无法付款时提供长期赊账服务;如果雇佣短工,零售商就要每周付工资。转包契约可以为这个问题提供解决之道——在生产计件工作时,可以签订一个赊账条款。[31]

这种转包业务也在工作坊或工厂车间之间进行高度的劳动分
工。甚至在 18 世纪伯明翰的生产铁饰品的工坊里,人们也“很少能 170
见到一个工人能将整个物件制作下来的情况,甚至像一条手表(铁)链的制作也很难做到这一点”。在任何一个产品的复制生产过程中,在工具的制作过程中,以及在铁器本身生产过程中,一个由独立工匠组成的团队变得必不可少。[32]

传统上人们对于伯明翰和谢菲尔德的奢侈品行业和铁器制造业有许多错误的认识。在棉花工厂崛起前几十年,这些工场就已经变得规模庞大且运营良好。在伦敦有一批金匠是颇具实力的企业家,他们操纵着一个庞大的转包网络。1747 年,坎贝尔写道:“金匠们雇佣几位技能娴熟的工人,其数量跟商店里卖的多姿多彩的物件几乎一样多,因为在这个大城市中,每一个分支工作都有人去完成,但是他们参与的是自己担任师傅这个角色的分支中的工作。”[33]一家伦敦的金器生产企业帕克和维克林(Parker and Wakelin)在 1765 年到 1770 年间维持着一个由 77 位转包商组成的关系网络。[34]

伦敦的五金商人和铁器商所处的行业在伦敦各行业中名列第一:在 18 世纪 70 年代,其中一半从业者的营业额在 100 镑到 500 镑之间,并且五分之一的从业者的收入超过 1000 英镑。其中的一个大企业是位于天恩寺大街 3 号的汤森德和克罗斯利公司(Twonsend & Crossley)。该公司 1770 年的库存中各种器皿和商品的价值达 9000 英镑。[35]许多伦敦公司要么属于零售企业,要么成为大型生产商,只是他们的生产是通过转包购买(putting-out)的方式进行的。到 18 世纪 60 年代,在伯明翰的铜器和饰品业中,大型工厂的出现已经成为这些行业一道靓丽的风景线。如果说伦敦的奢侈品制造商因为赊账信贷条件的制约而很难实现集中式发展,那么伯明翰的五金业和饰品业则没有这样的忧虑。因为这些行业从事的是轻奢品和消费品的生产,流行的是现金交易和超短期的赊账。一个企业里的某些部门——比如,博尔顿企业中的银器生产部门,以及某些国际市场中可以实行长期赊贷,但这样的行为是在企业内部其他高周转率的消费品生产线的帮衬下做到的。

马修·博尔顿在 1766 年建立了一家新的苏荷工场,此后不久他就雇用了 600 多名工人。他在每个部门下面组建了专家团队,吸引了伯明翰、谢菲尔德和伦敦的银匠、雕刻工、黄铜匠、棕铜匠前来效力。这家工厂规模惊人,原来预计建造费用 2000 英镑,但实际花费是预计的五倍,达 10000 英镑之多。但是,像这样规模庞大的工厂并
171 不是新事物。在 18 世纪 40 年代和 50 年代期间,伯明翰饰品制造公

司阿尔科克和凯普森公司(Alcock & Kempson)就以一家“巨大的和著名的工厂”的形象而享誉世界。该公司雇佣工人在300名到400名之间,公司还占据了一个街区的四分之三的面积。弗雷德里克大街的艾略奥特和桑斯公司(Elliott & Sons of Frederick Street)在一个占据四分之三街区面积的公司里招募了几百名妇女来工作。[36]这些工厂购买了各种质地优良的制造器具——机床、模锻压力机、螺旋压力机、滚筒、镗床、冲孔压力机和插床。当詹姆斯·比塞特的《壮丽的目录》引导着读者们见识到一个个冶金学和机械学上的奇迹时,比塞特并非在幻想:

> 仅在伯明翰一地——他们遇到了奇迹:
> 看到了白铁矿消融成流动的液体,
> 坚硬的矿石发生膨胀,进而熔化,缓缓流走。
> 这是加热所带来的力量,自下而上出现的……
> 他们继续往下看,一件件样式不同的纽扣作品……
> 他们看到各种矿石散发着五彩的颜色,
> 通过能工巧匠的技艺,它们演化成不同的形状;
> ……
> 镀金的过程被人反复观看,
> 无法辨识塞米罗尔黄铜①与纯金产品的区别;
> 他们仔细对待每一次印花,每一次机床加工,每一次压印,
> 然后就是去看看纸盘涂漆的工艺了。[37]

这种消费类金属器制造过程是一种高度复杂的制造业经济。

① 塞米罗尔(Semilore)意味一种黄铜器。制作者通过加热的方式将黄铜与锌熔合,最后形成的物品表面光滑,且跟金器外观相似。

它的组织结构适应了大容量的生产要求,有弹性,并且能对流行变迁做出快速的反应。这种工业不依靠工匠,规模也不小,它是建立在高资本投入和世界性生产基础之上的。它的生产材料来自欧洲其他地区以及加勒比和亚洲地区。它利用了欧洲和英国其他地区的劳动力,并且它与全国性的转包网络有着密切的联系。尽管许多人欢呼于这个工业地区的强大能量,只是分析这个地区就会对这些消费类工业产生错误的认识。它们绝非是“闭关自守型”工业。制造商们与全国有着密切的联系,它从全国招募专家工人,吸纳所需的技术成果,并且将产品送往那些需要的人进行配件加工或最终组装。马修·博尔顿就把他的工作转包给了考文治的钟表制造商乔治·豪利特(George Howlett)以及谢菲尔德的板材制造商托马斯·布拉德伯里(Thomas Bradbury)。不断地更新自己对全国和全世界专业知识的掌握程度是成功的保障。

这些工业中的劳动力供应不足。早期的技能工人有些来自国外,有些来自宗教少数派群体,还有些两种身份兼备。就伦敦的金
172 匠而言,他们是胡格诺教徒和法国人;就伯明翰和谢菲尔德的工人而言,他们则属于英国的不从国教者(dissenters)。要想在谢菲尔德和伯明翰建立一家新的银盘和银器制造厂,那意味着要从伦敦、约克和纽卡斯尔引进有技能的劳工。在 18 世纪 70 年代早期,博尔顿为了他的银器制造仍需从法国引进工人:

> 我们都能感受到,法国人整体来看是工厂的一个沉重的负担:上个周六,他们中的一位拿到了一周的工作量,但却要付给他 25 先令,而同样的工作,在这个城市里的车工只需 5 先令,可是没有你的同意,我是不会给他们工作的。[38]

由于关键岗位员工的缺失,制造商们经常对他们发货迟缓进行

谴责。给蒙塔古夫人定做的茶花瓶(tea vase)以及给西班牙商人定做的钢制纽扣都未能按时完成,而耽搁的原因就是“水平高超的制钢工人匮乏,并且还需要六个月的时间才能完成订单”。[39]

关键岗位的工人要不断地从别的公司挖来。博尔顿与另一位著名的饰品制造商约翰·泰勒(John Taylor)有过争执。博尔顿指责泰勒和他的代理人诱惑了他的三位契约学徒(articled servants)离开,并且博尔顿公开表示,为了报复他,也挖走了泰勒的一名工人。由此,博尔顿希望他们互不相欠,并且“此后他们要实行更加绅士般的计划……而不是实行卑劣的手段去秘密骗走对方的雇工”。[40]不过,通过从互补型行业中吸纳整合相关知识,通过专业性的饰品、珠宝和工具制造者和雕花玻璃工和油漆工承接转包业务,以及在某些情况下吞并竞争公司并吸收其工人的方式,知识技能的掌握也可以很快完成。[41]

在18世纪40年代的谢菲尔德,银器制造只是一小群刀柄制造者工作的副业;在30年后的1773年,有468名人员从事银器的镀层和印花工作,而在伦敦从事金器制作、把手制作、盘碟制作以及相关已知的从业者只有300名。在谢菲尔德,各行业都离不开“各种有技术的工匠(包括设计师、塑形师、制模师、雕刻工、雕版工、镀金工、银器匠和黄铜铸造师)”,以及“纺纱工、模印工、钻孔工、安装工、清洗工和抛光工的聪明才智”。制造商和工人们经常与不止一家公司 173
合作,各种零部件、设计风格和样品也借此传播开来。[42]

跟其他早期的工厂工业一样,在这个迅速扩张的新式消费品部门,劳动力需要来自妇女、儿童和堂区童工学徒(parish apprentices)①的补充。马修·博尔顿很少雇佣契约学徒,他更喜欢使用堂

① 堂区童工学徒是指经由法官的允许,在堂区监管人监督下学习工作的穷人家的儿童。

区童工学徒;约翰·泰勒雇佣的500名员工中,妇女占据多数,但她们中无一人有过正式的学徒经历。

稀有性和灵活性也反映在工资里。在伦敦的金银匠中,工资只能通过学徒的工资或给独立工种支付的账单中推算。在18世纪中期,金匠的工资在20镑到50镑之间,数学工具制造工、木架工和酿酒工的工资跟这差不多。无技术人员的工资每年在5镑到10镑之间,而在18世纪40年代后期,两位有技术的工人所提交的独立工种工资单则显示每六个月可挣得40镑到50镑。[43]伯明翰和谢菲尔德的技术工人的工资则根据订单多少,因每周、每季和流行风潮的变化而有所不同,而且他们的工资经常是以计件工资的形式发放,这样就使得我们对每周工资支付的多少了解有限。[44]

原材料、技术与发明

工厂和各种新奇、流行的产品生产商的集聚化将国内外的旅行者吸引到伯明翰来。无论是劳动分工,还是转包生产与集聚生产之间的紧密互动,这样的现代生产方式为该城迅速赢得了声望。这是一处可以观看到机器生产新产品的地方,是一处可以观察到劳动分工状况的地方,也是可以看到一些像博尔顿的苏荷工场那样的展览式工厂(showcase factories)的地方。工厂旅游是许多追求进步的大陆访问者和英国乡绅、贵族的旅行目的地。1766年,谢尔本勋爵(Lord Shelburne)在关于伯明翰五金制造的报告中关注到了金属制造、机械制造的发展情况,并且特别注意到了劳动分工这种新生产形式:

> 该地快速的崛起有赖于两个事物。一个是混合金属的发

现。它是如此的柔软有弹性,印花制作也就变得容易了。人们借此生产出了纽扣、金属扣、小饰品和一切可以通过印花机器 174 生产的五金产品,而这类产品先前只能由人工打造。另一件事物很快出现了,那就是在生产一颗纽扣或别的什么东西时,不会让同一个人全程制作完成了,而是尽可能多地分成不同的工序,由不同的人来完成。[45]

表 5.1 伯明翰和谢菲尔德金属工的工资

伯明翰	黄铜制作	纽扣行业	带扣行业
1759—1769 年男性	7s. – £ 3/wk	—	20s. /wk(chapemakers)
1759—1769 年男孩	1s. –7s. /wk	—	9 –15s. /wk (filers)
1759—1769 年女性	7s. –42s. /wk	—	—
1759—1769 年女孩	1s. –4s. /wk	—	—
1795 年	15s. /wk	—	—
1800 年男性	—	25 –30s. /wk	—
1800 年女性	—	7s. /wk	—
1800 年儿童	—	1s. 4d. –4s. 6d. /wk	—
谢菲尔德	刀具工	打磨工	
1764 年	12s. /wk	—	
1769 年	9 –20s. /wk	18 –20s. /wk	

资料来源: Henry Hamilton, *The English Brass and Copper Industries*; H. W. Dickinson, *Matthew Boulton*(Cambridge,1937),32; D. C. Eversley, ‘Industry and Trade 1500 –1800’, *Victoria County History of Warwickshire*, vii (London,1965),110; Leader, *Sheffield in the Eighteenth Century*,3;G. I. H. Lloyd,*The Cutlery Trades*(London, 1913),168 –9.

谢尔本夫人把工厂之旅当作一次购物旅行:她在两天的旅行里去了泰勒的饰品厂、博尔顿的苏荷厂、吉姆莱特(Gimlett)和巴斯克维尔(Baskerville)的漆器厂。第一天在博尔顿的工场里,她“购买了一些表链和小饰品,价格相当低廉。此外,她还在他的别墅里饮茶休憩”。第二天,她去了吉姆莱特的工场。她购买了“一大堆的小饰品,并且参观了他的手表储物室”。她访问了几家饰品厂。在泰勒的工场里,她看到一个绘有风景的瓷质盒子,而泰勒把这个盒子作为礼物送给了她:生产过程的参观活动成为给产品带来吸引力的手段。

> 一个印花机器只需一名妇女进行管理。她首先把图片印在一张纸上,然后把这张纸覆盖到白色的瓷釉面上。之后,她又用刀子或者类似的工具用力刮擦,直到图案印在了盒子上。
> 175 再之后,她用刷子在其上涂抹细粉金属颜料。在这个过程中,要注意保持颜料湿润。之后就是把该物放入炉中烤制几分钟。颜料一旦固定成形,这件物品也就制作完成了。[46]

博尔顿在 1767 年描绘了一波波外国达官显贵们访问他的工厂的情景:

> 昨天我接待了几位先生和女士;今天我接待了法国人和西班牙人;明天我还要接待德意志人、俄罗斯人和挪威人……上周,我们接待了波兰国王的侄子波尼亚托夫斯基王子(Prince Poniatowski),以及法国、丹麦、撒丁王国和荷兰的大使;这一周,我们接待了奥洛夫伯爵(Count Orloff),还有深受俄国女皇宠幸的著名的五兄弟;仅在昨天,我还与爱尔兰总督一同进餐。几乎不曾有一天没有显要人物来访。[47]

展览工厂是一处旅游点,但是大多数人都知道,新式装饰性商品成功的关键是其材质,也有赖于所使用的机器,因为这些机器实现了生产过程的可复制性和可替代性。原材料是关键——它们是英国资源优势的体现，并且实实在在地锤炼了英国人的冶金能力。那些质地坚硬、有可塑性和延展性的金属很容易制成板材，或者转化成其他合金材料，而且这些原材料经得起抛光和切割的锻造，这样的金属成为金、银和宝石的模仿品，受到广泛的欢迎。从这样的金属中可以生产出各种完全不同的产品，于是这些金属本身也散发出独特的魅力。

到18世纪早期，泰恩塞德（Tyneside）、伯明翰和谢菲尔德也开始生产高等级的钢制品。煤的使用可以带来不同的产品。粗钢精炼时使用来自大陆的技术，但动力燃料使用的是煤炭而不是木炭；1740年以后，本杰明·亨茨曼（Benjamin Huntsman）在英格兰发明了关键性的铸钢技术。这些钢制品在许多流行物件上得到应用，尤其是钢扣。这一技术也迫使法国人寻找制造英式钢铁的方法。他们招募英国工人，并且还搞到了机械抛光机以实现最终产品的精细化。钢铁之所以重要，不仅在于其作为装饰性产品的品质，也有赖于对产品进行塑形、精炼和安装的那些手工工具的帮助。获得这种钢铁的难度不应当被低估。法国在生产五金和铁制装饰品时，"那些五金制造商、钟表制造师、珠宝商、刀剪商、枪械制造商只使用英国产的钢铁，也就是一些锁匠（serruriers）和其他做粗活的人才使用别的金属材料"。[48] 176

在制作饰品时，黄铜、锡、宾其贝克铜锌合金（pinchbeck）、锡合金都是经得住机械技术加工的材料。它们在应用性上所表现出来的特性使它们对消费者产生了吸引力。宾其贝克合金是一种模仿金子的低等级仿造物，但到19世纪时，只有锡锑铜熔合而成的不列颠合金（Britannia metal）才能超越宾其贝克合金，人们将其称为天才创造物。博尔顿使用奢侈性的合金产品。他的仿金漆（ormolu，一种铜锌合金）这时用来给产品增加金色的涂层，这也符合当时法国的流行时尚。他在希腊式的简易设计中使用了金属，并且在他的产品上打上英国的印记。蒙塔古夫人支持他的事业，“先生，继续吧，在177 品位上战胜法国人，并且用这些实用的发明和优雅的产品装点你的国家”。[49]但是，博尔顿的奢侈品定价太高，他没能卖出去。

这些原材料要么是全新的，要么是旧材新用，比如，亮钢（polished steel）和切割钢：它们能用新式伯明翰和谢菲尔德的工具和机器进行塑形。印花机、冲模机（die）、压印机和轧板机，以及各种机床，起到了对金属制造商们的传统工具——铁砧、锤子、锉、磨石——的补充作用。早先，金属薄片需要用锤子锻打成型，轧钢机的使用则成批次地生产出了厚薄一致的钢板。冲模机和印花机则使得饰品制造商们放弃了铸件。印花和冲压技术能在纪念章和平针（head pins）上留下深刻的印记；它们能够制造出凹面按钮、印花铜器和银面烛台。据说，采用了印花机和冲模机制作出来的谢菲尔德产品具有相同的外观，而它们跟用传统方法制作出来的伦敦银器相比也毫不逊色。[50]一位专业的纽扣和金属扣制造商会拥有几种不同规格的印花机、一批裁剪机和穿孔压力机，各类机床，一架换向台，一座抛光机，各种凹凸模，以及各种小型工具。这样的机器和工具配合着劳动的分工而使用起来的。“当一个人使用一台机器在一个金属纽扣上印花时，一个儿童站在他的边上，而这个儿童要随时将纽扣放到机器上好进行印花加工。当纽扣印花工作完成后，这个儿童要拿走它，并放上一个新的……英国珠宝（bijoux d’Angleterre），或者说是伯明翰的小饰品，就是因此而变得如此便宜并让欧洲震动不已的。”[51]

然而，甚至比这些工具和劳动分工（劳动分工和冲模机的使用很早就是伦敦奢侈品行业中的重要构成）更令人印象深刻的是“蒸汽机”的使用。蒸汽机由轮盘和传动带构成，依靠人力、马力、水力，以及最终出现的蒸汽作为动力来源。这些早期的机械工具的出现并没有与纺织机器相差很远，因为在此后的 20 年的时间里，纺织机器就变得跟这些机械工具有得一比了。当时的纺织机器是一种有多重驱动的动力机器,有几层楼那么高。1770年,博尔顿感到,他的产品能很好地适应板材和镀金漆制作的新需要:“我几乎拥有一切可以应用这些技艺的机器。我有两座水力磨坊,我将这种磨坊在滚压、抛光、磨削和车削各种金属丝的工作中使用……”[52]

伯明翰的声誉不仅靠金属加工机械和蒸汽机,也不仅依靠其在 178
制造金属产品上的发明创新,它在不同种类的工业中的各种机械和技术发明方面也取得了不俗的成就,同时,它在艺术加工和精细加工方面也颇有影响。正是在伯明翰,怀亚特和保罗(Wyatt and Paul)尝试改进他们的纺纱机。转移印花生产工艺也正是在伯明翰首先问世的,这一技术在瓷器的装饰上得到广泛应用。政治和经济评论家对伯明翰和谢菲尔德所表现出来的创新性表示钦佩。约书亚·塔克(Josiah Tucker)写道:

> 很少有时代,甚至可以说没有任何时代,能像英国人那样凭借着发明的机器种类之多、数量之多而大量地节省了劳力……我们现在仍旧认为,在伯明翰、伍尔弗汉普顿、谢菲尔德和其他制造业地区,几乎每一位杰出的制造商都有一个他自己的发明,并且日日都会对其他物品进行改造提升。[53]

专利审批并非是这种创新性的一个简单的指标。伯明翰发明的商品、小物件、新材料和机械的数量最多,但是在1680年到1800年间,它所拥有的专利只有102件。这里面,75%的专利与伯明翰的贸易、冶金和蒸汽机制造有关,并且63%的谢菲尔德专利涉及金属制造、镀层技术和钢铁生产。但是消费类产品在所取得的专利中占据主导地位——涉及新的产品,小饰品和纽扣制造上的细微进步,还包括机械工具和金属铸造以及相关的科学指南等专利内容。在18世纪80年代,制造业主掌握了该城超过三分之一的专利数,而且超过一半的专利涉及金属扣和纽扣的制作。[54]

发明创造意味着新产品的问世,也意味着对现有的一系列产品进行装饰或精细化制造,还意味着对产品的品质和种类的拓展,以及新奇的和带来炫耀感的奢侈品的创造。伯明翰最著名的专利持有人是爱德华·汤玛森(Edward Thomason)。他是可伸缩式马车台阶的发明者。还有一位著名的人物是亨利·克莱(Henry Clay),他在 1772 年发明了涂漆混凝纸浆。克莱的工厂被描绘为“充满了新奇感和创造性,值得人们的赞誉并催人奋进”。这家工厂生产出了“纸质花瓶、台子、托盘、茶盘和箱子,等等。所有这些都是纸质物品,并精心涂上了清漆和图案”。大都市的制造商们也给他们的消费类新物品申请了专利。伦敦的珠宝商约翰·皮克林(John Pickering)发明了宾其贝克合金。1769 年,他因其在金银和其他类型的金属的制作,棺材制作,以及与大马车、小马车、轿车和其他运输工具的装饰上的成就而获得了一份专利。约翰·斯基德莫尔(John Skid-
179 more)是一位来自克勒肯维尔(Clerkenwell)的壁炉匠。1786 年,约翰获得了一份关于装饰性瓷器和陶器的专利。他在对瓷器和陶器进行装饰时掺入了叶形石、布里斯托石、面糊、各种的箍玻璃(pinched glass)、软玻璃(sapped glass),以及其他各种石头、玻璃类型,并且他的配方能被用于珠宝生产。与约翰相比,伯明翰的纽扣制造商俄巴底亚·韦斯特伍德(Obadiah Westwood)也是毫不逊色。他在 1796 年申请到了一份专利,其中包含着他所制作的茶盘、托盘、平底锅、茶叶盒、敷料盒、瓶子架、外套、服装前襟、背心、袖套,以及其他纽扣、图画框、穿衣镜,等等。此外,还有用于装饰房屋、天花板、烟囱、门、护墙板等各种东西的板条、雪檐和各种饰品。[55]

克莱的专利很快就被报纸发现了,而店主们对于自己成堆的过时珍珠扣放在那里无人问津感到惶恐不安。[56]当这样的专利进入新闻的视野时,就是他的产品和公司广为人知的时刻了。在许多方面，它们获得了宣传，获得了认可，它们身上具有现代性和天赋创造力的特征。但是，竞争在这个流行风潮飞速变化的市场里非常激烈，以至于昂贵的专利申请过程对知识产权无法形成保护。相反，专利本身成为一种消费品，它更多的是在展示专利持有人在这个文明社会中的地位——他们是新奇之物的发明人，他们在科学的原则上推动了社会的进步，他们是这个技艺世界的不可分割的一部分。

那些金光闪闪的不都是金子：质量管理

产品的更新与新材料的发明促使人们对质量管理展开大讨论。新的消费品被看作轻奢品，经常与奢侈品一起生产和销售，赋予了品质这个概念以新的意义，所以它们成了市场的宠儿。

过去，伯明翰的制造业经常受到指责，因为人们说他们生产冒牌货，这对新式奢侈品和轻奢品产生了冲击。博尔顿谈及他的剑柄装配工作“之所以制造的产品美观，那是因为制作手艺精良，外观精美，毫无低劣之感。如果我有100个或1000个质地优良且品位不俗的刀把，我都能卖出去，但是那些劣质的伯明翰产品则没有销路”。[57]伯明翰的制造商们喜欢生产具有艺术感和奢侈性的产品，这
离不开维护市场完整的制度性支持。大的制造商，比如马修·博尔 180
顿，领导了这些制度的形成。他们领导了国际市场的开拓，他们将产品融入奢侈品行业中去，并且在这样的基础上，他们设计并贯彻了为这些新产品而制定的行业规则。这些原则包括金银检验所，镀层技术和珠宝制作技术，以及在镀金时对金子含量的测定：这些原则激起了人们的争论，有时会在报纸和小册子上打口水战，还有议会请愿，以及谢菲尔德、伦敦和伯明翰的法庭案件也经常与此有关。

伦敦的金匠将他们关注的重点转向了产品的创新、生产的组织

过程,以及学徒管理方面。正如我们所见,到 1700 年,除伦敦外,几个郡都有了金银检验所。1738 年,珠宝商的产品成为免检商品。镀银技术引发了另一种挑战。传统上,制银工匠会在自己的产品上标上标记,这样可以知道制作者是谁并且为金属品质提供保障。常见的情况是,谢菲尔德和伯明翰的早期产品会标上伦敦的标记以提升产品的市场价值。尽管未获批准,镀金器具也会类似地标上制作者的名字。这些给镀层器具印上标记的行为“能够满足消费者的需求,因为它使得产品看起来跟真实的银制品更像了”。[58]伦敦的金匠与伯明翰和谢菲尔德是竞争对手的关系,金匠们对他们这种给镀层器具做标记的行为提出了异议。两大城市在 18 世纪 70 年代早期展开了创办自己的金银检验所的运动;检验估价行为是新的地方制造商们取得成功的象征,是一种打破伦敦企业垄断权的行为。博尔顿把伯明翰的金银检验所看作一种与过去的假冒伪劣产品决裂的宣言书,并且他还表明,伯明翰在欧洲资本的帮助下,进入一个新的、公正的位置,即作为一大批有价值产品的制造商的地位。在经过对议会的委员会一系列紧张的游说和漫长的会议后,金银检验所于 1773 年成立。但是,议会制定的条款中对字母和标记出现情况进行了限制:“那些涂上银层或覆盖银子于表面的金属器皿,以及在任何与银制器具看起来类似的金属器皿或其他物品”都不能有标记出现。这一条款在 1784 年经过修订,镀层工能在它们的产品上印上自己的姓氏、伙伴的名字,以及任何的图案,只要它不属于任何受保护的银标记即可。[59]

尝试建立质量标准和相关机构也促使制造商之间产生了竞争性的分裂。18 世纪 90 年代,《纽扣法案》(Button Act)规定了镀金层中金子的含量标准。1799 年的一份检举书则是小制造商们对博尔顿和他的合作者们垄断控制权的一次抗争。通过这样的手段,“勤
181 奋的技工无法发挥他的聪明才智,还要担心着警察的搜查证——这个行业很难增长了,这难道不是在摧毁这个行业吗?”[60]

这是新出现的小型制造商们的哀求。他们希望发明自己的新产品和新材料以对抗像马修·博尔顿这样实力雄厚的制造商,而博尔顿先前也曾与伦敦的金匠就合法地位进行过抗争。但是,新的金属消费品是通过与奢侈品市场建立网络关系而行销国内外市场的。其新颖性、创新性、流行感是它们英国身份的体现,当然,这也与它的良好品质有关。伯明翰和谢菲尔德器具在商品中所处的地位与它追求的艺术感和奢侈价值有关,与它跟资产阶级市场的接触有关。这一接触被看作对质量管理标准进行控制的结果。

市场、价格与宣传

伦敦金匠、银匠、饰品商和珠宝商的流行商店将各种装饰性物品集中到一起售卖——与银子摆在一起的还有银盘、烛台、餐具、茶壶、金属扣、钟表和灯具。在这座城市里,五金业是一门规模庞大、内容驳杂的行业。比如,1772 年,纽邦德街(New Bond Street)的华纳和库克(Warner and Cooke)公司售卖的货品包括:钟表、小五金(hinges)、钉子、铜柜,还有黄铜器具,镀金器具,涂漆托盘、餐刀和餐叉,以及绅士工具箱。[61]许多人跑到伯明翰购买小饰品,到谢菲尔德购买镀层商品,有时候顾客还会在购买后再次在商品上打上自己的标记。正如玻璃和瓷器的情况那样,进入大都市是销售新产品的关键。在 18 世纪中期以后,伯明翰到伦敦的运输时间不断下降,规制不大但价值很高的商品用大马车运输的频率增高。[62]谢菲尔德的盘碟制造商布拉德伯里(Bradbury)每周或每 14 天就用大马车给他在伦敦的零售商发去 20 镑到 100 镑的货物。[63]伯明翰的新闻记者和历史学家们对布拉德伯里在销售方面的现代性成就赞赏不已。布
拉德伯里本是该地的一个小制造商,他的熔炉孤零零的矗立在偏僻 182

之所,但现在,他已经成为一个国际性的商人,他的产品不仅卖往欧洲,而且还进入各个殖民地和美洲的市场。

> 这个时代的商业精神已经超越了英国本土,它在整个欧洲大陆开花;它也没局限在欧洲,因为西印度、美洲世界也与伯明翰的商人建立了亲密的关系;除了东印度公司对亚洲贸易的垄断权外,没有什么事物能阻挡我们的骑手鱼贯而入,在加尔各答的街上自由骑行。[64]

伯明翰和谢菲尔德的巡回推销员(traveller)在货郎和商贩中名气很大,与之齐名的还有曼彻斯特的货郎以及威尔特郡的呢绒商。伯明翰的巡回推销员带着各种种类的商品出来,“他有一双皮革鞍囊,包裹在里面的是一个便携式展示室,看起来就像两个鼓囊囊的容器”,但是这些物件有 5 英担重,并且形成了“一个巨大的、满当当的担子,放在了马车之上”。[65]18 世纪之前,谢菲尔德的刀具商通过苏格兰和爱尔兰的流动商贩将货物售卖出去,但是一个固定的批发商群体从 18 世纪中期开始在这座城市设立据点。世界市场的范围延伸到非洲和美洲并非是 18 世纪后期才出现的新鲜事物。从 18 世纪初期开始,伯明翰和谢菲尔德的黄铜器和铁器、刀具、锁、黄铜棺椁以及烛台就已经通过英国和欧洲的集市向外销售了,而且他们还有代理人负责将产品运输到美洲和非洲进行销售。[66]在 18 世纪后期,美洲市场已经成为伯明翰和谢菲尔德商品最重要的出口市场,而且从 18 世纪 70 年代开始,谢菲尔德刀具和其他金属制品的一半的生产额供应美洲。[67]

到 18 世纪中期时,大多数的黄铜和棕铜生产公司在重要的工业中心——布里斯托、伯明翰、伦敦和利物浦——都有仓库和代理人。代理商、商贩和批发商也参与到销售过程中。更小的公司则依赖代理商和批发商作为它们主要的销售渠道,1777 年的伯明翰工商名录中列举了 85 位批发商和代理商的情况。大多数对外贸易经过伦敦和利物浦的批发商公司进行。长期的赊销付款条件是必不可少的。在每一次的订单中,商品的种类都需要分门别类地进行专门化处理。从事国际批发业务的大商人有李维斯·鲍姆加特纳(Lewis Baumgartner)和约翰·莫特克斯(John Motteux),他们后来针对自己的客户还专门创办了银行业务。 183

也有一些人独立建立销售渠道。约翰·泰勒和名震天下的马修·博尔顿就承担了自己产品的批发销售业务,并且他们也给伯明翰的小型制造商供货。但是,博尔顿作为全球性贸易商的经历并不太成功。福瑟吉尔在 1765 年到欧洲和俄罗斯巡回推销产品,并且弄到了一批赊账式订单,但公司最后只收到了应得货款的一小部分。[68]他于 1766 年从卢卑克发出的信件中谈到了获得订单时的问题。“这的确是一个非常沉闷的地方:一些小店主跟我们一样去了不伦瑞克的集市……另一些人则放弃了本季订单,他们转而投奔弗里斯和莫代公司(Freese & Mooday)和福特公司(Ford)……我只能为未来业务建立一个新的客户。我提出去丹麦和瑞典,在那里,我们目前还没有客户。”[69]来自墨西拿(Messina)的订单订购了镀层纽扣、鼻烟壶、链子和铁制刀柄,并且烛台和钟表市场也在俄罗斯做得风生水起,不过,博尔顿的这些商品的海外贸易还要面对同行的竞争。一位顾客给他写信指出,他的商品“(纽扣和铁链)要比其他人的贵。海外的人优先关注的是它的外观是否精美,是否靓丽,是否便宜”。[70]

尽管博尔顿自己的贸易旅程充满了不幸,但这不是关键。博尔顿毕竟将他的产品打造成了国际品牌;在国内外市场,它们以苏荷商品著称,而不是所谓的伯明翰器具。他的努力并没有很快带来利润,但是却传播了品牌的名声并提高了其在国内市场的声誉。

一些规模更大的企业也从 18 世纪末期开启了自己的销售渠道。托马斯·诺威尔(Thomas Nowill)是一位生产小刀和小折刀的刀具商。1786 年,诺威尔与托马斯·海格(Thomas Hague)结成伙伴关系。他们直接给伦敦的顾客供货,同时还建立了与伯明翰、伦敦、布里斯托和谢菲尔德的企业的供应关系。到 18 世纪最后 10 年时,诺威尔和海格公司的产品在德意志、西班牙、法兰西和俄罗斯畅销。根据当时的报告显示,谢菲尔德的刀具业和五金业到 18 世纪 80 年代已经出口到了西印度、中国和日本。谢菲尔德的镀层器具和银器具制作者也出现在了美国、加拿大和西印度这样的重要市场上。托马斯·布拉德伯里这位碟盘制造商获得的订单来自金斯顿(Kings-
184 ton)、牙买加、百慕大、费城、巴尔的摩、加拿大、鹿特丹、汉堡,以及都柏林、爱丁堡、利物浦、伯明翰和伦敦。[71]

表 5.2　谢菲尔德器具价格,1796 年

11 镀层烛台	£ 2. 8s. 0d.
镀层巧克力罐及底座	3. 3s. 0d.
蛋形咖啡壶	2. 16s. 0d.
镶银边的一对鼻烟壶	4. 12s. 0d.

资料来源: Bradbury Papers. BR169, Sheffield City Archives.

表 5.3　铁制和铜制烛台及刀具价格,1793—1794 年

1 对铜烛台	7s. 6d.
2 对铁烛台	4s. 0d.
1/2 打刀叉	8s. 0d.
1/2 打刀具	4s. 6d.
1/2 打铁制汤匙	2s. 6d.
铁制加热盘	14s. 0d.

资料来源: B. R. Tomlinson, Braziers and Tin Plate Manufacturers, Stafford Papers, 1768 - 1839. Staffordshire County Record Office.

这些商品在国内外销售时的价格变化很大,既有只有精英阶层和中上层中产阶级才能承担得起的昂贵奢侈品,也有工匠和普通商贩节约一周工资才能买得起的能给生活带来舒适感的必需品。

像马修·博尔顿公司这样的大型企业要在伦敦售货意味着它要开办商店和展览厅,要有优秀的代理商,而且在国内外销售时要会做广告,制定商业名片,还要能及时把样品和模型分发出去。像苏荷工厂这样在伦敦建立了零售渠道的企业也有忧虑之处。韦奇伍德在同一时期正在创办他的展览厅。他和博尔顿都努力在陈列馆和展览空间中出售产品。博尔顿在杜伦场(Durham Yard)的亚当斯兄弟的房产里获得了一处销售场所,但是他最终放弃了这样的想法,要经营这样一处场所所需资金太大,而拍卖所和代理商那里更 185
为合适。在 1770 年到 1772 年间,他在蓓尔美尔街的克里斯蒂(Christie)展览厅和安塞尔(Ansell)展览厅举行的特别展销会上将他最好的产品销售出去了。[72] 1771 年,在一次长达一周的销售会上,博尔顿面临着来自德比瓷器展览会、考克斯机械展销会和韦奇伍德花瓶器皿展销会的竞争。[73]

奢侈品行业需要宣传他们的产品,他们制作的商业名片、样品书和交易目录虽用处不大但内涵丰富。新式消费品制造者把视觉广告这种类型推向了新高度。在比塞特的《壮丽的目录》中,雕版碟盘很快就印到了商业名片上。商业名片(trade card)有时候被作为付款通知书(bill heads)使用,但是它最常见的用途是作为发放给他人的印有图案的小纸片或小卡片来使用。这种商业名片印有经营场所、商品或象征物品的图片,此外,还印有经营者的姓名和地址,经常还可以看到产品及相关服务的列表印在上面。商业名片绝非 18 世纪的新物品,其在轻奢贸易中也不鲜见。它们可以追溯到文艺复兴时期,并且 16 世纪时,在欧洲大陆上也有其存在的痕迹。[74]但是,18 世纪时,商业名片的使用量不断增多,制造业主、零售商和服务供应商等各个行业均有使用。商业名片上的文本和图案的也变得更加直白易懂。

商人们很容易就能搞到样本书。样本书也不是 18 世纪的发明。从 15 世纪起,一些重要的奢侈品行业制造商已经偶尔开始使用样本书了。[75]现在的新趋势体现在样本书使用数量上的不同,以及那些并非珍贵的商品进入交易名录中这样的新现象;“在小商贩的包裹中,‘便携式展示厅’的重量被样本书、名片和模型所替代”。[76]样本书给代理商寄去,在 6 ~ 12 个月后会收回。样品可以是各个种类的纽扣或金属扣,也可以是黄铜铸件和其他大型产品的图案画册。设计风格和产品得以被展示并得到宣传,并且订单源源不断而来,但样品的数量、价格、折扣情况,以及赊账条件则一一保
186 密。[77]到 18 世纪 40 年代,样本书和交易目录已经成为国内外贸易活动中重要的组成部分;然而,在 18 世纪 60 年代,韦奇伍德提出了如下观点:

> 我还记得上次跟您见面时,您提到向外传播我们产品样品的方法,当时就让我震惊了,之后又花了我很多精力;也就是说,我们每制作一种产品,就要伴随制作相关内容的雕版图案印刷品。这种提议让我非常高兴,这既是因为我知道,这是向海外传播我们产品信息的最快、最合适的方法,它能避免过去样品无法快速地、方便地传播的困境,同时,我非常肯定,这也是因为这是一种有巨大前景、有利可图的商业,因为这种新模式在展示我们要发布的产品时是面向整个世界的……[78]

博尔顿的 1762 年苏荷工厂样本书是现存最早的关于镀层金属器皿样品的书籍。此书之后,铜器、普通金属器和镀银器皿,以及铁

器清册在18世纪60年代和70年代也很快出现。大量的铜器清册制作出版,这表明黄铜铸造工在出口市场上取得巨大的成功。精心打造的设计风格将新产品变成了艺术品,人们在设计镀层茶壶、黄铜纹章盾(brass escutcheons)、装盐和胡椒的玻璃器皿,以及手表框架(watch frames)时吸纳了古典设计灵感。这些目录清单也以产品群的方式进行展示,产品之间具有互补性,传递了一种品位并向大众解释了消费的趋势。镀层茶具与瓷器和玻璃器皿、烛台和托盘成为家中摆放在一起的物品,此外,在它们的旁边还会放上咖啡壶。

地方市场的销售也很重要。伯明翰和谢菲尔德本地也建有饰品、珠宝和刀具商店(参见表5.4)。跟今天一样,一些企业在自己的工厂店中出售物品——博尔顿、泰勒和巴斯克维尔以这种方式向访问者售卖物品。一些厂家则在城市中心建立单独的商店,还有一些厂家的仓库也卖产品。约翰·里夫斯(John Reeves)是一位油漆匠。1798年,他宣称他"在伯明翰新街(New Street)35号开了一家商店,店里都是用日本货进行装饰的,他的货品既可以批发购买,也可以零售购买,但价格绝对公道"。他引导顾客直接在店里或斯诺山(Snow Hill)的工场中下订单。爱德华·杜耐尔(Edward Durnall)是一位黄铜匠兼马口铁制造商。他给自己在伯明翰高街(High Street)49号的黄铜火炉仓库生产的产品打广告。他宣称"他已经制成了一整套镀锡铁皮厨房设备,它们跟银制设备完全一样,采用的是新工艺,能够避免开裂,且比其他产品更耐用"。
他还宣称,他的仓库也出售全品类的黄铜和棕铜产品。此外,他还 187
出售"最尊贵的、品位最受尊崇的"荷兰茶壶,以及生铁锅、熔炉和壁炉。[79]

表 5.4　地方零售业,伯明翰和谢菲尔德

伯明翰 1767 年		谢菲尔德 1774 年	
小饰品制造商	57	刀具制造商	203
珠宝商	25	银制品和镀银器	16
刀具制造商	12		
五金商	34	剃刀制造商	26
带扣制造商	52	墨水瓶制造商	5
纽扣制造商	108	纽扣制造商	13
漆器制造商	25		

资料来源: *Sketchley's Birmingham Directory* (Birmingham, 1767); *The Sheffield Directory* (1774).

其他的商店也会宣传自己跟大都市和国际市场的联系。威廉·古德斯(William Goodes)是伯明翰新街 21 号的一位饰品商。他对自己弄到的"大批量且经过精心挑选的各类外国产和英国产的饰品、刀具、五金器具和香水,等等"进行宣传。约翰·克拉克(John Clarke)这位伯明翰布尔街(Bull Street)77 号的香水商、刀具商和饰品商在从伦敦回来后也打出了广告,宣传他从伦敦精心挑选的"各种不同种类的香水,这些都是来自伦敦的第一流厂家,他的朋友们现在可以享用这些具有创造性的物品了"。此外,他还"有着种类最多的小饰品,这是你在伦敦以外的商店里见所未见的"。他喜欢"不辞辛劳、不遗余力地去满足(他的朋友们)的好奇心"。[80]

英国商品与外国市场

之所以各类装饰性商品和实用的五金器具能够成为英格兰或

不列颠式金属制品的代表,这与来自法国、瑞典和德意志的材料、技术、劳动以及工具分不开。但更重要的是,这些商品之所以能够打入外国市场依靠的却是它们自身所体现的不列颠身份(British identity)。正如我们所见,这个身份部分来自其原材料,更多的则是其工业组织结构和技术的成果。这些产品浑身散发着一种"不列颠性" 188
(Britishness)。

图5.1　金属扣,正面为夏洛特往后头像,背面印有"韦奇伍德 & 本特利公司"字样

不过,博尔顿在构建这一身份时使用的却是外国专家。他雇用了法国和德意志的艺术家和设计师来传播绘图和设计技巧。当他尝试进入法国的仿金商品行业时,他依靠巴黎商人雇佣到了合适的工人,也聘到了法国本土的镀金师。他通过两位外国合作伙伴接触到了这一行业的秘密。一位是丹麦几内亚公司创办人约翰·弗雷德里希·巴古姆(John Friedrich Bargum),另一位则是德国五金商人约翰·赫曼·艾宾浩斯(John Herman Ebbinghaus)。他还依靠一位德国人在维也纳、哈瑙(Hanau)、柏林、瑞典广泛搜罗雕版制作师。他雇用了像德罗

兹(Droz)和库希勒(Kucheler)这样的欧洲顶级雕版师傅，此外还有一位萨克森珠宝师科恩(Kern)，这位科恩擅长在钢制品上镶嵌金银。博尔顿的手法并不鲜见。约翰·泰勒也给法国来的雇工支付高工资。[81]

然而，这些制造商们使用欧洲的工匠并非是为了复制他们的产品，而是利用他们的技术创造新的产品和材料。普通的伯明翰雇工在制作金属合金时采纳了紧密相关的欧洲工艺技术，这促使工作人员重新思考如何对原材料进行加工并且思考应该制造出怎样的产品来。文化的迁移与本土知识合力打造出了这种“实用的知识(useful knowledge)”，这才是新式英国金属消费品的底蕴所在。制造商们对于新出现的竞争对手所具有的优势保持了足够的警惕，他们在自己的行业中奋力前行，他们首先要做的是阻止出口品所包含的新技术被欧洲其他地区所掌握，另外他们还要把英国产品打造成这一类产品的代表，这样才能始终保持海外市场对英国产品的喜爱。

他们对新技术外泄和制造机器的出口颇为担心。在他们的游说下，议会立法对其进行了限制。1719 年和 1750 年的两次立法禁止与棉花、羊毛、丝绸和钢铁业有关的工具和机器出口国外。他们的忧虑并非无的放矢。伯明翰的迈克尔·阿尔科克(Michael Alcock)就向法国输送了机器和制造工人。阿尔科克虽然在饰品制造业实现了大规模生产，可以称为成功人士，但他却抛弃了这一切。他跑到法国建立的拉尚蒂公司(La Charité)是法国第一家大型饰品制造企业。在 18 世纪 70 年代和 80 年代期间，一些英国的访问者——包括博尔顿在内——对这些工厂提出了批评，并且他们的言论让我们对英国的工业活动有了更深刻的认识。他们指出，尽管这些工厂使用的机器跟伯明翰类似，但是他们没有水力机床(water mill)。并且，阿尔科克在法国使用的是木炭而不是煤炭。这里使用马拉机床滚压金属，而不像伯明翰那样在几层楼里都安装了动力源
189 以驱动机器。法国工厂的组织结构也有缺陷。在一个车间里只配

备了一名车间主任,他要在一个大车间里管理太多的事情。半自主的生产部门将零部件和产品出售给下一个部门,这给具有多道生产工序的产品生产带来了效率,而工厂也需要注意自己库存商品的情况,他们要将最流行的商品放在最靠近巴黎的地区生产。

不管拉尚蒂工厂有着怎样的缺陷,当单个工人到另一处工厂工作时,他便将伯明翰的技术传播出去了。商品及其生产工厂在这一过程中模仿到了英国式生产样式。1775 年,规划师查尔斯·德·桑德利(Charles de Saudray)提出了一个计划,那就是在法国建立一家企业名叫“伯明翰王家仿制制造公司”(Manufacture Royale a l'imitation de celle de Birmingham)。他认为,他已经具备了所有的要素——机器、模具和工具,并且他的劳动力擅长镀金、镀银、铜器上漆的技术,同时他们还能制作宾其贝克合金和仿金漆,而且他们的机器也使用童工生产。这些商品属于英国风格。甚至在英国生产方法引进 50 年后,法国工厂生产的产品仍旧打上伦敦的标记,因为法国消费者对英国式的纽扣和金属扣的喜爱始终如一。[82]

不仅是纽扣和金属扣享有如此待遇——品种繁多的钢制饰品、镀银茶具、装饰性铜器,以及包括锁具、螺钉、铰链在内的各种五金产品都呈现出一种不列颠身份,它们作为消费器皿和日常物品也成为欧洲和美洲消费者抢购的对象。生产线和设计风格与新产品之间建立了密切的关系——伴随着英国的产品和技术风格一同出现的还有设计风格从洛可可转向了新古典主义风。博尔顿和韦奇伍德逐渐偏离了繁复的装饰风格和亮晶晶的色彩特征,他们走向的简约风格是他们反抗法国设计趋势的表现,产品的转型与新模具、新印花样式、新铸件风格和亮钢这样的新发明所代表的技术理念一致。

然而,大部分的欧洲国家也设置重重障碍阻止这些英国商品的涌入。法国人就在 1740 年和 1749 年分别禁止宾其贝克合金和纽扣的进口;葡萄牙人则在 1760 年禁止了伯明翰五金器具的进口;而瑞典人也在稍后跟进。但是,禁令无法阻止贸易的进行,走私活动猖獗。“以下商品在进入法国时会标记为德意志进口品:餐刀、袖珍折刀、(白色和黄色的)铁纽扣和合金纽扣,(白色和黄色的)合金袖扣,模仿龟壳的、外观为黄色的带柄刮胡刀,钢制马刺,螺丝锥(cork-
190 screws),(白色和黄色的)合金戒指,(白色和黄色的)合金咖啡盖。”[83]英国人通过请愿、通信和组建委员会等方式力图取消这些限制。法国人最终在 1760 年的商业条约中放弃了这些禁令。

市场在德意志和意大利也培育起来了。尽管在当地已经有了大型金属器制造业——比如,德意志的饰品业,但英国人仍然利用不伦瑞克、莱比锡、法兰克福和纽伦堡(Nureberg)的大型集市开拓了市场。这些集市吸引到了国际级大买家,以及来自德意志各邦国和其他地区的富人。他们是国际奢侈品和流行商品的展销中心。马修·博尔顿建立了与韦奇伍德的特殊的联系,他们给德意志的王公寄去了“包裹”,其中有花瓶样品、奶油色陶器和镀银器具以及仿金器。这些都是英国奢侈品中的新产品。意大利市场的培育也采取了类似的方法,依靠的是其在果阿、里窝那(Leghorn)和那不勒斯的代理商的帮助。本特利和韦奇伍德与汉密尔顿建立了合作关系,而汉密尔顿则让英国饰品在那不勒斯贵族阶层中流行开来。[84]

最终,装饰性金属器成为流行产品。这些产品的生产和传播都是跨越阶层的。像假发、带扣鞋子、精钢扣都是随波逐流式的服饰,它们出现的初期只是一种流行物品,后来却建立起一套品种体系,但最终又要面对着新的流行物品的威胁。蕾丝花边鞋和布面纽扣(cloth-covered buttons)从法国传播而来,现在英国的消费品又再次面临着法国流行物品的竞争。在大革命和对法战争期间,消费者的爱国主义既包含经济因素,也有着政治目标。国王和女王,以及威尔士王子这样的流行风潮掌控人都被劝说尽可能佩戴上金属扣。“品位既将富人装饰得美丽，又帮助饥饿的穷人填饱肚子，它配得上谦逊的这个称呼：无疑，国王陛下更喜欢饥荒中的制造业者的祝福，而不是会客室中所传来的赞美之声。”在18世纪90年代早期，请愿书与宣传手册中对保护金属扣行业的呼吁很快就上升为教会和国王骚乱（Church and King riots）①。1790年，《伯明翰公报》（*Birmingham Gazette*）认为“代表男性气概的金属扣”与“所有愚蠢的流行物中最愚蠢的、代表女性柔弱气概的鞋带”相比完全不一样，而且这种鞋带是“一些不可救药的小仆从才爱穿，这让他们看起来很愚蠢，但也没什么办法让他们改正”。“数以千计的勤奋的男男女女们正在 191
失去工作，因为现在普遍使用的纽扣上正覆盖着不合理的布料，而我们看到的是，这种情况正在海外流行。”在这本反雅各宾派的宣传手册的鼓动下，暴徒们袭击了像普利斯特利这样的家庭，因为他们被认为是法国的同情者，而这些手册的作者使用的是像“金属扣制作工约布·诺特”（Job Nott，Bucklemaker）和“纽扣打磨工约翰·诺特”（John Nott，Button Burnisher）②这样的假名。[85]在这样的事件中，爱国主义提供了消费者的发泄口，而对法作战则为新的纪念章的发行提供了机会。人们除了在陶器上使用转移印花技术印上政治纪念日的日程表，战争、战役，政治和军事人物，王室形象，历史和爱国象征物也为那些吸人眼球的勋章、纪念章和徽章提供了素材。马修·博尔顿再次成为市场的领袖人物，爱德华·汤玛森和詹姆斯·比塞特也紧跟他的步伐。[86]比塞特除了能制作跟西班牙银元一般大小的大衣扣外，他把他在玻璃图形制作工艺延伸到了画作的生产上。后来，由于大革命和拿破仑战争对外贸行业的打击，再加上他

---

① 即1791年发生在伯明翰的普利斯特利骚乱。

② 约布·诺特和约翰·诺特的这两个英文假名暗含“没有工作”的意思。

在其他工艺行业中的投资失败，比塞特转而专心生产政治勋章和王室纪念章。他为首相皮特（Pitt）、福克斯（Fox）、纳尔逊勋爵和王室
192 家族制作勋章，这让他的经济状况再次稳定下来。[87]

第三部分

一个购物者的国家

这些英国的消费品充满了奇思妙想，给人们带来了便利，它们有一个外号叫“英国的小玩意儿”（*bijoux d' Angleterre*）。它们是实用机械的现代展示；它们也是质优价廉的流行物品，并成为欧洲和大西洋世界中国际化购物文化的组成部分。这些英国商品以国际市场为目标，但是它们在诞生之初主要还是面向那些对它们有深入了解的客户群体。正如笛福所说，英国从事商业的中产群体任何时刻都可能在购物，而且他们特别热衷于周六的购物活动。他们把自己拥有机械制造的新式发明物看作自己拥抱现代化的表现。他们将自己喜爱的物品购入囊中并向宾朋炫耀展示一番，约书亚·塔克在1757年说，他们的财产是自由的标志。“英格兰是一个自由的国度。在这里，人们不需对通过交易获得的财富感到羞愧；在这里，人们的财产是安全的，它们不会受到王公或贵族特权的侵害；在这里，每个人都可以展示财富给自己带来的乐趣。”[1] 18世纪时消费行为的变迁正是由这些中产阶级领导的。消费行为的功能从界定拥有者的社会地位转向了给“心灵的冲动”带来自由。这个多元的、高度分化的群体对人们的消费习惯产生了强烈的影响。

我们已经对中产阶级所购买的产品的设计和制作经过进行了一番探索，但是要加工制造的不仅是物质产品，消费者和购物者自身也要被“制造”。在商品的扩张过程中，在选择的多样化发展过程中，在新商店不断出现并日益专业化的过程中，以及在广告宣传和时尚规则不断变化的过程中，人们学会了该如何消费。

英国中产阶级在18世纪初期时就已经是一个重要的群体了，但是在这个世纪的发展过程中，这个群体随着社会结构比例的不断变化而越发壮大。当然，这一时期富人和贫者之间的差距也在扩大。此外，苏格兰经济的进步和城市的发展，以及爱尔兰人的霸权（Irish ascendancy）将这些群体的优势进一步扩展到了不列颠诸岛之上。中产阶级在职业结构和收入水平上高度分化。他们在地理上到处

都有分布,并非只集聚在大都市中。英国城市结构与欧洲其他城市的社会结构有不同之处,并且密德兰地区和北方地区的新兴商业和
195 工业城市也有着特别的意义。不管这些群体多么分散,也不管他们的收入水平差距有多大,优雅和体面的原则在日常生活中的设计风格和行为习惯中一一得到体现,这在从茶饮、探访、就餐到烹饪和用餐服务上都可以看出来。但是,这些中等阶级也具有足够的灵活性,他们能够吸收他者之长处。尽管他们能够通过特别的社交习俗和物质文化交流而互相联系,但他们仍旧对个性和个人选择能力抱持一种开放的态度。

跟今日一样,富有的名人的生活方式有着广泛的影响力。历史学家们一直以来对探究德文郡女公爵或卡洛琳·伦诺克斯夫人(Lady Caroline Lennox)的购物习惯有着很大的热情。大都市的精英群体可以被看作他们那个时代的大主顾,但是他们只占人口的一小部分,要想给消费者的花销创建一个更坚实的基础,那就要把钱财虽然少点,但最近却越发富裕的中产阶级拉入花钱领导者(adventurous lead)群体之中。进一步来说,中产阶级的消费者文化不仅在伦敦得到塑造,在密德兰地区和北方地区,在工业和贸易群体中,以及在中下阶层之中也存在着塑造消费者文化的力量。他们不断增多的钱财流向了那些新出现的消费品,也让这些地区更多的人享受到了消费者社会的好处。

这些新商品可不仅是妇女们所渴求的物品,它们也是人们享受讨价还价之乐趣和塑造生活方式的途径。新商品也是在满足男人们的占有欲,满足它们对商品的热情,因为它们是尊严和独立的表现。半透明的瓷器、闪闪发光的金属、水晶玻璃和光滑的红木:这些物品虽然呈现出多姿多彩的外观,并且空间表现形式也不尽相同,但它们自身都携带着并传递着性别的特征。尽管我们已经对 18 世纪时人们对流行服饰的追捧情况了解颇多,但是我们还应该知道,

人们在购买新的装饰器具时，一方面是为了突出自己的男性气概，但另一方面，有些器具也跟女性气息有关。在男人和女人组建家庭过程中的每个阶段，对该购买什么样的家具、茶具、银碟盘、银刀具，以及亚麻布都有着明确的规定。不过，人们在购买手表和手链、鞋子、膝扣、银制糖夹、新款烛花剪和螺丝锥，以及釉彩碟盘、银汤匙和胡椒瓶等物品时考虑的因素既包括其设计风格，也是为了作为馈送亲朋的礼物。

这些装饰着中产阶级家庭的物件都是新出现的，也是人们承担得起的商品，当然，最重要的是，它们符合流行时尚。流行理论并不强调商品的独一无二性，其关注的是商品整体性如何，它对其他物品的模仿程度如何，它是否有连续产品推出，装饰感如何，以及它们与其他商品能否组团搭配。这种理论在服饰界获得充分的发展，但是它们也在家居界和装饰物品中得到快速传播，而且英国在18世纪后期这一发展大潮中执牛耳。新式英国消费品——包括斯塔福德郡的陶器、水晶铅玻璃、布里斯托蓝玻璃(blue glass)、谢菲尔德碟盘 196
和英式茶桌、艾克斯敏斯特和基德敏斯特地毯、清漆托盘、伯明翰铜器、谢菲尔德茶壶和咖啡壶——在开拓国内外市场时攻城略地，因为它们都是潮流的领导者。

这些产品之所以流行，离不开企业主投入的大量广告吸引了人们的注意力。插图版的商业目录和商业名片使制造业主和商人能够将他们的产品用图片的形式进行展示。这一过程并非只展示某个产品，而是将多个形成互补关系的产品一同展示，而且人们还注意给这种展示添加上背景以及文字说明，让人能更好地理解其中包含的良好品位。这种独特的新消费品群体促进了销售中的创新。大部分的现代装饰性金属器具、珠宝、钟表、玻璃器具和陶瓷的销售主要由饰品商店(toy shops)负责。无论是各类商店、销售长廊(galleries)，还是商业名片上印制的图案，它们都喜欢通过使用房间的内外环境、收藏集群和互补型商品来传递出一种良好的品位感,这一点跟上流社会中的风俗画(conversation pieces)、大众图案印刷文化、探访乡村别墅、戏剧舞台和小说情节所具有的意义一样。

海外市场的发展对新式消费品的成功具有重要意义。但是,消极地适应他国文化元素可不行。新式消费品的成功采取一种积极的态度,要将英国的商品打造成流行时尚产品,打造成一种名牌产品,而且这种产品体现的是英国的民族身份。新产品天生具有"英国范",而且这种"英国范"还被出售到了海外。这一时代的关税记录册中英国产品出口数量巨大,并且记录员还在记录册中表现出了对这些产品的喜爱之情。此外,殖民地报纸中也有英国消费品的大量广告。这都是"英国范"广受欢迎的明证。英国以外最大的新消费品市场位于大西洋世界。英国的商品主导着美洲和加勒比殖民地的消费者文化。亚当·斯密认为,这个大西洋购物中心是航海法案(Navigation Acts)的基石。"一个伟大的帝国之所以建立是为了让一个消费者民族崛起。这是帝国的唯一目的,它有责任让顾客从不同的制造商的店铺中购买到一切可供应之物……国内的消费者全力以赴进行消费,这是维持并捍卫这个帝国所需之责任。"[2] 欧洲的消费者在 18 世纪前四分之三的时间里购物热情高昂,但是他们在最后的 25 年里却因为高关税、战争和封锁政策而萎靡不振。但是,英国产品所具有的品位已经深入人心了;现在,这些产品开始被他人模仿制作。不管他人如何模仿,凭借着英国和美洲殖民地的庞大的中产阶级市场的优势,再加上英国先进的技术水平的帮助,一俟拿破仑战争结束后贸易壁垒瓦解,英国产品在欧洲的再次兴盛也就不
197 远了。

第六章 中产阶级的男女：占有欲和体面

整个大不列颠王国的全体人民，既是顾客，也是生产者。诚哉斯言！

——约书亚·塔克：《商业元素与税收理论》

威廉·哈顿和詹姆斯·比塞特二人在年轻时来到伯明翰，他们在那里发家致富，并且二人以不同的方式给予这个城市以赞美，他们也对英格兰地方工业中形成的新中产阶级表示赞赏。二人留下了回忆录，其中记录了他们作为年轻人到达伯明翰时对光鲜亮丽的穿着的追求，回忆了他们寻找落脚处以及别墅的经历，以及他们所购入的个人和家庭物品的经过，而他们把这些物品看作自己个性的体现，也看作走向中产阶级繁荣富裕状态的铺路石。不过，哈顿和比塞特都没有像布里斯托和伦敦的大西洋贸易商以及 19 世纪初期的棉花大亨那般富可敌国。实际上，两人都是学徒出身。虽然他们在 18 世纪伯明翰不断扩大的消费经济中取得成功，但他们也经历过作为小商贩时的不稳定状态。他们是消费者，不过我们更多的是把他们看作生产者和写作者。以上身份都是他们生命历程的组成部分，它们揭示了中产阶级消费主义所具有的多样性和深度。

米歇尔·德·塞尔托（Michel de Certeau）在《日常生活实践》

(*The Practice of Everyday Life*)中探究了消费者是如何在物品中塑造意义的,而这种意义很难在密集的统计数据中被发现。缺乏日常生
199 活经历的数量分析是静止地看问题。居住、移动、言说、阅读、购物和烹饪都是在一系列策略原则下完成的,但其中也含有新奇的可能性。德·塞尔托认为,在私人空间内居住的这个人在一定的时间内会成为一种人物肖像画。尽管家庭内部装饰表现的是收入水平,至少也能说明房主对生活方式和收入方面的追求,但是,一个人组织空间的方式也构成了一种"生活描述"(life narrative),家庭空间表现的是家族故事中的一个个的碎片。[1]所有的这些历史上的空间和物品为我们当下的生活赋予了证词,它们包括日记、回忆录、自传,以及遗嘱文本和遗产。

威廉·哈顿和詹姆斯·比塞特

威廉·哈顿比詹姆斯·比塞特早出生一代。哈顿经历了贫困的童年,曾在德比的丝绸织造厂工作,也曾做过织袜工学徒。后来,他来到了伯明翰。他于 1750 年到那儿创办了一家书店,哈顿成为伯明翰中产阶级中的一员。他在 1746 年购买了第一批书籍:尚未装订的三卷本《绅士杂志》(*Gentlement's Magazine*)。他不得不跟那个"卑劣的售书员"打交道以学习如何装订书籍,后来哈顿还从该售书员那里购买了工具。在此之前,他只购买过服装。1743 年,他在自己制作了一把扬琴后又购买了一架钟形竖琴。当他在 17 岁结束了学徒期时,哈顿的财产中出现了一些服饰,包括一件大衣和一顶上好的帽子,而他的提包里还包括一些食物、一部新版的《圣经》,一件衬衫,一双长袜,以及"在这些物品上面小心翼翼地放置着折叠好的我的最好的一个假发"。这个手提包被偷了。他曾谈及自己对他的这

些衣服是多么珍视："我想了些办法……多干一些活，再借一点钱，然后买了一套优雅的服装，这足以应对生活中的所有需要。女孩子们的眼睛盯着我不放，这跟我看待自己的眼光一样。"[2]

一俟节约下一笔钱，他就买了块银手表。这些都是重要的个人财产：一套年轻男士的流行服饰、体现男性气概的手表、钟形竖琴、扬琴，以及一些书籍，这些财物说明他不想在日渐衰落的工匠行业中沉沦下去。他的这些财产给他带来了机会，而这样的机会又与伯明翰这个奋发向上的社会中正蓬勃发展的消费者工业体系有关。200
他在与印刷商威廉·赖兰兹（William Rylands）会面时穿上了他的新衣服；他对书籍的喜爱也是他获得机遇的原因。

詹姆斯·比塞特已经在上一章中提及。他也是年轻时来到伯明翰，但是时间是在哈顿到来后的第30年，即1776年。他的生活背景截然不同。他不需要逃离困顿中的工匠行业所带来的贫穷生活。比塞特的家庭中有商人、学者和律师，所以家庭境况相对富裕，而比塞特是被家族送往伯明翰的新兴轻奢行业接受训练的。他对自己抵达时携带的服装有如下描述："一件轻质的蓝色外套，一件白色的薄纱内衣，以及一些小服装；一件有深褶边和花边褶的衬衣……一个镶着亮丽的金属扣的小领巾；白色的丝袜，以及一双镶有椭圆形银扣且有鞋带的鞋子。我的帽子呈三角形，戴上去向上翘着。当时，每一位穿着不俗的男孩都配上手杖和流苏装饰。至于我，我的手杖顶端镶着金子，这是我的长兄送的礼物，这件东西真是让我显得与众不同。"[3]

在担任油漆匠的学徒工时，詹姆斯？比塞特能拿到40英镑的奖金，但是他也在这个新型消费部门中经历了一个学徒工所能经历的人生起伏。这其中就包括家庭财政困难，家庭成员死亡所造成的资助其成为油漆匠师傅的资金的消失，以及他自己师傅的故去，而这又让他流落街头并且欠下了20英镑的债务（等于他所拥有的服装的价值)。但是,发明了在玻璃上绘制新式成品图案的工艺为他带来了发财的机会。作为一个年轻人,他每小时能挣到 1 基尼。比塞特去伯明翰时带了不少的书,而且在条件允许的情况下,他会携带更多的书去。他对于自己在学徒期时搜集到的那个小型图书馆甚为骄傲。

原先,这两位年轻人的主要精力放到了服装和书籍上面,但是随着哈顿和比塞特先后结婚并有了孩子,他们的兴趣点发生了变化。哈顿在 1750 年创办了一家书店,租金为每年 8 镑。他娶了邻居的侄女,他的妻子很快就继承了她的叔父的一所大房子,以及他们现在居住的这所别墅,此外还有商业楼宇和一间仓库。到 1758 年,算上他的家具,其财产额为 777 镑。他在此后的几年里购买土地。十年后,他的这些地产价值达 2000 英镑。在 1791 年 7 月的伯明翰骚乱中,他记录下了自己的两座别墅中的全部家具是如何被暴徒们
201 所烧毁的。"我在一所没有家具的房子内写下了如下文字,这所房子没有屋顶,没有门,没有壁炉,没有窗户,也没有窗户架。"[4]

图 6.1　银烛台,威廉 · 哈顿家族企业制造,1896 年

詹姆斯·比塞特为了娶当地一位小乡绅家族的女性而拼命攒钱。他给自己婚礼外套上的纽扣估价16基尼；他自己亲自给这些纽扣绘制了图案。他把自己的第一座房子租出去，租金每年8英镑，这所房子有一间会客厅、厨房、地下室和酿酒房，还有两间卧室和一间阁楼。[5]在他第三子出生后，比塞特和他的家庭搬去了同一条街上另一处更大的住所内居住。现在，他每年要为这座有着五间卧室，一间会客厅，一间起居室，一间厨房和一座花园的别墅偿付16基尼的租金。比塞特没有谈到这所房子内家具的情况，但是他谈到了房间内奇珍异宝的展示情况，而且这些收藏品很快就成了一间博物馆，把这座房子的好几间房屋都给占下来了。考虑到他的收藏品的情况，再加上他的家庭成员不断增多，比塞特又把家搬到城市中心的一处大住宅内。这所住宅位于新街(New Street)，他还在这条街上开办了一家商店，“里面有花哨的商品，有化石装饰物。进入里面，我会向你介绍我自己发明的奇妙的物件”。他的家现在也成了一座博物馆，并向公众开放。比塞特的财富增加的幅度并不大。尽管他自己和他妻子的小乡绅背景，并且他妻子还有遗产继承，但是比塞特总是认为自己是工业中产阶级的一部分。他把一个儿子送往伯明翰的玻璃制造商处做学徒，另一个子也被送往利物浦寻找工作机会，后来其子从事海上工作，而他的女儿在女子寄宿学校接受教育。他曾经说，他依赖这个花样繁多的消费者市场，但是他在这个市场中的地位并不牢固：

> 尽管消费品数量在市场中越发丰富，但现在商贸活动境况很差，钱也很难挣。我积压了大量的库存，房租费用很高，税收不断增加，政府的要求也越来越多，每隔一周就会来征税一次。不过，由于我从未敢奢靡无度，我的妻子也从不敢浪费奢侈，因此，我们现在也不需要节衣缩食。[6]

哈顿和比塞特出身背景不同,但都利用了伯明翰消费工业所提供的开放经济的机会。他们身兼生产者、零售商、作家和社会名流多职。他们是中产阶级一员,也是新英国轻奢产品的国内消费者。

18 世纪时,消费习惯所发生的变化是由中产阶级主导的。这个多元的、高度分化的群体对其他群体的消费习惯产生了深远的影响。这些消费者是谁,什么样的追求和动机影响到了他们的行为?我们能在这些群体中确定一种新消费主义诞生了吗?妇女们在消
203 费时与男人有着怎样的不同?妇女们真的是如尼尔·麦克肯德里克所预言的那样是"消费的海妖"(sirens of consumption)吗?[7]我们对 18 世纪时的消费者的理解是碎片化的、有缺陷的。我们的理解大多基于家庭卷档、日记,以及富裕的土地精英和城市商业资产阶级的大量通信。[8]我们对广大的中产阶级群体的财产只是略知一二,但是却对体现他们的物质文化的渴求和行动知之甚少。消费品需要与想象的消费者放在一起考察。

除了要牢记这个群体的收入水平很多元、很不同,我们还需要探究中产阶级中不同的群体对新式的、有表现欲的、时尚的物品有着怎样的反应。这意味着要确认这些财产为何物,它们出现的时间以及它们有着怎样的意义。但是,除此之外,我们还需要了解这些新商品是怎样被使用和被展示的,以及它们在这个追求文雅和体面的社会中有着何等的地位。这些新商品给场景布置带来了变化——甚至在小住所里的会客室和餐厅也会成为精心装饰的空间,里面摆放上橱柜、壁龛、壁炉架,以及其他特别的家具以供展示。这类跨越了公/私区分的社会接触仪式又进一步刺激了对商品意义的新阐释,并促进了产品进一步的更新。中产阶级对新商品的接受和反应速度很快。人们现在关注商品的时尚感、个性、个人选择能力,而在过去,人们强调的是商品体现了地位和所有权这类传统观点。

购物的动机跟性别的关系与其跟社会身份的关系一样吗?有

一种被广泛认可的观点:“有品位的男性会在他的追随者的尊崇中
获得乐趣;有时尚感的女性则不仅取悦自己。”这种性别关系下的行
为特点的构建是在商品中实现的;不同的商品由于具有独特的魅力
才能吸引到男性或女性买家。尽管相关分析层出不穷,但许多的观
点主要探讨的是妇女,而这与实际的家庭习惯又常常大相径庭。男
性对新消费品的占有欲至今仍未获得足够的关注。我们接下来要
看一下,有多少男性的体面感和独立性能够在新消费品中得到体
现。尽管时尚服饰为人们所热衷追求,但获得新式的装饰性器具也 204
为男性气概和女性气息提供了明确的标记。

中产阶级:他们是谁?

精英阶层和中产阶级的行为经常混在一起不易区分。我们对18 世纪消费行为的了解主要来自精英阶层的生活档案,其实更多的是来自地方贵族、富裕商人、高级职业经理人乃至文学人物的相关记录,而不是富裕大贵族们的生活史料。但是更重要的是,精英与中等阶层之间的互动以文雅生活原则为基础,它向世人透露出一种信息:雅致生活并不遥远,在这些阶层中乃寻常之物。历史研究中所谈论的中产阶级的影响首先来自这一阶层的数量和财富情况,其次是由于大都市和地方城市的快速发展。

在这个世纪里,精英阶层的支出日渐增多,这既是因为这一群体希望拥有凸显自己独特性的象征物,同时也是因为进入土地阶层(landed),特别是贵族阶层的道路愈发狭窄。人们在社会中的标记(social markers)比所拥有的物质财富更加重要。斯文、教养和品位成为当下的标记,而且这些标记作为生活方式的基本原则也要求相关人员在乡村别墅、家具配置、耐用品和服饰、仆人雇佣和消遣娱乐

上做出相应的花费,这些都是社会里无可争议的消费支出。[9]文明化的行为、品位、美感和举止都要传递出一种富足感。

要想表达地位和独特性就不能只依赖物质财富,代表品位和精致生活的象征物也很重要,拥有大量商业精英和中产阶级的城市社会长期以来都很注意维持这样的特征。明代中国和文艺复兴时期的意大利积累了大量的财富,人们也发展出了一系列的餐饮礼仪,并且对家庭内部装置所代表的私生活也投入了诸多心血。瓷器、精致玻璃器、马略尔卡陶器、美术品和家具中的物质文化给这些仪式、习俗和社会交往提供了充分的资源。[10]许多商品的价值主要体现的是工匠劳动的成本,而不是其材质本身的价值。这一情况在 18 世纪英格兰富人们的消费习惯中依然可以看到。正如我们所见,人们的偏好之物不再是那些只看其真材实料的银器,他们将目光转投到了那些轻质装饰性银器和谢菲尔德碟盘上面了。[11]

在 16 世纪前后,“铜绿”(patina)这样一种代表着物品经历了久远年代的物质是富人眼中物品独特性的表现。对于耐久的消费品的崇拜与家族地位有关,而铜绿就说明家族已经好几代人在使用这
205 件物品了。铜绿因此成为社会地位的象征物和“保证人”。18 世纪之前,家族世袭的展示要通过拥有老旧或循环使用的家具,或者至少也要让物品看起来老旧,但是现在,许多人将他们继承的动产抛弃了。[12]家庭生活方式和内部装饰风格的快速变迁不仅需要建筑师的帮助,室内装潢师也要出一份力。[13]美学和风格因素压倒实用性考虑也是从 18 世纪开始的。商品曾经通过铜绿来展现拥有者的身份地位,而现在,则要通过商品的新奇性、时尚感和品位来展示了。

中产阶级与城市

托斯丹 · 凡勃伦(Thorstein Veblen)和格奥尔格 · 齐美尔(Georg

Simmel）分析了富裕人士的炫耀性消费成为社会消费趋势原动力的过程。他们的观点与桑巴特的奢侈论有关系；也就是说，奢侈消费是个人性的、享乐主义的和强烈的非理性的内在欲求。[14] 历史学家不加辨别地使用齐美尔的涓滴理论和凡勃伦的竞赛理论分析富人的消费对整个社会的影响。麦克肯德里克就使用了马修·博尔顿和约书亚·韦奇伍德的例子，指出他们努力挖掘富裕的顾客群体并把这些顾客作为“品位的立法者”（legislators of taste）。博尔顿和韦奇伍德二人在王室成员生日时会推出某些商品的纪念版，他们还给贵族阶层的成员送去新产品让他们试用。然后，他们再使用更加廉价的原材料制作出类似的产品，从而使所有阶层都可购买到。“上流阶层的多姿多彩的生活始终对新时尚产生影响，他们这是为了增加自己的曝光率，让人觉得他们独立潮头。低阶层的人们一旦发现了他们的新创造，马上就会模仿制作。”[15] 但是，所谓的社会竞争理论只是一种简单化的行为解释。消费者的反应必须要考虑到收入水平的因素，此外还要考虑到伦敦大都市、地方城市和乡村的因素，因为从小商贩到小乡绅等多个群体都要在那里讨生活。尽管不同 206
的社会阶层可能会购买或拥有类似的物品，但是与这些物品相关的内在意义和重要性却不尽相同。

乡绅阶层的收入一般在 200 ~ 300 镑之间，顶级的乡绅的收入则接近 5000 英镑，而且乡绅之间的生活方式也不尽相同。到 1790 年时，大约有 800 名乡绅收入为 5000 英镑，还有 3000 名到 4000 名乡绅的收入在 1000 英镑到 3000 英镑之间，另有 15000 名乡绅一年收入只有几百镑。他们的生活支出中最大项是换房子和养仆人；最富裕的乡绅每年要雇佣 12 名到 20 名的仆人。[16] 在 18 世纪早期，颇具声望的伦敦同业公会（London livery company）中包括杂货商、金匠和鱼商的同业公会。这些同业公会招募乡绅之子来工作，不过，这些年轻人并不因此丧失自己的贵族气。18 世纪早期的商人是一群有责任感的、头脑清醒的市民,他们的身上体现出了一种值得尊敬的道德感并且看起来彬彬有礼:“先前,贵族从事贸易活动会显得不光彩;现在,一个不光彩的人若在商贸活动中挣到钱就会看起来宛若贵族。”许多乡绅阶层和中产阶级的中上层在收入和支出方面并无太大不同。通过参与到长距离贸易、批发业、金融业、房地产业、工业以及获得官职等方式,一些伦敦或布里斯托的商贸阶层中的高级别人士能够达到10000 英镑的年收入。约瑟夫·马西(Joseph Massie)在 18 世纪 30 年代的调查显示,按照年支出水平,商人阶层可分为三组,即每年 600 镑支出的群体,每年 400 镑支出的群体,以及每年 200 镑支出的群体。他认为,大多数的伦敦商人属于前两种类型。[17]

在 18 世纪早期,这些富裕的商人通过在街头散步、拜访他人和定期去咖啡屋等方式来展现自己的贵族行为。其中最有名的去处是在格罗弗庭院(位于斯特兰街)的格雷西安(The Grecian)咖啡屋和(位于罗素街的)考文特花园的威尔斯(Will's in Covent Garden)咖啡屋。理查德·斯梯尔(Richard Steele)在《闲话报》(*Tatler*)中描述城市的商人都有“上流人士普遍拥有的”“设施和装备”。“但是,从事与财富和智慧有关的工作太庄严了,活跃的大脑也会因此而感到疲倦……所以,这位帝王般的人物也会做一件非常有规律的事情。在每周五的下午,他会离开他的掌柜,不再搭理收税员,也不再看管他的钱柜。他要追求一件内心渴望的事情——他们登上马车去威尔斯咖啡屋;在那里,通过一种文雅的方式,人们的热情和胃口会被
207 激发,品位会得到升华,也会重新唤起对世俗之物的追求之情。”[18]

在 18 世纪中期,最低年收入在 40 ~ 50 镑之间是进入中产阶级的最常见的标准,而这也是缴纳济贫税的标准。以收入水平为标准,这一阶层占据总人口的五分之一到五分之二之间;在一些大城镇,济贫税的缴纳者的数量能占该地人口的 30%。在 18 世纪后半

期,中产阶级的收入水平发生了一次转变,其结果就是年收入在50镑到400镑之间的中产阶级占人口的比例从15%上升到25%。在18世纪,伯明翰11000户家庭中有4000户缴纳济贫税。[19]

中产阶级与市镇和城市的关系最为密切。城市是知识、精致生活和娱乐场所的聚集地。

> 他们涌进城市;他们热衷于吸收知识、交流经验;他们炫耀着自己的才智和良好的教养;他们在交谈和生活中,在穿着和家具布置中透露出自己的品位。好奇心带来智慧;虚妄是蠢人的表现;而乐趣生活中二者兼备。[20]

在18世纪初,20%~25%的英国人生活在具有一定规模的市镇之中。超过一半的人生活在不足5000人的小型人口聚居地,但是到1750年时,15%~21%的人生活在人口超过5000人的市镇中。到1801年时,这一比例上升到27.5%。伦敦是核心城市,到1700年,其常住人口占全国总人口的11%,而且伦敦也是欧洲最大的城市,伦敦经常成为中产阶级和消费文化讨论的对象。与英国其他地区相比,伦敦拥有更高比例的中产阶级人口。这个大都市尽管是精英消费的核心地区,但在1798年时,伦敦城中的上层收入群体只占该城人口的2%~3%,这些人平均每年收入200镑;该城中产阶层人群占人口的16%~21%,年收入为80~139镑之间,而剩余的75%则由小店主、独立小工匠、工资劳动者和失业人群组成。

尽管伦敦的高收入家庭占人口比例相对较低,但是这些家庭在17世纪后期到18世纪早期对伦敦发展的影响则大得多。早期的伦 208
敦实际上由两部分组成:西部的威斯敏斯特地区和东部的伦敦城(City of London)。在18世纪后,东区(East End)发展迅速,这一地区的房地产业在17世纪80年代,以及18世纪的前20年呈现一片繁荣景象。1700 年时,生活在伦敦的贵族和士绅家庭达 4000 户,这也意味着这些家庭把资金从乡下产业转移到了伦敦;他们推动伦敦进入活跃期,这包括:去戏院和剧院听戏,参加正式的舞会和假面舞会,以及礼拜集会和走亲访友,还有购物和参加俱乐部活动,而这些活动又将更多的精英人士吸引到伦敦,他们在冬季和春季的大半时间中都在伦敦度过。[21]当这些季节性来伦敦居住的人到达该城后,他们会待在带有露天平台的别墅中。这些房屋空间紧凑,有着十多个的房间,配有家具,而且平日里可以出租出去。生活在这样环境中的群体是包括大商人、银行家、批发商在内的伦敦大资产阶级,而且在 18 世纪早期,这一群体也有 4000 人之多。伦敦还拥有全英格兰四分之一到三分之一的辩护律师(attorney)和事务律师(solicitors),此外大部分的出庭律师(barristers)也生活在伦敦。在 18 世纪 50 年代,所有的这些精英群体占纳税人总数的近 12%。[22]

精英阶层以下有许多群体。虽然他们自认为属于中等阶层,但是按照朗福德(Langford)的看法,他们要么是文雅社会的成员,要么不是。朗福德的观点跟 1734 年时伦敦的白教堂(Whitechapel)堂区之人的阶层划分理念一致:"这里的'一部分人由贵族阶层组成,他们拥有财富,理解力强,声望高并且行为举止端庄',这其中还包括'一些商贸人员,他们信誉良好,处事公正,而且最重要的是知晓人事道理'。这些人不从事堂区服务工作,他们是白教堂堂区的精英阶层。与此相对的是另一群'由低等级商贸人员组成的人群,他们是技工、木匠、泥瓦匠、玻璃工和画匠,等等'。这些人在堂区里担任些职务。在他们之下是'一大群不守规矩的人',他们也交税,但是他们却是让堂区委员会成员最感头疼的一群人。"[23]

温泉城和 18 世纪后期的海边休闲城市成为精英和中产消费者们光顾的另一处重要地区。跟伦敦一样,温泉也是关于城市消费的历史研究所关注的焦点。这些中心的修建呼应了季节变迁的韵律,疗养胜地正变得流行起来。巴斯城如同精英所居住的伦敦城的延伸，在夏季议会休会时，人们正好可来此处休憩。当时的伦敦拥有 209
许多著名剧院、艺术场所和政治场所，此外还有许多与这些场所相关的人群、联络人以及无穷无尽的慕名拜访者，而巴斯城呈现的场景与此正相反。这种新的旅游胜地可不是伦敦，人们来这里是为了度假，绝不是来工作的，所以这些地方成为比伦敦和其他地方社会更令人舒适的社交场所。这些城市规模更小一些，不同的社会群体和性别群体更容易在这里相遇。不仅精英群体对此趋之若鹜，那些中产阶级也很热衷来这里。18 世纪早期，巴斯城的建设进入热潮期，聚会大厅（Assembly Room）、矿泉水饮水房、剧场、舞厅拔地而起。巴斯的人口从世纪之初的 3000 人猛增到世纪末的 35000 人，该城也成为英格兰第十二大的城市。18 世纪初，那些光鲜亮丽的游客每年在此地光食宿花费就有 60000 英镑，而到了这个世纪的中期，每一季度该城都要接纳 12000 名访客。[24] 这些人的确不都属于精英阶层。形形色色的中产阶层在新居民和游人中占据了很大一部分。[25]

在巴斯，人们可以看到最新的流行设计风格及其产品。瓷器和小饰品销售商在此开办了品种繁多的商店和艺术馆，他们在店里展示最新的和最优质的产品，因为这里有众多来度假或逃离枯燥的日常生活的人士，吸引这样的买家的注意力很重要。该国其他地区的小温泉场所也有很久的历史了。西莉亚·法因斯（Celia Fiennes）常去坦布里奇韦尔斯（Tunbridge Wells）取水。她很喜欢那里的绅士社会，因为“那里的商店有各种小饰品、银制品、瓷器、绸缎，以及各种引人好奇的物品……此外……还有两处供应茶和咖啡的咖啡屋，以及两处彩票站和赌博坊”。[26]

还有一些在密德兰和北方地区的沿海城市也加入到坦布里奇式的发展中：比佛利（Beverley）、利奇菲尔德（Lichfield）、沃里克（Warwick）、拉德洛（Ludlow）和斯坦福德（Stamford）。所有的这些乔治时代的绅士城市(gentry towns)除了注重建设砖垒房屋,开办新闻报纸和铺设用水管线外,它们也纷纷建设聚会大厅,各类商店,娱乐设施以及赛马场,这又进一步吸引外来居民和游客前来享受。埃普索姆(Epsom)、巴克斯顿(Baxton)、哈罗盖特(Harrogate)、马盖特(Margate)、切尔滕纳姆(Cheltenham)、马特洛克(Matlock)和莱姆里杰斯(Lyme Regis)也对游客有着类似的吸引力。对于各地的精英和中产阶级人士来说,这些地方不仅是温泉和度假胜地。它们吸引了大量的中产阶级游客和旅行者,他们之所以能够到来有赖于18世纪
210 中期以后道路系统的改善,以及不列颠岛的旅游新风潮。[27]

无论是像爱丁堡这样的地方上的政治中心,还是像约克这样的地方郡城市(也是主教座堂所在地),它们都成为宫廷、乡绅和文学文化的关注点,而且工程业、法律业和医务服务业从业者也在这里聚集。爱丁堡在18世纪末有将近90000名居民,还有13000间价值20镑及以上的房屋。1770年,有200名男主人或女主人因雇佣男性仆人而被征税。[28]约克城的发展则比较平缓,从1700年的12000名居民增加到1801年的17000名。约克城的旅游旺季贯穿于冬季的大部分时间;约克郡的士绅将该城打造成了冬季居住胜地。萨缪尔·理查德森(Samuel Richardson)于1742年在该城写道:"该城当下的成功主要有赖于士绅,是他们将约克打造成冬季居住地……并且随着居住人口的增多和生活便利度的不断提升,消遣设施也兴建起来,这里每晚都有游乐活动、聚会、音乐会,以及各种娱乐活动。"[29]

伦敦和一些像巴斯城这样的温泉中心是精英和中产阶级消费活动的目的地。人们关注的焦点也在他们身上。不过,无论是中产阶级的成长所蕴含的令人震惊的发展潜力,还是城市遍地开花般的出现,这些变化却恰恰发生在伦敦城之外。据统计,1700年时,城市中产阶级人口为170000人,到1801年时这一数字则增加到475000

人,而这些数字并不包括乡村的小城镇和教区聚居区的人口。尽管许多这类城镇因当地工业化而得以发展,它们在成长过程中也呈现多元化的趋势,正是它们引导着城市和消费者文化的扩张。在英格兰,伯明翰、谢菲尔德和曼彻斯特在现代化的道路上之所以势头迅猛是因为当地教育和工业化的发展。它们并非伦敦的低配版,它们是充满了独特性的中心城市,在这里有知识活力、工业和科学创新动力,以及地区和地方骄傲感。

大量的工业和商业城镇也纷纷涌现。特别是到了18世纪后半期,它们的发展速度令人惊叹。伯明翰、曼彻斯特、利物浦和利兹在18世纪后50年里人口增加了四倍。这些城市是在先前发展的基础上的进一步迸发,同时它们也成为欧洲史无前例的一批榜样城市。 211
在苏格兰,格拉斯哥跟伯明翰、曼彻斯特和利物浦一样实现了快速发展,从1700年的13000名居民增加到1750年的24000名,最后在1800年达到77000人。实际上,格拉斯哥的人口在整个18世纪都比伯明翰的人口数量多。[30]但是,商人、店主、制造商和工匠、律师以及各类职业人士在人口中比例尚低。1800年,他们只占该城人口的15%。[31]这些城市在发展上的不俗表现并非孤立的现象,周围地区和更小规模的城镇的发展也是这些城市得以发展的动力来源。伍尔夫汉普顿、莱斯特、沃灵顿(Warrington)、斯托克波特(Stockport)成为它们有力的竞争者;在18世纪,小城镇人口翻倍,而且它们的增长速度比全国水平高四倍。[32]在苏格兰东海岸,邓迪(Dundee)和阿伯丁(Aberdeen)的人口在18世纪增加了四倍,并且到1800年时,它们已经可以与纽卡斯尔、赫尔和诺丁汉并驾齐驱了。[33]在这些城市中,不仅有工业群体、大资本家群体,以及管理、工匠和贸易群体,大型零售业、服务业、管理业、商贸业和其他职业从业人员也成为支柱人口。18世纪后期,这些城市中心也出现了大型建筑的建设热潮。[34]

因此,中产阶级不仅在大都市生活,地方城市中也有他们的身影。所有这些城市中心的发展速度都比伦敦快,并且它们的社会结构的转变速度要更快。中产阶级本身之所以能从 18 世纪早期占人口的七分之一增加到 19 世纪的五分之一到四分之一,这是由于国家的对外战争和帝国的开拓取得了丰硕成果,这造就了大批在城市生活的商人、金融家、职业人士、管理行业和军事行业从业者,同时,与都市和人口大增长一同出现的建筑业、零售业和消费业供给侧的发展也是中产阶级成长的原因。

然而,英格兰新出现的大型工业城镇并非是在 18 世纪后期一夜之间耸立在景观大地之上的。它们是在 17 世纪后期开启的漫长的成长之路中开始聚集人口的。伯明翰从 18 世纪早期开始成长为工商业发展的一个标杆,这是因为它在国际市场,尤其是帝国市场上
212 的成功,也有赖于其在新消费品生产上的出色表现。该城为中产阶级进行生产,它因能提供大量不同的工业和商业机会而吸引大批中产阶级移民和劳动力前来居住。该城真正的快速增长期是在 18 世纪早期,并且到 1750 年时,它的人口已经增加到 24000 人,这领先于曼彻斯特和利物浦,而在 18 世纪初期,伯明翰的人口只有 7000 人。到 18 世纪末,伯明翰的人口达到 74000 人,但是,此时的伯明翰已经被它的北方对手赶超了。格拉斯哥这个伯明翰在北方最大的竞争对手则在 18 世纪后期和 19 世纪早期开始发力。与其他英国城市相比,它的中等阶层人口数量太少;而且这些人所拥有的奢侈品数量更少。1798 年,格拉斯哥房屋出租收入达到或超过 20 英镑的只有 663 间;到 1814 年,这一数字达到 1818 间。而 1785 年,在格拉斯哥拥有私人马车的只有 25 人。多萝西·华兹华斯(Dorothy Wordsworth)在 1803 年对该城的访问却让她情迷不已:“当一位初访者第一次漫步在格拉斯哥街头时,有一件事会让他感到惊奇——商业的忙碌场景,而不是公共马车或士绅们的私人马车的出现;在我们于街头行走时,我只见过三辆马车,而且它们还是些旅行轻便马车

(travelling chaises)。"[35]但是,到1800年时,该城能够提供给大批新技工从事非必需的消费品和服务的生产工作。格拉斯哥从未像爱丁堡城那样富有,但是该城在西印度和大西洋殖民地挣到钱的商人群体和富裕的制造商特别想通过挥金如土式的生活"重新发现"自己。[36]

图6.2　伯明翰街景图

伯明翰在商业、商人和工业方面的迅猛发展也将其推到了英国消费品生产的前线位置。从18世纪早期起,伯明翰将注意力转向了国际的、欧洲和殖民地的市场;它的工业主要是出口业和消费品制造业。它积极建设伯明翰通往伦敦和全国各地的交通网络。正如伯明翰的议会游说团体领袖萨缪尔·加伯特(Samuel Garbett)所说:"投资者不能将这一亩三分地变成自己的势力范围;内陆的交通系统的建设应当成为一个全国性的政治目标。"与伦敦的直接联络通道才是真正的建设重心。1785年,考文垂运河(Coventry canal)与特伦特(Trent)运河和默西(Mersey)运河联通,而五年之后,联通兰开夏郡与密德兰地区和泰晤士河的运河也修建成功。[37]伯明翰还成了一座金融中心。其实伯明翰在金融方面的先天优势在于长期以来西密德兰地区人均拥有银行的数量就比伦敦在内的其他英格兰地
213 区要高。此外,这些银行也不只针对本地提供工业资本;它们服务的范围遍及更广大的商业世界。

如果我们想一下在过去的几十年里这些地区经历了怎样的密集的重构和重建历程,那么我们也就不难理解伯明翰和谢菲尔德这样的城市所产生的巨大影响了。伯明翰到 18 世纪中期已经成长为英国第一流的城市,它拥有一批最具风采的新中产阶级群体。这一群体横跨工业、金融业、商业和各类职业。这些群体之间有着紧密的互动关系;很大一部分中等水平的工业制造商与那些跨国工业和商业精英们形成鲜明的对比。像伯明翰和谢菲尔德这样的城市在历史学家眼中就是工业或重工业的代名词。实际上,这些城市的社会结构比我们想象的要更加多元。在那些 18 世纪的遗嘱档案中,只有接近 25% 的遗嘱制定者属于金属制造商;需要指出的是,谢菲尔德的金属制造商的遗嘱占到全部遗嘱数量的 41% 。可以说,伯明翰
214 的零售业、服务业和服装业可以与金属加工业相匹敌。实际上,绸布商的数量要多于刀具制造商,而制鞋工和裁缝的数量也多于步枪和手枪的制作者以及铸铜工的数量。此外,伯明翰和谢菲尔德的制造商主要是些有产业的小制造商和中等阶层群体。他们不仅是制造业主,同时还是家居和耐用品的消费者。伯明翰有许多商店,从 1786 年到 1789 年,这些商店征收的商店综合税要比整个柴郡(Cheshire)每年税收额高两倍。[38]

在这些城市,大多数的金属制造商都留下了遗嘱和保险单。他们属于地产所有者阶层,这批人中的很大一部分都有多个地产,其价值都在 100 镑以上。他们比诺丁汉和曼彻斯特的丝织业主们更明

显地卷入到房地产市场中。可以确定的是，大多数的这类地产都是小房屋，它们由建筑俱乐部和建筑协会负责管理，或者租给其他工匠技工使用。但是，房屋种类的多样性也反映了制造业社会结构的多元化。伯明翰和谢菲尔德的中小制造业主占人口的8%～12%，他们的财产价值超过1000英镑。在这其中，一些制造业主从18世纪中期开始从事最新的特制工业品制造，他们的雇佣工人有几百人之多，并且一些制造商把家安在了城市外部，他们与地主和乡绅社群建立了社会联系。[39]此外，制造商并非是唯一拥有这类财产的群体。尽管在1775年到1787年间，伯明翰的纽扣制造商和小饰品制造商购买的保单规模最大——超过5000英镑，有一些甚至价值7000英镑，但是保单超过1000英镑的最大群体却是呢绒商、布商、杂货商。[40]跟许多正在寻找人生机会的年轻人一样，哈顿对于自己移民到这里感到很骄傲。他表示："当伯明翰这个词出现时，一幅极其美妙的图景就在脑海中展开，伟大、繁华、广袤、活跃、浓厚的商业氛围和文雅气息重等词语是对它最好的诠释。"[41]但是，在他的这种地方认同以外，我们还能从他骄傲的言论中察觉到更多的东西。

与新工业城镇迅速崛起一同出现的是繁荣的地方经济所塑造的中产阶级。这些中产阶级是制造商、发明家、批发商、放款人
（creditor），也正是他们形成了新型的中产阶级消费文化。但是，这 215
些专业型的工业城镇中产阶级只是故事的一方面。其他更加传统的地方中心和乡镇也有来自本地和周边内陆地区的中产阶级顾客。我们看一下重要的商贸城市布里斯托就明白了。这个城市在18世纪后期发展最为迅速，它在1750年有50000名居民，这是伯明翰城规模的两倍，而到1800年时，居民人数增加到60000名，但其只有伯明翰规模的80%。但是从18世纪早期开始，布里斯托与整个消费文化有了更密切的关系。到1740年时，那些拥有财富超过166镑的

人士拥有各类消费品,而且那些店主、工匠们虽然财产不足 40 镑,但是却能住在有几间房屋的住宅里,在他们家中也可以看到许多印刷品、图画、瓷器和银器。[42] 埃克塞特(Exeter)、什鲁斯伯里(Shrewsbury)、约克和彻斯特都有高品质的购物场所,而到了 18 世纪后期,与布里斯托、利兹和曼彻斯特相比,这些城市对自己所取得的人口低死亡率以及建设的低密度街道这类成就自豪不已。小城市(small towns)继续容纳大量的人口。如果仔细看一下不足 5000 人的市镇的情况,我们就可发现在 18 世纪早期有 54% 的英格兰城市居民生活在这样的地方,大部分人并非生活在伦敦、温泉胜地、县城(county towns),或者英格兰繁荣的新兴工业中心中。[43] 在 18 世纪发展过程中,工业发展使得大城市周边出现了一批地方性的中心区;聚集在伯斯勒姆(Burslem)和纽卡斯尔周边的制陶城镇就是一例;伯明翰、曼彻斯特和利物浦的城市腹地也是如此。

在 18 世纪 90 年代,《不列颠目录大全》(*The Universal British Directory*)列举了 325 个小城市。其中超过一半的小城市——特别是在西密德兰地区和西北地区——都有各类消费活动。一些集市城镇(market towns)里也有俱乐部、不定时的游戏场所和聚会场所,以及各种商店。这些集市城镇在 19 世纪衰落了。与此同时,更大的城市中心的吸引力增强了,通往这些大城市的公路和铁路更多了,而在小地方的工匠业、原工业化活动以及乡村贫穷现象越发减少。[44]

英国城市人口数量之多是它的光彩之处,但是其中的中产阶级
216 人群的收入非常不均衡,从极度富裕到收入微薄的商贸人员都有,这些中产阶级成为新商品的主要顾客。由于商店、市场和流动商贩聚集在城市中,商品的展示更方便了,消费文化的传播变得更容易了,而工匠和劳工阶级也能接触到消费文化的春风。大小中心城市中随处可见的商店为城市中的中产阶级顾客服务。在许多城市中,

店主们形成了一个有力的游说团体。甚至那些没能加入新工业时代大合唱的城市也出现了购物中心,他们精心打造自己的销售环境,力图吸引重要的富裕客户;在切斯特和格洛斯特(Gloucester)的店主成为当地职业群体中的主要构成力量。他们的住宅通常规模庞大,里面塞满了各种最新问世的消费品、钟表、绘画和新式家具。[45]

尽管新崛起的大型工业和商业城市以及中等规模的工业和县城都有自己本地的中产阶级,但是模仿伦敦的礼仪文化却是所有这些城市的追求。到18世纪60年代时,大多数大城市都有马车线路通往伦敦,并且到1770年时,全国性的收费公路网络也建立起来了。大型住宅建筑的出现和城市更新运动在这一时期也改变了这些城市的形象。大多数城市都有文化区,城市的街道变成了砖铺路面,市政建筑、宗教集会场所、咖啡屋、封闭式人行道和休闲花园也纷纷得到翻修。1700年后,诺里奇和布里斯托安装上了路灯,其他城市随后纷纷跟进。最重要的是,大批店主对他们的经营场所进行了改造,一种文雅消费的文化出现在各类中产阶层人士面前。这些城镇中有许多青年人,他们的流动性强。1695年,15~30岁之间的单身汉在利奇菲尔德城15岁以上的男性人口中的比例超过30%,在全部人口中的比例则不到25%。[46]对于短期游客而言,这些城市在住宅、旅馆、公共寓所和临时寓所的供应方面也很充足。

正是在这个背景下,那个具有高度流动性并处于快速变迁状态中的中产阶级开始学习如何消费。消费行为既是公共行为,也是私人活动,并且伴随其出现的还有中产阶级对归属感、体面感和个人特性的追求。当年轻人去密德兰和北方繁荣的城镇时,他们第一次见到了小旅馆、小饭店、酒馆和咖啡屋。这些地方提供酒水、住宿,公共活动的场所配置了钟表、图画、瓷器、玻璃器皿、银器、锡镴制品

和各种铜器。无论是在俱乐部这样的会面场所还是在自己的会客
217 室中,像蜡烛、枝状大烛台、书架、绘画和装饰物等全套设施是必不可少的。这些公共或私人的空间在年轻移民中创造了一种都市消费文化。那些中产阶级和精英人士在各地住所之间或各城市之间流动居住时,将大量的时间花在了自己的住宅或俱乐部中,他们也欢迎这样一种都市消费文化。[47]

在今天人们的观念里,咖啡厅、酒吧、餐馆、舞厅是英国的老工业中心和北方以及密德兰的城市的特征,而这些城市在当时也是为了迎合朝气蓬勃、流动性强并且年轻的中产阶级顾客们的需求而纷纷建立的。在 20 世纪,这些地区成为工业衰退地区,但在当时却是风险资本、知识的聚集地,也是全国性和国际性企业总部所在地,这有利于吸引大量年轻的、有潜力的人来到这些内陆地区。需要指出的是,虽然这些地区如今面临着极端的困境,但是它们也在逐渐地复苏和扩张。这一趋势与 18 世纪时那些快速发展的商业和工业城镇所处的社会背景并无太大不同。一些野心勃勃的年轻人背井离乡出门打拼,也有一些年轻人是因为自己所处的行业已经衰落,自己面临贫困前景,或者是自己所处的传统行业并无前途而不得不逃离的。他们来到新兴城市可以找到亲朋好友,他们就在俱乐部、社团或其他公共场所找一份差事安顿下来。一些女商人充满干劲,她们开办的商店、学校、收费图书馆、中介机构和公寓满足了熙熙攘攘的新兴城镇的各类需求,也为新移民、游客和旅行者服务。[48]

詹姆斯·比塞特也使用这些俱乐部、小酒吧和小旅馆,他还开办了一个周日巡回图书馆,并且他还是 18 世纪末时伯明翰两个剧院的忠实的观众。

我很早之前就参加了一群不错的朋友组建的社团,还参加了

一个社交俱乐部——这个俱乐部每周三在沃克斯豪尔(Vauxhall)聚会。我们聚会是为了玩惠斯特桥牌。我们聚会的固定时间是在周三下午3点,晚饭时会去伯明翰城中一处地方参观就餐,到了8点半时,年纪大的人就会坐马车离开。我们在那里可以喝咖啡、饮茶,白兰地和朗姆酒摆在桌上,需要时可以点酒。

但是家庭生活改变了这些习惯,人们在家中花费的时间更多了。 218

我决定不再在外面晃荡太久了,也不再跟同伴们总厮混在一起了。我要让自己习惯晚上大部分时间待在家中,我要独自享受快乐时光,或者与家人共度美好时光。[49]

在18世纪后半期,中产阶级群体的社交行为更多地发生在家庭空间中,这就要求物质文化要与小空间更搭配,也要更符合家庭和朋友密切接触时的要求。现在,让我们转而看看中产阶级的家庭拥有哪些物品。

私人财产

中产阶级都拥有新式商品。在对遗嘱目录深入研究后发现,从17世纪中期开始,每一代人都比前一代留下了更多、更好的私人物品,当然,这些财产在全部财产中所占价值并没有增加太多。在这一时期,个人资产中的25%～30%属于消费品。这些遗嘱目录也显示,在新产品的拥有者中,中产阶级群体占有数量优势。

表6.1 商品占有情况,1675—1725年

社会等级	全部目录物品价值(£)	家庭商品(£)	钟表(%)	画像(%)	穿衣镜(%)	瓷器(%)	刀具和叉子(%)
乡绅	320	55	51	33	62	13	11
高级商人	193	39	34	35	62	18	7
中等商人	157	32	25	29	56	19	11
低级商人	92	19	18	15	37	7	3
寡妇/未婚女性	82	18	13	12	36	6	4

资料来源:Weatherill, *Consumer Behaviour*, table 8.1, p.168.

这些目录档案让我们看到了籍籍无名的普通人的物质文化状况。从这些目录中可以看出,吃喝用具、家具、书籍、绘画、穿衣镜、钟表、窗帘是常见物品。韦瑟里尔的统计数据显示,家庭中拥有陶器和穿衣镜的数量在1670—1725年间翻了一倍,而锡镴板制器具、钟表、图画、窗帘的数量则增长了三倍到五倍不等。遗嘱目录中包含的刀叉、瓷器、热饮器具所占比例也从完全没有增加到10%~15%之间。[50]像绘画和窗帘这样的新式装饰品在城镇中开始普遍出现,并且伦敦成为购买热饮器具的标杆城市。社会地位也对人们占有新产品产生了不同的影响——尽管这通常未能为人所预见。韦瑟里尔发现,新的、有表现力的产品在中产阶级的遗嘱目录中出现的次数更多,而且这一点在大都市中产阶级中更常见。

在17世纪后期不同阶层的遗嘱中,钟表出现次数的变化呈现如下特点:只有4%的农夫遗嘱中出现过钟表,而到乡绅遗嘱中这一比
219 例上升到50%,但整个上升趋势比较平缓,而到了1725年,从农夫到乡绅,不同阶层拥有钟表的比例则从8%逐渐过渡到67%。但是

对于韦瑟里尔所研究的其他新消费品,直到1725年,贸易商都占据主导地位。那些从事交易型行业的人——无论是小店主还是批发商,他们都是都市群体中最庞大的一群——的遗嘱显示,他们拥有新式商品的比例最高。批发商、店主、客栈老板在拥有最新的、装饰更精美的消费品方面,以及在拥有书籍、钟表方面的可能性要比裁缝、屠户、铁匠拥有这些物品的可能性高。超过一半的伦敦商人的遗嘱中有瓷器,而拥有穿衣镜的人数还要更多。实际上,从商人遗嘱目录中可见,他们拥有穿衣镜的比例比约曼农要高三倍。韦瑟里尔强调,这些私人物品显示了新商品在地理和社会阶层的渗透方面的程度。新商品面对的并非是大众市场,但它们却在广大的中等阶层中有着广泛的影响力。正是商人们成为购买新消费品的主力群体。[51]大都市和地方都市的商人们都对购买新商品有兴趣,并投入金钱。超过30%的布里斯托中产阶层的居民遗嘱中留有瓷器;但是在周围乡村人口所制定的遗嘱中,拥有这种新式奢侈品的比例刚过16%。

表6.2 布里斯托及周边乡村瓷器占有情况

	1660—1719年		1720－1780年		全部	
	城市	乡村	城市	乡村	城市	乡村
物件	75	9	519	13	594	22
拥有者	27	5	73	10	100	15
拥有者在所有奢侈品所有人中a%	4.9	2.9	31.5	16.4	12.7	6.4

说明:包括布里斯托及其周边乡村的1 419份家庭财产目录中的圆形大碗、大啤酒杯、咖啡壶、茶壶、巧克力罐等瓷器种类。

资料来源:Estabrook, *Urbane and Rural England*, table 6.13, drawn from Probate Inventories and Cause Papers, Bristol Record Office.

不过,地区之间也有明显的不同。奥弗顿(Overton)和惠特尔(Whittle)研究了肯特和康沃尔两郡的 8000 份遗嘱档案。根据两人对这份数量更多的遗嘱档案的解读,肯特地区家庭环境呈现出消费
220 升级的现象。许多新式家具和新奇之物出现在肯特的遗嘱目录中,但是在同一时期,康沃尔人的生活品质则在下降;肯特人的消费行为呈现出精致化、实用性和传统保守的特性。[52] 财产上的不同突出表现在对陶器、玻璃器皿和餐具的拥有上。肯特的中产阶级购买大量不同种类的陶器以适应不同的场合。遗嘱目录显示的 17 世纪前 30 年中拥有餐具数量的中位数为 13 件,而在 1720—1749 年,这一数值则为 28 件。在 17 世纪 80 年代之前,肯特每户家庭平均拥有 2 件金银器具,到 18 世纪 40 年代则拥有 21 件。这足够一顿饭所需的器皿数了。在这些金银器中既包括一组常用的器皿,也有一组备用器皿。18 世纪 20 年代之前,不超过 2% 的肯特遗嘱中包含饮水玻璃器;到 18 世纪 40 年代,则有超过 20% 的家庭拥有这类器皿。在 1720—1749 年间,超过 13% 的肯特家庭使用刀叉;到 18 世纪 40 年代,这一比例达到 25%。18 世纪 20 年代,肯特每户家庭饮食和饮水用具的数量从五种增加到八种。

虽然康沃尔的家庭在引入新式餐具(在 18 世纪 40 年代,不到 3% 的家庭使用餐叉)上显得简陋且缓慢,即使这样,每户家庭平均拥有 14 件金属餐具,对于一个不到六口人的家庭而言这意味着相当于拥有两组常用餐具和一组备用餐具。但是,康沃尔家庭中餐具的种类并不多,而且没有任何证据显示,这些人在 18 世纪 20 年代之前饮用茶、咖啡和巧克力。甚至到 18 世纪 40 年代,也只有 12% 的家
221 庭拥有饮茶器具。[53]

表 6.3　拥有新商品的家庭百分比:肯特和康沃尔,1660—1749 年

	1660—89 年	1690—1719 年	1720—49 年
家具种类	11	12	12
肯特（中等编号类型）肯特			
家具种类:康沃尔	4	3	3
新式陶器: 肯特	11	22	49
新式陶器: 康沃尔	2	1	6
碟盘: 肯特（中等 编号）	3	13	19
碟盘: 康沃尔（中等 编号）	7	9	12
刀叉: 肯特	1	5	13
刀叉: 康沃尔	0	0	3
钟表: 肯特	18	41	54
钟表: 康沃尔	1	2	9
画像: 肯特	5	6	25
画像: 康沃尔	0	1	4
镜子: 肯特	18	36	52
镜子:康沃尔	4	4	8

资料来源: From Overton et al. ,*Production and Consumption*,91,99,111.

韦瑟里尔、沙玛斯(Shammas)和奥弗顿对遗嘱目录的研究取得了显著的成就,但其研究时期为 17 世纪中期到 18 世纪中期,这主要是由于资料的限制。[54]遗嘱目录是死者在生前所列可移动财产的清单。这一时期所制定的这类目录要比 18 世纪时的目录更广泛、更详细。它们提供了关于中产阶级所拥有的个人财产和消费耐用品的情况,存世的穷苦人的遗嘱目录相对较少。妇女的遗嘱目录也数量有限,主要是一些未婚女性和寡妇留有遗嘱目录。作为一种史料,遗嘱目录还有其他的缺陷。它们提供的财务信息只显示死者去世时的情况,没能显示财产变迁的状况,也不能显示它们购入的时间。

这些目录也不能显示哪些物品是继承得来的,哪些是购买得来的。只有耐用消费品被记录下来了,而包括服饰在内的非耐用品很少出
222 现。死者去世时商品的数量和价值被记录下来了,但这些商品的内在意义却不曾提及。这些商品的价值经常被人为低估,这是估价人的一个习惯。因此,目录中所列价格并非购买时的价格,甚至不是以成本价格为基础。人之将死,商品中那符合潮流和新奇的一面却不能在价值评估中得到体现。[55]与此相对应的情况是目录中的那些半耐用的新式消费品,比如,纸、织物、廉价读物和陶器这类无法长期保存的物品。许多这类物品的制作成本已经降低了,或者说,它们的价格之便宜已经开始进入到劳工阶层的视野中了。[56]

不管其有着怎样的不足,遗嘱目录展现了家庭心态中的某些东西。这些目录通常由与死者有着密切关系的人来制作,经常是某位邻居或朋友,以及某位具有同等地位或职业的人负责完成。遗嘱目录中包含着一系列物品条目的详细描述,这能说明书写者对这些用具具有专业知识,也可以说明其与这些家庭用品具有一种紧密的个人关系。[57]

遗嘱目录告诉了我们关于这些财物的构成以及它们所覆盖的众多人口的情况,但是这种遗嘱目录从 18 世纪第二个 25 年时开始在许多地区消失了。尚没有一个令人信服的解释说明为什么它们在此时消失。对于在 18 世纪 20 年代之后所发生的事情,我们只能通过其他档案进行定量分析,比如保险记录这种个体性比较弱的档案种类,或者是对遗嘱文本、日记和账目清单这类更能给人留下深刻印象的档案记录进行分析。在保险记录中有对各类财物的估值,这类档案的时间跨度一直到延伸到 18 世纪后期。不仅是遗嘱目录的分期方法限制了我们看问题的深度,同样限制我们研究能力的还有目录中所包含的东西。像珠宝、银器、玻璃等许多物品被排除在目录之内,而且许多这类物品在遗嘱目录制定之前就被提前处理掉

了。此外，许多物品只记录在遗嘱文本中，而不出现在目录之中。在18世纪后期，个人动产属于整个资产中非常重要的组成部分，甚至那些极其普通的中产人士也给这些动产物品购买保险。不过，保险单和遗嘱目录都不能说明这些物品在日常生活中是如何被展示、储存和使用的。此外，它们也不能说明这些物品的使用者是如何获得它们的。它们是作为礼物送给使用者的吗？还是在结婚时购买的？或者是祖传的遗物？ 223

首先，针对这些新购买的消费品，我们要有一种空间意识，也就是对中产阶级的家庭布局要有所了解。在17世纪后期到18世纪初这段时期内，中产阶级的住宅通常有3～6间屋，这包括一间客厅。在房屋里要有绘画、穿衣镜、钟表和书籍这样的装饰性物品。到18世纪早期，许多中产阶层家庭都有专门的会客室，而且他们的客厅中塞满了新式的家具。烹饪及相关服务在这些家庭中变得至关重要，不过，烹饪用的器皿仍旧相对简单，强调的是其功能性。

乡村中的中产阶级到18世纪末时的平均收入为100英镑，那些高级别的中产阶级的收入能达到150镑到700镑之间。到18世纪末，许多中产人士在住宅上会投入金钱，他们的住宅从木头房和石头房变成了砖垒房，并且他们的家里通常有6～8间房屋，这包括客厅、会客室、酿造牛奶和啤酒的房间，以及一间供仆人使用的阁楼。

城市中产阶级则根据财力水平安排自己的生活。有的人在地方城市里商店的楼上找到住处，每周只需付10先令的房租，而那些生活在伦敦的人租一套别墅要花700镑。他们也要根据财力布置房间，有些人对此草草应付，但也有人安装上护墙板、在天花板上抹灰进行吊顶工作。此外，地毯、墙纸和红木家具也要一应俱全。[58]在伦敦，中小规模的房屋要进行灵活安排以充分利用各个房间。许多人在房屋里开一间商店，而许多小房屋的房间里通常只能放一张床。在18世纪早期，相对富裕的中产阶级家庭通常有7间房,但是大部分家庭的空间要比这小得多。[59]只有资产位列前 25% 的富裕者才有钱租一套超过 5 间屋的大房子;平均每年租金最少也要 20 ~ 30 镑。[60]

在 18 世纪 70 年代和 80 年代,这个国家的很多地方都经历了房屋建设热潮。伦敦在 1774 年后的五年里成为新房建设热潮中最重要的城市。壁炉与大窗户成为标配,但是房屋空间却略显狭窄。在小住宅里,通过壁炉和客厅中的飞檐就可以看出这家生活水平。除了最穷的家庭,几乎所有的住宅里都有挂着平面图画的镶板。[61]利物浦、布里斯托、纽卡斯尔、曼彻斯特、伯明翰和诺丁汉等城市的房产价值节节攀升;1750 年到 1800 年期间建设的 45% ~ 50% 的房屋位于城市。这不仅提高了建筑工匠和建筑业劳工的购买力,它也如
224 我们在伯明翰所见到的那样,技术精英和中产阶级也从中得到了全新的建筑样式。一家伯明翰建筑协会提议,六条街道及其附带的房屋价值应在 70 镑到 200 镑之间。某些街道上的联排别墅带有框格窗户以及古典或哥特风格的前门。那些富裕阶层的人士很喜欢认购这类房屋。[62]这类住宅投保价格大体以在 100 镑到 500 镑之间的中等级别为主;在伯明翰和谢菲尔德,金属制造工购买保险的比例分别为 48% 和 49%,这足以显示他们对自己财产的重视。正如我们所见,詹姆斯 · 比塞特的第一处房屋由一间会客室,一间厨房、一间地下室和一间酿酒室,以及两间卧室和一间阁楼组成。[63]

卡尔 · 伊斯特布鲁克(Carl Estabrook)曾经对伯明翰的 84 处房屋中每一间都进行了梳理。他发现有 58 处房屋配有图画、绘画、印刷展览品。在更富裕的技术人员和职业人士的家中,房间变得越发具有个性,卧室与接待客人的空间分离开来。甚至布里斯托城中普通的面包师、泥瓦匠、杂货商、记账员、裁缝和皮革工人也在独立的前屋或专门的会客室中招待客人。[64]约瑟夫 · 马克斯(Joseph Marks)于 1746 年病逝于伯明翰。他留下的财产估值仅有 48 镑 17

先令7便士。然而他的房屋有8间房子并且还附带着地窖。他把他的住宅垂直分割成三层,一层4间屋子,二层2间,三层2间。他的这所房子宽度只有一间屋子那么大,但是他从街边向屋后又延伸出了两间房屋。楼上的四间房有床铺。他在厨房中煮咖啡,但在前面的会客厅中招待宾朋。[65]

格拉斯哥和爱丁堡的中产阶级生活在多层楼板公寓中,这跟生活在2~3层的联排别墅的伯明翰和布里斯托中产阶级不一样。格拉斯哥的杂货商詹姆斯·富尔顿(James Fulton)是一位典型的高级店主。他的商店位于特朗基特(Trangate)和哈钦森(Hutcheson)的街上,而他就住在商店的楼上。这所商店有四扇"精美的"窗户,并且在前部还有两扇门。在商店主厅后面是一间会计室。一楼处有厨房、餐厅和两间卧室。另外的两层楼空间也很大,并且配有厨房、卧室、绘画室各一间和三间卧室。小一些的店主会有一间门面房、厨房,而在一楼的后面会有地窖。[66]

与给自己的住宅投保一样,中产阶层给自己所珍藏的商品的投保数额也坚持"持中守正"的原则;在买过保险的金属制造商中, 225
37%的伯明翰金属制造商和28%的谢菲尔德金属制造商给自己的商品投保数额在100镑到500镑之间。[67]私人财产在估值时经常高于房产的估值。尽管当时他们家庭中拥有的财产数量比我们今日要少,但是其相对价值要高得多。对于18世纪的财产所有者而言,其意义比今日的许多东西要重要得多,并且我们所谈论的物品并不仅限于投保商品,也不仅限于经过税收评估员、遗嘱评估员和律师估值过的商品。

对于中等阶层而言,那些很少出现在遗嘱目录中的商品也很重要,因为这些商品是其拥有者的一种必不可少的自我展示和个性体现。中产阶级对形象很敏感,他们倾向于购买那些具有展示性特征的商品,比如,窗帘、镜子和上好的服饰,这些物品在消费支出方面起到了一种体现主体性的作用。服装很少作为遗嘱目录的条目出现,它们更多地出现在遗嘱文本中。[68]在银器条目下,相关的描述详细、生动,而且遗嘱制定人会特别指明将它们遗赠给哪些远亲或近亲属;悼念戒指(mourning rings)也会进行分配,而家族的手表经过确认后会传于后人。所有的这些私人物品具有功能性和象征性的身份,其与所有者的社会地位、所处时期和地点有关,也与所有者的品位和礼节有关。商品消费者中有男有女,有老有少。他们的购买和遗赠行为也与性别身份有关。家庭寿命周期决定了何时该购买装饰性的商品。在 18 世纪 40 年代和 50 年代早期,处于中产水平的莱瑟姆(Latham)家族购入饰品和奢侈性服饰的数量在快速上升,因为当时莱瑟姆家的六个女儿已经成为青春年少的女性了。[69]尽管服饰、书籍和手表成为年轻的哈顿和比塞特非常喜爱的物品,但是当他们搬进公寓、结婚和装饰新家时,他们还要购入各种家具。在普通中等阶层中,购物情况也体现了他们生活境遇的不稳定。当他们的财富上升时,他们购入上好的家具和新颖的装饰品,但是当地区或全国性经济危机来袭时,他们还要去典当自己的物品。一位裁缝弗朗西斯·普莱斯(Francis Place)描绘了他摆脱这种窘境时的感受:“我们很快就从这种悲惨状况中脱离出来了,我们购入服装,床
226 上用品和其他必需品。我们买了一个上好的床架和许多其他的东西,这能给我们带来舒适感。”[70]其他的新式装饰品也在陆续购入,有些进入了老人们的手中成为家庭事件的标志物,有些则被作为礼物送给亲朋好友。这些商品没有一个是随意购买的,它们都经过了挑选,因为它们都有着特定的用途,具有展示和激发情感的功能,还有些则是因为它们充满了时尚吸引力。其中的许多物品都是用来为公共或私人社交服务的。

让我们依次看一下餐饮习俗,私人空间中的公共展览所进行的装饰,信息类商品以及文明礼仪。餐饮的时间、社交活动和宗教仪

式随着时间而改变，并且各地区之间也不同。研究者已经对计时系统和钟表财物的功能进行了分析。时间除了在工作范围内，它在各类目的活动中都有作用。除此之外，收藏钟表还有更多的理由。在18世纪40年代之后，超过三分之一的在布里斯托富裕起来的人的家中都有一块钟表，而拥有手表者占这一群体的四分之一。钟表对农村居民中也很重要。周边乡村的农夫们可能没有什么高档货或便捷性物品，但是他们会有一座钟表或时钟，其价值在一镑到三镑不等。[71]在肯特郡拥有钟表的人数更多——到18世纪40年代，超过78%的家庭有钟表，而在康沃尔郡这一数字只有12%。[72]手表并不必然用于计时，并且时间也是社交活动的一部分。[73]在当时，就餐时间也跟今日一样随国家和社会阶级的不同而各异，当然，就餐时间也在这个世纪的发展中发生变化。精英和富裕中产阶层的就餐时间就不断前移。在斯图亚特复辟之前，正餐时间在中午到下午1点钟，18世纪早期则前移到下午2点或3点，而到了18世纪后期则改为下午4点或5点。在18世纪90年代，一位乡村中人在信件抱怨说，在城市里，“礼仪、习俗、就餐时间，简单来说，就是在过去的40年里，所有的各种事情……都变得让人感到不可理喻”。[74]在18世纪80年代，凯瑟琳·哈顿（Catherine Htton），即威廉·哈顿的女儿，有一次去德比郡阿什顿（Ashton）的牧师家中做客。当她坐下后她立即被这场盛大的宴会震撼到了：“下午三点钟，我们坐到桌前。当时桌子顶部放着鲱 227
鱼……桌子的尾部放着一排烤小牛肉……中间则放着热气腾腾的鸽肉派（pigeon pie）……然后是火腿和鸡肉。当这些东西吃完后，端上桌的是红醋栗馅饼。”尽管哈顿家族此时已富裕起来，但是凯瑟琳仍然觉得这种炫耀性展示没有必要：牧师的“表情就说明他已经醉了，他在桌上的行为说明他是个贪图口欲之人”。[75]在普通的商人、工匠和中产阶级群体中可不会有这样的习惯，这些人按照传统的就餐规定在下午1点吃正餐。[76]

富裕的中产阶层和精英群体的正餐有着种种规定，并且餐食规定要根据客人和大家族的具体情况来执行。餐厅中有多件贵重的家具：红木桌子、高级椅子、银制烛台、餐具以及亚麻餐桌布。[77]到18世纪中期，格拉斯哥和爱丁堡的上层中产阶级把独立的餐厅放到男性社交的中心位置，并且在屋里摆上了最昂贵的私人物品。其实在18世纪早期，人们就已经投入重金购买床架、床垫、被褥和床帘，但是到了18世纪60年代，一张大餐桌再配上一组椅子才是最有面子的事情。餐厅中也有大量的酒水玻璃瓶和装饰华丽的大酒杯。不过，在苏格兰上层中产阶级家庭中，男女共处一室用餐的场景要到19世纪前20年里才陆续流行开来。[78]

在普通阶层中，就餐仍是生活中的核心事件，并且就餐期间的性别分离也不那么严格。烹饪和就餐在中等阶级和劳工阶级的家庭中占据特别的位置。就餐时间的社会习惯、餐桌的布置、食物的摆放是中上阶层所阅读的行为手册和礼仪要求中论述的主题，不过大多数的习惯都是潜意识的行为。食物的摆放一般由家中的妻子或母亲来做。在中下层家庭中，这一工作很少由仆人代劳。在进餐时也是如此，其关键是要能够围坐在一起吃饭，当然也要有合适的就餐用具、刀具，以及高级别或普通款陶制碟盘和玻璃器皿摆放在
228 桌面上。到17世纪后期，桌上的菜肴变得更加精致，甚至在约曼农家中，通常在一堆碗碟中也只拿出三件“碟盘”来装菜。现在人们在吃晚餐时不再使用木盘和硕大的浅盘了。[79]亲属、朋友和访客会被留下来吃饭，这样的中产阶级就餐区就成了家庭私人空间中的“前线”，因为外人时不时地进入餐厅。餐厅也就跟会客厅一样，要用最好的东西进行布置和装饰。[80]

早餐和茶饮成为全新的习俗，此二者与热饮，即茶、巧克力和咖啡，以及瓷具、钢具、镀银器具和玻璃器皿的引入有关。到1760年时，一份吐司、肉卷和茶组成的早餐成为中产圈的标配。在精英阶

层中,早餐主要由男性享用,因为男性精英会在体育活动和商务旅行前进早餐。[81] 229

茶饮是家庭活动,并且在18世纪后期之前主要仅限于中上层阶级享用,但是它很快在工匠、劳工阶级以及穷人中传播开来。茶和咖啡与礼仪行为有着特别的关系。托马斯·肖特博士(Dr. Thomas Short)在关于18世纪中期的茶叶研究中提出咖啡和茶叶具有公共价值。饮用这些新式饮料与人们所追求的行为有关——商业活动、对话聊天,以及对言谈举止充满智慧的追求。咖啡屋中的公共原则很快就演变成咖啡屋文化并流行开来。茶饮成为一种招待访客的仪式。它具有大众所认可的一套仪式,并且这些茶饮中的便携式的器具无论是简约、昂贵还是繁复都为人所接受。与其他社交或酒水饮用的仪式不同,饮茶活动并不在酒吧或咖啡屋中进行,它是在私人的家庭空间中完成的:家庭中的妇女可以参与其中。[82]到18世纪中期,在许多中产家庭中,会客室已经不再单纯作为公共的接待室使用,它成为兼具公共和私密性质的舒适空间。家庭使用会客室招待的客人经过细心的选择,并且会客室中有图画、印刷品、小茶桌和上好的瓷器。1743年,布里吉特的伊丽莎白·威尔斯(Elizabeth Wells of Bridge)的会客室中有“五件瓷质茶杯和茶托”。[83]跟其他仪式一样,茶饮为可视化的公共界限提供了一个注脚。这一仪式的意义通过将其公共化、可视化和可辨识化得以确定。物质性的事物才能最有效地确定这些活动意义。这些物品与其他家庭物品相比较越发昂贵,其意义的确定越有效率。日常生活中的用具与只有周日才用或招待客人时才用的珍贵器具区别开来了。茶饮提供了家庭所有成员都可参加的社交机会,并且茶叶、装饰性瓷器、高等级的陶器,以及银盘和银器都在饮茶过程中作为奢侈品而得到展示。饮茶活动也成为固定化的仪式;客人的访问并非天天有,但是人们可以预料社交活动的时间。饮茶活动以及相伴随的各种器具和陶瓷器在两个方面受到人类学的审视。它既增加了个人的可获得的资源，也标明了人的等级身份。[84]

讽刺作品嘲讽了这样一种“精美的”戏剧场景:富人们围坐在茶
230 桌的精致瓷器前,而与此相对照的则是妓女和穷苦劳工的生活状态。按照宣传手册和小报作家的说法,围绕着茶桌所形成的公共和私密空间为富人们谈论最新的色情文学提供了机会。托马斯·斯特雷瑟(Thomas Stretser)曾谈到他的文学作品《一个快乐之地的新鲜事》(*A New Description of Merryland*,1741 年)①的大众接受情况:“我很遗憾地发现,一些男人和女人太容易就接受这本言辞优美的小册子。在茶桌上交流时,他们一些人对本书一些内容表现得犹豫踌躇,但谈到快乐之地这一部分时却毫无羞涩之情。”[85]

在荷加斯的讽刺性系列画作《一个妓女的生涯》的六幅画作中有三幅画出现了茶桌的场景。第二幅画中描绘了一位情妇待在装饰昂贵的公寓中,画中的洛可可风格的红木茶桌翻倒在地,而东方瓷器也在地上碎成一片片。在第三幅画中,这位情妇已经成为特鲁里街(Drury Lane)的妓女。画中她的女仆衣衫褴褛,正在给她倒茶,而画中的茶具则包括一件精致的小茶杯和茶罐,糖罐和茶壶,在木质圆床边的桌子角处则是一个废水盂。这一系列的第五幅画中,这位妓女去世了。在画作的中心一个粗制的圆桌倒在地上,而碎落的瓷质茶壶也静静地躺在地上。[86]道德家批评了穷人的奢侈消费习惯,认为他们接触茶具将玩物丧志。乔纳斯·汉韦(Jonas Hanway)这位 18 世纪颇有影响的道德改革家在 1721 年指责劳工穷人们在饮茶时把注意力错误地放到茶具之上。[87]苏格兰人对于在连续 20 年的时间里饮茶之风在东海岸和渔业地区传播开来的情况表示警觉。

① 托马斯·斯特雷瑟的《一个快乐之地的新鲜事》是 18 世纪英国性爱小说的代表作之一。

苏格兰人说，茶叶“已经变成了‘马瑟尔堡(Musselburgh)的乞丐和渔民们’最常见的早餐，而仆人和看门人整天沉醉于饮茶，而且这些茶叶的价格跟先前的麦芽酒一样便宜”。[88]

这样的警告表达了饮茶之风已经传播到劳工阶层和穷苦人之中，而妓女的故事则在嘲讽文雅社会的黑白颠倒，不过，更值得关注的是，中产阶级把茶桌上的仪式性社交和物质器具转化为他们社会 231
地位的标配。那些生活尚过得去的人和那些富裕者同样重视一组上好的瓷器所带来的意义。

在1720年到1780年间，那些生活在布里斯托的人平均每家拥有超过14件瓷器。像约瑟夫·马克斯(Joseph Marks)这样普通的一家之主虽然家资不过48镑，但他也拥有一打瓷质茶杯、茶碟，八件巧克力杯，一件茶壶，以及五件银勺。甚至萨缪尔·帕雷特(Samuel Parrett)这样一位只有11镑10先令家产的贫穷锡盘制造工在1713年时也有11件瓷质咖啡器具。[89]

妇女们负责泡茶和招待工作，还要与客人礼貌地攀谈，还要主持包括访客在内的非正式家庭社交活动。凯瑟琳·哈顿写道：“普利斯特利博士羡慕我的父亲(威廉·哈顿)。他经常给我们带茶叶来，不过他不讲究繁文缛节。”虔诚的朱利叶斯·哈代(Julius Hardy)是一位中等规模的纽扣制造商，他也证实了饮茶过程中的相对随意性和开放性。尽管他是一位单身汉，但他记录了几次他人来访或他访问别家——有些是受邀而来，有些是偶然拜访——时的饮茶活动。这包括女性的造访。像南希·加德纳女士(Miss Nancy Gardiner)就独自造访，因为她把饮茶当成了求婚的场合。[90]中产阶级家庭的饮茶装备和瓷质茶具是家庭奢侈品支出的大头；在富裕阶层家庭中，饮茶有利于展示家庭女性的文雅行为和展示私人所有的时尚物品。在工匠和小商人群体中，饮茶同样重要；人们尽力寻找最好的器具，因为饮茶是最具包容性的社交活动。茶叶来自商店购得或家中的存货。[91]中产阶级把体现精英阶层的行为举止和斯文教养的社会习俗变成自己的社会要求。

各阶级受益于商业的扩张,他们把商业活动与人生追求和人的“文明化”联系起来了。在苏格兰,启蒙作家们认为经济进步与物质商品和社交活动的更广泛的接触有关。[92]在商业辩护者看来,当旅
232 店老板和商店老板给其他人出售商品时,他们的行为举止得到了升华。矛盾的是,市场地区的人际交往的行为准则却是来自地主精英们的带有贵族范的礼仪。文雅教养是从“平易近人的斯文”(accessible gentility)这一形象演化而来的。在面对各社会阶级截然不同的行为方式时,文雅教养具有居中调节的作用,它能帮助人们实现应有的社会地位和社会尊严。[93]所以,这个“文雅教养”就不仅是人际关系的指南;历史学家们已经把它应用到物质文化、家庭或公共空间,知识生活,以及制度结构的研究中去了。[94]这是都市中产阶级特有的精神气质,在公共场合,它为咖啡屋和俱乐部提供了行为规范。当某人进入咖啡屋和俱乐部中吃喝和谈话,如果他环顾四周会发现房主将房间布置得井井有条并有着美妙的装饰,但在这背后却有着一系列非正式但却合理的行为要求贯穿其间。不过最重要的是,文雅教养体现在城市商业生活的方方面面。商人和贸易人员要想把东西售卖出去,他们要注意在对话中应该“看人下菜碟”,而且顾客希望能够获得友好接待,此外,他们房屋的位置、类型和装饰风格也对销售结果有影响。[95]职业人士在为他人服务时也要体现自身的正直美德,同时他们的售卖行为既要让人感到舒服又要表现出“见多识广”,展示私人财产中的绘画、书籍、钟表和其他数学工具会受到高度评价。商店主人们的店内布置要符合顾客们的心意,出售的物品也要与自己形象相符合;顾客们希望在与店主对话时能得到一些购物建议,这可不仅是一锤子买卖。就在18世纪一开始时,曼德维尔描述了糖商如何做买卖,在他举的事例中,这些糖商要想提高自

已的商业声望,他也需要一系列消费者文化的帮助,这包括:乡村别墅、马车、小心布置的餐饮场景、骑马活动、谈话和幽默气氛。[96]

中产阶级所希望达成的文雅状态离不开与其他阶层之人的交往。谈话交流人人都可做到,但它也需要“升华技艺”的帮衬,比如借助于花园娱乐、戏剧舞台、阅读书籍和听音乐等休闲活动来创造更好的交流环境。威廉·哈顿坚持认为,伯明翰充满了文雅的气息,但没有贵族气。“这里盛产绅士和纽扣,他们身上打下了伯明翰的烙印,但是他们一旦成熟就要离开伯明翰了。”他还认为,“一个城市的繁荣取决于该城的商业状况,随着商业的繁荣,知识、自由、品 233
位、奢侈、权力和文明也随之活跃”。[97]

地方上的中产阶级消费者认为他们的文雅教养行为要比贵族式的奢侈和大都市的时尚更有优越性。他们希望在以下新式设计品中发现简约、品位和“进步”的风格:韦奇伍德花瓶,苏荷厂的茶壶,谢菲尔德的刀具、钟表、自动装置和测量仪器、印刷品和雕版画。新发明的商品是科学和技术知识的体现。[98]这些有教养的中产阶级购买者所需要的奢侈品与过度奢华无关;它们是知识、便捷性和个人选择能力的体现。男人和女人们在购物和私人物品上有决定权;跟阶级一样,性别也影响了人的选择能力。

性别与消费者

中产阶级在18世纪这群新商品的消费者中具有一种独特的领导地位。但是,我们总是隐约觉得这些消费者是一群妇女。女性消费者主导着这场“消费革命”的外在特征。这些特征可以追溯到当时的消费行为和性别关系这一点上,并且与精英妇女及其仆人也有着千丝万缕的联系。约翰·盖(John Gay)在1725年的一首《致一位热爱古老瓷器的女士》诗歌中给这样的联系提供了一个想象的例子：

> 她的胸中燃起热焰！
> 她的眼中流露出苦苦追求的渴望！
> 要是那双明眸落到我的身上，
> 我将会多么开心，多么喜悦！
> 那我的对手是谁？一个瓷罐。
>
> 瓷器是她灵魂所系；
> 一个杯子，一张碟盘，一个碗
> 都能燃起她心中的渴望，
> 都能燃起她喜悦的火花，都能让她难以安眠……
>
> 丈夫们可不像圣哲那样看淡一切，
> 他们对妻子购买瓷器的热情横加指责；
> 234 他们认为妻子们大手大脚，
> 认为她们的心只给了这些如此脆弱的物件。
> 但是，难道那些智者关心的东西，
> 就是坚如磐石、稳如泰山吗？[99]

桑巴特在《奢侈与资本主义》一书中认为奢侈的崛起在根本上是由于人类获取感官享受这一心理动因，而感官享受又来自性欲。情妇、交际花和沙龙文化为消费者文化提供了迷人的女性。[100] 齐美尔也认为时尚潮流背后有着性因素，而且这一因素根植于人的心理需求，这一需求既是模仿性的也是竞争性的。他还认为，在适应社会与个性追求之间的冲突之根源也在于此。这是以阶级为基础的，在上层阶级对新奇性和独特性的追求达成后，就是下层阶级对这一风格的模仿了。[101]妇女喜欢体现地位和独特性的时尚潮流。

可以认为，妇女们对消费品的热烈追求是普遍现象，这受到享乐型奢侈消费、女性的虚荣心和时尚潮流的驱动。尼尔·麦克肯德里克认为，女性对此有积极性，仆人们也是传播消费热情的特别力量，这两个群体在奢侈争论时已经从性别的角度进行过探讨，比如在桑巴特和齐美尔的名著中，以及在托斯丹·凡勃伦的《有闲阶级论》（*Theory of the Leisure Class*）中已经有过淋漓的阐释。仆从、交际花，乃至工业界的女职工也被认为是这些欲求的主体。道德家们对年轻的纺织工们花费钱财购买“上好的布料和其他华而不实的东西”表示了谴责。[102]历史学家们现在虽然很少解构这类认同，但是他们审查了这种认同所支撑的政治和道德话语。[103]此外，他们把当时的意识形态内化为实用的社会行为。

像德·弗里斯关于“勤奋革命”这类与家庭行为有关的新研究就在某种程度上基于这些18世纪的假设。德·弗里斯的理论认为，家庭内部关于劳动、休闲和消费的决定是在丈夫、妻子和儿童之间做出的。德·弗里斯跟麦克肯德里克一样都注意到了妇女（假定是一位妻子）在给家庭事务做决定方面的角色。他描绘了从消费品相 235
对自给自足到走向市场供给的这一转变，这也是从女性制作的家用商品转向商业化生产品的过程。他用一个家庭模型（或理论构建）解释了消费行为在劳工阶层和工匠阶层中发生了怎样的转变以及这一转变的原因。在德·弗里斯的模型中，妻子承担了消费行为决策人这一重要角色，并且妻子在再生产、生产和消费三者互动中有着关键性的位置。她是一位“积极的消费者”，并非时尚潮流的消极受害者。她愿意改变自己的品位从而为自己和家庭购买市场上的新奇之物和奢侈品，当然，她在家庭决策中也是有着强势地位的。[104]在决策上的权力也体现在了争取权力的过程中，后者又有赖于妇女工作机会的取得。无论是在原工业化时期的新式消费工业中,还是在工业革命的早期,女性劳动者至关重要。这一劳动群体又为产品提供了消费者。因此,德·弗里斯的模范家庭为新兴工业既提供了劳动者又提供了消费市场。

德·弗里斯的“勤奋革命”的概念为消费行为在这一时期的经济转型中争取到了一席之地。德·弗里斯还把性别和家庭行为放到了他的解释框架之中。然而,这一概念也关注到了消费与劳动力之间的关系,并且还与劳动妇女有着重要的关系。在低收入职业中,女性劳动力的增加并不必然给予女性在家庭决策中以权力。尽管注意到性别关系,这一理论并没有说明女性和男性各自在消费活动中实际有哪些习惯,而且它也没有解释中产阶级妇女的消费喜好。

相关的档案材料很稀少,主要是从小说、色情文学和男性视角的作品中构建性别再现研究的大厦。[105]我们经常把女性所拥有的可移动的消费品看作她们在家庭中处于从属地位的体现,而且还认为她们所拥有的这些华而不实的小物件是对她们缺乏地产和住宅
236 的补偿。要想找到不同性别在私人财产和购物习惯方面的不一致的证据就要对家庭财产目录、遗嘱文本、家庭账目、家庭通信、日记和自传做一番细致、艰苦的研究。

伊丽莎白·沙克尔顿(Elizabeth Shackleton)是一位兰开夏郡的小乡绅女性。她留下了一部日记给我们探究精英女性的日常支出和她们购买物品的价值提供了机会。正如阿曼达·维克里(Amanda Vickery)所言,妇女的消费行为主要是为了给家庭提供有技术含量的物品和服务,而这离不开与其他妇女之间就价格、品质和易获得性方面所达成的信息收集和共享。沙克尔顿所购买的时尚服装、家具和瓷器体现了她的社会地位并给她带来了乐趣,但是在家庭史、个人记忆和社交方面,这些物品也有着其他的购买理由和意义。[106]对于那些中下层中产阶级妇女,我们必须看看相关的遗嘱和遗嘱目

录，并且要特别关注遗嘱中所表现出的相似的消费行为。

洛娜·韦瑟里尔（Lorna Weatherill）对中产阶级的经典研究就是基于1660年到1760年的遗嘱目录，并且她指出了男女之间的私人财物并无太大不同；比起同等级的男性，女性在拥有新式装饰品方面的比例要高一些，但是这些不同之处微不足道，无法形成物品占有方面的一种女性次文化。她还强调，妇女们所拥有的物品表明她们把自己看作家族和家庭的一分子。[107]如她所言，甚至从遗嘱目录中所获取的关于消费意义和动机的有限证据也能表明家庭妇女在家庭烹饪、家庭布置和饭食服务方面的作用。遗嘱目录也让我们看到了家庭空间的利用情况，以及物质财富的数量、种类和分布。一种与众不同的与餐食供应和吃相关的物质文化在17世纪中期到18世纪中期之间出现了：这包括装饰性的陶器和瓷器、刀叉、服务行为和礼仪，以及饮茶仪式，所有的这些都处在家庭的“前线”位置。[108]

男女之间对于他们所拥有的物品有着不同的概念，这没体现在财物索引中，而是出现在遗嘱的捐赠物品目录里。谢菲尔德和伯明翰的妇女所捐赠的服装、珠宝、亚麻制品和银制品的数量要比男人 237
多。妇女们描述自己的物品，以及把这些物品给予她们的亲朋好友的方式也与男性不同。妇女们提供了这些物品的详细描述，服装，轻质家具，花色亚麻布和餐布，以及茶具和瓷器都是个人的、带有表达欲的物品，它们表现了所有者的地位、个性以及当时的时尚特征。她们的捐赠目录具有内在的意义，它深刻地体现了妇女们所处的亲友网络的情况。男人们留下目录中关于服饰和家具的描写细节很少，而且这些物品一般直接传给家庭成员。那些留下遗嘱的妇女们则在旧时继承的财产中再添上新商品，它们不能轻易地归类为时尚奢侈消费品，也不能被简单地看作家庭或家族繁荣兴旺的象征物。她们遗嘱中所展示的一系列服饰、轻质家具和装饰品都明显属于个人财物，所以它们才被立遗嘱者详细描述，并且还要进行一番周到的考虑以便在亲朋好友中分发。[109]

表 6.4 遗嘱中所见商品种类:根据立遗嘱者的性别,伯明翰和谢菲尔德,1700—1800 年

	伯明翰		谢菲尔德	
	男性 %[a]	女性 %[a]	男性 %[a]	女性 %[a]
服装	15.64	26.98	7.21	25.64
家具	17.77	19.84	22.14	28.85
家用物品	40.52	18.25	24.61	20.51
亚麻品	14.22	21.43	10.72	19.23
珠宝	4.74	16.67	1.76	9.62
装饰品	1.90	1.59	0.53	0.00
碟盘	1.66	8.73	5.62	6.41
银器	12.08	15.08	6.68	15.39
瓷器	5.69	6.35	2.11	5.13

a 意为立遗嘱者在遗嘱中留下的这种物品在所有立遗嘱者所遗留物品中的比例。

说明:1700—1800 年伯明翰和谢菲尔德金属制作工遗嘱档案的分析。

样本:422 位伯明翰的男性金属制作工;569 位谢菲尔德的男性制作工;126 位来自伯明翰的各行业的女性;156 位来自谢菲尔德各行业的女性。

资料来源:Records in Diocesan Record Office, Lichfield, and the Borthwick Institute of Historical Research, University of York.

238 妇女和男人们都强烈地意识到服饰的意义。服饰在保险估值中有很高的地位,并且那些留下很少现金或没有财产的人也会留下详细的服装捐赠描述。在 18 世纪早期富裕的伦敦商人中,一位学徒所拥有的服装的价值在 10 镑到 20 镑之间,而一位小商人的妻子描述她的服装的价值在 15 镑到 20 镑之间。这些中产商人的家庭每年在购买服装上的支出占总开支的四分之一。这些服装的价值之所以受到重视是因为服装及其配饰能够表现社会等级与流行时尚的变化;传诸后人的服饰修改一下或升级一下并不困难。这些服装的装饰品和配饰在新式消费品中也是鼎鼎有名,许多配饰都是在伯明翰制造出来的:纽扣、金属扣、珠宝、钢制饰品、纪念章。一张18世纪的发票列举了8种衬衫纽扣,14种镀金、镀银、锡制和角制纽扣,以及7种带扣和32种袜子。尽管这些服装有着如此的价值,遗嘱文本则说得很清楚,大多数妇女把她们的服装捐赠出去是因为它们能表现主人的身份。一位妇女的服装捐赠目录也是她的身份中的某些要素传给她的好友和近亲的过程。[110]

中产阶级妇女也有装饰性家具,其中许多新款、流行款的物件都经过她们的精心细选:小桌子、绘图桌椅和藤条桌椅,以及茶桌和茶叶箱。让我们看看这些妇女是如何描绘她们的物件的,以及她们与接受物品一方的关系。[111]伯明翰寡妇的情况能够反映中产阶级的收入和财产占有的情形。寡妇埃莉诺·梅(Eleanor May)在18世纪第一个25年间去世。她的遗嘱清单中物品价值81镑,这其中包括白镴器具、烛台和窗帘。但是她在遗嘱中留给女儿一张梳妆台,四把椅子,以及一张椭圆形小桌子。一位金属匠的遗孀伊丽莎白·莱恩斯(Elizabeth Lynes)在1739年建造了一座房子。在遗嘱中,她没有把房子遗赠给女儿,而是把这座房子里的一张大的"椭圆形"桌子,一张小方形桌,以及夏季别墅中的桌子和6把藤椅给了她的女儿。铁匠遗孀萨拉·卢米(Sarah Loome)在18世纪中期时给"一位可亲的近亲女性"遗留了她最好的卧室内的方桌和穿衣镜。在18世纪90年代,一位精炼工的遗孀伊丽莎白·法夸尔森(Elizabeth Farquharson)则把生前用过的四把带有图案的椅子,一架红木脸盆
架,一个床头柜,以及床架、床垫和亚麻锦织窗帘统统留给了她的妹 239
妹。她还进一步写道,在她妹妹去世后,这些东西给她的朋友。在谢菲尔德,格蕾丝·盖恩(Grace Genn)给她的女儿留下了一张红木

茶桌和茶叶箱,而到了 18 世纪末时,伊丽莎白·安德顿(Elizabeth Anderton)则把客厅中的半打“皮革底的”椅子,一张摇椅,和一张圆形的橡木茶桌留给了她的女伴。

伊莎贝拉·道森(Isabella Dawson)要更富有一些,她留下的房屋和现金价值 320 镑。她在给年轻亲属分配财产时很费了一番心思。她把“后屋里的一张胡桃木框架的大穿衣镜”和一顶花轿留给了她的侄女,而她的侄子则收到了会客室中的那张红木椭圆桌,以及后屋里的一把椅子、一张穿衣镜和一张橡木椭圆桌,此外还有她的红房子(red room)中的老式钟表、办公桌、靠背长椅和双排抽屉柜,以及一张以蓝色丝织品为盖面的椅子。另一方面,她丈夫的侄女也收到了她的茶具,包括红木家具、茶叶箱和茶托,饮茶瓷器,红
240 白釉盘子,蓝白釉瓷盘,镀银烛台,漆金摇镜,以及一架黄丝火炉栏。

妇女们在遗嘱中详细描述了家庭物品的情况并小心翼翼地将它们分配出去。茶具、银器和亚麻制品尤其凸显着家庭和情感与物品之间的联系。人们拥有茶具、茶叶箱、茶托、茶桌和银制茶勺、茶镊、瓷器,但是在伯明翰和谢菲尔德的中产阶级将这些物品在遗留给亲朋好友时,妇女捐赠者的比例要比男人高。无论是男人还是女人,他们往往把饮茶物品遗留给女性亲朋好友或者是朋友们的妻子。多萝西·里奇韦这位谢菲尔德的大龄未婚女性给她的侄子留下了银制烛台,而她的侄女和妹妹则收到了银制桌台、茶具、一套高级南京瓷和一套瓷茶具。如前所述,格蕾丝·盖恩给她的女儿留下了她的茶桌、茶箱、珠宝,而她的儿子则得到了她的黑马和钟表。

这些寡妇和大龄未婚女士在中产阶级和精英群体的家庭社会活动中占据关键性地位。伊丽莎白·沙克尔顿“钟爱午后茶会”。无论是在商店遇到还是家中招待店主、杂货商、女裁缝时,她都会与她们进行一番茶饮叙谈。商人们来到工场和大商场时也希望受到茶饮招待。茶叶消费不仅涉及茶叶的制作和饮用礼仪,它也与饮茶

器具——制作茶饮的银制和瓷质器皿，茶桌和茶叶罐，以及茶具和刀具有关。这些物品在数量、价值和样式上会因使用者的财富的不同而不同，但是它们到18世纪中期时成为许多工匠、中产阶级和精英阶层的消费支出中的优先购买物。

中产阶级收藏银器和亚麻品，然后再把它们遗留给他人，这是一种给家族联系烙印上标记的行为。男性们经常购买家用银器，而且他们喜欢购买样式保守的物品，但是地方的中产阶级女性给这种传统的消费品增添了全新的风格。她们购买新式银制物品，包括小巧的新奇之物，有咖啡壶、茶壶、汤匙、胡椒瓶、带扣，这些物品后来都会遗留给年轻的亲属。银制汤匙、杯子、糖罐、调味瓶、浅盘、长勺等物品通常会在几个子女或侄子和侄女间进行分配，它们具有家庭纪念品之功能。1739年，伊丽莎白·莱恩斯给她的女儿留下了一个银制鼻烟壶。伊莎贝拉·道森给她的侄子留下了一大批银制小物件，而她的侄女只得到了一个银咖啡壶和两件银制调味汁碟。一位 241
绅士的妻子玛丽·威瑟斯（Mary Withers）拥有两座房屋，而她只把银鞋扣和半打银茶匙留给了她的大侄女。遗嘱中对亚麻织品的描述更详细，许多亚麻品是个人织成的。在伯明翰和谢菲尔德有一批妇女把这些亚麻品作为私人遗产留给了她们的亲戚。

银器和亚麻织品为地方的中产阶级女性们提供了一系列新的物品和设计类型，通过雕刻或标记上姓氏或名字的首字母，这些专有物品附带上了个人的印记或标记；有些人则通过针织刺绣或印制的方式给这些产品带来特殊的设计风格。这些商品在被购买后从普通的市场物品转变成了家族或记忆的指示物。在新式商品上附着个人或家庭装饰品——纪念章、徽章、印花玻璃（stamped glassware）、银制物件、镀层物品，以及印有徽章或盾徽的瓷器——的现象越来越多，这样的物品满足了人们日益增长的给家族和朋友联系留下标记的需求，也为庆祝家庭的特殊时刻或文化节庆提供了新的内容。从一个方面来看,这些物品只是热闹一时之物品,但它们又能因转变为家庭或友谊的纪念品而有了更长久的生命力。女性使用这样的商品——尤其是银制品和亚麻制品——作为遗物提升了人与人之间的亲情和友情。这些银制品以小巧和惹人喜爱为其关键特征,它们是有一些价值,但并不会太高,但却足以让他人记住自己。

男人和女人们在遗留某些物品时往往遵循着一些明确的原则:珠宝、一些银器和白镴制品、宗教书籍和基础款的家庭物品,家具和亚麻制品会留给自己的男性和女性后裔以及或近或远的亲属。妇女们实际上是新式装饰品的积极消费者,但是她们购买的动机也很复杂。服饰、轻质家具、饮茶物品、瓷器和新式银制物品给中产阶级家庭带来了奢侈感、时尚感、个性和身份。它们是现代物品,出现在各个地方,不仅大都市的消费者能买到它们,那些具有时尚感的温泉镇中也有它们的身影。妇女们则在搜集、珍藏和分配这些物品中具有独特的地位。

我们对女性消费行为的研究仍旧不充分,不管是那些普通的、日常的,还是那些宏伟壮丽或流行一时的消费品,我们对这些物品中所包含的生活过程、阶级或城乡区别仍鲜有涉及。然而,对于那种认为贪婪的女性消费者具有自己性别所特有的消费实践的观点,我们已有的证据并不支持。有一些讽刺画嘲讽了那些用法国奢侈品打扮自己的花花公子,认为他们具有阴柔气质,还有些漫画嘲笑
242 的对象是那些粗俗的、腐朽的英印混血的土豪。除此之外,并不存在一种男性特有的消费行为模式。[112]男人们尚未在流行消费史中占有任何重要的位置,这可能是由于人们对女性消费者形成了先入为主的观念,而这又是由于所谓的性别分工(separate spheres)的解释范式所造成的。[113]

男人们在购买新式消费品上所花费的精力比我们想象的要多。

他们经常在地方城镇、大都市和国外旅行时受家人委托购买物品。一些人还会主动给家人购物。例如,1758 年,本·富兰克林给他的妻子购买的那一包英式服装。富兰克林对此作了如下记录:“56 码的棉花上用铜版印上花色,令人惊奇。这是一种新发明物,可以用来制作床幔和窗帘。还有 7 码的印花棉布呈蓝色质地,用它们来给你做一件睡袍。”[114]在 18 世纪和 19 世纪早期,男性的服装跟女性的一样充满了流行元素。我们看一下男性的日记就可以发现,他们对购物活动也很有热情,并且他们跟妇女们一样愿意为自己购买物品且对此颇有些心得。[115]他们的服装样式为社交所需,并且在他们为自己服饰投保的保单中进行了相应的估值。[116]学术界的研究仍旧局限于男性气概与消费行为之间的关系,这跟性别分工话语所造成的局限类似。尽管 18 世纪后期的男性服饰正受到研究者的关注,但是关于 18 世纪(男性消费)的经历仍然成果有限。玛戈特·芬恩(Margot Finn)根据男性日记发现男性跟女性在消费者能动性、日常购物的经历、获得性冲动(acquisitive impulses)和礼物给予上有相似性,并且芬恩的这一观点还受到了阿曼达·维克里的特殊消费者空间(special consumer soace)理论的影响。[117]对诸如假发这样特定的男性服饰,以及对诸如饭厅、壁炉、桌子和大酒杯等男性家内用品所具有的特定品质的研究只是刚刚兴起。[118]

精英阶层的男性在家庭购买大件家具或者银制器具等需较大开销时,有些人是直接自己决定购买下来,有些人则只是参与到购物过程中。在伊丽莎白·沙克尔顿的居所中,那件大型红木家具是她的丈夫在去兰卡斯特的吉洛公司(Gillow's)时的一次特殊旅行时 243
买下来的。在为家庭购买帕克和威克林公司(Parker and Waklin's)的碟盘时,主要是由男性做主。诺福克郡的尊敬的詹姆斯·伍德福德(Revend James Woodeford of Norfolk)是一位单身汉,他的侄女帮他打理家业。他在日记中记录了自己的购物情况以及日常事件。在

1789 年 9 月的一次伦敦之旅中,他在斯特兰街的一处商店里花 10 镑购买了一打银制大汤匙,半打银制甜品匙,11 月,他去诺里奇时又购买了两个由两片红木板组成的大桌子、一个新的红木脸盆架,一件二手的带抽屉的红木梳妆台。与购买银汤匙的情况不一样的是,这些家具在购买时经历了一番讨价还价,最终以 4 镑 14 先令 6 便士的价格拿下。他宣称:“我认为这些东西买下来很便宜。”[119]来自萨默赛特的威廉·霍兰德(William Holland from Somerset)是一位家财不浅的牧师,他曾与妻子一起去巴斯为自己最好的客厅购买椅子,他很欣喜地发现了“六张非常典雅、便宜”的椅子。这两个人很明白质地上乘的物品和二手的物品之间有着怎样的区别,并且伍德福德为了给他的桌子找到合适的瓷器和玻璃器很是费了一番功夫。[120]

来自中产阶级中下层的男士既包括技工/工匠群体,也包括中等收入群体。这群人对于他们所购买的家具、书籍和生活用具充满
244 了骄傲之情。勤奋的裁缝兼马裤制造商弗朗西斯·普莱斯(Francis Place)曾对他在婚姻早期所拥有的物品进行过一番描述。他回忆自己“为了购买一些美丽的服饰,床架,配有三四件椅子的桌子和一些床上用品”而省吃俭用,“我们把这些物品和一些家庭用具搬进了空空如也的后屋……我们感到生活条件和前景在逐步改善,我们对此欢欣鼓舞”。普莱斯后来从他的房东手中购买了一件带抽屉的红木箱子和一张红木饭桌,而他的这位房东是一位细木工匠,他“为了买到这些物件是使用钱加服装的方式支付购买而来的”。[121]伦敦鞋匠约翰·奥尼尔(John O'Neil)打两份工,并且“一周复一周地看到我的小屋里逐渐增添进来一些装饰品或生活用具,我很满意,因为我可以再次吹嘘我的生活的舒适度跟大多数亲朋一样好了”。[122]萨缪尔·班福德(Sameul Bamford)曾对他的叔叔的住宅进行过一番描述,以此说明织布工们在其“黄金时代”生活富足之程度。

这里有一打质地良好的座椅,靠背和扶手打磨得锃光瓦亮,而在一个红木盒子里有一座精美的钟;一个带有橡木抽屉的柜子,一个带弹簧的桌子;一个外表光亮的餐具柜;桌子边摆着温度计和康沃尔郡产的装饰品;图片上画着约瑟和他的兄弟,还有其他的几个物件说明了主人对居所的便捷性和装饰风格的重视。[123]

购买瓷器的妇女成为18世纪时人们所嘲讽的对象,因为这象征着女性的肤浅与对物品的贪婪心态,这种观点在不同性别的消费行为中有一定道理。的确,妇女热衷于购买瓷器,她们对韦奇伍德的成功有着重要的作用。她们与瓷器的联系来自于女性在茶饮活动中的位置。妇女们在与茶饮相关的仪式和象征物中居于中心地位。有些妇女到店中购买瓷器,有些创办了瓷器店,还有些女性成为瓷器行业的行家里手。但是男人们也有其地位。在许多男士的财产目录、遗嘱和日记中有不少关于瓷器收藏的记录。男性艺术和印刷品收藏物和花瓶收藏热也证明了这种占有欲式消费主义(acquisitive consumerism)的存在。[124]男人们对于挑选礼物也特别上心,比如韦 245
奇伍德为他的邻居精心挑选了一件"非常优美的螺丝锥",他还为他的兄弟挑选了一对"镶有玳瑁壳和银子的"眼镜,"看起来落落大方"。[125]

消费者的追求跨越了阶级和性别,这刺激着新商品从17世纪后期起快速、大量地涌现。供给侧对这些追求所做出的反应转而加深了对这些商品更广泛、更深刻的需求,而消费者购买这些商品也满足了他们对时尚、体面和舒适便捷生活的渴望。这些新式消费品通过技术变迁得以产生,不过最重要的因素还是产品本身所发生的
更新。 246

第七章 “购物就是不断前往的地方”：时尚、购物与广告宣传

一些女性挑选物品时的理由难以名状，可算作一个天大的秘密。

——伯纳德·曼德维尔：《探究社会的本质》

引言

对于中产阶级来说，他们渴望获得、购买并展示自己的新式装饰性消费品，因为它们具有现代性和独特性。精英群体纷纷翻修或建一个全新的乡村别墅，屋内的装饰则根据最新的时尚潮流进行整修。无论是富人们在伦敦西区的新建房屋，还是伦敦克勒肯维尔（Clerkenwell）和斯比塔菲尔德（Spitalfields）的工业商人的住宅，或者是伯明翰的克勒莫尔大街（Colemore Row）和新街，这些地区的许多家庭都在进行房屋装修。街头成为新公共空间，街道使用石头铺成，商店也是鳞次栉比位列路之两旁。它们为发明、购买和展示新奇之物提供了舞台。人们去伦敦的新区或地方城镇购买家庭内部装饰所需，有些物品属于首次面世，而有一些则是旧产品的全新升

级版。

商品要想吸引人首先要有时尚感。时尚不仅属于女性服饰的特征,它也是多数装饰性物品的内在品质,它通过在公共或私人空间中展示和使用而传递出时尚感来。这些新商品的销售市场并不由其价位和品质决定,时尚感才是其根本。时尚感很快就融入进所 247
有的装饰品,乃至日常物件之中,而这种时尚感也是购物者所心心念念追求的。

然而,经济史学家和社会史学家从未把时尚当作社会发展的动因而严肃对待之。尽管文化史学家经常把时尚作为研究主题,但其内涵很少得到界定,通常也只与服饰变迁放在一起研究。在20世纪之前的很长一段时间里,时尚被认为是由法国人推动的。时尚或“流行”在《百科全书》中有着独立条目,但波斯尔思韦特的《商业词典》(*Dictionary of Commerce*)却未收录这一词条。谢瓦利埃·德·若谷先生就曾指出,乐趣、装饰、轻浮和幽默是奢侈品制造业得以成长的关键因素。法国在这一点上确实领先于不列颠、德意志和意大利等地区。他也对时尚贸易所具有的不稳定性和易逝性提出批评。他还认为,法国正抛弃它过往的典雅品位、健康的追求、丰富的学问和昂扬的精神,现在的法国充斥着疯狂、虚伪、轻率和愚蠢的气息。[1]

那些研究消费主义的英国历史学家则把时尚看作18世纪社会转型的关键,认为其对英国的意义跟对法国的意义一样重要。麦克肯德里克宣称有一个“西欧的时尚模式”与“欧洲的婚姻模式”相匹配。[2]我们今天从个性和奢侈感的视角看待人们的消费行为,而不太从大众市场的角度进行考察。与此正相反的是,在18世纪的经济发展过程中,人们对时尚在大众市场中的作用的熟悉程度看起来比25年以前人们所感知的程度要深得多。[3]我们现在对时尚在整个经济中的作用有了更多的认识,时尚消费主义刺激了棉花工业的更新和生产。[4]英国的消费主义在 18 世纪进入时尚业的顶级水平时走了一条自己的路,它在品位、样式和奢侈感等方面战胜了法国在这一行业积累已久的声望。到这一世纪末期时,装饰性和家庭所需的消费品以及男士服装为特色的“英格兰的味道”(le goût anglais)在欧洲和美洲市场兴盛
248 起来。

定义时尚并了解消费者的品位

跟奢侈一样,时尚在贬低者嘴里讨论的概率可比投资时尚的人士高得多。维尔纳·桑巴特和托斯丹·凡勃伦都把时尚看作奢侈的组成部分。桑巴特引用 18 世纪的评论者的观点并认为时尚是“一位女士……她的身体让人难以搞懂且变幻莫测……一眨眼的工夫,她就发生了改变”;她由其兄长,品位,介绍给社会,并且成为群众艳羡的对象。凡勃伦把时尚看作未得充分利用的物质,它本可有更好的前途。[5]在对时尚如何影响消费者选择和消费者行为问题进行研究前,我们首先需要定义什么是时尚。这一问题,经济学家给不了什么帮助,时尚只是品位的一个方面、一个变种或一个特点,通常它们有着固定的位置。社会学家和文化理论研究者把时尚看作社会控制(social manipulation)的一种方式,时尚使我们成为广告业的创造物,或让我们只会跟随他人的惯习。

在定义与消费者新品位相关的时尚时涉及三个方面:感官感觉、新奇性和仿制性。丹尼尔·罗歇(Daniel Roche)认为,时尚通过仿制得以运行,从而将宫廷、城市和人群之间社会惯习(habitus)的不同凸显出来;它具有变换易逝、手工创造的特性,以及对人类本性中热爱之心的发掘;它还与文雅社会中的习惯、品位和礼仪得体相遇。[6]感官感觉、新奇性和仿制对于时尚界和新商品零售业有着怎

样的意义呢?

品位涉及感官感觉的这个世界:外在形状、气味、颜色、滋味和声音,也正是这些感觉影响到了现在和过去的一众消费者。如果我们把品位看作一个变量,并且将组成人们品位的诸多感觉一一揭示,那么我们就进入到时尚的世界了。我们也就能理解为什么时尚的外在表现总是与性有关。桑巴特认为,奢侈来源于感官上的乐趣。

> 所有的个人奢侈都是从纯粹的感官快乐中发生的。任何使眼、耳、鼻、舌、身愉悦的东西都趋向于在日常用品中找到更加完美的表现形式。而且恰恰是在这些物品上的消费构成了奢侈。归根结底,可以看到,我们的性生活正是要求精制和增加感官刺激的手段的根源,这是因为感官的快乐和性快乐在本质上是相同的。

他引用了梅西耶(Mercier)这位旧政权时期巴黎的严厉批评者
的话。梅西耶认为,巴黎充斥着太多的新奇感和乐趣: 249

> 感官不再感到满足,它们已经迟钝。我们不再遇到令人兴奋的变化,而是面对怪诞的和使人生厌的铺张浪费,这就造成了时尚、衣着、风俗、举止、言语在没有恰当原因的情况下持续发生不断变化。富人很快就对新的快乐感到麻木。他们房中的陈设像舞台设备一样可以随意改变,穿着成了真正的任务,吃饭是为了炫耀。[7]

感官感觉提供了认识时尚产品特征的第一步。在经济学家眼中,时尚属于心理分析学家、人类学家和语言学理论工作者的地盘,他们从社会功能、象征物、符号、联系和交流体系来研究时尚。[8]时尚带来的感官享乐尽管受到桑巴特和梅西耶的批评,也尽管它被看作贵族式的病态表现,但是它也对其他的社会阶级产生了吸引。时尚品给中产阶级和下层群众提供了“感官刺激”,其中就包括,人们为了获得它们而放弃了一些日常必需品。[9]银和钢在镜中反射着微光;水晶玻璃在烛光下闪烁,很快就能吸引到人们的目光;木头的涂漆外立面和轻质半透明的瓷器让人产生了对这些质地特别丰富的物品的向往。

新奇性是时尚的第二个内容。西托夫斯基在《无快乐的经济》(*Joyless Economy*,1976 年)一书中描述了人类所有感官需求得到满足后所产生的厌倦感。[10]与之相反的是,对新奇性的追求才能带来持续的乐趣。新奇性、变化性、复杂性和惊奇感都能带来刺激。清漆茶托具有异域风采,有新奇感。切削钢扣也令人感到舒适,它在外形、大小和设计上千变万化。时尚变化万千,是易逝性的升华。在当下,时尚变迁的速度只是产品短暂生命、快速消费和产品形象短暂无常等诸多特征中的一个方面。品位传递出的是一种以美学为基础的理性;品位也体现了一种习惯,即给人带来舒适感和道德尊严的习惯。时尚则不同。它以非理性和暂时性为特征。17 世纪和 18 世纪的时尚所代表的新奇性是对当时的社会现状和一种静止的社会秩序的挑战,它成了个人主义者选择能力的体现,它超越了等级制的生活方式:变化和趋势至少让个人在私下里就品位问题有
250 了一点自由感、选择机会和自主性。[11]它在 16 世纪后期已经影响到了穿着针织品的那些普通人;而在 18 世纪时,对于那些把自己时髦的法式亚麻兜帽典当出去,或者用茶具交换服饰的无产阶级妇女来说,时尚显得更为重要了。[12]

新颖是时尚的核心要素,时尚作为一种基本原则有利于将新颖性引入到具有审美意义的商品中。但是,这类新颖性最初是受到控

制的。时尚要求一定水平的新鲜性(freshness)和创新性,因为时尚物件的更新速度很快,新颖性本身会在消费行为中逐渐消失。[13]然而,新颖性也“存在着边界”。时尚有能力容纳成批的,却又不同的商品和感觉,而且这些商品和感觉在另一种情况下会让人感到困惑不已。要想了解一种新奇之物,就要发展出相关的品位。时尚产品还要经得起仿制——时尚的第三个因素——的检验,又能与其他商品很好地组成网络关系。新商品及其新特征要经历一番“被发掘”的过程,它们的潜力需要辨别才能认识。花瓶变成时尚品是因为它激发了人们对旅行经历、古典历史的记忆,并且它与家庭内部环境和建筑环境可以相映生辉。纪念章——特别在18世纪后期——将其所有者与过往的伟大历程、政治运动和个人成就联系起来了。这些装饰性的配件成为人们的收藏品,也成为送给他人的理想的礼物和效忠的标志。[14]它们之所以成为时尚品也是因为其与商品网络中其他物品有着联系,而且还与塑造这些物品的生活方式和社会身份有着密切的关系。它们的购买者跟今日的时尚消费者一样,都被成系列的商品吸引着:产品线、产品家族,以及包括服装、香水和化妆品在内的“秋冬季系列产品”(winter-autumn collections)。[15]

时尚,实际上还有广泛意义上的消费主义,经常被人贬低为社会仿效(social emulation)。[16]但是,这种仿效要比“模仿比自己厉害的人”(aping one's better)的过程要更为复杂。齐美尔的流行时尚理论与以社会网络和生活方式为基础的象征人类学有着直接的联系。
他把时尚定义为宣示成员身份或忠诚而给物品进行编码的过程。[17] 251
我们需要关注一下这种编码过程与那些热爱展示这些“时尚的”商品人士的社会地位和知名度有着怎样的关系,或者说,商品本身在怎样的程度上体现了这一过程。正如我们所见,亚当·斯密认为不仅物品本身传递出了时尚感,它也传递出了所有者的社会高级身份或富裕生活。他们在通过某种方式展示一个物品时往往充满了自信,正是这一点与物品本身的品质相搭配才塑造了时尚感。斯密提出,服装样式每年都会发生变化,而家具的样式在十年内也会有两次大转变。[18]类似的观点在肖像画家艾伦·拉姆齐(Allan Ramsay)的《关于品位的对话》(*Dialogue on Taste*,1762 年)中也有表达。时尚是“在反复无常中形成的”。三角袖套原来是正方形的,后来“普通阶层的人”把它改造成三角形,但是这种改造“受到了冷嘲热讽,没有人试图去模仿它”。但是,如果一个高等级的人使用三角袖套,并使用多种材料制作它,“三角形袖套就会遭遇完全不同的对待……并且仿制热潮随之而来”。[19]荷加斯也研究了有身份的人群中的行为方式与时尚感的关系,并且他还解释了二者的互动呈曲折发展状态。富人们在舞蹈和击剑活动中风度翩翩,而且“这些社会地位高和个人财富优越的人往往比他们的指导老师更优秀,他们举止娴熟得体并且光彩照人,由于有着优越的意识,他们的行为从不拘俗。如果这样的一个人还受到过良好的教育,那他的表现就会更为明显”。[20]然而,在物体本身也有值得探讨的地方。亚当·斯密就曾指出,物体要综合对照才好“辨认”。“当两个物体经常被放在一起看待时,想象力就会经历一次过渡,从一个物体转到另一个物体。”两件商品的互补性有助于增加二者的吸引力。[21]时尚跟收藏类似——成系列性是关键。时尚不仅出现在服装中,配饰、香水、化妆品,乃至今日的汽车和家内装饰物也与时尚有关。

商人和制造商们吸引消费者的手段可不仅仅依靠新颖性这一空洞的概念,他们还离不开可靠的销售网络、精美的包装和不断更新的产品周期的帮助。18 世纪时所做的这一切与今日没什么不同。时尚产品的售卖并非是无迹可寻的投机行为,它们是在一个具有规律性的时尚圈内进行的。装饰性耐用消费品的产品周期追随着纺
252 织业和服饰业的时尚周期模式,当然其与后者相比在变化的剧烈度和速率上还要弱一些。正如我们所见,17 世纪后期里昂的丝绸商人

在设计能力上有了提高,而且他们还把产品周期作为行业壁垒的武器,进而拓展了他们在国际市场上的份额。商人和制造商们会提前规划年度设计潮流。来自巴黎的市场控制了丝织品的时尚周期。产品周期也受到模仿者持续的竞争压力,设计上的盗窃行为影响着纺织工、制造商和商人之间的关系。仿制、效仿、直接的复制和设计盗窃既是时尚风潮得以扩散的动力,也是推动创新的关键源泉。里昂所生产的接近十分之九的样品被汉堡、那不勒斯、伦敦、德意志、荷兰和佛兰德的工场复制生产。[22]

那些能够持续改进设计风格的人,以及那些能够对设计风潮的变化做出快速反应的人,才在时尚界有着真正的影响力。笛福曾经抱怨过“法国时尚界对英格兰的毒害”:

> 一旦那些丝绸品运抵,我们的织工很快就能掌握时尚新潮流,并按照法国的样式进行生产,但是在他们完成这一工作之前,法国人就很精明地发明了其他风格的丝绸品,这样英国产的就不能在法国当地出手了。正是通过不断改变时尚风格,英国的制造商们受到了抑制,他们掌握法国式的丝绸制造技艺的价值也就不大了。[23]

如果丝绸工业遵循这条时尚原则的话,其他的纺织行业也如此做了。它们从伦敦那里学习印花白棉布生产工艺,从诺里奇和约克郡学习羊毛纺织,从爱尔兰学习亚麻布生产。时尚不仅带来了设计风格的快速变化,它还促使产品多样性供给的快速增长,以及时尚产品中材质构成上的多元化。制造商们在这个新市场上的成功有赖于他们在零售市场上抢占先机的能力,以及他们在这个市场上自己创造时尚潮流的能力,同时他们还接受定制生产订单以降低生产成本。[24]技术进步加速了市场周期变换的速率,新的印刷业和染色

工艺模仿自印度白棉布和法国丝绸的生产工艺,最终让时尚的织品走进中产阶级,并且还通过二手服饰市场的持续发展让劳工穷人们
253 也有机会接触到这些时尚品。[25]英国在新式白棉布和平纹细布的生产工艺上的更新速度比法国要快,这也促使英国在 18 世纪最后 25 年里出现了一次时尚业的转型。[26]

笼罩在时尚风潮之下的消费者市场是纺织业和服装业的根本,而且它也是装饰品行业实现创新发展的原动力。瓷器、玻璃、银制器具和镀银器皿、家具和地毯都投入到时尚业的潮流中,奢侈品市场并非是它们唯一的追求。时尚业要求使用本地材料而不是外国材料进行仿制型新产品的生产,并且时尚业倡导劳动分工和机械化生产,手工劳动并非其特点。斯塔福德郡陶器、英格兰铅玻璃、谢菲尔德镀层器具、英格兰轻质红木和胶合板家具、艾克斯敏斯特和基德敏斯特地毯畅销国内外市场所凭借的可不是其价格低廉,而是由于它们成了时尚的领导者。它们成功地闯进了法国和亚洲奢侈品所称雄的流行市场——这一"认识"很重要——但随后推陈出新,它们推出的新产品成为富人和普通人竞相追捧的对象。

韦奇伍德对法国和亚洲瓷器的仿制工作让他与花饰繁多的洛可可风格决裂,其创造的素色奶油色陶器领一时风气之先。他的产品重现了古典风,令人耳目一新,而其碧绿色和黑色玄武岩器具的诞生也引发时人之关注。他的陶器模仿了伊特鲁立亚风格的花瓶和双耳细颈椭圆形土罐(amphorae),这类产品在市场宣传时强调其承载着古典式美德,并再现了古典艺术。在对法国式品位青出于蓝后,韦奇伍德又激发了人们的爱国情感。英国玻璃也是在仿制的基础上实现了样式的推陈出新,并在国际市场上取得了一席之地并享有威望。新式英国玻璃经历了德意志雕花玻璃的"强力竞争",并在 18 世纪 20 年代时成为雕花玻璃生产行业中的时尚品和流行品——出现了第一批价格不菲的点心盘和点心玻璃盘,以及之后的枝状玻璃吊

灯。从样式简单的啤酒杯、苹果酒玻璃杯到英式高脚酒杯和雕花水杯,从廉价的打兰酒(dram)杯、松子酒杯到果冻杯和糖果杯,以及细颈玻璃壶、浅盘和大酒杯等。[27]

仿制型用具也在18世纪涌现的无数种装饰性金属器具中得到体现。镀银、钢制、铜制、镀金器具,仿金箔和宾其贝克合金器具,涂漆锡器等在制作过程中采用了全新的形式。著名的伯明翰金属扣、 254
纽扣、黄铜器、茶壶和咖啡壶、珠宝和“小饰品”都能在流行市场上出售。类似地,谢菲尔德的镀银器具不仅打开了中产阶级的市场,而且它们也满足了时尚界对物品需要具有轻质性、高装饰性并且表面刻有文字或图案等诸种特性的需求。[28]巴黎时尚季(fashion season)以纺织和服饰贸易而闻名,而它的对手则是号称伦敦季(London season)的以英国装饰性物件为核心的家庭用品市场。季节性时尚圈由巴黎和伦敦共同奠定,它们对流行服饰中所有的配件和装饰品——金属纽扣和瓷纽扣、带扣、珠宝首饰、手表和表带、浮雕宝石和鼻烟壶——做出了种种规定。新的设计风格初兴于伦敦,传播到巴斯时预示着这一潮流进入盛期。伦敦、伯明翰和巴黎小饰品业之间激烈的竞争推动着装饰品时尚市场的前进。

装饰品和商品群为18世纪产品创新和时尚宣传提供了关键性的领导力。此外,正是在这样的行业,英国的新商品大量涌现,也是其在国际市场最为成功的行业。时尚的仿制过程不仅出现在新设计风格的周期性变换,也不仅出现在生产周期对市场认可的努力追求;在大众对物品的收藏过程中,以及这些时尚品所传递的与生活方式有关的新思潮中也能发现它们。

时尚不仅由设计师打造,零售商和批发商以及消费者本身也有一份功劳。他们参与到了生产过程,配件装饰过程,个性化塑造过程,商品更新过程,以及商品的社会化过程中;他们关注商品的社会关系,并且他们购买这些商品时会考虑如何将其整合成系列产品,以及如何与其他商品搭配使用。饰品商店,金匠和银匠,珠宝商,建筑装饰品销售商,家居装饰工,以及家具商店都在商品出售时对商品进行再加工。他们会增加一些时尚小细节,会进一步对商品进行雕刻、上色和装裱工作,甚至会创制一些针对单个顾客的定制货。零售商和批发商与各种技工合作,这样他们可以给顾客提供产品加工最后一个环节所需的零部件,而且他们自己改变设计风格或创造新的时尚潮流。雕花钢材、铜器、仿金箔和宾其贝克合金为代表的全新的装饰型小物件,以及纽扣、带扣、浮雕宝石和纪念章为代表的装饰型配件成为时尚
255 品不可或缺的组成部分。

博尔顿和韦奇伍德二人有着自己的零售策略。他们为购买者和专业收藏人士开发出了一套包括纪念章、浮雕宝石和花瓶在内的系列时尚收藏品,这些时尚品拥有全新的设计理念、材质颜色,或者按照每一季或每一年推出具有纪念功能的产品,这样的产品保证了其收藏者/消费者可以将其按照系列进行添加。家具制造商、家居装饰工和建筑装饰品制造商也采用这样的战略。他们把自己的商品放到一种流行的背景中进行展示,他们不仅出售家具,也出售“环境”。英格兰最重要的家具制造商齐本德尔所出售的单个物件中就体现了一种有水平的品位感。无独有偶,亨利·齐尔勒(Henry Cheere)这位对建筑业、橱柜制造业、墓碑、壁炉和门帘制造业均有涉及的商人也持有类似的策略。他们承担了“镶嵌细工”(upholders)的工作,将一系列专业化行业统合起来。镶嵌细工拥有一系列知识能够将不同物件组合起来。他们打造的物品既有良好的品位,又能适应快速变迁的时尚潮流。镶嵌细工这一职业崛起的社会背景是18 世纪风格论上的迅速变化。镶嵌细工满足的是那些新富裕却缺乏自信的人士,同时也满足了旧贵族的某种需要,因为旧贵族也可能对 18 世纪的时尚潮流做出误判。[29]这类人物有时候就融合成像罗伯特·亚当(Robert Adam)这样横跨建筑界和设计界的通才。还

有一些包括林内尔、谢拉顿(Sheraton)和吉洛(Gillow)在内的伦敦家具制造商也努力在时尚潮流中展现自己的产品。谢拉顿写道:“当我们的商人渴望把最好的顾客拉到他们的店中时,他们要抓紧去趟巴黎,至少也要吹嘘自己去过那儿。”[30]

时尚融进装饰品中,更确切地说是融入系列产品中,或者说时尚成为一个全新的商品丛(commodity bundle)的组成部分。时尚成为一种风格的组成部分,这种风格有时候要具有男性或女性的某些特征,而且还要通过人们在品位上的习惯给时尚划定合理的界限。建造这些习惯的过程也就是新奇性构建的过程。正如玛丽·道格拉斯所说,通过对某种样式产生敌对概念或者直接拒绝某种样式的方式而刺激产生了品位习惯。[31]韦奇伍德所挑选的商品丛是为了更好地展示他的花瓶,这个就是一个很好的例子。韦奇伍德抛弃了原来瓷器所包含的女性式、宫廷式的内涵,也抛弃了原来盛行的洛可可设计风格,他推崇的是“庄重式简约风”(elegant simplicity)。[32]花瓶在壁炉台上展示,在历史画作下摆放,在图书馆中静静矗立,在饭厅中闪现身影,也在公共接待室中出现。它们象征着男性的共和品质,并且以珍贵的石头和矿石为材料而仿制出来的系列产品作为地质收藏品而出售的,但其中不可或缺的也是那一缕时尚的气息。

时尚装饰品在出售时也需考虑到房间的布置和建筑的背景。 256
精美的亚麻布放在茶桌上很合适。亚当风格(Adam Style)①给家庭生活方式提供了综合的解决方案。新古典主义的天花板图案和墙纸图案风格从亚麻和棉花制品上获得了大量的灵感;与此类似,新的屋内设计风格传递出的也是一种“轻质感”(lightness)。家居装

---

① 亚当风格,也叫亚当兄弟风格。这是一种18世纪的屋内设计和建筑风格,它由苏格兰的罗伯特·亚当和詹姆斯·亚当兄弟创立。

饰、地毯和画作要与墙壁的颜色相匹配或相融合。[33]博尔顿和韦奇伍德重视结交时尚界建筑师,因为这些建筑师擅长为重要的住宅进行设施配置和艺术品的挑选。[34]因此,时尚成为一种生活方式。所有的这类生活方式中的构成因素和相关物品都相互关联,其核心就是一系列以系列化、可收藏性、高认可度和创新性人造品等为标志的仿制原则。

我们可以说,购买时尚是富裕的男性和女性的选择;猫步、超级模特和名人对于我们大多数人来说仅是一时之幻想。在周末乡村别墅旅行时,或者在经过设计师打造的阁楼和库房时,我们看到了种种令人惊奇的物品,这些地方属于王公和百万富翁们用于炫耀的住所。但是,无论是街头的时尚,还是富人们花钱购买的时尚,时尚潮流最终影响到了所有社会群体的消费者。18 世纪的穷人将装饰着金属大纽扣的厚大衣典当出去,他们知道,没了旧大衣,却能换来新大衣,这是挣得一份尊严的方式,而那些从大旅行(grand tour)返回乡间别墅的年轻贵族却发现自己落伍了。时尚品不仅值得拥有,购买它们的经历也很有趣。下面我们就来看看购物的过程。

购物

时尚不仅用来展示,它也是一种经历。它改变了那些占有它的人。那些喜欢新奇之物或陌生之物的人并不一定是品位的制造者,但是他们却对新时尚有着快速的反应能力,他们也可能会快速地改变自己对产品的倾好,他们不是制造商或供应商,但却承担着"现代消费主义动力源"的使命。[35]这就是作为购物行为的消费主义。购
257 买商品就是去一些地方,遇见世界各地的人们,进入集市和市场环境中,以及最重要的那个——出门去商店。时尚和新式消费品的售

卖依靠近代早期欧洲的各种市场机构,包括集市和市场,也包括叫卖小贩和流动商贩。

集市、市场和流动商贩需要特别研究一番。过去的遗迹或共同体的遗址在岁月的流变中始终存在着商业的痕迹,这些机构也出售时尚品,但却能适应社会的变迁并勇于创新。欧洲的集市在18世纪时是国际贸易业中具有世界意义的事件。它们吸引着来自广阔内陆地区所有社会阶层的人士,此外还有国际旅行者、游览者和金融家。集市召开时场景蔚为壮观,人们借此消遣一番。集市为新产品的销售提供了最好的环境。波斯尔思韦特把集市定义为“来自国内外的商人、制造业主和其他各类职业人士的聚合地。他们每年的某些固定日期内在某个特定地点会面,出售或购买商品;有些人则出于好奇来这里游览,或者在这样的公共场所里休闲一番”。他还特别说明了其休闲之功能:“尽管商人们在会面时观看喜剧演员、走钢丝演员等人的表演并非其根本目的,但是大部分人却需要他们,而且更有可能的是,商人们、贵族们和乡绅们来此就是为了休闲娱乐的,反而购物活动没有那么重要——虽然这里的东西可能比家乡的物品质地更优良、价格更便宜。”[36]

不过,在欧洲的集市和大型市场里,人们还是能够买到最时尚的奢侈品。迈森瓷器厂第一批成功的瓷器产品是在当时的莱比锡集市上出售的。一些法国的最出名的集市还吸引到了德意志和意大利的贸易商。在莱比锡、法兰克福和纽伦堡(Nuremberg)的集市上,“来自德意志各地的帝国的王公、贵族和人民来到这里休闲找乐子,这是一场大聚会”。[37]法兰克福集市因其售卖货物之多而闻名,这里尤其以出售荷兰、德意志和日内瓦的书籍而享誉欧洲。据说荷兰人是苏黎世集市上的大买主。他们购买瑞士制造的彩色布料、平纹细布、棉花、药材、羊毛料和羊毛原料、茶叶、巧克力、咖啡、香料,以及丝绸和布料的染色剂等。那些想要出售新奢侈品的卖家可不能错过这样的机遇。博尔顿和韦奇伍德就利用了不伦瑞克、莱比锡、法兰克福和纽伦堡的大集市。有些集市在 18 世纪起到了大型国际展览会的功能,而有些集市则如同今日那种专业化的书展、家具
258 展和车展。

可以确定的是,英格兰的集市到 18 世纪时变得更加专业化了,以售卖农产品和羊毛的集市为主。在集市上有几千家商户——1756 年有 3200 家——并且在集市上到处可见"瓷商"和玻璃商的摊位。[38]斯陶尔布里奇集市尤其以销售诺丁汉的玻璃、西密德兰的五金器具和谢菲尔德的餐具而闻名。[39]当时还有许多流动商贩。正如集市为人们提供了消遣场所、娱乐活动和乐趣型奢侈品购物经历,也给农产品的交换提供了商务机会,而流动商贩也有其特有的作用。这些商贩是一群具有创新精神、进取精神和奋斗精神的售货员或妇女。他们是与时俱进的商业推销员,在他们来到某个城市时,他们会大量做广告,散发贸易清单,甚至允许赊账。他们向顾客提供招待服务,一些流动商贩还会进入顾客家中,还有一些则在地方的酒吧或邻居的前屋中推销产品。他们可不是那些缺乏商店的社群退而求其次的选择;实际上,他们在密德兰地区和伦敦周围各郡有着密集的分布,而这些地区的商店数量也是最多的。叫卖小贩和"苏格兰"流动商贩在整个英国和欧洲到处游走出售时尚品:除了布料外,他们还出售日用杂货、丝带、带扣和纽扣,手表和珠宝,鼻烟壶、镜子和其他有趣的物品。流动商贩们把玻璃器具放到马匹背上的驮筐里在乡间四处兜售这些产品。长期以来,精美的东方瓷器就是由瓷商和流动商贩负责在乡间转运,陶器商接续了他们的工作,不过到 18 世纪后期,这一运输方式开始消失。[40]

正如我们所见,装饰品和商品集群提供了 18 世纪时产品更新和时尚营销的关键性领导力量。观赏这些展览品的最佳地点是商店。集市和市场是周期性的,流动商贩按照自己的兴趣归去来,并且利

用的是公共或私人的空间进行交易。商店则有着固定的经营场所,它们按照特定的目的创办,其装修风格也与经营目标相匹配,它们属于公共空间,但在规模上相对较小,其作为公共空间主要用于人际对话交流和经济交往使用。在那里,人们可以看到最新的、最流行的物品,它们要么摆放在商店的厅堂内,要么出现在新式购物 259
街旁。

人们有在集市中寻找新奇之物的经历,而在伦敦和英格兰的地方城镇各类商店中这样的机会更多。大量的商店纷纷涌现——比我们今日人均数量还要高。1759 年的精确记录显示,英格兰和威尔士人口与商店数的比率为 43.3,而在商店集聚更加明显的南部地区,每 34 个人对应一家商店。[41]詹姆斯·比塞特在 18 世纪 90 年代关于伯明翰购物情况的说明就很切中要点:

> 我们的街道很宽阔,建筑整洁一新,
> 这在城市的贸易区中就可以看到,
> 并且你在这儿可以发现 1 万 5000 座房屋,
> 而在这儿背后,还有 3 万家商店。[42]

新的消费型奢侈品——瓷器和玻璃器具以及各类金属小商品,实用和便利的物品,以及打发无聊时间的物件和充满想象力的用品——以及与茶叶、咖啡、巧克力和干果相关的器具,再加殖民地运来的杂货,这些物品都能在英格兰各地的小店铺中找到。像 18 世纪切斯特、勒德洛(Ludlow)和斯坦福德这样的城市都为拥有高品质的、奢侈型商店和地方手艺人而自豪。18 世纪早期的勒德洛只有 2500人,但这里的绅士们“穿着美观,生活精致,各处游玩,做事大气”。里德夫人(Mrs Read)在 1775 年从彻斯特写信说,“不需手忙脚乱,因为在商店里可供选择的东西总是那么多,而且其价格跟集市上的一样便宜”。[43]新商品在伦敦、温泉城和大城市的饰品店和瓷器店中出售,同时伴随着新的销售方式。这些中心城市宣称自己能提供最新款的装饰性金属器具、珠宝、手表、钟表、玻璃和瓷器。服饰和织造品首当其冲——最小的商业中心都有一家服装店和布料店;那些售卖服饰、织品、鞋、帽的店铺占据地方所有店铺数量的一
260 半还多。其余的则多是五金商、橱柜制造商、家具销售商、金匠、小饰品和瓷器商所开办的店铺。

新式时尚消费品及售卖它们的商店成为大都市和温泉城的著名景点。从 17 世纪早期开始去伦敦购物就成为传统了,当时的宫廷、金融业、法律界和商业群体聚集在伦敦成为这一传统形成的背景;用杰克·费舍尔(Jack Fisher)的话说,这座城市已经成为一个“奢侈消费的中心”。时尚在伦敦季时将数以千计的贵族家庭吸引到该城。[44]购物街也由于摆脱了伦敦行会的控制而兴旺发展,当时,伦敦的同业公会不再对生产方式进行控制。生产过程分散化,而劳动分工则让许多奢侈品行业的师傅们成为零售商,他们转而全靠获得转包业务为生。他们聚集在宫廷和议会所在的“新伦敦”(new London),也就是说,在威斯敏斯特广场和圣保罗大教堂周边一英里处的街道上店铺林立。到 18 世纪早期,这些店铺已经延伸到了齐普赛街、舰队街、斯特兰街、霍尔本街、莱斯特广场和科芬园。约翰·盖伊(John Gay)将这一地区的地形写成了诗歌:

当宽阔的齐普赛街近在咫尺时,
谁曾知道沃特灵街(Watling-street)之危险?
从舰队河那黑色的岸边,
直到伦敦塔边的壕沟,
谁曾穿越这崎岖的街道? ……
哦,把我带到蓓尔美尔的街市上吧!

那里的街道很平整,那里也没有什么奇怪的味道! ……
商店里飘着香水的味道,肩带和缎带绚丽夺目,
女士和情郎们则挽着臂膀。[45]

从18世纪中期开始,购物中心逐渐转到了皮卡迪利大街和圣詹姆斯大街上。在这一世纪末期的一份伦敦指南中宣称“该城的西区是最为现代的”。[46]

购物公共空间及其相关设施的改善是人们实现乐趣购物(pleasure shopping)的背景。在《照明与铺路法案》(Lighting and Paving Acts)通过后,从18世纪60年代开始,伦敦的街道得到拓宽和整修。商业招牌在1762年后被摘除,这让城市街道显得更明亮、更宽阔了,这也促使店铺广告改为在新出现的光滑的玻璃窗后面展示那
些闪闪发亮或丰富多彩的商品。[47]威廉·哈顿(William Hutton)在 261
1785年有一趟伦敦之旅。他在那里发现了路灯,尽管这让他吃惊不已,但真正让他心醉神迷的还是那些商店:

这个城市不曾有一处角落没有灯光。这在所有的地方都产生了令人吃惊的效果……在城市的西区……景色最为美丽。但是,跟商店相比,这些难以计数的路灯只占所有灯光的一小部分。通过商店射出的光线,整座城市享有夜间光亮……我在一家小店铺中就见到了22盏蜡烛……新来者自然认为它们耗费不了什么钱财,或者认为钱就像潮水一样涌来般轻松挣得。实际上,钱财每晚都在熊熊燃烧。[48]

购物街并非只从事贸易活动——在这里有各种商品,也有着各种经历。有着闲情逸致的购物者走到位于圣马丁路(St Martin's Lane)和干草市场之间的潘顿大街(Panton Street)时,他会看到加罗

德（Garrod）的金店、伊丽莎白·卡朋特（Elizabeth Carpenter）的白镴器皿店，还有哈德森的药剂师店。沿着那儿继续走就是帕克的金匠店，在它旁边就是香料店、酒吧和面包店。在大街的一端是一处用于举办展览、演讲和各种演出的“大屋”（Great Room）。在大街的南面除了有一家典当铺外，一位橱柜制造商、手套制造商、装玻璃工、白兰地酒商，以及几位女帽制造商以及绸缎商也都在那儿。[49] 伯明翰的街道在比塞特所写的指南里也以“路面铺上了石头”而闻名，“但是，所有石头铺过的路面都做错了，因为石头都铺成了锥体……新来者在最好的石铺路面上也要一瘸一拐地走……但是本地人早已习惯，他们感觉不到坚硬的卵石压迫脚趾或脚后跟。”尽管伯明翰的铺路石是这个样子，在 18 世纪 90 年代，该城的高街已经聚集起了五金商人、小饰品商各一位，羊毛商和绸缎商各三位，药材商一位，帽商一位，印刷商和书商各两位，拍卖商一位，杂货商两位，茶叶和香料商各一位，金匠和珠宝商各一位，雕刻师和镀金师各一位，以及一位铸字工人，此外这条街上还有鞋子商店、长袜和花边丝带店铺和手套店铺各一间。但是商店却数量不多。伯明翰没有领导流行时尚的能力。凯瑟琳·哈顿（Catherine Hutton）这位具有典型中产阶级品位的女性给她的伦敦朋友安德烈夫人（Mrs André）写信说道：“我曾 20 次觉得您想了解伯明翰时尚业的想法可笑。这个地方既不擅长时尚，也没什么品位。我们这里爱炫耀，但却没什么内涵。我反而要从您那里了解时尚潮流……”她丝毫不觉得请求另一位伦敦的朋友帮她买一顶帽子的事有什么不好意思的：“一顶流行的、黑
262 色的骑马帽……人们可能觉得这顶普通的帽子没什么特殊的；实际上，在一顶伦敦的帽子中包含着一种样式，一种风格。我们郡那些粗糙的帽子无法跟它相提并论。”[50]

在温泉城，每年都有许多贵族绅士和中产阶级来到这里临时居住，他们在此逗留的时间长短不一，但是在此处购物也成了旅游活

动的一部分。甚至在18世纪60年代和70年代,巴斯就成为人们购买最新时尚品的目的地。从考克斯公司到韦奇伍德公司的各类顶级饰品和具有设计感的瓷器纷纷出现在此处的展览厅和售货长廊中。到18世纪90年代,约翰娜·叔本华(Johanna Schopenhauer)在各处旅行时发现查塔姆城(Cheltenham)拥有不少典雅的住宅、漂亮的店铺、收费图书馆以及咖啡店。布莱顿城(Brighton)“有不少伦敦商人在一处处考究的店铺里售卖其最漂亮、最独特的时尚品”,而巴克斯顿也有一排呈新月形排列的建筑风格优雅大方的店铺,看起来蔚为壮观。[51]各家商店内外部的样子都尽可能引发顾客的兴趣。零售业本身就是一门时尚产业。

货栈、售货长廊、拍卖会、商业中心、集市都可算作商店——实际上,它就是一处新式的休闲场所。16世纪和17世纪的伦敦有一处环形的大商场——皇家交易所(the Royal Exchange)。除此之外,还有金匠街、饰品店、绸布店和服装店纷纷涌现。这些商店有着不同的等级。空间宽阔、视觉明亮并且装饰精美的一些店铺安装有柜台以摆放各种商品,并且店铺内还有镜子和窗户,这些都是永久性设备,可以提前估算安装价格。店铺内部的风格跟商品一样都经过一番设计,这样才能吸引到追求时尚感的顾客。

伦敦的奢侈品店长期以来受人关注。1709年,《女性闲谈者》(*The Female Tatler*)一书就把位于鲁德门(Ludgate)的服装店形容为“一处处镀上金子的完美舞台”。笛福对18世纪20年代的高级点心铺追求的那种金碧辉煌、雕梁画栋和繁雕栏刻式的装修风格提出过批评。用于展览的装备——玻璃橱和玻璃柜,抽屉箱(nests of drawers)和展示板(show board)——都是为了展示商品的品质并给顾客提供多重选择。在18世纪前半期,大都会的玻璃售卖商都是资产雄厚的大商人,他们光为招揽学徒就要支付20英镑,而用于店内货物储藏的费用则高达200~500镑。[52]只有把店内装饰得具有吸引力才能将货物卖出去。那些出售各种时尚品的店铺会安装上镜子、图画、桌子、椅子和烛台。在奢侈品行业,人们花费很多心思把奢侈品放进一些器件或昂贵的容器中以说明产品的品质;还有一些人则把奢侈品放在开放的架子上或展示板上以供顾客观瞻。柜台
263 用来给顾客展示没有包装的商品。18 世纪的店铺在服务时尚品购买者方面非常有经验。实际上,面对那些为乡村别墅和伦敦时尚居所进行室内设计的“室内装潢师”,各个店铺的店主同样也身兼顾客和供应商的双重身份。[53]

这些商店在备货和展示上所做的努力不仅被看作是“街头舞台”技艺,它们还具有路面教育(pavement education)之功能。旅游者参观商店的同时也接受了世界主义教育。索菲·冯·拉罗什(Sophie von la Roche)调查了各家店铺展示商品的情况,她认为,这不是自我放纵,而是自我更新的过程。她被“精彩的货物展示和展览体系震惊到了,一种对获得感和民族的优秀品位的热爱涌现出来。尤其是大型商店橱窗里那精彩绝伦的装饰风格,不仅装点了街头并诱惑购买者进屋观看,而且它也使得成百上千的新发明和新观念为大众所了解,它还传播了良好的品位。当行人走在这些令人炫目的街道上时,他们会停下脚步,对新展览进行一番品头论足”。卡尔·菲利普·莫里茨(Carl Philip Moritz)在 1782 年访问了伦敦。他发现“要让孩子们长见识,不需要看什么初级启蒙书籍或相关印刷品,你就把他们带到街上去,让他们看看这一切……绘画、机器、珍贵的物品——所有这些都展示在洁净的玻璃窗后……这样的街道俨然一座布置规整的展示柜”。[54]

旅游指南书中设计了一条旅行者路线,最精彩的店铺都可以看到——这包括圣詹姆斯广场上的韦奇伍德大商场,塔斯(Tassie)在莱斯特广场的人造石专卖店,以及哈其德(Hatchett)在长庙街(Long Acre)的马车制造厂。这些安装上平板大玻璃窗和精美展示台的店

铺算是英国的一大成就。旅行家冯·阿兴霍尔茨(Von Archenholz)在1789年宣称,“没有任何东西能够比银器店更伟大……在巴黎的圣霍诺雷(St Honoré)广场最伟大的商店也要谦让伦敦的这些店铺三分”。[55]平板玻璃窗是成功的先决条件。严厉倔强的弗朗西斯·普莱斯一直以来都使用最普通的家具并在金钱方面极其吝啬。即使是这样的一个人,在1801年开办他在查令十字街上的新裁缝铺时也使用了非常美观的平板玻璃窗,他还对此得意许久。每一面玻璃花费他3英镑,而他吹嘘说,“我认为我的平板玻璃窗在伦敦当属最大的”。[56] 264

这些零售模式从哪里来的?更早期的娱乐和时尚购物以王家交易所和新交易所地区为核心,那里的眺台、阶梯、步道上散落着200间精品小屋,里面出售男装、香水、珠宝、瓷器和书籍。它们是财富和时尚的象征——人们来这里逛,也来这里被观看。18世纪后期,这些地方受欢迎的程度下降了,时尚购物区向西移动,但是它们在社交上的排他性也限制了其扩张的能力,同时也不利于它们吸收新出现的消费品以及风头正劲的中产阶级顾客。这些店铺在出售异域的、东方的产品方面有着长期的传统。例如,在瓷器店、展览屋、东印度公司售卖会以及作为贵族绅士们时尚集合地的伦敦拍卖会上出售中国瓷。展览屋、周期性货物押送员(periodic supercargo),其他的商人销售活动以及拍卖会承担了时尚风的引入工作。那些销售水平最高的展览屋也是瓷器和精美陶器销售商的战场,韦奇伍德对此有过详细的描述。正如我们所见,韦奇伍德把他的售货长廊看作展示会。在与其他奢侈品零售商竞争的过程中,他尝试表现出一种节制的和美学的宁静感,这与其他奢侈品销售商追求的繁复美学区别开来。所以,他希望顾客在登门的初始时刻就能感到一种“平衡中和之气”。

东印度公司是创办时尚商店售卖产品的先驱。顾客们注意到该公司的拍卖会和商店是为了出售东方的和世界的物品而创办的。许多人认为该公司创办的商店具有出售流行款产品、高周转率和价位适中等特性。所有的社会阶层都对这类店铺产品的价位表示满意,并且价格竞争有利于时尚的传播。韦奇伍德在巴斯、利物浦和都柏林也建立了自己的大商场(warehouse)和展示室,而且他意识到,一家“大商场”与一处展示室之间并无严格区别。不过,大商场一般被看作一种不同的时尚零售业。从 18 世纪 30 年代起,这种大商场在伦敦就是指具有高周转率、批发售卖和低价格等特征的大型店铺。这类商店的原则就是通过精心计算设定低价位以促进存货的快速更新,并且保持与时尚潮流的一致。出售定制服装,尤其是棉制裙子、无檐帽、衬衫、鞋子和有檐帽等服饰的店铺的出现至少要追溯到 18 世纪 60 年代,当时棉花工业也在崛起。18 世纪 80 年代和 90 年代棉花业繁荣时期也是服装商店的黄金时代。大商场的销售业与东印度公司的销售部门和拍卖部门形成互补关系,而且前者快进快出的销售活动针对的是具有价位意识的中产阶级市场。这些大商场学习了东印度公司店铺的原则,它们所处的时代奢侈品日渐丰富,这些都是时尚零售业进入大商场经营范围的因素。那些出售
265 时尚饰品的零售商们从伦敦、密德兰地区和约克郡南部地区的工业作坊中进货,然后运到巴斯的仓库中,再在玻璃展示柜中向顾客们展出这些时尚品。大商场在巴斯这样的温泉城聚集,其意义跟今天的那些出售打折时尚品的奥特莱斯商店或出售季节性打折商品的售卖会的作用一样,它们将购买时尚品的潮流带进了中产阶级人群之中。[57]

商店给顾客们提供的东西会对自己产生益处。购买行为变成了一种技能,一种带有启蒙意味的知识形式。商店是具有混合社交活动特性的公共场合,也是促使举止、礼仪和对话方式得以改善的基础。逛商店也是一种给个人带来内在的迷恋和想象的渴望之情

的经历。零售店、批发店、拍卖会和售货长廊具有一系列的特殊品质——具有吸引力的内部装饰，具有娱乐性和社交性的场所，优惠的价格和最新的货品——但是，它们的成功有赖于消费者做出反应的方式。购物活动，特别是那些购买奢侈的、流行的消费品的购物活动要想成功就要让购物者对自身的情绪、所处的氛围、心理反应和社会互动感到满意。尽管做出诸多努力，但供应者、零售商和广告商无法对这些反应做出太多的控制。正如米歇尔·德·塞尔托（Michel de Certeau）在《日常生活实践》（*The Practice of Evergday Life*）中所说，消费者所感受到的销售环境及其对销售环境的利用情况与供应者所希望给予的经常不一致。

购买日常家庭用品和享乐型或休闲型购物之间有着巨大的区别，而后者是购买多数装饰性消费品的原因。但是即使是后一种购物所需做出的决定也要分成以下三种不同情况：一种是购买大型的、昂贵的家具的严肃认真的决定，另一种是购买餐具、茶具、重要的银制器皿的家庭决定，还有一种是购买杂货、带扣、鼻烟壶或珠宝等相对来说无关紧要的决定。对于所有这些物品的消费者来说，时尚感很重要，但是在购买一些物品时所享受到的品位感和样式感要比那些购买时尚品时所感到的单纯的娱乐感和消遣之情重要得多。正如维克里所指出的那样，兰开夏郡精英家庭在购买家具时不会去伦敦，他们选择兰卡斯特的吉洛斯公司的家具。如果昂贵的大型物件一旦购买会终身享用时，这一购物决定会经过长期规划并且由家庭中男性做出。[58]当小商人和工匠们为了装饰家庭而去购物时，这一过程也是他们回忆往日时光的重要时刻。他们会回忆起与妻子一起就组建家庭时购买家具的经历。詹姆斯·比塞特、弗朗西斯·普莱斯和约瑟夫·古特里奇（Joseph Gutteridge）都把组建家庭初期描绘为一段收集家具和家庭用品的岁月。弗朗西斯·普莱斯回忆道，在早期的贫困生活后，他的收入增高，而此时他的家庭“购买了 266

某些上好的服饰、一个床架、一张桌子、三四把椅子和一些寝具",他们用这些物品在"一间四壁空空的后屋里"组建了家庭。他后来还添置了一座红木制成的抽屉柜以及一个餐桌,这些物品是用现金和服装一起换来的。[59]约瑟夫·古特里奇和他的妻子也购买了家具"组建了一个温馨的小家"。[60]

最近关于购物的研究试图将其重新置于道德的高地上,把它看作一种具有严肃意义的企图,认为它至少在重要性上堪比生产活动。在这种观点中,购物与知识、判断力和技能有关;它成为家庭管理的组成部分,是妇女们的"工作";它也与社会容纳和社会排斥有关。社会学和人类学的解释将各种功能赋予购物活动。许多这类研究尝试将购物活动与奢侈之间的传统联系割断,并认为18世纪的消费者跟今天一样,他们在购物过程中伴随着多重的动机和情感体验。[61]

首先,购物活动是一种基于知识的实践。优秀的购物者都是"有经验的",他们了解物品的价格和品质,知道怎样讨价还价,也知道去哪里买。购物过程提供了知识交换的机会,以一个良好的价格购买物品不仅所中产阶级关心,精英阶层也如此,交易成功是一大幸事。购物活动决定了价位该如何设定,而且其价位也不会与价值——也就是与生产成本——偏离太远。正如亚当·斯密所说,一种劳动类型的产品与另一种劳动类型产品之间的交换并不以任何外在测量为基础,而是以现实中市场的实践活动为基础。"市场的讨价还价经历"就是购物的经历,它是"一种大体的平衡,尽管这一平衡不太精准,但它足以让日常生活中的商业活动持续下去"。[62]

以知识为基础的购物经历也与从不同类型的购物活动中获取信息有关,并且还与了解各种零售环境的信息有关。因此,尼格尔·斯里夫特(Nigel Thrift)将这一实践活动描述为一种"社会知识"
267 的形式,也就是说,这一实践活动能够构建关于不同商店的知识群,给它们排列等级,并且还能在一个指定的活动或购买行为中采纳最佳的措施。[63]然而,知识不仅是一种实践活动,它还是一种占有行为,也是一种商品。知识不仅应用于实用的购物行为,知识也被赞誉为某种值得购买的物品。产品变成流行品是因为其包含“知识”。尽管“有用的知识”通过工匠、发明家和生产者网络得以传递,并且促进了“工业启蒙”的产生,但是这些新发明的产品最终还是要将其内在的品质传递给购物者才行。精密的工具、准确的时间记录,或者具有智慧的机械并不为那些手表、钟表、科学仪器、自动装置、小饰品和金属器具购买者所直接需要,但是这些物品的特性却是具有吸引力的,引人兴趣并且与“现代的”实用知识相吻合。购买这些物件的行为也意味着对实验室和作坊制作生活的参与、观赏和了解。[64]

其次,购物不但与知识有关,它还与社交实践有关。精心布置的商店设施以及精准选定的店铺位置既为社交活动提供了地点,也为商品的展示提供了环境。奢侈品和许多其他消费品能够通过邮件订单购买;在18世纪后期,快递业就已经能在每周的任何一天内将货物运达许多地方。精英消费者通过他们的男管家、女管家或其他仆人处理与店主打交道的事宜。实际上,有许多人愿意将购物活动委托给他人代理完成。如果购买的物品是在伦敦或外国某地,委托亲属或朋友代劳就显得尤其必要了。但是,与奢侈品和新式消费品以及新式购物区域相关的关键一点是,这是一个值得与朋友和亲属一同前往的地方。精英阶层的妇女会把早晨的购物之旅放到日常固定活动之中,而日常固定活动经常还包括下午的访客活动。从18世纪早期开始,笛福就注意到,在夜晚和周六,商人和中产阶层的人们很愿意在购物活动中把社交与花销融合到一起进行。[65]正如克莱尔·沃尔什(Clarie Walsh)所说,早期的购物长廊如同远足目的地,同时,它还是会友的地方。在商店出现后,这种内在的联系持续存在。在伦敦和地方城市,更富裕的中产阶级妇女的购物活动是日常旋律的一部分,是早餐后清晨活动的第一选择。跟纽卡斯尔的安娜贝拉·卡尔和哈里特·卡尔(Annabella and Harriet Carr)一样,她
268 们与朋友和家庭成员一同去购物。[66]朋友能够提供帮助,在品位上给予指导,帮助她们下决心,并且在与店主就价格和赊账期限进行讨价还价时还能从一旁帮衬。商店作为公共场所能够容纳妇女们在此处浏览闲逛、逗留、与他人攀谈、与人见面,而对于男人们来说,他们在去做其他的事情时也会路过这里,有可能就决定顺便购物一次。[67]聪明的零售商们会接纳这样的功能。韦奇伍德就把他的商店分割为用于购物的柜台区域和用于闲逛和社交的区域。其他的商店也在店铺的前面安置了接待顾客的柜台,但是那些更优质的顾客则可以进入商店后面享受内部服务。[68]

图 7.1　韦奇伍德和拜尔利展览屋,位于伦敦詹姆斯广场附近的约克街

购物也有它的地下世界。商店所布置的展示区、展示柜和展示窗,以及店内宽阔的通道和店铺鼓励顾客多逗留闲逛的渴望也在吸引着小偷的到来。这种店内偷窃的机会很多。看一下老贝利街中央刑事法庭的记录就可以看到,那些顾客盈门的店铺中,有一些小偷盗窃了从一打到60件不等的物品。当然,这种胆大妄为的行为也容易引起店主和店员们的注意。[69]

店主们希望在一种社交的环境中将物品出售给顾客,因为把店铺打造成会面场景能给顾客带来一种亲密感,也能增加店主和顾客 269
之间的社交互动。因此,购物也置于文明性和礼节性之中了。举止礼仪与服装搭配对店主们很重要,擅长“阅读”顾客所需,以及对信誉度的判断成为成功的关键。[70]店主们经常受到嘲讽——穿着打扮过度讲究,社交过度,矫揉造作,举止轻浮。[71]吸引顾客进店消费可不容易,可是顾客一旦进店,那就要把亲密的对话转化为销售行为。同样,对于那些穿着也很考究的购物者,她们也要在跟店员讨价还价时,或者表现出对商品的新奇感时,也试图表现得比她的朋友更优秀。[72]

尽管口头上的直接交流和接触商品的经过对最终是否购买商品有着一定的决定性作用,但商店的橱窗和广告宣传也对推动大众对消费主义的迷恋和想象方面有着重要的地位。科林·坎贝尔(Colin Campbell)认为:“想象性快乐所带来的享受在水平上(如果不是在强度上)要比现实生活中相遇所带来的感知要更好……这种快乐主义要求高级别的心理技巧”,它还与文化水平、私密性和现代自我概念的发展有关。[73]广告宣传比直接的店内购物经历更加巧妙。它满足了人们对幻想和白日梦的追求,它给渴望本身创造了一次经历。它还满足了人的期待,当然它不是实际的消费行为。坎贝尔还认为,正是在这样的内在世界中,许多广告宣传传递了一个信息,它“鼓励消费者相信,其所描绘的新奇产品的确能帮助他们梦想成真”。

广告

新消费品的零售完全离不开广告业。此时的广告并非现代广告业的原始祖先,它尚不具有今日广告中的那种表面难以察觉的复杂性,而在我们今日的文化中这种复杂性以“大众幻觉”(mass delusion)的方式四处弥散。不过,18 世纪初期的广告业也是一种独立的经济和文化活动。它成功地利用了处于时尚业核心地位的仿制性动力,它通过印刷文化将图像与文本连接起来。很少有人对广告的道德性表示赞赏,但是广告确是新消费品得以形成的要素;它是产品创新的一个面向。现在我们返回到麦克肯德里克的观点,看看他对商业扩张和 18 世纪广告业在广阔世界中的发展所做的评价。麦
270 克肯德里克认为,广告帮助发明家们将他们的产品打造成时尚的、可亲近之物;它是 18 世纪社会民主化的一个象征。商业在展览会、商店、展示室、销售长廊和拍卖会等商业形式所组成的更广阔世界里扩张,而报纸广告也是其中一分子。广告进入商业词典、杂志、“科学”小册子和“怎样办”手册,以及图书馆期刊和年历之中。新的商品、服务,以及消费方式和行为方式被“广而告之”是有用的知识。经过设计的产品也是一种宣传、营销和推广的方式;它可以是一次性设计,售给一位恩主,它的出现主要以被展示为目的;它也可以是产品线中的特殊类型,比如刻印有名字韦奇伍德的玉石器或博尔顿的系列纪念章,并且公司生产的其他类型产品也借助它们的声望而很快“出售”出去。[74]

凭借着对宣传文化的掌握,印刷型广告使用了标准化的修辞,对大场面和新事件做出反应,将读者带进了新奇性的世界之中,读者感受到了商品的丰富性,并沉浸在时尚的展示之中。那么,在 18

世纪的印刷文化中，新消费品是如何做广告的呢？广告的重要形式是在大都市和地方的报纸上，以及在插图名片、付款通知书和交易目录上做小广告。

到1760年，伦敦有四份日报，其主要的期刊则在17世纪30年代就已经出现，包括《绅士杂志》(*Gentleman's Magazine*)和《杂志月刊》(*Monthly Magazine*)。后来又出现了《通行杂志》(*Universal Magazine*)和《评论月刊》(*Monthly Review*)、《批评》(*Critical Review*)和《鉴赏家》(*Connoisseur*)。这些期刊面向全国和世界发行。到18世纪30年代，广告商在英格兰每日的新闻传单(news sheets)上拿出50%的空间打广告。从18世纪早期开始，大量的时装业的广告出现在面向妇女读者的年历和时尚杂志中。麦克肯德里克指出，这些大都市和地方报纸及其眼花缭乱的广告正处于快速扩张之中。在一方面，这些广告是有力的战斗力量，使用了精心设计的夸张手法。在另一方面，地方报纸充斥着关于专利药品和书籍的乏味的宣传和大量的广告，但是其他类型的产品却不那么多。[75]伯明翰的《阿里斯报》(Aris's Gazette)上面的文字布告使用标准化的销售术语。一些广告宣传出售“日本贸易中的物品”，还有一些则宣传的是“用新方 271
法制造的”锡制厨房用具；一些广告展示了“最高雅、最有品位”的茶壶，此外就是那些“精心挑选的外国产和英国产的大型”物品的广告。[76]但是，这些广告在数量上和种类上的增长与人口的增长并不对称。《索尔斯伯里杂志》(*Salisbury Journal*)所服务的区域人口增长相对稳定，但是其广告数量却从18世纪30年代的平均296件增加到18世纪50年代的1350件，甚至在18世纪60年代和70年代分别增长到2500件和3300件。这些广告不仅宣传了书籍、药品、寄宿学校和住房，它还允诺给读者寄送茶叶、染色丝绸、帽子和银制手表。[77]

商业名片和销售目录中的插图广告给新商品的宣传提供了最

好的机会。插图广告存在于付款通知书和商业名片之中,其中的许多图形设计也出现在地区公报和商业指南中。然而,很少有历史学家承认这些插图属于图形信息的广告。它们展现了形形色色的消费品的形象,并且还让人知道了相关服务和商店的特征和样子。它们并没有出现在商业报纸中,也没有在街头随意散发。这些广告使用了雕版图案印制,价格昂贵,每一版作品都需要花费一些钱财。在给顾客寄出的发票和账单信中也出现了它们的身影,而且在与老顾客或潜在顾客通信过程中,一些插图广告也会出现,用于宣传新产品以及说明哪些新品已经到货。这不是大众广告,而是专门针对某些特定的地方的、全国的和世界级的顾客发送的广告,或者是针对其他商业同伴和其他商业人员发送的特定广告。

现在的历史学家在观看商业卡片时,会觉得其把文字和图形结合得如此之好令人惊讶。这意味着这样的广告在宣传效果上更有效吗?这些档案证明,我们今日受到各类广告和宣传的狂轰滥炸,这可不是什么新鲜事。萨缪尔·约翰逊抱怨说,在 18 世纪中期,“广告是如此之多,以至于人们阅读广告时只是匆匆浏览。广告要想获得人们的关注,要么通过给读者做出令人振奋的允诺,要么就是用雄辩的宣言不知不觉间说服读者,而有时候通过动人心脾的说服方式也行”。[78]最好的状态就是,商业名片具有“大信息量”和很
272 高的劝服力。这种商业卡片为顾客提供了店铺的位置和地址,并且还列出了相关商品。它还可以通过说明新奇之物如何使用来传递产品信息。商品列表的文字及相关图案传播了一个技能,即给予商品的网络关系以及塑造它们的生活方式以应有的身份地位的技能。这些卡片是消费者在做出选择时的指南。在提供信息的同时,它们还提供了判断力;文本和图形引导着读者进入到一种关于选择、配饰、装饰品和随机应变能力的对话之中。它们与顾客之间有接触、能互动;
273 它们实际上是“劝说经济学”(economy of persuasion)的组成

部分。[79]

商业名片可算是当时最重要的广告类型,它也是再现商品物体特性的方式。它不仅对商品进行宣传,商业名片上的广告本身也是消费的对象。消费者会对广告做出自己的反应,他们从多种途径阅读、享受并占有广告,有时候他们感到广告不错,还会把它购买下来。[80]实际上,这些商业名片从很早的时候就引发了人们的收藏乐趣,这在英格兰尤其突出,佩皮斯(Pepys)在17世纪60年代和70年代就收藏了大量的商业名片。托灵顿子爵(Viscount Torrington)就把一些印刷版的酒馆账单粘贴在他的日志中,并且还对其中的大酒杯、酒瓶和玻璃器的插图进行了一番品头论足。它们在今天的卷档和收藏集中大量存在,这是18世纪广告文化中视觉形象丰富多彩的明证。然而,这种图形商业和广告业却在当代的消费者文化中被人所忽视。

很明显,名片操纵着顾客;名片上的插图既有想象成分,也有客观现实的内容。它们赋予了印刷品中的文字和图案以“活泼性”。这些名片提供了个人的联络方式,而且它们通常又与一家商店联系在一起。在某些情况下,它们是在商店内被送给某人的,因此名片也可看作一个纪念品、一个礼物,或者是购物经历的回忆证明。在另外一些情况下,这些名片是附加在给新老顾客的账目、账单或通告中一起送出的。商业名片具有高度的世界性。它们不只针对本地区,客户在拿到名片后会明白自己在国际消费者文化中的位置。有时候会在名片上印制上商店的背景,而有时候在名片上展示了文雅社会的场景及其习俗,这是通过图形的方式告诉读者商品该如何消费。最重要的是,它们给读者带来了印刷品所具有的乐趣和愉悦感。

今天的广告具有想象性和虚构性。今天的广告非常注意商品的包装、陈列,与其他物品的对比,也非常注意给观众带来令人惊奇的或不同寻常的视觉性。广告业者把人们对可能世界的迷恋所带来的吸引力利用起来。他们诉诸观赏性所带来的乐趣。这些 18 世纪的广告利用了图形印刷文化所带来的机会,这在复杂视觉叙述所需要的金属雕刻新技术上尤为明显。精心刻版制成的名片暗示其所宣传的商品质量过关并且有着良好的设计感。这些名片使用了其他印刷文化中所常用的图案形象,从而给消费者带来愉悦感,也就吸引到了消费者的注意力。这些图形经常表现的是新奇之物或
274 新发明之物。它们通常不会单提某一件物品,而是力图表现商品普遍性的一面,或者展示商品所具有的流行感或现代性。有时候,图形会在实用的精密仪器边上展示带有异域风情或奢侈性的消费品。文本通常也会用容易辨识的装饰品或设计感来表现,比如,通过洛可可风格的镜框和新古典主义的柱子,有时候还会用上众所周知的民族象征物。这些形象在受过教育的文雅社会之人眼中都不陌生。精心设计的洛可可框可以用在所有的商品中。这种艺术形式在 18 世纪中期的名片中广受欢迎,不过到该世纪最后三十年时,人们转而使用更简约的新古典主义设计图案,文字说明也更简练,从而留出了更多的空白。因此,商业是一种持久的文化力量。[81]

不仅图形如此,文本也有一种特别的样式。特定的词组和单词被一次次使用。具有夸张意味的词语会放在明确的事实一旁使用,以说明产品中所包含的信息并让人感觉毫无夸张。广告修辞经常使用“新奇感”“最佳品质”“多样化”“全品类”“超级品位”这样的词语。一个常见的再现方式是在商品列表边加上大量的名词进行说明。文本在排版时使用标准字号,呈现相似的字据、行距和空格,不过特定单词在使用时会用上不同的字体。结果就是单词更具视觉效果。

如果我们看一下其中一些人的名片,我们就会明白其之所以能吸引消费者和收藏家的内在特征。18 世纪 30 年代和 40 年代的两

份商业名片使用了精心设计的洛可可风格的框架。詹姆斯·威利(James Wheeley)给他的墙纸店打广告。名片图中除了显示他的店铺内部设计外,还出现了正在挑选一卷墙纸的家庭接受一位资深业内店主的建议的场景。在广告中出现了五种不同的字体,这让人注意到其墙纸具有“全品类”“样式丰富”“装饰品”和与家具“相搭配”等特性。邓克利和科金公司(Dunkerley & Cocking's)是位于圣马丁街上的一家卖镀锡器具的商店。该公司的商业名片上使用了洛可可图形框架和不同的字体,彰显出良好的效果。它在其中宣传自家商品种类多,同时还说明了其产品的特色:“我们的锡制器具、烛光灯具和油灯”“鲸蜡油及其设备”“以及造型优美的镀锡黄铜和青铜器”等物品“样式齐全”。此外,在框架的分叉处上还画有几个灯具。

如果我们继续探究一下18世纪的商业名片,就会发现这些名片更熟练地使用了古典形象。一个例子是住在伦敦特鲁里街(Drury Lane)的剃刀和刀具制造商詹姆斯·伯纳迪奥(James Bernardeau)。华丽的文字说明了他所制作并出售的剃刀、剪刀、铅笔刀、柳叶刀和其他器具,以及带不同柄把的刀叉的情况。他的地址在皮斯托尔街(at the Pistol & L),这构成了名片中心形象。在图片中还有一尊被 275
花环包围的丘比特的塑像,丘比特手持一个绘有他的产品的板子,而在板子中心可以再次看到他的地址。在这张名片的下半部分是翻译成法语的文本内容,可能用于跟外国客户交流,但也可能是给他的贵族客户看的。

最后,为爱德华·汤玛森(Edward Thomason)制作的商业名片是从詹姆斯·比塞特的《目录》的雕版作品中改造而来的。在这份名片中,我们可以看到关于他的发明,他的现代小饰品出口情况以及他的爱国主义的宣传。在他的名片的中心有一驾马车、一家布置精 276
美的大卖场,以及一个绘有狮子和独角兽的徽章。马车说明了他“在运输业上所取得的专利”。这些都在图案和文字中有所展示。

他的一个专利产品的图形也进入到名片设计中,并且还配上了"获得专利的火枪扳机和枪栓"这样的文字。在关于他在伯明翰地址的文字中还用不同字体写上了他"出口的""各种""纽扣、手表链、耳环、项链、印章、钥匙、人造音管,以及各类小饰品"。随后的文字术语又使用了不同风格的字体。狮子和独角兽徽章的背后是一家工场和一家商店的图案,传递出了一家现代的英国工厂的情况。

这种广告是广告制作者和负责刻版和复制工作的印刷商之间互动的结果。其中一些商业名片是一次性的,在制作成本上比较昂贵。有时候,雕刻师的名字也会出现在设计图案中,邓克利和科金公司的名片就是如此。托马斯·比威克(Thomas Bewick)在比尔比(Beilby)的工场里做学徒。这家工场制作的铜版商业名片收费 12 先令,而每印制 100 份还要收取 1 先令 6 便士的费用。然而,锉刀工、炉架制作工,乃至扒粪工都有能力制作一份商业名片。商业名片跟商品及其服务一样,并非是孤立的概念和设计,但通常承包名片制作的刻版师是默默无闻的。印刷商除了提供标准化的样版外,还能提供装饰图案和不同的字体;他们还提供文字样本——这是现代计算机化的桌面印刷出版的先驱。印刷商既是制造商也是零售商,因此他们实实在在地促进了一种商品的"制成"。印刷商们所制作的图形传播了关于消费行为普遍原则的相关知识,也创造了一种当时的"消费文化"。

与商业名片相补充的是一种直接的视觉广告。这就是样本书和交易目录,这两种物品是给远方的顾客表现商品形象并帮助顾客定制产品的关键手段。丝绸、羊毛和棉花产品的制造商广泛使用"样品"或"样本书"。马修·博尔顿的苏荷厂的 1762 年样本书和韦奇伍德的样本书也是其中的代表。橱柜制造商的设计书也很重要。其中的许多设计书后来还结集出版。随着洛可可风格的家具和建筑装饰的引进,从 18 世纪 30 年代起,样本书呈爆炸式出现。样本书是快速发展的印刷文化的组成部分,它的出现还充分利用了1735年的版权法的保护。家具得以打出广告,而时尚品和流行的品位在各种著名的商品目录中得到传播。对于这种宣传方式,齐本德尔和谢拉顿的公司非常热衷。[82]他们没有抓住模仿者不放,而是把注意力转向了如何通过这样的商品目录将他们的设计理念出售出去并进 277
而制造成一大品牌。

由样品和样本书所产生的仿制风潮并没有阻止英国从18世纪60年代开始制作大量的展示铜器、普通金属器、镀银器具以及装饰性的铁器、玻璃器和陶瓷产品的相关商品目录。至今仍有接近150份商品目录存世,其中一些还有多个版本,并且来自伯明翰的铜器制造业的商品目录最集中。通过昂贵的铜刻版制作出来的高度写实的插图上还有用手写上的产品价格,不过也有一些产品价格会单独列表呈现;其中一些价格列表多达100页。商品目录为中间商和代理人出售各类产品提供了依据,也有利于他们打开国际市场。许多商品目录还收入商品组群的铜版画,有时候一组物品画作中都是金属制品,比如,包括制作穿衣镜、壶具、塑形模具、雕带和装饰性物品的金属框架。还有一些商品组群画则是不同产品的设计图组合在一起,比如,镀层器具、玻璃,银制或镀银器具和陶瓷,黄铜家具,以及洛可可风的手表内外结构的制图。因此,商人、中间商和制造商们都在这些商品目录中构建起了系列性的消费品或组群化的消费品形象。[83]

早期现代,尤其是18世纪欧洲的时尚和消费文化在人们的视觉经历中表现出来了。购物小店、商业中心、大商场只是时尚营销手段的组成部分。现代新时尚消费品中的品位、文明性和社会地位各不相同,而商业卡片和商品目录中的图案形象就是用一种更强有力的视觉再现方式将它们表现出来。此外,商业卡片和商业目录易于携带。它们在表现英国消费品、它们所处的环境,以及其与国际市场的关系方面做出了自己的贡献。 278

第八章　商业的舞台：英国商品与美洲消费者

自然只给我们提供了生活的必需品，但是商业交流却给我们各种有用的东西，同时，还给我们的生活增添了便捷性和装饰感。

——约瑟夫·爱迪生：《高贵的交流》，波斯尔思韦特（编）《贸易与商业大词典》

在18世纪的伦敦、巴斯、伯明翰，乃至肯德尔镇①上购买时尚消费品的过程也是参与国际市场的过程。英国的新商品是如此成功，这是因为它的名声已经成功打入全球和国内各地的市场。在都柏林、爱丁堡、费城、哈利法克斯(Halifax)和巴巴多斯(Barbados)，在巴黎的小敦刻尔克(Au Petit Dunkerque)这样的精致小店里，在汉诺威、圣彼得堡，以及在马德拉斯、澳门和广州之间劈波斩浪的东印度公司的船只上，我们可以看到来自英国的烛台、刀具、茶具、有着精巧机械装置的小物件，以及无数新发明的产品摆放在那些家境普通或稍有家资的，或有着时尚追求的人士家中的桌子和架子上。英国品牌在地方的报纸、商业目录、运输货单和商人的账目中纷纷涌现，

① 位于英国西北部的城镇。

而店主和流动货郎也在卖力宣传着这些新商品。在18世纪,英国的消费者知道他们正在购买全球的产品;对于制造商来说,其对国际市场的重视程度不亚于国内市场。这些商品于是具有了特别的形象。

没有什么地方在传播新式英国商品方面比北美殖民地更快速、 279
更深入了。消费者是“大西洋世界”的组成部分,在那里,“不列颠性”是“岛屿、民族和帝国共同构建出的身份认同”,并且“不列颠性”还延伸进入到一个“商品帝国”之中。[1]那么,对于英国消费品来说,其在美洲殖民地的市场中有着多么广泛的影响呢?是什么原因让它们成为美洲消费者所追捧的对象呢?英国新式消费品在打响品牌的过程中,国际市场,尤其是美洲市场起到了怎样的作用呢?

全球贸易与帝国

英国新式消费品站到了18世纪中产阶级消费文化的中心舞台之中,它们是这一文化的领导者,也是这一文化的有力响应者。在培育时尚感和诱惑魅力的过程中,以及在构建品位的独特性和渴求性过程中,这些新式制造品提供了新奇感、变化感以及包容性的前景。它们不仅是人造制品,也是正在崛起的消费文化的组成部分。这一文化既在民族范畴内,也具有国际性。17世纪时,欧洲各社会阶层都对来自东方的异域奢侈品表现出了良好的品位,并且这一品位在18世纪时继续触动着消费者的心。法国时尚从17世纪后在欧洲各国宫廷中传播开来,并且随着贵族、商人和宗教团体的旅行,以及印刷文化的发展,法式时尚产品和工艺品出现在欧洲各地。但是英国城市化的大发展和独特的中产群体的成长也为非必需型商品的消费奠定了基础。这一市场基础与新技术的发展一同出现,它们也提供了一系列的新机遇。此外,制造商在制造这些商品时注重经常改变产品的设计和样式,而且他们在宣传这些商品时既不说它们是珍稀难得的奢侈品,也不把它们塑造成普通的日常必需品,反而极力强调其所具有的时尚特性及其特有的魅力。因此,他们推动着人造制品进入了想象与个人身份认同的领域。

在吸引消费者的过程中,制造商、零售商和广告商赋予了消费品以民族身份;这些商品并非属于互不统属的文化身份,它们都是围绕着时尚和品牌化来构建的。民族的或英国的商品先是参与到
280 国际市场中,进而在其中成为主导性力量。任何消费品的成功都是其在国际市场上地位稳步上升的结果;这些商品的英国身份传播了消费文化,但是其在国内市场的成功与其在国外市场上开疆拓土的程度有密切关系。时尚需求具有国际性,而非民族性特质。因此,制造新消费品也是为国外市场服务的过程。只是一味地消极适应地方习俗是行不通的,需要的是将英国商品积极塑造成时尚品,也就是将其打造成具有不列颠民族身份的品牌商品来完成。制造者们赋予了一系列特殊的商品——特别是瓷器、金属器和家具——以英国风格,而这一风格畅销海外。英国人认为出口这些器具是理所当然之事,而英国的品牌也就在不知不觉间渗入了美洲和加勒比殖民地的消费者文化之中。

许多公共政策领域的作家和评论家把奢侈品归为法国的、东方的,或在某种程度上的外国的物品。英国的奢侈争论在很大程度上是对亚洲和法国进口品的影响而做出的反应。正如我们所见,这一反应的部分结果就是创造新产品,这样的新产品不仅是进口品的替代物,反而是要成为新的出口商品。这些商品是具有时尚感的奢侈品,制造商和销售商把它们打造成英国名牌。它们的这一民族特性也可看作是对“他者”的回应。它们不是法国风格的产物,它们与东方贵族风格也没有关系,它们是全新的物品。这可不是对优秀者的

模仿，而是一种内在渴求的体验过程，即对尚未实现的产品和服务的期待。实际上，在某些情况下，这些新近发明的产品不应当被看作是某一个人的成就。这种对新奇感的追求早先在服饰业中得到了较大程度的发展，但是家具物品，装饰性器具，以及能为公开或私下里的社交活动提供帮衬的各类商品在纳入其中后，人们对新奇之物的追求看起来就具有了无限的可能性。

科林·坎贝尔（Colin Cambell）提出了一个问题："为什么那些在国内或在殖民地的英国人为了适应贵族型的需求而发展出了一套针对家庭人工制品及其应用时的独特心态，或者说，他们为什么能接受那些不断变迁的时尚品所具有的规定性呢？"坎贝尔认为，这个问题要想得到解答所需要的理解能力要比所谓的文化变迁怎样发生及为何发生难得多。[2]他在波西米亚群体、怀疑论者以及激进分子中的浪漫式的快乐主义中寻找答案，因为这些群体很早就开始了将理想的价值观与异域的和陌生的物件、服饰和经历中所获取的快乐相结合的过程。当中产阶级模仿这种行为或服饰时，正是其中的 281
快乐因素吸引了他们——他们抛弃了理想主义的这一面向。享受商品的部分过程就是想象力的发挥以及享受其所带来的乐趣的过程。[3]

如果将这一理论应用到18世纪，我们就能看到那些具有反宫廷价值观的制造商和零售商带来的是民主原则的启蒙，而不是绝对主义的巩固，带来的是简约性对矫揉造作式的工艺压制。也是在这一过程中，他们利用反奢侈观点来宣传英国的新式消费品。就在英国的新商品成为时尚物品后，一场关于美洲奢侈品的争论也出现了，这场争论产生了类似的理念，不过它当时未能缔造出乐趣型产品以替代英国的时尚物品。

七年战争（1756—1763年）加剧了商业上的敌对情绪；欧洲各国高筑关税壁垒，而殖民地的市场也快速发展，这是移民增多、人口增长和领土攫取的结果。美洲的新市场以及打开亚洲市场的可能性有了更明亮的前景,这比打破欧洲的关税壁垒更有希望。基于贸易管理原则的重商主义把注意力转向了殖民地。殖民地在英国繁荣景象中占据中心地位;英国当局也对此倾注了大量的心血。不列颠帝国是在与法国的斗争过程中发生了转变;在七年战争末期,英国将北美的大片领土以及西印度、非洲西海岸,以及马德拉斯和加尔各答周围的印度区域纳入自己的版图。

在与法国长达半个世纪的敌对和战争的背景下,以及英国转而追求全球扩张和领土攫取的重要情景下,真正使我们感到震惊的是——在我们的历史书中却少有涉及——英国制造业商品在 18 世纪的国际市场中崛起并取得了全新的地位。在 1688 年到 18 世纪 70 年代期间,英国的 GDP 中外贸份额从 8% 增加到 16% 。外贸行业的大部分商品都是制造品。在 1740 年、1760 年到 1780 年、1801 年之间属于工业扩张的主要时期,而这一时期制造品增长额中超过一半的份额都出售到了海外市场,主要面向的是美洲、非洲和亚洲的消费者。[4] 为什么这些生活在距离英国很远的地区的人们却产生了对
282 奢侈型消费品的强烈渴望之情,而且要注意的是,其中的许多物品先前并不存在,或者所谓文明化的生活方式理念并不具有太多的意义。尽管产品和贸易经过了广泛的争论,并且人们在英国的全球势力图景中加入了一种具有进攻性的商业国家体制,却很少有人谈论这些消费品被制造的过程,以及它们在国内外消费者市场中是如何发展起来的。

许多经济史家认为,只需要关注这些商品的供应情况,以及那个禁止其他国家的商人进入这一市场体系的国家体制这两个元素就可以解释消费者市场的发展情况了。[5] 但是,我们也需要注意到,这些商品成为魅力型产品可不仅发生在不列颠地区,在加勒比和北美殖民地,以及在北方欧洲各地都有发生。在贸易壁垒出现的地

方,人们的胃口要想得到满足,那就要通过走私这条路了。到七年战争末期,新消费品中有一个核心产品群,它们已经获得了独特的不列颠身份,并且它们在交易过程中已经将美洲的消费者文化英国化了。[6]

这些消费品尽管属于新产品,但它们已经有一段较长的制造历史了,其中许多消费品的历史要追溯到17世纪时。各类制造品的出口在17世纪90年代就成为伦敦出口业的主攻方向。尽管服饰和布匹在这一贸易中占据主导位置,但在英格兰的传统羊毛和毛织品行业以外,一个规模更大和更多元的出口市场也在出现。出口品不仅包括各种服饰品,窗玻璃、各类家具、金属器具和金属装饰品、旅行车厢、纸制品、钟表、钉子、穿衣镜,以及全新的售卖小型便捷性用品和奢侈品的百货店也在出口“名单”之中。快速崛起的殖民地出售的制造品种类繁多,它们通过伦敦的商人为这些制造品工业提供了改善的动力,也促使这些商品在国内市场上为更多阶层所使用,而且伦敦的经济得以发展,正在崛起的英国消费者文化和英国的殖民地之间也建立了联系途径。[7]进一步来看,这种贸易交往并不是建
立在单一的商品——先前是羊毛,到了19世纪早期则是棉花——基 283
础之上,而是许许多多的消费品共同构建的;这种多商品的贸易活动推动了一种跨大西洋的消费者文化的出现,并且它在英国产品的国际化过程中也承担着一定的角色。

托马斯·马尔萨斯曾经指出英国贸易在为消费者提供多元化和新奇性商品方面所具有的重要性,并且他还强调了消费者对确保他们获得所渴求的奢侈品方面花费了特别的心思。

> 毫无疑问,在我们输入品总量中,含有许多无论在国外或在国内生产都比较廉价的商品。假使我们不能从外国输入丝绸、棉花和靛青,不能输入茶、糖、咖啡和烟草,不能输入波特酒、

雪莉酒、红葡萄酒和香槟,不能输入杏仁、葡萄干、橘子和柠檬,不能输入各种香料和药品以及特别适合外国气候的许多其他物品,那就可以完全肯定,我们是不会得到这些东西的。……商人为了能够让他自己和他的客人们喝红葡萄酒和香槟酒而继续做他的买卖;若是为了添置家用器物,他也许会认为不值得经常操这份做买卖的心。[8]

贸易中所提供的多样性和选择机会也成为体现繁荣、文明和英国商品的修辞用语。

英国进出口品的类型显示特别在18世纪中期杂货物品在其贸易中所具有的重要性。英国在18世纪时从欧洲进口的制成品种类在下降,而她自己的产品和她出口到美洲殖民地的产品则开始崛起。从德意志、荷兰、佛兰德尔和法国进口的制成品的年度价值在18世纪前3/4的时期内从10015000镑下降到471000镑,而英国的工业在高关税壁垒背后依然快速发展,并且由于禁止进口法国生产的服饰和德国、荷兰生产的亚麻品,这一市场由苏格兰和爱尔兰的产品所占据。出口到德意志诸邦的产品在1760年时仍然发展缓慢,此后进入一段快速发展期,随后到1790年前又再次进入衰落期。与中欧地区的大部分贸易活动都是通过德意志的港口完成的,但是在1785年前,两地贸易交往并未有太大进展。尽管对西班牙、葡萄牙和意大利的出口直到1760年都在增长,但此后却处于衰退状态。英格兰并没有在斯堪的纳维亚市场的开拓上花费太多精力,不过其在针对俄罗斯的贸易活动中取得了一定的成功。英国通过西班牙和葡萄牙把大量的纺织品和其他商品再出口到两国在加勒比和南美的殖民地地区。但是,北美和西印度的市场却在英国商品的全球化
284 历程中具有关键性的地位。这些殖民地的奴隶、仆人和劳工需要基础款的服饰和物品,而那些中产阶级和富裕的种植园主对大方得体

又舒适的奢侈品也有着强劲的需求,而英国在为这个蓬勃发展的市场提供所需产品上也占有巨大的份额。[9]

表 8.1　英格兰制成品出口情况,1700—1773 年
(年度情况,平均 3 年一统计)

目的地	1699—1701 年 (£ 000)	1752—1754 年 (£ 000)	1772—1774 年 (£ 000)
北美,英国和外国西印度,西班牙美洲,以及西部非洲	475	1571	3981
不列颠诸岛(主要是爱尔兰)	86	215	499
再出口的英国商品	637	1172	1003
从西班牙和葡萄牙到它们的殖民地大西洋	1198	2958	5483
欧洲	2264	2754	2314
亚洲	111	638	690
全部	3573	6350	8487

资料来源:Brinley Thomas, *The Industrial Revolution and the Atlantic Economy* (London,1993),37.

直到 1740 年前,针对北美殖民地的消费品出口行业都处于稳定发展状态。涓涓细流到 18 世纪中期终于汇成洪流。在 18 世纪中期,这一贸易的参与者已经非常多样化了:文具商、书商、数学工具制造商、手表制造商、珠宝商、银匠、锡匠、马车厢制造商、杂货商、男子服装经销商、女帽制造商、花边工艺制造商等行业的人士在制造商品时都会关注他们在美洲和加勒比地区消费者的需求。大商场里摆满了将要出售到美洲的定制款的鞋子、鞍具和服饰。从 1739 年到 1776 年,美洲进口的日用杂货、家居装饰品、窗玻璃和各类服饰不断增多。1700—1701 年间和 1750—1751 年间,北美和西印度地区占英国出口份额的 11% 和 16%,而在 1772—1773 年和 1797—1798 年间,这一数值增加到 38% 和 57%。这些出口品为市场提供了高、中、低三个价格段的产品。到 1770 年时,英格兰出口业中至少一半的铁器、黄铜器、陶器、玻璃器皿、窗玻璃、印花棉布、亚麻品、丝织品和法
285 兰绒都被送往殖民地。时尚的、高品质的器具需求量最大。[10]美洲革命也没有阻止商品的流入。英国出口到北美的商品从 1772—1773 年的 2649000 镑翻倍增加到 1797—1798 年的 5700000 镑。[11]仅看一下五金器具就知道,北美市场占英国五金器出口的 60%,而在 18 世纪后期到 1820 年间,英国瓷器的最大出口地也从欧洲转到了美洲。到 18 世纪 90 年代时,英国精制陶器中的餐具、茶具和卫生器具的最多使用者也在美国。[12]

在 18 世纪跨大西洋贸易中,加勒比地区占到英国器具出口量的 1/3 到 1/2。[13]1700 年,发往西印度英国殖民地的英国制造的出口品价值为 202481 镑,而运往英国北美殖民地的产品价值则为 245600 镑。西印度白人殖民者的消费活动高度偏向奢侈型产品,其与新英格兰殖民者的奢侈品消费比率大约为 6: 1。大商人和大贵族"在此地享受着光鲜亮丽的生活,一派舒适和富足之气","一位制桶工的妻子外出时也愿意穿上带花色的丝绸品,佩戴上最好的银饰品和金色花边,这都是英格兰提供的产品"。商店里也充满"一批批样式各异的商品"。[14]

许多年前,拉尔夫·戴维斯就已经注意到了英国的工业化与殖民地贸易广阔需求之间的关系:"从一个重要的方面来看,英格兰从 18 世纪第二个 25 年时开启的工业化是对殖民地的钉子、斧头、火枪、纽扣、车厢、钟表、鞍具、手帕、带扣、绳索以及上千种其他物品需求的回应。"[15]通过对特别是美洲和加勒比地区的进出口账目的分析,我们能够绘制出消费品生产及其市场地理扩张之间关系的图表。经济史家从这些账目条款中提取了物品的总体分类及其相关统计数据,并分

析了其对经济增长的贡献。但是,此时账目中商品的形象却无法在这一过程中显现。历史学家们经常忽视账目中的诸多细节,他们反 286
而抱怨说这些账目没有使用实际的市场价格,而且这些账目在18世纪50年代前还把走私物品和苏格兰的产品从目录中删除了。[16]

表8.2　精选的英格兰和威尔士出口[a]到欧洲[b]和北美[c]的产品(按价值),1740—1780年

	欧洲(£)	北美(£)
家具	257285	129455
玻璃、玻璃器、陶器和瓷器	458831	396941
小型奢侈品[d]	802998	19766
金属器	6251114	818025
金属品	11012785	4795426
印刷品、书籍和画像	76670	127501

a 不包括当季和过季的再出口品。先令和便士部分已省略。

b 包括土耳其。

c 不包括加拿大。从全部账目中精选出来了部分北美殖民地:卡罗莱纳、新英格兰、纽约、宾夕法尼亚、弗吉尼亚和马里兰、佐治亚、新普罗维登斯岛和佛罗里达。

d 小型奢侈品包括钟表、钟表壳、手表、儿童玩具、音乐器械、珠宝,小型金属品(饰品)则包括指南针、数学工具、咖啡磨、音乐图解和眼镜。

资料来源:数据库:luxuries, metals, and metalwares in CUST3ledgers,1740—1780。(Maxine Berg, University of Warwick.)

然而,这些档案材料——甚至包括这些删除的条目——还是反映了在1740年到1780年间北美奢侈品贸易和新消费品贸易所具有的重要性。表8.2说明了对欧洲和北美主要殖民地的重要商品出口比较的情况,这些商品包括:金属和金属器具,玻璃器具和陶器,家具、小奢侈品,书籍和图片。

档案材料中丰富的细节也说明了人们有着无穷的选择并且商品的品种也是种类繁多,不过历史学家在利用这些档案时只是粗略地归纳为仿制品和金属器这两种,而其细节中的精彩之处也就受到了遮蔽。这些研究利用的是伊丽莎白·熊彼特的《英国海外贸易统计》(*British Overseas Trade Statistics*)中的内容。从关税档案中爬梳出来的记录有时候只是简单地分类,但有时候却有着丰富的细节,甚至在档案中,分类也在不断扩大。布林(Breen)沉迷在一个被称作"多种物品"(Goods Several Sorts)的清单之中。在他的眼中,这个清单"就是一个包罗各类小物件的万花筒,每一年都会收纳一些被遗忘了的小玩意,而这些东西在过去可是人们梦寐以求的东西";与
287 它呼应的是纽约城的报纸。该报纸到 18 世纪 70 年代时罗列了超过 9000 种的制成品,并附上有着详尽描述的清单目录。[17] 如果我们更深入地看一下其中的一些商品,我们就能捕捉到英国出口品中一些迷人的细节。我收录的一份清单中就有各种"小奢侈品",覆盖了从钟表、钟表壳、手表、儿童玩具、音乐器材、珠宝、金属小物件,到包括指南针、数学工具、咖啡磨、音乐示图和眼镜等各种物品。

对商品的想象就藏在其选择机会和多样性之中。这些交易账簿不仅仅是从商业的宏观经济数据中提取的简单记录。它们是与商业词典、商业年鉴、应税财富记录(accounts of taxable wealth)、商业摘要和商业年历以及政治经济学手册等书籍传统一脉相承的商业档案。[18] 正如我们在其他文本中所见,这些商品的详细列表是表现那种由无数种物质商品所组成的消费世界的重要方式。切尔西瓷器厂的一份由 1600 条目录组成的清单中记录了 5000—6000 份瓷器的情况;甚至规模不大的商业名片中也在一切可得的空间中填补上商品列表。在《宾夕法尼亚公报》(*Pennsylvania Gazette*)中的广告跟英国报纸和法国"公告"(affiches)一样将数十件商品的情况一一列举上,甚至会详细陈述单个商品的不同情况。

商品清单通过商业印刷品和广告传播开来，其在形成消费者意识方面有着一定的作用。在各类商品的长清单中我们可以看到消费者所具有的选择机会，这不是什么新事物，但这类清单却赋予英国消费品一个关键性的品质，而长久以来，这样的品质只与远方购买的奢侈品和贸易产品有关。东方的神奇之物现在被英国售往海外的各类羊毛品和各种英式产品所替代。在美洲，这一模式被复制。船运清单和广告所开列的都是来自伦敦的商品；消费品所具有的多样性和集合性都是英国人的成就。这些商品清单说明了英国消费文化中所具有的富足性、多样性和选择机会。这些出口到美洲的商品的确扩展了英国在海外的经济权势，但是这些在清单、产品集和目录中的商品所具有的特征帮助人们产生了对英国产品角色的一种认知，即其在以体面感、文明性和尊贵性为表征的个人价值 288
和社交价值中所具有的角色。美洲的消费者明白这些英国进口品给消费者提供了多一份的选择，也给美洲的中产群体提供了满足生活舒适感和品位感的机会。[19]

特别是在18世纪中期以后，美洲的消费者进口了大量的英国商品，而且进口种类很是多样化。正如我们所见，关税记录（Customs Accoutns）证实了这一点。财产清册和考古发掘成为证实英国多样化物质文化在所有殖民地地区占有优势地位的更有力的证据。新闻广告提供了一份"消费者所具有的选择机会的索引"，但这份索引都是关于英国产品的。[20]

我们对选择机会、多样性和商品列表给予的特殊关注并不意味着英国工业权势自然而然就获得了它们，它们的产生还需要商业贸易、帝国，以及工业发展特殊阶段对其进一步的构建。18世纪中期到末期是一段相对短暂但却关键的时期。这一时期的英国工业出口通过品种繁多的商品供应国内和殖民地市场而得以发展起来。[21]给新世界供应生产资料和基础设施只是英国商业崛起的一个方面。国际消费者文化的崛起对于刺激日益发展的殖民地市场方面有着同样的功效。商品满足了中产阶级对时尚品和价格比较优势产品的需求,这也使得它们在英国的生产变得更有效率。制造商对新发明、新产品、劳动分工、工场和工作坊的生产组织形式的采纳为这些新崛起的消费市场提供了具有多样性、选择机会、质量控制和价格优势的商品。

有一种观点认为,美洲殖民地只消费英国商品的推论并不合理。那么,在美洲殖民地还能消费什么物品?那些殖民地内部制造的商品在这一时期有着怎样的作用呢?英国的商业权力对来自其他地区的商品进入殖民地施加了严格的限制。进一步来说,殖民者主要是英国人的后裔,他们即使不是通过知情选择(informed choice),也是通过习惯的力量接受了英国的物质文化。戈尔丁(Goldin)、索科洛夫(Sokoloff)和卡恩(Khan)描述了在共和国早期,小生产者经济的成长为一种发明的民主体制(deomocracy of invention)以及广泛获取专利的活动。根据他们的解释,工匠和小规模的工场通过在重要的消费品生产——帽子、鞋子、家具和金属品——中采取劳动分工和组织形式的变迁等方式改善了劳动生产率,并且随之而
289 来的还有"家庭纺织业"(homespun)适应消费者需求能力的提高。[22]在沙玛斯对遗嘱档案进行细致研究的作品中,作者先是对马萨诸塞,后来又对整个美洲殖民地进行了一番梳理。她发现在任何一个年份中,甚至那些农民家庭也会将 25% 的家庭支出用于购买来自本地区以外的物品。对于布林来说,这一发现加强了他对自给自足能力的怀疑,也为他所宣称的外部市场起到主导作用的观点找到了证据。可以想见,这些商品可能来自英国以外的国家。东印度公司的商人可以从中国购买陶瓷,从印度购买棉花,然后再将它们直接运往北美的港口。荷兰、西班牙和法国的船只也可以将荷兰和西班牙本地产的代夫特陶器、马略尔卡陶器和丝绸产品运往美洲。迁往美洲的德语移民也可以将"故国"(old country)的亚麻和家具制作

工艺带来。时尚的美洲人可以与荷兰、南尼德兰、法国直接打交道并购买殖民地所需的制成品,这包括漆器、印花织物、铁器、小型金属品和玻璃器皿,以及各类法国产的奢侈品。不过,这样的商品并不会从欧洲大量进口,这在走向美国革命的岁月中尤其突出。

一个明显的原因与《航海法案》(Navigation Laws)有关。第一部相关法律于1651年通过,并于1660年由复辟王朝议会重新审议通过并予以执行。这一法案针对的是英格兰的进口品问题——它们规定,所有进口到英格兰的商品只能由英格兰船只负责运输。来自殖民地的商品也只能出口到英格兰或其他英国殖民地。1663年的航海法案则要求欧洲其他国家的商品要想进入英国殖民地要由伦敦、布里斯托和其他英国港口负责运输,并且该法案还在殖民地建立了一个关税和税收官员体系,从而为殖民地接触国家消费品前置了制度化的结构。

在与荷兰的竞争结束后,阻碍殖民地商人获得商业机遇的因素也就消除了。这也为不列颠世界的不同部分之间的贸易活动创造了一种"重商主义的视角":帝国是一个更大的民族。清楚的是,《航海法案》开始从17世纪出现,不过,研究者却认为这一法案对美洲消费文化的英国化的影响出现在1740年之后的时期。到这一时期,当时之人感受到了《航海法案》与英国商品的特权市场有关,而亚当·斯密则对英国消费者为此所付出的代价提出了质疑。[23] 290

北美的消费者

那些紧密融入三千英里以外的那个正在扩张的消费文化的消费者是谁?超过100万的欧洲人在1689年到1815年间移居到北美大陆和英属西印度地区。这些人并不全是英国人,而我们必须看一下这波移民潮的情况。在 1700 年到 1790 年间移居出境的350000名欧洲人中有三分之一的人属于来自爱尔兰的阿尔斯特苏格兰人(Ulster Scots),还有三分之一的人是德意志人。直到 18 世纪 60 年代和 70 年代,爱尔兰和英国移民人数才达到最高潮,1750—1778 年间有 69000 名英国的定居者离开家乡,而在美洲战争结束到 1815 年间,又有 140000 人离境。在 18 世纪 70 年代,所有的英国移民中有一半的人来自伦敦及其周边地区。紧随伦敦之后的是约克郡的移民,而这一地区的移民大多数是从事农业工作的独立户主,而且他们以家族群体的方式移民。大批苏格兰人也移民了:他们有商人、店主、律师、外科医生、教师和牧师。这些苏格兰人之所以离开不是为生活所迫,而是去远方寻找机遇、实现理想。[24]因此,这些殖民地并非是英国人独占的边境区域,不过伦敦的商人们依然坚持这样的认知。进一步来讲,英国人群体中因有过多的苏格兰和爱尔兰群体的到来而发生了扭曲。[25]

美洲大陆的人口在 1700 年到 1780 年间增加了几乎八倍,从275000人增加到 2210000 人。仅在 18 世纪 60 年代人口就增长了近40%。这些人口大部分都是未成年人,然而由于生活水平的改善,在 18 世纪 40 年代,消费品进口数量却大幅增长。在殖民地初始建立到美国革命期间,正是由于这样一个年轻的人口群体,以及高抚养比率,才让这一地区享受到了比世界上其他地区更高的人均收入和财富水平。收入在 50 镑到 225 镑之间的中等群体占据马里兰和弗吉尼亚人口的 30% 到 45%,并且他们的消费水平也在没有消耗家庭本金的情况下实现增长。本杰明·富兰克林在此时计算出的人口增长率后来被马尔萨斯称为“史无前例”。这样的人口增长并没
291 有伴随着马尔萨斯所预言的那种悲惨状况的出现,反而是财富越积越多。[26]富兰克林相信,收入的增长如此快速使得人们将其都花费到英国的消费品上了:

地图 8.1　北美东部,1690—1748 年

来源:《牛津大英帝国史》,第二卷

> 与殖民地的增长相映衬的是,对英国制造品的需求的增长也让这个光彩的市场完全处在英国权势的笼罩下,外国人是无法干预进来的,因为这会很快挤压英国供应权势,而它的殖民地应该为它的贸易行业所独享。[27]

这样的一个人口群体也让它的大城市能迅速追赶英国大城市的发展。在 1790 年和 1800 年时,美利坚合众国的四个最大城市的人口在增长速度上——如果不是规模上的话——能与英国主要的商业城市一较高下。

表 8.3　城市人口,北美和英国

北美			
	1790 年	1800 年	十年间增长(%)
波士顿	18320	24937	36.1
纽约	33131	60515	82.7
费城	44096	61559	39.6
巴尔的摩	13503	26514	96.4
英国,四个最大的城市			
1750 年		1800 年	
伦敦	675000	伦敦	959000
布里斯托	50000	曼彻斯特	89999
诺里奇	36000	利物浦	83000
纽卡斯尔	29000	伯明翰	74000

资料来源:Thomas M. Doerflinger,*A Vigorous Spirit of Enterprise*:*Merchants and Economic Development in Revolutionary Philadelphia* (Chapel Hill, NC,1986),342;E. A. Wrigley, 'Urban Growth and Agricultural Change', in E. A. Wrigley, *People*, *Cities and Wealth* (Oxford,1987),157 -96, table 7.1,p. 160。

英国城镇居民人数的增长要比欧洲其他地区快得多。尽管美国的城市增长基础明显要低一些,但它们在增长速率上要超过英国的城市。但是,这些城市及其乡村地区的白人居民的增长还无法与 293 英国的工业技术劳工相比。那些从欧洲移居而来的人并不具备工业技能,而是来寻找作为独立的小地主和小店主为生的机会。富兰克林再次进行了分析:“那些有一片自己的土地,且能通过劳动养家糊口的人中,没有一个像制造工或师傅打工者那样贫困。因此,美洲有足够的土地容纳我们的人民,却没有足够的制造业给人们带来价值。”并且当“黄铜匠、刀匠和锡匠”来到新世界时,他们就逐渐失去“他们的工作能力,而要从英格兰进口各种物品,因为他们进口的产品要更廉价、更好用……他们能继续开办商店,继续像往日那样做生意,但是他们不再是商品的制造者了,而是变成了那些进口自英格兰制铜器、刀具、锡镴制品、帽子等物品的销售员”。[28]

这些北美人口的确不都是英国移民,而且大多数也并非近期的移民,那么在18世纪20年代,这样的一些人中爆发的对英国进口品的消费热情的动因是什么?不应该是后世所说的《航海法案》所带来的高压政治和经济压制。这是一种选择机会,一种不断地与不列颠身份联系在一起的选择机会。

不列颠身份

本尼迪克·安德森认为南北美洲的克里奥尔人口(creole population)在形成民族认同上具有决定性的历史地位。印刷文化,特别是报纸和商业公报(trade gazettes)也起到了关键性的作用。早期美洲的报纸是作为市场附属物出现的,而商业公报则伴随着航运新闻和商业消息而出现;它们都为地方服务,但是却与更广阔的世界相联系,把广阔世界的消息“折射”进地方读者的世界中。就北美十三个殖民地而言,这些地区在地理上相互靠近,以波士顿、纽约和费城为中心市场,而且通过印刷品和贸易往来紧密联系在起来。[29]然后,通过这些中心城市以及巴尔的摩和威廉斯堡的商人和船运业再与英国建立紧密的联系。在早期阶段,他们因宗教纷争而“四分五裂”,但是通过他们所消费的英国商品以及宣传这些商品的印刷文化而将其凝聚在一起。[30]到 1775 年时,除佛蒙特州(Vermont)以外的所有殖民地共有 40 份报纸发行,而且广告成为这些报纸的主要收
294 入来源。其中最重要的一份报纸是《宾夕法尼亚公报》,它面向帝国第二大城市的 40000 名居民发行。[31]这些报纸建立了殖民地之间的沟通关系,而其所体现的世界观与英国的商贸中心并无太大不同。在纽卡斯尔、利物浦、伯明翰和布里斯托的报纸也构建了一个以商业和财富积累为核心的世界观。这些英国的报纸报道了英国在全球战争舞台上的进展,英国商人和奴隶船只的运行情况,以及它们运输物品的一份份长目录。英国所攫取的财物价值与那些宣传来自全世界的奢侈品的广告共同出现在一份份报纸中。18 世纪 40 年代和 50 年代的英国报纸开辟了“美洲事务”或“英国殖民地”报道专栏,期刊也刊载关于单个殖民地的历史报道,并且印刷商们到处搜罗关于这些地区的地图。人们强烈地认识到,这些“新闻”在大西洋两岸的制造商、分销商和消费者中制造了一个“想象的共同体”。他们对这个将他们联系在一起的“商品帝国”的命运有着强烈的关注。[32]

英国的商人们认为,17 世纪后期在美洲和加勒比的白人定居者是作为一群由 250000 人组成的英国人群体生活在跨越大西洋的“孤立的边缘地区”。美洲的殖民者直到美国革命前夕仍旧把自己看作不列颠人(Britons),所以他们很关切自己权利的完整性。他们有着共同的新教传统以及对不列颠式自由的期待。他们谴责英国

政府对生活在美洲的新教英格兰人的政治压迫,并把在美洲的殖民者看作具有“真正的”英格兰人的那种爱国主义精神、尚武精神和道德品质,因为真正的英国人不管生活在哪里都勇于反抗不合法的权威。[33]此外,英国的商人们考虑的是跨大西洋的整体性。甚至在革命之后,谢尔本伯爵(Earl of Shelburne)还是希望与美国建立特别的制度联系,这样美国人仍能继续享有英国人所具有的商业地位。[34]

最初,这看起来是必要的,也是符合消费者的行为习惯的。人们的习惯行为、日常生活中率性而为的生活惯例,以及内在的、流传下来的与公共文明和私人互动相关的行为都导致了人们采纳的是 295
英国式生活,而非荷兰或德意志的遗产。约书亚·吉(Joshua Gee)在他的《对大英国的商业和航海活动的思考》(*Trade and Navigation of Great Britain Considered*,1729 年)中谈及西印度时说,“我们的糖业种植殖民地从英格兰处取得了亚麻、丝绸和羊毛等各类服饰,锻铁、青铜和黄铜等物品,各类家具和大量的食物;这样使得他们完全离不开我们了”。第二年,笛福关于北美的评论中也重复了这样的言论。“所有那些人只能从大不列颠获取物品……这包括,所有的家具、厨房器具、玻璃器皿以及家庭装潢物品。”[35]弗吉尼亚人有使用英国制造品的习惯,甚至在世纪末期的革命战争期间也需要它们。甚至“法国人、荷兰人和丹麦人在与美国人做生意时也发现,要想跟他们做成生意,就需要售卖英国商品”。[36]

这样的习惯由于重商主义贸易政策的帮扶而进一步加强。《航海法案》有其不利之处,但它在不列颠和北美以及加勒比地区之间创造了一个巨大的自由贸易区。进口业的发展还与出口市场的易得性,以及赊贷活动的便捷性和强大海军的保护有关。是伦敦,而不是阿姆斯特丹或巴黎为百货商店提供了其所需的一切物品。[37]不过,习惯也意味着商贸往来和消费需求的平稳性,而没有从 18 世纪中期开始出现对时尚型、奢侈型消费品的井喷式需求。

北美消费者对英国商品的反应可不仅是习惯性的,其间充满了热烈奔放的感情。不过,有一种遗留至今的观点认为当时的情况并非如此。殖民者是清教徒,他们后来转成了共和主义者;他们的生活方式也应当反映这一点。尽管所谓美国朴素的、适应地方需求的生活方式这类观点受到蒂姆·布林(Tim Breen)和其他近期的学者的批评,但经济史家仍旧把链锁、钉子、炊具和锚等物品看作殖民地的主要需求物。[38]清教的理想仍旧深深地根植在简单舒适生活方式中,他们拒绝轻薄的奢侈品。布什曼(Bush)在颇具影响力的《美国的优雅》(*Refinement of America*)一书中赞誉了乡绅住宅中"没有地毯和窗帘,没有装潢品和木质地板以及家具"这样的风格。他认为,明
296 亮的色彩只限于服饰上使用,而且中产群体也很少穿戴饰品。[39]将简约的、未腐化的生活方式与欧洲的奢侈生活区别开来的观点仍旧是我们看待美洲殖民地的核心视角。

美洲的消费者及其毁谤者在此时还知道事情的另一面。他们也在从事着一场美洲人自己的奢侈争论。那些英国的消费品在英国国内被看作东方奢侈品的解毒剂,而它们在美洲又成为人们道德话语争论的对象。[40]《波士顿公报》(Boston Gazette)警告说:"奢侈品表现得如此迷人,这让它在文雅和富足的伪装下轻松地欺骗了我们,而我们却对此毫无察觉,直到毒液致命之时。"弗吉尼亚的总督在 1763 年说:"这些进口品与日俱增……普通的殖民者通常的穿着打扮用的都是大不列颠的制造品。"一些新英格兰的评论家表达了其对社会秩序影响的担忧,他们宣称"那些想挤进上流社会的人有着毫无廉耻的野心,他们想通过不劳而获的方法享受奢华的生活"。[41]

在革命之后,亚历山大·汉密尔顿对美国人疯狂追求英国制造品感到失望。他希望美国政府能支持本国制造商制造这类商品。[42]但是约翰·亚当斯(John Adams)后来对一个年轻的民主政体下追求

富丽堂皇所带来的政治恶果深感恐惧,而这些措施不足以解决亚当斯的忧虑。“但是这些对我意味着什么呢? 当我瞧见这些东西时并没有感到什么乐趣,因为我只会觉得这些东西都是些小玩意儿,通过牺牲品质,浪费时间,灌入奢侈感换来的,并且从中发现不了人心中存在的男子气品格。我不禁怀疑过往的一切时间和国度中那些看起来更美观但却缺乏品格的物品有什么意义?”[43]

奢侈争论除了在政治话语和新闻社论中出现外,它也成为商人家庭通信中的话题。年轻的约翰・哈特利・诺顿(Hohn Hatley Norton)操持着一家伦敦商行在弗吉尼亚的分公司。1772 年,诺顿接到他的姑妈和另一位家庭成员的来信。信中对他运输英国奢侈品的行为提出了警告:“奢侈品现在在英国肆虐,毫无约束……你的堂兄贝勒(Baylor)回家时就拿了不少这样的东西,不过他没有把所有的休闲时光都花在这些流行物中……在我看来,英格兰已经让他成为一个不快乐的男人了。”乔治・F. 诺顿(George F. Norton)在几个月后写道:“我很遗憾,奢侈品(道德的大敌)主导了从贵族到书呆子等 297
各类人士的生活。你离开我们到了英格兰,我想你会为这样不道德的东西日渐增多而感到震惊;意大利的时尚品和邪恶物品正飞快渗入我们的生活。如果不在萌芽阶段就将之消灭,再想将它根绝,就要花费更多的时光了。”[44]

正如我们所见,英国的消费品在 18 世纪成为国际产品。这一地位的获得在某种程度上是英国工业和政治应对法国的产物,也是英国的制造商优先发展针对中产阶级消费者的高品质、高度设计感的产品的结果,而且还赋予其一种独特的不列颠身份。但是,这些产品也在美洲市场快速发展。那儿取得的成功也帮助英国人开拓了欧洲的市场。时间也很重要——白人殖民者的日渐富裕与他们对时尚的、高品质的物品的需求的日益增多正好与英国在产品制造上取得霸权地位的时间相吻合。在美国革命前后,命运女神对其他产品,特别是法国时尚品的眷顾只持续了很短的时间。

美洲的消费者承认,这些英国进口品如果不被看作奢侈品的话,那也可算作给生活带来便利的商品。[45]本杰明·富兰克林对殖民地在进口英国产品中所形成的口味和习惯表示了谴责。他指出,在1720年到1770年间,人均消费英国进口品的比例上升了50%。殖民地能够负担的进口品中"最大的一部分就是非生活必需的产品……以及时尚的物品"。富兰克林还宣称,在18世纪50年代中期,"宾夕法尼亚的农民要是愿意的话",通过放弃"购买非必需品,或者那些非常便利的物品","就能够节约下3 280 000镑的资金"。[46]但是,这些迷人的消费品已经烙上了英国的特性,难以消除。广告商和商店店主也在培养顾客们对时尚风潮中细微变化的敏感度,而且他们表示自己售卖的是"最新款的"的英国产品。甚至殖民地的杂货店中也有英国的印记:来自巴巴多斯的朗姆酒比安提瓜(Antigua)或圣基茨(St Kitts)的朗姆酒更受欢迎;巴巴多斯的糖也比瓜达卢普(Guadalupe)的更好卖。购买英国产品已经成为人们的一种习惯。[47]

这些商品都是些轻便之物——起初主要是服饰和化妆盒,但很快就延伸到轻质家具、金属装饰品、刀具、餐具、茶、玻璃器皿、窗帘、
298 地毯、墙纸和其他家庭装饰物。约翰·威利斯(John Wayles)是托马斯·杰斐逊的岳父。他在1766年评论说,"我记得,在1740年,除了在一处卧室见过一个小物件外,我在其他地方不曾见过任何如土耳其地毯这样的东西。现在,像土耳其地毯或威尔顿(Wilton)地毯已经成为最为常见之物,而那些给房间带来富丽堂皇之感的全套家具也到处都是[48]"。与轻便之物一同出现的还有中产阶级所遵从的国际通行的行为准则,也就是说,这些准则无论是在伦敦、肯德尔、格拉斯哥、威廉斯堡,还是在费城,乃至殖民地偏远之地都是一样的。这些商品在使用上要遵循一些原则,并且它们还承担了促进社会融

合的作用，即使跨越大洋我们也能感受到这一功能。[49]虽然从1783年美国与欧洲建立了直接的贸易往来关系，但是美国的大多数的日常消费品乃至奢侈品仍然来自英国，并且消费它们的方式也是英国化的。欧洲的替代物在品质和设计感上不再具有优势，并且到18世纪结束时，它们在价格上也无法与英国相抗衡。这些产品的制作程序、工厂制和机械化过程赋予了英国货以优势，而市场营销促使了消费活动具有世界性，并且这一世界性在三百万美国消费者及本地市场中得到了磨炼。[50]

殖民地时期的美洲人在七年战争前对英国的商业体系是有贡献的，但是战争之后，英国对特定物品征收的一系列赋税却引发了人们对这些产品的抵触情绪，并最终导致了消费者的联合抵制行动。1764年的《糖税法案》(Sugar Act)，1765年的《印花税法》(Stamp Act)以及1767年的《汤森法案》对糖、印刷品以及茶叶、铅、纸、绘画、玻璃征税，这激起殖民地人民在1765年、1768—1770年和1774—1776年达成了不进口协定(non-importation agreement)和更广泛的消费者联合抵制运动。公众对英国奢侈品所展开的广泛争论受到了当时的宣传手册和报纸文章的影响，《宾夕法尼亚公报》成为其中的积极力量。[51]尽管1768—1769年的不进口协定在迫使英国取消诸税种上实现了既定目标，但是他们在殖民地寻找进口替代品上的努力从长期来看却没有成功。对英国商品的需求很快就反弹回去了，而且还进一步高涨。关于这一消费主义的政治争论不过是每次奢侈争论中的老生常谈，同时，这样的争论却忽视了这些奢侈品中所包含的尊严性、高贵性、文明性、便捷性和乐趣性等积极因 299
素。这样的争论不停地转向所谓的共和道德话语，但却对指导消费者摆脱英国奢侈品的影响毫无用处。

这些产品是如何获得不列颠“身份”的呢？在对这些产品的描述中，“身份”这个词合适吗？它们被列举在清单目录、货运清单和广告中,而现在它们只是统计分析中一缕灰尘;但是,所有的这些列表中的细节却给当时与这些商品有着千丝万缕联系的人们带来了一种好奇感,时尚吸引力,以及归属感。

我们希望了解一下当这些英国的东西进入他们的物质世界时,这些商品意味着什么以及美洲人对他们有着怎样的感觉。是不是过多地将这些商品与更模糊的“身份”联系起来了? 人们真的对这些商品有一种心理亲密感吗,还是这些商品仅仅是社会地位和社会声誉的外在标记? 科林·基德(Colin Kidd)指出了一点:“身份”是一个现代的心理的和主观的概念,它有可能并不适用于近代早期人们的客观的效忠意识和忠诚感。18 世纪的人们有一种“身份”概念
300 吗? 如果没有,我们能说他们具有“多重身份”吗?[52] 的确,有人承认不列颠性的存在,甚至在殖民地中也是如此。对共同的国王、共同的“血脉”、新教和对不列颠式自由的认可都是构成不列颠性的标准要素。不过,那些来到殖民地的非不列颠移民即使不是新教徒也能很容易地被吸收进这样的不列颠性之中。[53]

18 世纪的评论家都认为,在各民族中存在着共同的行为或“举止”。这些举止将他们联系起来。休谟认为,有着同样语言的人在举止上也有相似性,并且有着一个“共同的或民族的特征,但也有着针对个人的特性”。凯姆斯曾提到“民族的举止”(manners of the nation)。同样,休谟也认为,“同样的举止行为伴随着一个民族的产生,而在民族之人在全球流散时依然坚守这样的举止。同样的法律和同样的语言也遵循这一规律”。这样的举止可以与日常生活中的惯例联系起来,从餐桌上的习俗和礼仪到家中接待访客的习惯都是如此。最重要的是,它们的实践都是在人们熟识的物质财产中得到贯彻的,而且其间还伴随着对品位和礼仪的考究。[54]

在私人社交的空间中,在周期性的和季节性的仪式中,以及尤其是在与吃喝有关的仪式中,购物者会与自己所熟悉或陌生的人有

着更好的接触。而在到了那些人人互相熟悉的其他空间中旅行时,人们互相了解的方式就会受到影响。曼德维尔就曾讲过,地方旅行者到伦敦时会感到很困惑,因为他们搞不懂贵族和游手好闲者在服饰上的相似性。他还分析了商人之间的会谈过程。这些商人虽然先前并不熟悉,但在殷勤接待,餐饮活动,餐具和服饰的展示,马匹和器具的分享等一系列活动过程中却能保持一种彬彬有礼的姿态和精致有教养的对话方式。不过,那些跨越国家的旅行以及整体移民到北美的活动则需要对基本的文化原则进行重塑。人们要想自己在陌生的地方被了解就要采取在远方、在各地为人所承认的社会交往方式。行为举止成了主要的信用证明,而高贵性则如同支票(paper money)。所谓的“文质彬彬”和“礼仪举止”就是诺贝特·艾利亚斯所说的“文明化的进程”,现在它们成了一种国际性的原则:

> 在一个不断变动的世界中,移民和旅行者需要一种标准化的社会交流体系。他们要求一系列能够带着出门的原则,这些原则让他们无论到哪里都能享受到跟在国内一样的地位。这些文雅原则跟随着人们和货物从伦敦和英格兰的地方社会来 301
> 到了殖民地。标准化的建筑空间装饰着时尚的物品。这样的空间中是适合社会表演的普遍承认的背景,在其中起统辖作用的是国际通用的礼仪准则。[55]

人们认为,家内装饰和穿戴服饰具有文化特质和政治内涵。要想将这样的观念消灭是很困难的。但是到18世纪中期,住宅与服饰已经进入国际时尚圈,并且英国人在其中处于主导地位。那些18世纪中期开始的建筑空间是“编码的色彩”(colour coded)。从18世纪40年代开始,家庭内部受到新色彩的改造:地毯、墙纸、窗帘和装饰家具中使用了一系列的靛蓝和红色色素染料。与服饰染色一样,人们在制作这些来自东方的染料时会密切关注时尚需求而进行组合搭配。艳丽的色彩和精心设计的样式会在一定的时间内风行一时。这并不是在炫耀奢侈战胜了美德,它仅仅是一股时尚风潮而已。服饰也是如此,通过礼仪和高贵性的特征传播了“各种身份”。

从 18 世纪 70 年代开始,殖民地和新共和国中的男装市场也追随着变迁中的国际时尚。当然,它是在一种政治美德的语言中行事的。人们穿戴的衣服不是家庭手工制造,它们来自英国,而且不管是衣服构造,还是服装中的时尚细节都反映了英国的风格样式。它们也不具有艳丽且风格化的丝织品、绸缎、天鹅绒背心或外套等“法式宫装”(grand habit)那样的特征。它们使用了英国乡村贵族所喜欢的那种简约的线条和稳重朴素的布料;英国的那种骑手上衣(riding coat)的布料引导着潮流。这样的风格由于其简约性而被认为含有平等的因素,但是到了 18 世纪 70 年代,它俨然已是一个国际潮流了,在欧洲和美洲被广泛采纳。可以确定的是,设计上的简约性和柔和的乡村色彩与美洲奢侈争论所推崇的男性美德相吻合。但是,布料结构上的品质感和包括从手套、袜子到带扣、纽扣在内的配饰的做工细节才是这种服装具有吸引力的关键所在。[56]人们对服装的品质和细节的关注如此明显地界定了新式不列颠的家内物品和装饰性物品所具有的吸引力。它们在美国市场上并不依靠商品的廉价性取胜,而是将其设计感、时尚感、品质感和精细做工发扬光大,并且这些产品都是英国制造者们亲自打造的。

服装清单条目最能反映这一效果。狄德罗曾经购买了一件时尚的法兰绒长袍用以替换他原来的便袍,这一行为在狄德罗心中引发了一场新奇感效应,获得一件商品后又会引发出对其他商品的新需求和新感觉。在狄德罗眼中,家中的其他服装以及书房中的家具
302 突然之间都变得丑陋不堪、老旧土气。格兰特·麦克拉肯(Grant McCracken)曾提到,人们希望获得一件服装的“各种搭配”,这样才

能将服装中“诸多并存的”元素“集体展示出来”。殖民地时期的美洲人在购买英国的服饰时就要求是“最流行的”“最新款的”,要非常“应季”且“能与其他物品搭配使用”。他们在购买家具和家庭物品时也是如此心态。在对18世纪第二个25年之前的殖民者的家庭清单研究后发现,人们只对为数不多的舒适型家具别有所好,诸如高品质的羽毛床垫、基础款的烹饪器皿、碟子和碗、猎枪,以及像柜子这样可移动的家具,而到了18世纪60年代,中产家庭中又配备了一系列的奢侈品——成套的瓷质餐具、红木家具、专业打造的饮水玻璃器、餐盘、烛台、茶具和咖啡器皿等。甚至在低收入者的家中也有椅子、床架、刀叉、床布和桌布、茶壶和瓷质餐具。[57]

到这时,地方乡绅之子们都来到英国接受教育;商人们也把儿子和年轻的亲属派去建立商业人脉,并且这些年轻人还要去其他工厂里锻炼学习,因此,高密度的旅行机会有利于传播伦敦的时尚风潮和价格变迁的相关信息。那些在大西洋两边活动的人都渴望得到新产品和时尚物品。正如我们所见,具有潜力的殖民地市场正以更快的速度发展。更加富裕的移民在几十年前从伦敦周围各郡和英格兰南部迁移而来,与他们一同到来的还有对文雅的习俗的喜爱。到18世纪中期,甚至年轻一代的契约佣工,特别是那些来自伦敦和英格兰南部的佣工,他们都对礼仪规则和奢侈时尚有一定的了解。[58]理查德·布什曼曾经指出,所谓美国的文雅之风是欧洲宫廷文化在向共和国早期的中产阶级市民的传播过程中塑造而成的。[59]但是,他所写的高贵性和文明性早已是中产阶级文质彬彬行为的表征了,而且这一表征还伴随着一种不拘小节和开朗率性的强烈心态。

不过,我们知道,航运记录和关税账目中包含的大量奢侈品和消费品可谓品种繁多。甚至在早期阶段,富裕之人就已经在人们面前展示英国最为上乘的佳品了。马里兰的托马斯·爱迪生(Thomas

Addison of Maryland)在 1727 年去世时留下了一座装饰精美的房子,里面有绘画作品、镀金镜子、玻璃制枝状大烛台、“舒适的”椅子、一
303 张双陆棋桌(backgammon table)、茶桌、瓷茶具、瓷餐盘和大酒杯、四打饮水玻璃器、一组刀叉、每间屋都配置的窗帘以及挂在最好的床上的丝绸帘子。[60]商人们知道,他们的生意要想兴隆就必须尽快将最新款的商品推销给他们的顾客。一位在马里兰的安纳波利斯市的访客惊奇于:

> 从母国进口时尚品的速度如此之快真是令人惊奇。我也相信,爱打扮且口袋里有钱的美洲人在接受新的时尚品时要比大都市伦敦的许多人还要快……简而言之,实际上富裕的殖民者和富裕的英国人在礼仪上并无太大不同。[61]

18 世纪 60 年代,女帽商凯瑟琳·拉瑟尔(Catherine Rathell)从弗雷德里克堡(Frederickburg)动身出发,但是当她到达威廉斯堡时,议会正在开会。后来,拉瑟尔女士在一番研究后,找到了“一处靠近雷利酒馆(Raleigh Tavern)的地方”创办了她的商店。她给自己的产品打广告说这些为“女士和先生们精挑细选的”商品“都是从伦敦进口的”。1771 年,她还是搬去了威廉斯堡。拉瑟尔经常去伦敦备货,她在那儿还指挥着中间商约翰·诺顿(John Norton)等人去找特定的伦敦经销商购买货品。她的订单数量不多,但是品种很多,而且普遍质地很好且符合流行时尚。她一直都很担心预定的货物能否及时发货。她在 1771 年 11 月给诺顿写信,“我急切地要求你要在第一艘离开伦敦的船上放上我所需要的货物,否则出售它们的最佳良机就要彻底错过了。要是如此,这些货物就要在我手上存放 12 个月之久……我最紧张的就是,我很害怕不能在三月时拿到这批货”。她的订单包括“舰队街马斯登(Masden)先生制造的三打剑杖,12 件弹

簧黄铜制成的烛台以及两打做工精细的鹿皮手套”。

接下来的这一年,她订购了宝石鞋扣、镀金鞋扣和精雕镀银鞋扣,其中的每一样物品都预定了 8 对到 18 对,并且她还订购了不少镀层烛台、银制调味勺和镀银长汤勺。她后来还订购了丝质长袜、精制鞋子、儿童手套、婚礼扇面、白铜或镀银鼻烟壶以及黄褐色的碟盘。[62]拉瑟尔对发货日期的焦虑不仅是奢侈品市场的特征,也是时尚销售行业高度竞争的体现,因为在这里,时间就是一切。

她的例子引导着我们去看一下 18 世纪 40 年代夏天旺季销售中的物件种类。时尚物品之间经常互有关联。这里面不仅包括像手 304
套、鞋扣和纽扣这样的服装和装饰品,也包括像茶具和餐具这类具有社会仪式感的物件,以及轻质家具、镜子和灯具等屋内装饰品。当这些购买者在看到或买到这些物品不再费力时,它们便纷纷涌入家门了,而那些舒适型物品或清洁用具等基本款家具反而在它们之后出现在家庭之中。这一点在餐具、饮器和茶具上尤其突出。到 18 世纪 40 年代和 50 年代时,所有的社会阶层都拥有它们,甚至20% ~ 25% 的特别贫穷的家庭中也有它们的身影。[63]这些商品样式繁多,并且其材质从最基础的原材料到最昂贵的奢侈型材料都有,而其样式也将从最普通的到最时尚的风格一一囊括在内。甚至最普通的家庭也会对高级器具和日常器具区别对待,而访客们在接触这些器具时所享受到的乐趣也是跨大西洋和跨文化习俗传播的结果。

跟在英国的情况一样,餐饮属于家庭内的社交活动,而且其中包含着人们在潜意识中所接受的一系列礼仪和习俗。上菜服务、用具的摆放和进餐规矩为家庭生活和家庭氛围创造了一种欢快的气氛,这有着重要的意义。包括英国产的玻璃器皿、瓷质餐具和刀具在内的这样一套完整的餐具为这些礼仪的进行提供了支撑。茶饮活动中包含着 18 世纪早期欧洲贵族所推崇的新鲜仪式,而到了这一世纪的最后几十年时,它们已经成为英国中产阶级行为规范的组成部分了。这一套仪式在美洲传播得也很快,由于英国移民数量最多,这一仪式也就在非英国的欧洲移民中扎根下来。“英国的制成品和时尚物品有一种特别的能力,它们能让其他族裔群体自愿或不自愿地接纳主导性的英国文化。”布林就曾引用了 18 世纪中期特拉华地区瑞典定居点的一处“最遥远的小屋”中的茶饮活动作为例子来说明。[64]在其他英国殖民地、英国的前殖民地以及不列颠帝国的许多地区,这一经历不断被重复。尽管在这些地区欧洲的定居点可能是多文化的、多族裔的,但是主导性的物质文化以及伴随着它的诸多礼仪还是英国式的。

来自英国的新式消费品并非一个个的单独物件,它们是以互相关联的群体形式在英格兰人、苏格兰人和爱尔兰人、德意志人、荷兰人和瑞典人的美洲社群中传播的。茶杯需要与茶壶或其他器具,以
305 及银汤匙、废水盂,甚至一个茶桌配合使用。新式精致款陶制餐盘也需要与银制烛台、精美的刀具、各种饮水玻璃器和织花餐巾一同使用。单独一件新奇物件——如瓷质茶碗——的出现会对已有的餐饮和茶饮的习惯产生强烈的扰乱性影响。一个与现有习惯不同的物件也可能会引入一系列与之相关的物品,从而塑造出一套全新的礼仪。“狄德罗效应”(Diderot effect)就说明了物品之间的相互联系,并且这一效应也体现了一种大众认可的风俗,甚至民族的文化习惯与远方的或不同的民族环境的结合也并不困难。[65]殖民地时期的美洲人购买装饰品或家庭用品,以及服装系列;同时,他们还需要购买其他消费品与这些物品“搭配”使用。在私人空间中购买这些商品,展示这些商品以及使用它们的过程给予北美人以发展它们自己文明性和友好态度的机会,也给他们一系列的“依靠”以推动聊天活动和社会交往顺利完成。[66]

商品

纽扣和带扣因其具有必需性、端庄性和奢侈性而在西方服饰界占有一席之地。各种类型的物质都曾成为制作它们的原材料,但是流行的钢制品或其他新金属才是制作师傅们的最爱,而且在纽扣上烙上装饰性图案也是必不可少的步骤。英国产的带扣和纽扣在欧洲和美洲的市场占有主导地位。银制带扣是等级身份的标志,而纽扣则为男男女女们提供了时尚大气的装饰品。不少美洲店主的仓库中备有几千枚纽扣。美洲商人在下订单购买时尽可能多选一些品种,这里面也包括那些面向儿童的时尚物品。1768 年,来自弗吉尼亚的罗伯特·尼古拉斯(Robert Nicholas)除了订购了一批服装和时尚的女士鞋外,这笔订单中还包括 12 对儿童使用的宾其贝克合金鞋扣,六对膝扣(knee buckles),此外还有四对适合年龄稍长男孩的膝扣。1773 年,他又订购了五打廉价的金属大衫扣,以及一打质地更好的平式金属背心扣。彼得·莱昂斯(Peter Lyons)也来自弗吉尼亚。他在 1771 年订购了两对适合 12 岁男孩的时尚银鞋和膝扣以及一对适合 7 岁女孩的时尚银鞋扣。1770 年,曼·佩奇(Mann Page)订购了 12 打黄铜衫扣,12 打配有安哥拉山羊毛织品(mohair)的大 306
衫扣,以及制作仆人外衣的镶有纽扣的厚毛粗呢和安哥拉山羊毛 24 码。[67]

英国的带扣和纽扣是精致、流行风潮得以形成的关键因素。法国人也想制造这些物品,并且想把它们打造成时尚的载体,但是在面对英国的竞争时,他们失败了。美洲消费者的兴趣难以得到满足。报纸上到处有广告,并且美洲的商人们持续订购“最新款的时尚带扣”“饰有金边的膝扣和把扣”(stock buckles)“绶带扣”

(scarf buttons)、胸前金属白扣、玻璃扣,或者是“高品质的平式金属背心扣”、黄铜衫扣,或者是适用于安哥拉山羊毛织品的大衫扣。[68]

餐具,特别是刀具和餐盘,很快就进入美洲人的家庭物品之中。刀具系列从 17 世纪 90 年代开始就出现在美洲人的餐桌上;瓷质平餐具(flatware)甚至在 17 世纪 70 年代就出现了。新英格兰、安纳波利斯、威廉斯堡等地区比较富裕的那一半家庭到 18 世纪 20 年代时都使用上了刀、叉和瓷质餐盘。居住在切萨皮克(Chesapeake)的人在 18 世纪 30 年代也享受上了这些物品。到 18 世纪 50 年代,整个殖民地中约一半的中产群体都拥有这些物品,而且 20% 到 25% 的低收入人群也进入这一行列。[69]零售商和购物者都认定,这些刀具来自伯明翰和谢菲尔德。这样的物品与这些地区已成一体。苏格兰的船只和商人在 18 世纪中期给弗吉尼亚供货时也会备存上伯明翰和谢菲尔德刀具、布里斯托的玻璃器、斯塔福德郡的陶器、肯德尔的棉花品、约克郡的柯西呢绒(Kerseys)和爱尔兰亚麻品。[70]餐桌上使用的精美刀具上通常会安装有象牙柄,并且通常会成打地装入箱子中售卖。约翰·诺顿(John Norton)在 1769 年接到的玛莎·杰奎琳(Martha Jacquelin)的订单中就包括两打带象牙柄的刀叉,每打价格为 26 先令。曼·佩奇在接下来的一年则订购了一打象牙柄刀叉,以及一打吃点心用的刀叉,并且还要与他订购的茶杯和玻璃器一起装到盒子中。威廉·雷诺兹(William Reynolds)则需要一打带象牙柄的桌用刀子和一打点心刀叉。它们也是要装在盒子中,同时还要给他购买的一打汤匙和一件切肉用的
307 刀叉留出摆放的空间。[71]

表 8.4　英格兰和威尔士出口到欧洲和北美的玻璃器具和陶器(按价值),十年为单位,1741—1780 年 *

	欧洲[a](£)	北美[b](£)	全部[c](£)(熊彼特)
1741—1750 年	46547	20894	67441
1751—1760 年	26036	23075	86323
1761—1770 年	20597	28210	124304
1771—1780 年	63570	29965	178530
1800 年[d] 单一年份	18213	24787	75703

* 排除瓶子、窗玻璃和铅玻璃、瓷砖和石壶。

a 来自数据库,只包括出口情况,不包括当季或过季的再出口品。

b 来自数据库,只包括出口情况,不包括当季或过季的再出口品。

c 英格兰和威尔士出口到所有目的地的玻璃和陶器品的全部价值。1741—1750 年外的数据来自熊彼特,而数据库的数据(£ 67441) 则比熊彼特的数据略高 (£ 66,606)。

d 数据来自熊彼特,表 XXIV。显示了在北美市场的扩张情况。

说明:数据只包括出口品的情况,不包括当季或过季的再出口品。数据省略了先令和便士部分,因此对价值有所低估。

资料来源:(1) 数据库: luxuries, metals, and metalwares in CUST3ledgers,1740—1780。(Maxine Berg, University of Warwick.)

(2) Elisabeth Schumpeter, *English Overseas Trade Statistics* 1697 - 1808, table XXIV.

在 18 世纪后期到 19 世纪早期,英国快速发展的瓷器制造业的主要出口市场从欧洲转到了美洲。单纯地分析关税官员留下的账目时很难看出这一转变的具体时间,因为这些账目往往把玻璃器皿和陶器放到一起记录。尽管在从 1741—1760 年到 1761—1780 年之间的这段时期里,出口到西欧的玻璃和陶器增长得不多,从 90036 镑增加到 116 419 镑,但是其向南欧和土耳其的出口量却翻了一倍,从刚过 40000 镑的金额猛增到 85000 镑,而向北欧和东欧的出口则从 30000 镑增长到超过 90000 镑,增长了三倍。但是美洲市场要比它们还要大。整个的这个时期里,美洲市场的出口额从 127828 镑增长到 265627 镑。初看之下,美洲的英国瓷器市场在 18 世纪中期到后期之间规模相对有限。

早期的进口餐盘和餐碟来自德意志、荷兰、意大利、西班牙和葡萄牙,这些都是代夫特陶器,或者是经荷兰和英国再出口的中国产餐具。与此同时,商人们还从斯塔福德郡和利物浦郡购入各类英国产陶器。被商人们称作女王的器具(Queen's ware)的餐碟广受欢迎。到 18 世纪 80 年代时,英国的奶油色陶器和稍后的珍珠色陶器已经替代了所有其他的陶器品种,并且到 18 世纪 90 年代,英国产的精细
308 陶器已经占据美国餐具、茶具和清洁用具市场的大半江山。这些商品的广告中通常都会提及它们是英国产的。例如,1754 年 11 月《宾夕法尼亚公报》中提到的"各式精细版和普通版的英国陶器",以及这份报纸在 1760 年 11 月中的一份广告宣传的是"英国的石头和代夫特陶器"。[72]美洲在接纳新式英国陶器时反应很快。尽管美洲市场在 18 世纪 70 年代之前消费的是廉价的斯塔福德郡标准版器具和利物浦陶器,但是在 1770 年后,奶油色陶器却成为美国零售店中的常见之物。这种奶油色陶器装饰朴素,并且在人们的心中,它完全可以与中国产陶瓷相媲美;韦奇伍德的奶油色陶器是品质有保证的进口品。但是很快,珍珠色陶器又压倒了奶油色陶器。这两种陶器都是韦奇伍德在 1779 年后推出的,但珍珠色陶器出自其他的斯塔福德郡陶工之手,它们类似中国的上釉陶瓷产品。珍珠色陶器有着更多的装饰感,并且这种时尚品是根据中国彩绘陶瓷模仿制作而成;它特别适合作为更加昂贵的茶具使用。[73]英国的陶器对美国市场的主导地位的快速形成与英国陶器出口总额的急剧好转同步进行:这些出口品在 1785 年到 1800 年间出口量翻了一番,而此时英国工业

量只比原来增长了大约三分之五。[74]

费城市场到18世纪70年代已经兴旺起来了。约翰·诺顿在1771年为彼得·莱昂斯的订单增添了“一整套的瓷餐具”:这里面包括26种样式不同、大小不一的碗和盘子;六打瓷质碟子,两打瓷质深碟;两件瓷质船型黄油碟和两件奶油盘。这份订单还包括酒水玻璃器,以及几件装腌黄瓜的餐具和盐碟。[75]1776年,《宾夕法尼亚晚邮报》(*Pennsylvania Evening Post*)刊载的一份广告中介绍了包括埃及瓷、伊特鲁里亚陶瓷、压纹红瓷,绿色的、黑色的、花椰菜色的、白色的和蓝色的玛瑙石,以及搪瓷的、条纹状的、凹槽纹的、穿孔的白色石头,还有朴素的女王的器具茶壶。到1774年,超过100家英国制造商在为国内外市场供应奶油色陶器,并且到18世纪80年代时,大部分进入费城的船只上都装有斯塔福德郡的器具。[76]

消费者分别购买茶具和餐具;他们购买的茶具更加昂贵,并且茶具不管是陶瓷的还是珍珠色陶器的都经过精心的装饰。通常一份茶具包括六件茶杯和茶碟。茶具主要来自中国产陶瓷品,而从18世纪后期开始,英国产的陶瓷或珍珠色陶器也成为茶具的重要来 309
源。人们同时还会订购一些茶具配饰品。威廉·雷诺兹从诺顿那里订购的不仅有瓷质茶具,还有一打“倒装柄”的茶匙、一对糖罐、一件奶油桶和一把长勺,以及一件“小巧优雅的红木茶箱和茶叶罐”。[77]茶具订单中经常还包括玻璃器具。乔治·威思(George Wythe)在1768年对诺顿抱怨说,他的订单一直未能出现。这是为一次具有特别意义的活动而准备的订单:“一组风格高雅的瓷质餐具和茶具,还要配上一组大小不一的瓷碗,此外,玻璃水瓶、饮水玻璃杯、一件外观精美的点心玻璃器、四件中等大小和六件小一些的餐盘,以及三打硬金属制成的餐碟。另外,还要准备100张书写用的羊皮纸以备为我们的聚会活动登记造册使用”。与此同时,他还要求“为威思夫人准备一顶软帽”。曼·佩奇在1770年订购了一打茶杯、茶碟,一打咖啡杯和咖啡碟,一个“女王瓷”牌(Queen China)的废水盂,以及四件玻璃水瓶、两打酒水瓶、六件啤酒玻璃杯、八件腌菜雕花玻璃瓶、一打糖果玻璃瓶、两件蓝色和白色的瓷碗。[78]

18 世纪 80 年代和 90 年代期间,中产阶级买主在购买茶具和精致餐具上的花费惊人。东方瓷器位于市场的顶端;乔治·华盛顿在美国革命末期拥有了一套 193 件南京青花瓷组成的系列餐具,其价值为 37 镑 16 先令,而他拥有的彩绘或上釉组合的价格则在 56 镑到 75 镑之间。一套 172 件“普通款青花瓷”餐具也值 8 镑 5 先令。带着这样的信息,我们看一下 18 世纪 90 年代的马萨诸塞乡下的情况。在那里,要想维持一套房屋、马匹和相当舒适的生活方式的正常运行每年需要花费 60 英镑。一组中等规模的普通款奶油色陶器价格在 3 镑到 5 镑之间,这跟一头母牛的价格差不多,而一匹马的价格则在 10 镑到 20 镑之间。单个奶油色陶制茶杯和茶碟可能只需 $1\frac{1}{2}$ 便士到 2 便士之间,所以那些收入不多的人士也能买一些茶具,只不过买来后对它会分外珍视。一款价格在 5 镑到 15 镑之间的奶油色茶套具和餐具可以算作普通家庭中的奢侈品了,这样的家庭资产在 200 镑到 700 镑之间,所以这类器具对于他们来说很是珍贵。购买者普遍都喜欢那种主流款的实用型餐具。这类餐具风格更简约,装饰不烦琐或者只是在边缘处有些蓝色或绿色的颜色出现,而在费城,所有的社会阶层都会购买它们。甚至那些收入最微薄的人的家中也有一些奶油色陶器、玛瑙器、粗陶器或黑陶器。[79]

在那些订购普通金属器物和织造品的订单中有黄铜烛台;而那些购买银制器具和奢侈性服饰的订单中往往也包括银制烛台。詹姆斯·卡特(James Carter)在 1771 年订购了四件时尚的黄铜大烛
310 台,以及其他的五金器具、织造品和种子。凯瑟琳·拉瑟尔订购了镀层烛台、银汤匙、银长勺、丝质长袜和儿童手套。[80]在 18 世纪早期的殖民地,烛台是一种相当特殊的时尚品。尽管它们由铜铁制成,

但一对烛台的价格只有16先令,并不太昂贵。在18世纪早期的费城,只有四分之一资产不到400镑的家庭拥有烛台,而那些资产超过400镑的家庭中拥有烛台的也只占五分之二。到18世纪70年代,四分之三的拥有财务清单的殖民地家庭拥有烛台;在波士顿这样的北方城市中,这一比例上升到90%。决定了蜡烛的使用和英国烛台销售情况的不仅是财富的数量,城市和农村文化的不同、对夜晚娱乐活动的态度,以及烛光与特别的庆典活动之间的关系也是决定因素。[81]

表8.5　英格兰和威尔士出口到欧洲和北美的精选家具出口情况(按价值),1740—1780年

	欧洲(£)	北美(£)	全部[a](£)
橱柜器具	116611	10878	127489
装潢家具	137371	113717	251088
床	424	3679	4103
椅子	2259	1102	3361

a 出口到欧洲和北美的全部出口品

说明:数据只包括出口品,不包括当季和过季的再出口品。数据省略了先令和便士部分,因此对价值有所低估。

资料来源:数据库:luxuries, metals, and metalwares in CUST3ledgers,1740－1780。(Maxine Berg, University of Warwick.)

殖民地有着天赐般的木材,而且木工技术依靠移民得到快速传播,所以殖民地看起来最不可能进口英国家具。但是,跟家庭纺织 311
业一样,人们一旦遇到伦敦家具,就会对本地的粗糙家具避而远之了。伦敦也主导了殖民地的玻璃、镜子和装潢品的市场。英国家具风格随着茶具和餐具一起传播而来。清漆茶桌首先由荷兰人通过东印度贸易提供,但它们很快就被英国的涂漆器具,以及英国的红木茶桌、茶箱和椅子替代下来了。殖民地的买主们把英国的家具看作高贵性和文明性的象征。1772 年,《马萨诸塞公报》(*Massachusetts Gazette*)刊登的广告宣传了"一组具有文雅风的红木室内椅子,其有着(英国制作的)精雕细刻的扶手和弓形底座(claw feet),以及其他显示出轻巧优雅的上等家具"。谢菲尔德勋爵在美国革命之前评论英美贸易时提到了"一些物件几无竞争对手……用于家具装潢的物品数量庞大;但是所有的那些来自欧洲的物件都是从英格兰制造的……除了穿衣镜是荷兰生产的,在欧洲没有物品不是英国的商品,而英国商品将满足美国市场的需求"。1794 年,威廉 · 宾厄姆(William Bingham)在费城的房屋被描述为"有着最好的英式品位,其间的家具优雅高贵。客厅中的椅子产自伦敦的赛登公司(Seddon's),都是最新款的;后屋里的七弦琴装饰有红色和黄色丝绸花边……一张地毯采用了价值最为不菲的摩尔人的风格样式。"[82]

对英国家具的品位也是伦敦家具制造商和伯明翰铜器和橱柜
312 制造商互动的结果。人们使用昂贵雕版刻制出来的青铜家具组合清单中包含着从锁眼盖到门把手等各类物品。这些物品传播了英式设计风格并且培育了人们对英式家具的需求。这些变化也反映了人们对舒适感和时尚感需求的提升。甚至在 18 世纪 70 年代,当贸易活动受到英国和殖民地的冲突影响时,家具贸易规模仍很大,而且用于家庭装潢的家具贸易量尤其大。纽约进口的家具价值在2415镑(其中的 2290 镑来自伦敦,而且主要也是装潢用的家具),宾夕法尼亚进口了 1085 镑的家具,而弗吉尼亚和马里兰则进口了2966镑 9 先令的家具(1330 镑来自伦敦)。[83]制造商特别注意在英国的装潢家具、床饰门帘和窗帘上印制或编织上英式花色风格。到 18 世纪 70 年代,这些物品使用的最新款纺织机器和滚筒印刷机都是最先在英国应用的。织造品在设计中注意将印度和中国的景观改造成人们所熟悉的英式花色图案。正如贝弗莉·勒米尔(Beverly Lemire)所说,“到这时,不列颠性在风格上是由原产自亚洲的织造物和装饰图案界定的,只不过它们已经融入日常生活的花样之中罢了”。在传递出一种私密性和轻松感的同时,它们成为不拘礼节和舒适生活的一部分,当然,这其中也存在着具有体面感的高贵性。[84]跟其他家具相比,装潢型家具成为跨大西洋外贸活动中最具根本意义的组成部分。

英国人也关心精美的穿衣镜的销售状况。可以确定的是,德意志的制造商们提供了更廉价的“便士级别”(pennyware)的镜子。这种镜子有时通过英格兰再出口到美洲,而有些则按照《航海法案》的规定从马德拉群岛(Madeira)或特那利夫岛(Tenerife)这条合法贸易路线运输而来。[85]在美国革命战争期间,它们还能通过汉堡运输而来。但是大部分的镜子还是英国的产物。在1675年到1725年间,四分之三的伦敦有产者家庭都有镜子。大部分的镜子是在伦敦的24家玻璃工坊中制作出来的。从18世纪20年代起,它们还为布里斯托、密德兰地区和东北地区的国内外市场贸易服务。它们很快在美洲传播开来,并且城市地区拥有的镜子数量最多。1700年,在马萨诸塞的埃塞克斯县(Essex County),35%的立有遗嘱的家庭拥有镜子,而在塞勒姆(Salem),75%的家庭拥有它。在1705年到1735年 313
间,宾夕法尼亚的城市地区中一半的立有遗嘱清单的家庭拥有镜子,而在宾夕法尼亚的东南地区,这一数字则不到四分之一。在18世纪早期,镜子变得更大,但也成为一种用于展览用的家具。它们会被塞到一个镜框架、墙壁或木雕饰品中,价格在2镑到5镑之间,而此时的普通镜子则在2先令到5先令之间。[86]

商业实践:新式消费品的贸易活动

新式消费品贸易行业充满了危机。尽管在英国制造商眼中,美洲殖民地和加勒比地区的奢侈品和时尚便利品市场是他们的一次重大机遇,但其结果却常令人失望。

一些英国制造商认为,殖民地是他们生产的低品质的、过时的积压品的最佳倾销地。弗吉尼亚的商人对“这些有缺陷的商品”或“在转运过程中受损的商品”多有抱怨。他们怀疑伦敦的店主和经销商在得知出口市场有需求时,“有时候就会丢给我们一些无关紧要的或不需要的商品”。[87]纽约商人吉拉德·比克曼(Gerard Beekman)主要从事靛蓝染料贸易,但是他在 18 世纪 40 年代却从未从英格兰进口货物,因为他曾经有过不好的经历。1746 年,他发现自己收到的是一批卖不出去的“过时的商店积压品”,而到了 1749 年时,他发现这批货物的三分之一仍未能卖出去。[88]正如我们所见,甚至韦奇伍德都把美洲市场看作倾销过时品的地方,并且在 18 世纪 70 年代之前,他对这一市场的营销工作都不太重视。不过,美洲的商人和店主们却对这一战略保持警觉。他们小心地确认哪些他们认识的英国制造商、零售商和经销商是可以与之打交道的;他们对产品品质、设计和时尚程度的辨别也很仔细,并且他们还会对发货时间提出要求。季节因素是一切,商品按时发货才能满足流行市场春夏两季的需求;如果它们发货时间被耽搁,那就意味着这批货物就要积压到明年了,并且这些物品很快就会过时。春季据说是五金器具、刀具、家具和其他黄铜器以及铁器销售的最佳时节。人们通常在 11 月到 1 月间购买春季商品;然后,人们希望这些物品能在 2 月
314 或 3 月抵达马里兰。秋季商品则在 6 月或 7 月装船,这是为了它们

能在9月初抵达马里兰。这些商品能在每季初时按时抵达就变得尤为关键;不然的话“它们还不如完全不来”。商人们宣称,费城的买家在挑选物品时要比英国的消费者“更加和善”——他们只希望看到最新款、最新色彩和最新剪裁的时尚品,并且许多人都在抱怨服装和其他消费品涌入的数量太多。市场高度竞争,店主们可以随意决定照顾哪位经销商的生意,并且他们还可以与经销商讨价还价,店主拥有最终的决定权。1749年,一位马里兰的代理商希望能找到“适合顾客们珍藏并满足他们想象的”英国进口品,“顾客的行为经常异想天开且难以预测”。[89]

我们已经看了经销商和零售商在处理时尚品和奢侈品订单时的特别之处。不过,那些更加普通的消费品的订单也有非常明确的要求,而经销商也是在巨大的压力下来满足这些精细化需求的。18世纪30年代,费城经销商约翰·雷内尔(John Reynell)收到了他在伦敦的供应商的一封信,信中表达了满足一些特殊要求的难度。“你要求购买的那些纽扣给价太低,而且购买的数量如此少,这个价格恐怕不行。所以,我就发送了其他的一些货物。”他在如此急切之间将货物发出去以至于购买的陶器“跟发票的内容并不完全匹配”。有三个碗具和装水的容器并不相配。不过,他也指出,“要是有太多错漏,我可以将他们收回来”。这位供应商还回复了对他发送的棉花织品的抱怨。他说,他已经是尽全力去用最好的价格才搞到它们的;他打算再发送50捆的钢铁和100包棉花作为补偿。[90]

不确定性折磨着这些出售小奢侈品、消费品以及织造品和五金器具的市场。约翰·雷内尔注意到,市场在1736年时就已经生产过剩了;与他有贸易往来的堂兄从英格兰给他写信说:“我已经尽可能注意要将最对得起你的好产品发送给你。不过,我现在遇到了很大的麻烦,因为我制造的产品中有不少在颜色或质量上出现了问题,以致都卖不出去,而我在其他行业中从未遇到过如此严重之事态……我没有其他的补正办法,只能少生产一些,等待你的市场需求再次兴旺起来。”[91]在 18 世纪 40 年代,英国的供应商给美洲的商人提供了宽松的信贷条件,这是为了让他们订购更多的货物。这些经销商转过来
315 又与那些直接与英格兰打交道的店主产生了竞争。经销商们在革命之后面对汹涌而来的英国商品进退两难。这一困境在克利福德兄弟(Clifford brothers)那里表现出来了。这两位兄弟一位在费城,一位在布里斯托。在费城的约翰·克利福德(John Clifford)向布里斯托的兄弟请求“给予一位亲兄弟所能给予我的最大的帮助”。“你的市场做了太多的商品。我有理由相信,这要花费很长一段时间才能将它们消耗掉。”他的兄弟则回复了一封带有批评语气的信。“我对于你的市场中有太多的英国商品表示遗憾。我希望你能够用合适的手段将它们处理掉……但是,我希望,布里斯托的商品能够有一段更长的需求期。我想建议我的兄弟与那些倒卖欧洲货物的人保持距离,并且决不能跟他们有什么金钱上的往来。”[92]

成功也离不开信用条件、及时销售和盈利性这三者之间实现的良性平衡。在不同的殖民地和地区之间,管理贸易活动的方法并不相同。[93]在切萨皮克有一个“北方人”和“南方人”群体。前者是一群与格拉斯哥、利物浦和怀特黑文(Whitehaven)做生意的商人群体,并且他们在弗吉尼亚、马里兰和北卡罗来纳建立连锁店。后者则与伦敦和布里斯托打交道,并且他们是作为佣金中间商而存在的。佣金中间商从烟草中抽取佣金,并通过赊账的形式出售英国“船运来”的商品。赊账条款也因商品而不同。在 18 世纪 70 年代早期,中间商们发现伦敦的供应商同意用 15 个月的赊账期限出售丝绸,而亚麻、羊毛品和五金器具的期限只有 12 个月;与此同时,瓷器的付款时间必须在六个月内完成。长期信用赊账在伦敦的大型商行中最容易获得,而现金付和提前付款也可以得到大量折扣优惠。美洲商人订购的钉子如果使用现金付款或者使用 30 ~ 40 天的汇票就可以得

到布里斯托公司的7% ~7.5%的折扣;在美国革命之后,他们给玻璃器出口提供7.5%的折扣,而那些以现金方式购买女王的器具的人则能获得10%的优惠。布里斯托的中间商也能因为现金付款而从伯明翰制造商那里得到更好的信贷条件,这些伯明翰供应商会提供10% ~20%的折扣。优惠条件并不相同,从带扣的7.5%或纽扣的10%到茶镊的15%和茶盒的20%等不一而足。[94] 316

在费城最为常见的一种商业模式是费城商人在英格兰用一处商人房产做抵押开办一个信用账户并使用商业汇票进行交易。这样,他可以订购比票据价值高几倍的货运物资,只是这位商人需要在12个月内将钱款付清。在这之后,他会再次以赊购的方式将货物卖给费城当地的零售商,而一些顾客所付的现款可以用来购买更多的商业汇票并把它们寄往英格兰以还清所欠供应商的钱款。[95]一些商人属于小本经营,例如约翰·雷内尔,他就是从18世纪20年代开始为英格兰商人做佣金代理商起家的,而当他积累到一定资产时就独立门户单干了。另外一位纽约商人詹姆斯·比克曼(James Beekman)在1750年开始创业。他手上有一批他的父亲吉拉德·比克曼留下来的存货,包括纺织品、茶叶、茶壶、梳子和锡器等物品,按照纽约货币来算价值1000镑。他最初与三位流动商贩合作并给他们提供短期赊账。这三人中的其中一位罗伯特·格雷戈(Robert Gregg)将一批鞋子、膝扣、银制和铜制纽扣、梳子、便帽、茶匙、袖珍刀、缝针、别针、手绢、纫针(thread)和吊带袜等物品打包带走了。比克曼还与许多店主和销售商打交道,其中许多人都是妇女。[96]

通过特别的商人订购的货物或者特别的伦敦和布里斯托的交易商提供的货物通常数量不多但种类非常多样。费城的约翰·雷内尔在18世纪30年代时收到的货物价值从5镑5先令到97镑6先令不等。这里面包括织物、丝绸、便帽、手套、书籍和30袋的围巾纽扣(scarf buttons)。还有一批价值1814先令22便士的货物则包括锉刀、铜制手柄、锁具和锁眼盖。价值 282 镑 1 先令 1 便士的一批更大的订单中则包括 10 箱茶具、一小桶 16 个装的红铜茶壶、地毯、细亚麻布以及数桶白矾和硫磺。不过,他的大部分的货物价值中还包括了运输费用以及参与海运的七位仆人的服装费用。在 18 世纪 60 年代,当纽约的彼得·施托伊弗桑特(Peter Stuyvesant)把他的咖啡运往伦敦销售时,他要求购买少量的瓷盘、汤碗、带象牙柄的刀叉以及玻璃酒器。1761 年,德文郡的商行里斯和劳埃德公司(Rees & Loyd)从伯明翰经布里斯托发出了一批数量不少的货物,这批货物是由费城的琼斯和韦斯特公司(Jones & Wister)订购的,其价值为 1369 镑 1 先令 10 便士,包括几打样式不一的带扣、鞋钳、纽扣以及清漆烛花剪、烛台、鼻烟壶、银制手表链、眼镜、铜制表钥匙以及 90 桶的钉子。这家布里斯托的公司在 1764 年给波士顿发去了几批货物,
317 其价值从 884 镑 16 先令到 2683 镑 14 先令以及 3417 镑 14 先令 5 便士不等。这些货物中包括钉子、刀、饰针、鞋扣、烛台、清漆箱、玻璃品、瓷器、长袜和布料等。[97]

美国商人与他们的供应商直接打交道有困难。约书亚·约翰逊在 1772 年春去密德兰的制造业地区考察,但是他没能发现任何"大的商店中有着足够的库存",并且大部分的制造商看起来都在忙于跟伦敦和布里斯托的商人打交道;如果伯明翰的制造商同意出售货物,那也是要现金的。他在 4 月和 6 月间跟公司抱怨说:"这些城市中的代理人雇用了一批居住在方圆 10 英里或 12 英里内的穷人及其家庭成员……这些穷人在一周的劳作后会交付给代理商尽可能多的钢铁产品,然后他们会在周六晚上收到他们的劳动报酬……代理商会尽快把产品收集起来,然后抓紧寄给伦敦、布里斯托等地的委托人或代理行。不过,对他们来说,相关的要求是在 20 天内付款,而且银行通常还会提供优惠贷款,而对于我们则要先付款后供货……我现在知道了伦敦的生意更容易做啊。"在 6 月,他再次表达了不满。"您要我从

伯明翰购买铁器和刀具。这不太可能做到;我没有现金,而他们要求在一个月内尽快完成付款。我到那儿是想着寻找机会为我们公司订购货物,但是却发现他们的赊账期限只有六个月。我觉得还不如不买,我们可没能力在这样短的时间内付清欠款,这让我不得不打消了在那儿完成任务的想法。”[98]

不过,约翰逊的经历只是说明了商业交往和商业社交的重要性。在几年前的 1767 年,萨缪尔·罗兰·费舍尔(Samuel Rowland Fisher)第一次去密德兰的制造区考察,而在革命之后的 1783 年和 1784 年他又再次踏上行程。与约翰逊不同的是,由于他与贵格会的朋友关系密切,所以有人帮他广交朋友,再加上一轮轮的茶饮会面,这让他能实现绕过伦敦的代购商并与地方工厂直接建立联系的目标。在谢菲尔德,费舍尔拜访的约翰·霍伊兰(John Hoyland)又将他引荐给自己的兄弟,而他的这位兄弟开办的从事镀层器具和玳瑁壳箱生产的工厂非常有名。他在那里吃了早餐、午餐并茶叙一番,然后与霍伊兰兄弟去了几家刀具工作坊,并在那里完成了货物的订 318
购。在伯明翰,他拜访饰品制造商 W. W. 和斯塔汀斯公司(W. W. & Startins)以及著名的日式商品供应商克雷公司(Clay's)。此后,他还与一位烛台和带扣制造商会面。另外就是与纳米亚和桑普森·劳埃德(Nemiah and Sampson Lloyd)、乔治·布恩(George Boone)、韦尔奇·威尔金森(Welch Wilkinson)、理查德·迪尔曼(Richard Dearman)等几家工场、铸造厂和批发机构的负责人会面。在所有的这些会面中,他都会参加茶饮活动,还会去谈生意,下订单和协商条款,参观工场、蒸汽机设备、运河河道,最后是再次的茶饮活动。他去了基德敏斯特、斯陶尔布里奇和利奇菲尔德。他的活动中还穿插着与各位企业主的妻子和女儿们的会面、就餐、茶饮和对话活动,并且他还要参加贵格会的集会。所以,从英国将货物顺利转移到美洲的过程并不容易;交易的过程离不开社会交往和宗教联系以及跨越大西洋的餐饮仪式。[99]他需要涉及从装饰性铜器和清漆商品到钉子以及布料等各类织造品。他的例子与其他的那些参加到英国考察路线的商人们类似,比如约翰·瓦尔德(John Warder)、约西亚·特朗布尔(Josiah Trumball)和约书亚·吉尔平(Joshua Gilpin)。像糖商伯纳德·曼德维尔(Bernard Mandeville)做生意时就需要到乡村别墅中,在轻松愉悦的环境下进行一轮轮的社交,而萨缪尔·罗兰·费舍尔也深谙早餐和茶饮的重要性。

费舍尔与特定的制造商之间建立贸易关系的活动只是他长期以来所建立的一系列外部关系的一个构成。费舍尔与伦敦、布里斯托、伯明翰的零售商、商店或经销商,乃至任何能生产出在品质、设计和时间上符合其需求的商品的地方都建立了紧密的关系。费城的贵格会员兼商人萨缪尔·鲍威尔(Samuel Powell)在 1724 年订购了一大批货物,这包括玳瑁壳刀具、象牙梳子、手表玻璃和铜制表钥匙、马蹬铁、腰带扣和书籍等物品。这些物品由不同的生产商完成,这包括托马斯·普朗姆斯泰德(Thomas Plumsted)、托马斯·法斯特尔(Thomas Faster)、威廉·罗尔夫(William Rolfe)、爱德华·西蒙(Edward Simon)、托马斯·魏其斯(Thomas Wedges)等人。约翰·詹克斯(Thomas Jenks)是一位来自马萨诸塞的塞勒姆商人。他在 1787 年到 1799 年间从英格兰进口的货物包括门窗插销、抽屉柄、鞋扣、英式茶壶、枝形吊灯和风琴管。他从伯明翰的托马斯·威特金斯(Thomas Watkins)那里购买鞋扣,从伦敦的威廉·威尔森(William Wilson)那里购买清漆鞋扣,从伦敦的 J. 布莱克斯利和他的儿子们工场(J. Blakesly & Sons)进口象牙和玳瑁壳的梳子,以及从伦敦的托马斯·威尔金森(Thomas Wilknson)那里进口镜子和椭圆形茶盘。布里斯托的德古比(Guppy)和阿姆斯特朗(Armstrong)则为他提供镀金框架和玻璃、茶壶、带扣和纽扣,以及其他一系列的镀层器具。还
319 有几位供应商则为他提供烛台、银制器具、手表和书籍。纽约的威

廉·比克曼也与一些制造商和兼营批发的制造商有着直接的生意关系,比如布里斯托德的制帽商托马斯·欧文(Thomas Owen)和曼彻斯特的棉花制造商兼批发商罗伯特·海德和内森·海德(Robert and Nathan Hyde)。[100]

这些批发商在国内则要与殖民地的商店做生意,或自己直接与消费者打交道。在英国,购物者和店主群体在发展壮大,而美洲殖民地也同样如此。殖民地的店主们面临着竞争的压力和有着各类"古怪"想法的顾客,他们需要使出浑身解数来展示他们的商品种类之多种多样、样式之多姿多彩,这也是蒂姆·布林著作中所着力描述的,我们就不在此处停留太久了。[101]他们的广告则值得做更进一步的观察。

广告:高品质、多样性和新奇性

经销商们一方面很重视高标准地挑选商品,另一方面他们出口到美洲殖民地的商品也不能忽视品质好和品种多这两点。这样的心态也反映在了《宾夕法尼亚公报》等美洲报纸上的英国商品的广告中。商品以给顾客带来期待中的乐趣为己任,而商品的广告则是将商品内在特征传递给顾客的理想方式。在殖民地报纸上的新式消费品的广告要比英国本土的广告有着更广阔的受众,而广告本身也更复杂。这应该与制造者和消费者之间的地理距离不同有关。英国的制造商和零售商更喜欢使用商业名片这种广告形式,而且殖民地的印刷文化和伦敦的印刷文化中的报纸广告有着不同的传统。蒂姆·布林提供了关于18世纪中间30年殖民地报纸广告中商人所发公告的变迁情况。广告商会在一份长清单中将商品的详细信息一一列举,同时广告商还很注意广告本身的布局、风格和字体,这是为了吸引读者的注意。他发现,在 18 世纪 30 年代和 70 年代之间,一大批商品广告出现了关键的一跃,因为在纽约城市报纸、《南卡罗莱纳公报》(*South-Carolina Gazette*)、《波士顿邮晚报》(*Boston Evening Post*)和《宾夕法尼亚公报》(*Pennsgluania Gcaiette*)中商品清单有了详细的文字描述。[102]广告是美洲报纸的主要收入来源。从 1728 年到 1800 年间,《宾夕法尼亚公报》是重要的政治与社会事件的评论
320 者,而对于这一时期的人来说,这份报纸上所提供的新闻和广告对美国最大的城市读者很重要,整个殖民地都在关注它。内容丰富且详细的广告要展示商品的意义、地位和吸引力。本书中所涉及的许多具有特色的英国新式消费品的广告可能长达几页。我们在"接入式档案"网站(Accessible Archives)中使用报纸的网络搜索版进行研究,这样我们在超过 100 000 份档案中只需输入关键词就可以了。一份 1740 年到 1790 年(中间有两年间隔)的样本记录中包括了陶制的、釉彩的、涂漆的和镀层的等产品种类。许多商品种类只要具有其中的一种特质,那么它就可以被看作与英国产品有着密切的关系。

表 8.6 《宾夕法尼亚公报》中广告所宣传的商品种类,1740—1790 年

	1740—1748 年	1750—1758 年	1760—1768 年	1770—1778 年	1780—1790 年
陶器	6	30	19	5	—
上釉器具	—	16	27	13	7
涂漆器具	—	6	43	17	13
涂层器具	1	22	29	16	20

说明:广告数量每两年取一次样本。

资料来源:Database of Advertisements in the *Pennsylvania Gazette*. Maxine Berg, University of Warwick. *The Pennsylvania Gazette* On - line Version. Accessible Archives。

广告中经常使用"种类多样",或者说它具有"多样性""质地良

好”“一应俱全”“品种很全”，或者“型号大且外观优雅”等词语来描写商品。广告中也经常会提及商品的价格问题：“现金购买会非常便宜”“成本价出售”，或者“海运而来，价格公道”。陶器产品也经常出现在广告中，比如在关税记录中就经常看到其身影，不过通常对其描述很是粗略，但也有不少广告会对产品的样子、颜色、种类进行一番详细描写，对女王的器具和青花产品尤其如此。1776 年 4 月出现了一则令人颇为眼花缭乱的广告。广告中详细宣传了女王的器具的情况，描述了釉彩的、条纹状的、凹槽纹的、穿孔的以及素色的各种茶壶。此外还包括外观“呈瓮形”的咖啡壶，糖碟、茶杯和咖啡杯以及茶托和咖啡托盘，碗和奶油壶。在其描写中，这些产品样式之多也堪比红彩瓷（red China）。另外，黑色的、白色的、青花色的、釉彩的石头以及花椰菜石头等也得到了详细的描写。最后，这则广告又给读者介绍了一大堆陶器的情况。

许多的瓷器、鼻烟壶、铜器和银器也被描述为上釉器物。在1764 年 10 月，有广告登载了“美丽的釉彩玻璃酒杯，还有雕花杯柄”
的情况；1764 年 12 月，有一份广告是关于“釉彩和青花瓷的全品类” 321
的介绍。在 1766 年 8 月伦敦运来的一船货中有“釉彩的、磨砂的银器，以及羽毛饰品（以上物品都是最新款、最有品位的商品）”。1768 年 9 月，伦敦和布里斯托运来了“乌黑色的、白色的、骨制的、鹿角的、釉彩的以及雕刻有雄鹿图形或类似雄鹿图形的刀和叉”。在 1772 年 12 月则出现了“镀金釉彩鼻烟壶和袖口”，以及“两件非常精美的釉彩拱形仪表盘”。

1776 年 4 月，约瑟夫·斯坦斯伯利（Joseph Standsbury）给他在费城第二大街商店中的“大型号且优雅的瓷器、玻璃器和陶器产品”打广告。他这份内容颇多的广告覆盖了报纸的一大页，其中介绍了“样式丰富的全套釉彩茶具，色彩鲜明的上釉餐盘，上釉的腌菜盘和芥末罐，样式精美的香桃木壶和香桃木小桌”，以及其他的类似有着详细介绍的物品。

涂漆商品的广告跟在伦敦、利物浦、布里斯托和格拉斯哥的广告差不多。它们的“样式非常多样”,并且从涂漆茶盘、茶镊子到清漆嗅盐瓶、涂漆鞋和涂漆纽扣,乃至一个精良的清漆和镀金钟表都可看到。1772 年 5 月的一份广告则有如下描述:“一批全新的时尚涂漆器物,包括从 9 英寸到 24 英寸的正方形和圆形托盘,正方形和八角形的面包篮,夸德里尔游戏碗、稳固瓶子的底座、纸盒子,以及其他多种物件,这些太多了难以一一陈述”。镀层器具也经常被冠以“新款或最新款的时尚品”,或者“最小巧的镀层品”以及“小巧优雅的各个品种”的评价。其实各种物品都可以使用这些说法。[103]

报纸广告也有它的对手。那就是我们已经见过的商业名片,样本书和商业目录。著名的伯明翰铜器目录就是为外国市场特别制作的,甚至在今天的美国图书馆中也能找到这些 18 世纪的目录。[104]它们有着非常写实的插图,展现了产品的设计、构成和大小。人们要想展示这些产品和设计风格的细节就不得不把钱投入到雕版画的制作中。制造商把它们卖给代理商或客户。它们的制作者通常没有署名,而代理商业不希望他们的顾客知道它们来源于何处。价位会用手写上,或者单独用一张手写的或印刷的表单来展示。萨缪尔·罗兰·费舍尔随身携带着他的那本 146 页的伯明翰铜器目录。
322 这本目录的雕版插图做得非常不错,其展示了形状上的多样性,设计风格的多种选择性,多种时尚品位的组合性,以及赊账条件和价位等。[105]此外,这份目录还为美国的顾客带来了产品群组。费舍尔德目录中则有铜制家具、洛可可风格的手表框架和手表架;吉和艾京顿公司(Jee,Eginton & Company)则列举并插图展示了其所生产的全品类金属装饰品,这些产品能够互相搭配使用。本杰明·哈德利(Benjamin Hadley)的商品目录中有茶壶和咖啡壶,以及烛台和玻璃水罐的内容,而詹姆斯·怀特海德(James Whitehead)则展示了他的陶器和镀层器具的样品。[106]

图8.1 谢菲尔德产的木柄茶壶,1780—1800年

因此,美国的广告业给英国的新式消费品打响了名声;此外,消费行为和消费品中包含着文化的因素。一个跨大西洋的消费文化在一系列关键的消费品的发展历程中形成了。主要的消费品——玻璃器皿和陶器,铜器,装饰金属和镀层器具、漆器,以及各种小型家具——成为世界级的商品。它们所包含的不列颠性也成为时尚、品质、多样性和价格竞争力的代名词。这些是为国际市场制作的商 323
品,并且特别针对美洲的消费者。实际上,这些产品的特征是在满足苛刻挑剔的美国消费者的过程中经过不断地界定和适应才形成的。核心消费品领导着未来,它们的发明和营销过程跟在英国内部一样,也是大西洋世界历史的一部分。

英国的商品最初受到了来自印度洋贸易中奢侈品的影响,后来

经历了在大西洋商品界的磨炼而走向成功。在大西洋环中的殖民地和各个城市都向外观望,它们的目光穿越了约翰·艾略奥特(John Elliott)所说的一个“欧洲的湖泊”(European lake),互相观望着对方,这些社会都属于大西洋。移民是一种“正常的活动”,并且这是一种人员、商品和文化实践之间的流动。英国人从 17 世纪以来在移民上所取得的成功提供了有潜力的市场,这就是亚当·斯密所说的“剩余产品输出”(vent for surplus),而在法国则从未出现这一现象。在 18 世纪期间,不到 20 万法国人移居其殖民地。跟 180 万的英格兰和苏格兰移民相比,这点人数影响太小。18 世纪 60 年代,在加拿大和法属西印度地区的白种法国人刚过 11 万人;而英属北美殖民地的人口在 18 世纪中期有 200 万的居民,而这一世纪末期则达到 300 万。正如科林·琼斯(Colin Jones)所说,英国人的殖民地“在经济上需求上更具潜力”,而法国人的殖民地是比不上的。[107]

殖民地有着财富和积极向上的年轻移民。移民们不仅急于取得成功,他们还想证明他们的成功依靠的是英国产品所开创的多姿多彩、前途光明的那些个市场。这些北美地区的市场并非是那些粗制滥造或过时老旧产品的倾销地,经销商们在这些市场中要想成功需要提供质优价美的商品。英国商品在为英国自己的移民服务上取得了如此大的成就,其在大西洋世界的其他市场中也同样不落下风。英国及其北美殖民地也为法国的加勒比殖民地提供制成品,当然这受到了种种限制,在七年战争末期,西班牙的美洲殖民地也从法国人的手中落入英国的掌控之中了。

这些大西洋地区的市场为产品的发展创新提供了最好的前景。
324 一旦产品能够满足占有优势地位的中产阶级人群的标准,在更大的国际市场中的胜利也就指日可待了。英国的大西洋世界将英国推向全球性的高峰,它战胜了原来亚洲制造商在奢侈品生产上的优势地位。在 18 世纪中期英国取得海军和帝国的全球霸权地位后,英国的欧洲竞争者们也丧失了其优势地位。可以确定的是，这样的优势是陆地权力的一个延伸，也是对马尔萨斯关于人口增长约束压力的缓释，同时它还提供了更多的原材料和更好的投资机会。[108]全球优势也意味着那些适应新文化的移民在不熟悉的环境中开拓出了一系列具有潜力的市场。过去长期以来，人们把需求与供应，消费与技术解释为英国工业革命史具有竞争性和互不统属的两大因素。在创造消费者和发明技术的过程中产品与生产过程融为一体；英国的工业革命同时也是一场产品革命。在19世纪早期，英国的产品占据全球市场，这也是工业革命成功故事中的一个组成部分，而这个故事也是在18世纪跨大西洋的消费文化中形成的。 325

尾论

人们为了发明、制造和购买新式英国商品投入巨大的热情，但这些商品也是人类用以自省、疑虑和社会排斥的对象。年轻的詹姆斯·比塞特的图绘和涂漆鼻烟盒能给人带来乐趣，但是比塞特为了制作它们每天工作12个小时，“鼻烟盒上要绘制上玫瑰花、银莲花和各种颜色的花卉模样，并且每瓣花上和每片叶子上都要有三种花色，这样努力下他才能在一周内绘制20件左右的鼻烟盒”。[1]威廉·佩奇(William Pegg)是德比郡瓷器厂非常著名的一位瓷器着色师。当他在18世纪80年代做负责瓷器着色的学徒时，他每天工作15个小时，而且每周日还要去学习素描和各种技艺。[2]佩奇先是成为浸礼会徒，后来又成为了贵格会成员；他在宗教上的顾虑是，他所从事的艺术技艺关注的“只是奢侈品”，这些“物品更多的用于炫耀而非实用的生活”，因此，他曾两次放弃自己的行当。正如前文所说，约瑟夫·普利斯特利一方面坚持自己的激进信仰，另一方面又享受着富裕的消费环境。佩奇的神学观念可以说是自学成才但却有着甚为严格的自我要求。在离开了瓷器着色这个行业后，他去了莱斯特郡的博德沃斯(Bedworth)以及欣克利(Hinckley)。在那里,他找了一份长袜针织工作。不过,这份工作收入微薄,这让他贫困潦倒且债务缠身,而他自己的精神也是萎靡不振。贵格会的会友们见他陷入如此境地便纷纷劝他离开欣克利。他在“生命的壮年时期却过了12年的贫穷和不如意的生活”。当时“我没有挣到足够花销的钱,却不断沉沦,并且在这一时期的末尾,虽然能到的一点别人的帮助,但我却陷入到了窘迫的状态,甚至那些跟我有联系的会友们也表示他们无法理解我所做出的牺牲”。

最终,佩奇回到了瓷器厂,“也放弃了那种引诱我抛弃瓷器着色的心态”。他再次去学习着色技巧,这是因为他之前将自己的绘图 326
作品和绘图手册付之一炬。他在重返岗位七年后心中再次升腾起“愈发严重的自责感”:“我现在只希望我能够找点别的事情过活,要是不能如愿,我觉得我内心的平静将被彻底打碎。我长期以来感觉到,而且内心深处很确信的是,我做的事情正让我在瓷器事业上一路狂奔,但这与我应该做的事情正背道而驰。”[3]

威廉·佩奇的危机与他的个人资产无关,牵涉到的是他所工作的意义。那些充满了奢侈感、装饰感和乐趣性的物品在18世纪激发了工匠和商人们的创造性,而且让中产阶级和精英们热忱地追逐着这样的产品,但现在,佩奇却觉得这样的物品面目可憎。孟德斯鸠的商业就不是什么甜美的事业,也并不具有太多的包容性或文明性,这跟佩奇这样的英国人对奢侈品所表现出来的矛盾性一致。不仅是奢侈品——甚至对于中产阶级来说——受益于社会的不平等性。奢侈品也深入到人们的心理之中,而且消费品掌握着自我认同的力量。18世纪末期时的社会理论家将消费社会的讨论转向了对不平等来源的探讨。[4]

詹姆斯·比塞特和威廉·佩奇都对他们的工作有所反思:对于前者来说,这是一种机械性的活动,它有着很高的产出;对于后者来说,这是与消费者偶像崇拜勾结在一起的行为。二者都将他们的工作与其所生产的消费品联系在一起。让我们重述一下亚当·斯密的这番话:“消费是生产的唯一目的。”他还有着更明确的观点:“对无价值的物品的渴求……让人类始终保持勤奋的工作状态。”[5]消费需要与生产建立联系。《奢侈与逸乐:18 世纪英国的物质世界》这本书不仅探讨了 17 世纪后期和 18 世纪的现代消费社会及其产品的情况,这也是一本关于工业化起源的书籍。在这个关键阶段,欧洲对那个牵涉到广阔世界的商品贸易做出了反应;发明、制造和消费新式欧洲的,特别是英国的产品刺激了技术上的革新、新材料的使用和能源动力的变化,以及劳动形式的重构,这就是工业革命。世界市场首先刺激了这一进程,此后,其所取得的成功又导致了全球霸权的出现。国际和国内市场共同“确认了”什么是英国商品;这些
327 用于私人或家庭生活的消费品所处的全球市场也刺激了工业革命的发生;英国人在 19 世纪能将工业革命的成果尽归于已堪称一次波澜壮阔的历程,全球市场是这一成功故事的重要支撑。

关于 19 世纪发生了什么让这些产品“赢得了世界”是另一个问题了。产品数量大量增加,产品更加民主化,所有人都可以得到它们。浪漫派反对这种与等级社会有关系的“品位原则”,他们追求的是一种将历史上的设计和非欧洲设计风格相融合的方法。视觉的选择现在变得唾手可得,以至于维多利亚时代之人把他们的“当下时代”看作“竟没有一种合适的称呼可以冠名其风采”。[6]对于一些人来说,这种选择机会中所混杂的噪音需要“重构”,一种新的职业性的设计创新者出现了;对于另一些人来说,这是英国工业化所实现的富裕状态的真实标记。菲利普·威克斯蒂德(Philip Wicksteed)与斯密、李嘉图和马克思所说的使用价值和交换价值学说不同,他谈到的是“一大波我渴求的东西”进入到以选择机会为基础的“交换圈”中。[7]选择机会与物品的易得性并不足以确保它们在国际上的优势。工业旅游者在 18 世纪时会被这为“盎格鲁的丰富的商品”(Magazin Anglais)所震撼,但到了 19 世纪,他们已然失去了这种热

情。[8]尽管他们对自己在英国所看到的技术津津乐道，但这些产品却
不曾给他们留下什么印象。它们成了“奇怪的、平淡无奇的”，或者是
质量低劣的产品。一位德意志的访问者写道：“羊毛衣料和山羊绒不
如法国生产的，而且印花白棉布也比大陆的产品差”。意大利的访问
者兰泽（Lanza）后来把这种品位和质感的缺失归罪于英国人对“实用
性”过分追求而抛弃了“美感”。[9]1851 年的大博览会（Great Exhibi-
tion）既是对英国技术成就的赞歌，也开启了改善制造业标准和对公众
展开品位教育的道路，[10]但这也不太成功。威廉·莫里斯（William
Morris）作为一位年轻人访问了博览会却发现里面的物品“超级丑”；批
评者认为维多利亚时代的七拼八凑的这些商品是一场“艺术的灾
难”。[11]这是 18 世纪产品革命中所打造的工作、技术、技艺和工业的一 328
次巅峰吗？新的技术和材料，对异域和亚洲奢侈品的吸收，针对中产
阶级的新发明物的营销宣传——这是新产品最常见的消费场景——
都说明了 18 世纪英国人所接触到的现代性为何物。但是，技术、工
厂、选择机会和民主也在 19 世纪中期因丧失了方向感而受到谴责。
品位因为要表现的是“民族的商品”而被控制，而且选择机会也是为了
指示社会身份。这种维多利亚时代的商品、风格和选择机会的“过度
生产”预示着一种新的现代性、大众文化及其相关联的 20 世纪西方经
济发展中的大众消费将要出现。20 世纪中期的大众消费社会是“消费
社会”这个特殊概念的一次社会和政治上的再审视，也是对社会盲从
性及其相关的政治消极态度的一种探查。新左派批评理论为文化批
评主义和激进的抵抗行为提供了一波新鲜血液。联系消费行为和选
择机会与身份认同的后现代争论又在此基础上青出于蓝。[12]

对消费社会起源研究的强烈兴趣遍布在过去 25 年的历史学、社会科学和大众文化研究中。玛丽·道格拉斯和巴隆·伊舍伍德（Baron Isherwood）在他们首版于 1978 年的杰作《商品的世界》（*The World of Goods*）中提出“商品，劳动和消费”已经重现统一，并且它们共同进入了社会过程之中。[13]他们的观点是经济学家式的论调，而社会理论家和文

化理论家以及历史学家们则在此之后将消费抽象化了。按照阿格纽的说法,“消费”被分解、符号化和“扩张进入所有的可分析空间之中”。[14]由消费社会所界定的社会身份并没有提及商品或者商品的制作过程。我们需要重建消费与生产之间的统一——在这 25 年里,我们还没有做到这点。

我们更熟悉的是为什么人们购买商品。我们也一直对这个消费社会的全球框架有所了解。一个全球性的消费社会并不是什么后冷战世界的发明,而是工业世界的基石。我们已经看到,在 17 世纪后期和 18 世纪期间,来自亚洲的消费品是怎样转换成为我们欧洲
329 和西方的商品的,并且在这样一个新消费文化中,它们是怎样被赋予意义的。韦奇伍德的乐趣在于用欧洲的瓷器产品代替亚洲产品,这是今日全球故事的另一个版本。制造消费品已经再次成为亚洲的故事,这次是将欧洲和美洲颠倒了一下:那些经典的英国产品,韦奇伍德和皇家道尔顿(Royal Doulton)的产品已经将生产机会让给了中国。[15]

《奢侈与逸乐:18 世纪英国物质世界》尝试重建那种统一性——商品、工作和消费——即它们的概念、制造和购买过程中的统一性。但是本书只是深入调查了为数不多的几种消费品,并且没有关注到让商品的制造和购买得以成行的信贷和债务问题。其他人的一些研究已经填补了一些空白,但是仍有许多工作需要去做。[16]本书传递了一种乐观的精神,这种精神是消费品传播中的启蒙观察家带来的,也是世界商业扩张所带来的;它还调查了工业化中的消费因素。但是还有更加令人忧心的故事:消费主义、不平等性的增多、更广大世界的发现和世界贸易转向奴隶制、殖民主义和帝国主义。消费者抵制英国货包含着对帝国权力和自由衰退的抵制。它们加剧了激进的抗争行动,并且塑造了美国革命的发生。其他发生在不列颠和美洲境内的消费者抵抗活动针对的是奴隶制体系,因为这个体系把糖带到了欧洲和大西洋世界的茶桌上,而这些抗争活动也为代表着不同价值观和女性主义意识提供了发出声音和统一团结起来的场

合。[17]其他的世界视角也显示了帝国和全球货物在造成南北方社会不平等加剧历史中的作用。[18]

当道格拉斯和伊舍伍德倡导消费和生产研究中的统一时，那些关于商品以及相关的帝国和等级权力成为消费争论的核心内容。实际上，《商品的世界》有如下开头："商品化有耻，而所有权有罪。正在风起云涌的反抗消费社会的活动是本书写作的背景。"[19]矛盾的是，一本在反对消费社会这样政治背景下写就的书却引导着社会科学家、文化理论家和历史学家投入到消费和消费主义的研究之中。

现在，消费社会已经不是人们谈论的主题。市民群体就是消费者；现代自我反照的是其本人的欲望。人们认为，在我们时代的那些欲望更多的是消费经历的反馈，而不是针对固定财物的。消费者参与到商品的环境之中；广告商把这些物品去物质化，改造成了背景式的记号和象征物。[20]然而，消费仍旧离不开越来越多的实物，而这些实物与其主要的消费场景不同，它们现在是在世界的各组成部分中打造形成的。现在，塑造消费行为的全球化从根本上来说与产品及其生产的过程有关。那些与消费者欲求有关的历史也是一部产品史。任何关于消费行为的历史讨论都需要重新与产品及其形成的过程建立联系；跟过去一样，如今这种联系的再建立就是对世界贸易的一种响应了。在18世纪，一个全球性的奢侈品和制造业消费品的贸易提供的不仅是塑造新式商品的劳动和物质，而且也是塑造这一时期产品发展的设计、时尚和具有高度技巧性的营销手段。消费者产品——如果不是更宽泛意义的消费行为的话——是在这一时期的全球经济中形成的。产品及其生产过程的世界史对于消费行为和消费者的历史研究至关重要；同样，它也对我们理解当下的全球化进程至关重要。 331

注　释

导　论

[1] Catherine Hutton, *A Narrative of the Riots at Birmingham, July*, 1791 (Birmingham, 1875),5 - 22;S.H.Jeyes, *The Russells of Birmingham in the French Revolution and in America* 1791 - 1814(London,1911),221 - 38.

[2] The Birmingham Ritos, Inventory of the House and Goods of Joseph Priestley,339801/IIR30, City Archives, Birmingham Central Library.非常感谢彼得·琼斯(Peter Jones)向我指出这则史料。

[3] Penny Corfield, *Power and the Professions in England* 1700 - 1850(London,1995),234.

[4] David Levine and Keith Wrightson, *The Making of an Industrial Society: Whickham* 1560 - 1765(Oxford,1991),241,272.

[5] John Styles, 'Involuntary Consumers? Servants and their Clothes in Eighteenth-Century England', *Textile History*,33/1(2002),2 - 21,p.12.

[6] Peter Guillery, *The Small House in Eighteenth-Century London*(New Haven,2004),35.

[7] Ibid.35.

[8] *Universal Magazine of Knowledge and Pleasure*,50(1772),65 - 6.

[9] 这点参见 Frank Trentman, 'Beyond Consumerism: New Historical Perspectives on Consumption', *Journal of Contemporary History*,39(2004),373 - 401。

[10] Charles Louis de Seconda Montesquieu, 'On Commerce', *Montesquieu: The Spirit of the Laws*(*De l' esprit des lois*,1748), trans. A.M.Cohler(Cambridge,1989), book 20, ch.1, p. 338; David Hume, 'Of Commerce' (1752), in *Essays Moral, Political and Literary*, ed. Eugene F. Miller(Indianapolis,1985),265.

[11] John Styles, 'Georgian Britain 1714 - 1837: Introduction', in Michael Snodin and John Styles(eds.), *Design and the Decorative Arts: Britain* 1500 - 1900 (London,2001), 157 - 85, p.184.

[12] John Brewer, *Sentimental Murder: Love and Madness in the Eighteenth Century*(London,

2004),143;Mark Hallett,*The Spectacle of Difference:Graphic Satire in the Age of Hogarth*(New Haven,1999),93 - 100.

[13]Jonathan White,'The "Slow but Sure Poyson":The Representation of Gin and its Drinkers,1736 - 1751',*Journal of British Studies*,42(2003),35 - 64,p.54.

[14]Gerald Newman,*The Rise of English Nationalism:A Cultural History* 1740 - 1820 (London,1997),51 - 6,154;Benedict Anderson,*Imagined Communities:Reflections on the Origin and Spread of Nationalism*(London,1991);Linda Colley,*Britons:Forging the Nation* 1707 - 1837(New Haven,1992),1 - 9;56 - 71.

[15]Linda Colley,'Britishness and Otherness:An Argument',*Journal of British Studies*,31 (Oct.1992),309 - 29,pp.309 - 10.

[16]Colin Kidd,*Subverting Scotland's Past:Scottish Whig Historians and the Creation of an Anglo-British Identity*,1689 - 1839 (Cambridge,1993),268 - 9.

[17]罗伊·波特(Roy Porter)在他关于英国启蒙运动的书 *Enlightenment*(London,2002)中就把休谟和斯密放在他的"英格兰的"(English)故事的核心位置上。

[18]Colin Kidd,'Identity before Identities:Ethnicity,Nationalism and the Historians',in Julia Rudolph(ed.),*History and Nation* (Lewisburg,Pa.,forthcoming)

[19]Maxine Berg,'French Fancy and Cool Britannia:The Fashion Markets of Early Modern Europe',*Proceedings of the Istituto Internazionale di Storia Economica 'F. Dantin'* (Prato),32(2001),519 - 56.J.R.Harris,*Industrial Espionage and Technology Transfer:Britain and France in Eighteenth Century*(Aldershot,1998),esp.pp.175 - 204,以及 Carolyn Sargentson,*Merchants and Luxury Markets:The Marchands Merciers of Eighteenth-Century Paris* (London,1996),esp.pp.113 - 143。书中探索了法国人对于这些新的英国奢侈品品种所取得的技术成就和流行霸权的热情。

[20]Neil McKendrick,John Brewer,and J.H.Plumb,*The Birth of a Consumer Society:The Commercialization of Eighteenth-Century England*(London,1982),9 - 33;B.A.Holderness,'The Birth of a Consumer Society',*English Historical Review*,99(1984),122 - 4; John Styles,'Manufacturing,Consumption and Design in Eighteenth-Century England',in John Brewer and Roy Porter(eds.),*Consumption and the World of Goods*(London,1993),esp.pp.535 - 42.

[21]John Brewer,'The Error of our Way',Lecture to the Cultures of Consumption Programme,The Royal Society,23 Sept.2003,Working Paper No.12,www.consume.bbk.ac.uk/publications.html.

[22]对于这些观点的总结见 C.H.Feinstein,'Pessimism Perpetuated:Real Wages and the

Standard of Living in Britain during and after the Industrial Revolution', *Journal of Economic History*, 58(1998), 625 - 58; N.F.R.Crafts, *British Economic Growth during the Industrial Revolution*(Oxford, 1985).

[23] Joan Thirsk, *Economic Policy and Projects: The Development of a Consumer Society in Early Modern England*(Oxford, 1978); Jan de Vries, 'Between Purchasing Power and the World of Goods', in Brewer and Porter(eds.), *Consumption and the World of Goods*, 85 - 132。该文对于近代早期所有物增长问题的研究做了广泛的分析。关于其他地区的早期消费者经历的研究见 Craig Clunas, *Superfluous Things: Material Culture and Social Status in Early Modern China*(Cambridge, 1991), 以及 Richard Goldthwaite, *Wealth and the Demand for Art in Italy*, 1300 - 1600(Baltimore, 1993)。

[24] Brewer, 'The Error of our Ways'.

[25] De Vries, 'Between Purchasing Power', esp.pp.107 - 21.

[26] Maxine Berg, 'In Pursuit of Luxury: Global History and British Consumer Goods in the Eighteenth Century', *Past and Present*, 182(2004), 85 - 142.

[27] Jean-Christopher Agnew, 'Coming up for Air: Consumer Culture in Historical Perspective', in Brewer and Porter(eds.), *Consumption and the World of Goods*, 19 - 39, p.30.

[28] 在设计及其社会反应的历史中,其中一个最好的例子是伦敦的维多利亚和阿尔伯特博物馆为核心的藏品。见 Snodin and Styles(eds.), *Design and the Decorative Arts*. 关于博物馆中物品的历史见 I.Karp and S.D.Lavine(eds.), *Exhibiting Cultures: The Poetics and Politics of Museum Display*(Washington, 1990).

[29] 关于物质文化的美国学派研究见 Thomas J. Sohletreth(ed.), *Material Culture Studies in America*(Nashville, 1982), 以及 Catherine E.Hutchins(ed.), *Everyday Life in the Early Republic*(Winterthur, Del., 1994)

[30] Beverly Lemire, *Fashion's Favourite: The Cotton Trade and the Consumer in Britain* 1660 - 1800(Oxford, 1991), 109.

[31] *R. R. Angerstein's Illustrated Travel Diary*, 1753 - 1755: *Industry in England and Wales from a Swedish Perspectives*, trans.Torsten and Peter Berg(London, 2001), 35, 341.

[32] *Memoir of James Bisset: Written by Himself*, ed. T.B.udley(1818; Birmingham, 1904).

[33] *Sir Edward Thomason's Memoirs during Half a Century*(London, 1845), i.10, 14, 15. 关于购物者的经历见'Bodmer's Diary, 1816 - 17' in W.O.Henderson, *Industrial Britain under the Regency: The Diaries of Escher, Bodmer, May and de Gallois* 1814 - 18(London, 1968), 81, cited in Giorgio Riello and P.K.O'Brien, 'Reconstructing the Industrial Revolution: Analyses, Perceptions and Conceptions of Britain's Precocious Transition to

Europe's First Industrial Society' (unpublished paper, 2003), 18.

[34] Letters between Matthew Boulton and Elizabeth Montagu, 31 Oct. 1771 to 23 Jan. 1773, Matthew Boulton Papers, 330/331.

[35] Carl B. Estabrook, *Urbane and Rustic England: Cultural Ties and Social Spheres in the Provinces* 1660 - 1780 (Manchester, 1998), 128.

[36] Beverly Lemire, *Dress, Culture and Commerce: The English Clothing Trade before the Factory* 1660 - 1800 (London, 1997), 130.

第一部分 奢侈、品质与乐趣

第一章 奢侈的乐趣

[1] Nicholas Barbon, *A Discourse on Trade* (1690).

[2] Adam Smith, *The Theory of Moral Sentiments* (1759; 1790), ed. D. D. Raphael and A. L. McFie (Oxford, 1976), Book IV, chap. I, p. 180.

[3] Daniel Defoe, *A Plan of the English Commerce* (London, 1728), 144.

[4] Bernard Mandeville, *The Fable of the Bees* (1714), ed. Philip Harth (Harmondsworth, 1970); Montesquieu, *Esprit des lois*.

[5] Chandra Mukerji, *From Graven Images: Patterns of Modern Materialism* (New York, 1983), 182 - 92; Lemire, *Fashion's Favourite*.

[6] Styles, 'Manufacture, Consumption and Design in Eighteenth-Century England'.

[7] Cissie Fairchilds, 'The Production and Marketing of Populuxe Goods in Eighteenth-Century Paris', in Brewer and Porter (eds.), *Consumption and the World of Goods*, 228 - 48.

[8] Daniel Roche, *Historie des choses banales: naissance de la consommation dans les sociéiés traditionnelles xviie - xixe siècle* (Paris, 1997), 13.

[9] T. R. Malthus, *Principles of Political Economy* (2nd edn., London, 1835), 403.

[10] Werner Sombart, *Luxury and Capitalism* (1913; Ann Arbor, 1967).

[11] Elizabeth Gilboy, 'Demand as a Factor in the Industrial Revolution' (1932), in R. M. Hartwell (ed.), *The Causes of Industrial Revolution in England* (London, 1967), 121 - 38, p. 126.

[12] John U. Neff, *The Cultural Foundations of Industrial Civilization* (Cambridge, 1958).

[13] Robert Frank, *Luxury Fever: Why Money Fails to Satisfy in an Era of Excess* (New York, 1999); Fred Hirsch, *Social Limits to Growth* (London, 1977).

[14] Andrew Sherratt, 'Reviving the Grand Narrative: Archaeology and Long-Term Change',

Journal of European Archaeology,3(1995),1 - 32,pp.12 - 14.

[15]Arjun Appadurai(ed.),*The Social Life of Things:Commodities in Cultural Perspective*(Cambridge,1986),33.

[16]Alan Hunt,*Governance of the Consuming Passions:A History of Sumptuary Law*(London,1996),371;N.B.Harte,'State Control of Dress and Social Change in Pre-industrial England',in D.C.Coleman and A.H.John(eds.),*Trade,Government and Economy in Pre-industrial England*(London,1976),132 - 65.

[17]Arjun Appadurai,'Commodities and the Politics of Value',in Appadurai(ed.),The Social Life of Things,25.

[18]Jean Baudrillard,*For a Critique of the Political Economy of the Sign*(Paris,1981);Pierre Bourdieu,*Distinction:A Social Critique of the Judgement of Taste*(Cambridge,Mass.,1984).

[19]Mary Douglas,*Thought Styles:Critical Essays on Good Taste*(London,1996),III.

[20]James Carrier,Gifts and Commodities:Exchange and Western Capitalism since 1700(London,1995),8;Daniel Miller,'Consumption Studies as the Transformation of Anthropology',in Miller(ed.),*Acknowledging Consumption:A Review of New Studies*(London,1995),264 - 95,pp.267 - 74.

[21]见 Christopher Berry,*The Idea of Luxury:A Conceptual and Historical Investigation*(Cambridge,1994);John Sekora,*Luxury:The Concept in Western Thought,Eden to Smollett*(Baltimore,1977)。

[22]引自 A.O.Hirschman,*The Passions and the Interests:Political Arguments for Capitalism before its Triumph*(Princeton,1977),60。

[23]Daniel Defoe,*The Complete English Tradesman*(London,1726),385 - 6.

[24]J.- F.Melon,*Essai politique sur le commerce*(Paris,1734),and Montesquieu,Esprit des lois.

[25]见 Jan de Vries,'Luxury in the Dutch Golden Age in Theory and Practice',in Maxine Berg and Elizabeth Eger(eds.),*Luxury in the Eighteenth Century*(London,2003),41 - 56,p.43;参看 Berry,The Idea of Luxury,138 - 9。

[26]David Hume,*Essays Moral,Political and Literacy*(1741,1742;London,1903),Part II,Essay 1,'Of Commerce',pp.259 - 75;Essay 2,'Of Refinement in the Arts',pp.275 - 89.

[27]Hume,'Of Commerce',270.

[28]Adam Smith,*The Wealth of Nations*(1776),ed. R.H.Campbell and A.S.Skinner(Oxford,

1976), Book I, ch.1, p.22.

[29] Adam Ferguson, *An Essay on the History of Civil Society*(Edinburgh, 1767), 367 - 7.

[30] Mandeville, *The Fable of the Bees*, Remark L, p.144; J. - F.Melon, 'Of Luxury', in *A Political Essay upon Commerce, written in French by Monsieur M * * *. Translated with some Annotations, and remarks by David Bindon, Esq.* (Dublin, 1739), 1, 3 - 8.

[31] 参见 Neil De Marchi, 'Adam Smith's Accommodation of "Altogether Endless" Desire', in Maxine Berg and Helen Clifford(eds.), *Consumers and Luxury: Consumer Culture in Europe*, 1650 – 1850(Manchester, 1999), 18 - 36。

[32] Defoe, *Plan for the English Commerce*, 166; also p.78.

[33] Ibid.218.

[34] 参见 Daniel Rabuzzi, 'Eighteenth-Century Commercial Mentalities as Reflected and Projected in Business Handbooks', *Eighteenth-Century Studies*, 29(1995 - 6), 169 - 89, pp. 179 - 81.

[35] John Cary, *An Essay towards Regulating the Trade and Employing the Poor of this Kingdom*(2nd edn., London, 1717), 100 - 2.

[36] Defoe, *Plan for the English Commerce*, 77.

[37] Josiah Tucker, 'The Elements of Commerce and Theory of Taxes'(MS, 1755), 23 - 6.

[38] Malachy Postlehwayt, *Britiain's Commercial Interest Explained and Improved*(2vols., London, 1757), ii.395.

[39] Mandeville, *The Fable of the Bees*, Remark B, pp.96 - 7.

[40] Mandevill, 'A Search into the Nature of Society', ibid.353.

[41] John Millar, *Origins of the Distinction of Ranks*, cited in Hirschman, *The Passion and the Interests*, 105.

[42] Smith, *The Theory of Moral Sentiments*, 194 - 5.

[43] 这一概念的完整解释参见 Neil De Marchi, 'Adam Smith's Accommodation of "Altogether Endless" Desires', 18 - 36。

[44] Sombart, *Luxury and Capitalism*, 61.

[45] Stephen Mennell, *Norbert Elias: Civilization and the Human Self-Image* (Oxford, 1989), 84.

[46] Ibid.101.

[47] Grant McGracken, *Culture and Consumption: New Approaches to the Symbolic Character of Consumer Goods and Activities*(Bloomington, Ind., 1988), 15 - 18.

[48] Leora Auslander, *Taste and Power: Furnishing Modern France*(Berkeley, 1996), 49 - 56.

[49] Goldthwaite, *Wealth and the Demand for Art in Italy*, 249.

[50] Sombart, *Luxury and Capitalism*, 105.

[51] Auslander, *Taste and Power*, 51, 66, 142.

[52] Dena Goodman, 'Furnishing Discourses: Readings of a Writing Desk in Eighteenth-Century France', in Berg and Eger (eds.), *Luxury in the Eighteenth Century*, 71 - 88, pp.82 - 3.

[53] 关于伊丽莎白·蒙塔古和她的沙龙的相关讨论引自 Elizabeth Eger, 'Luxury, Industry and Charity: Bluestocking Culture Displayed', in Berg and Eger (eds.), *Luxury in the Eighteenth Century*, 190 - 206。

[54] Laurence E. Klein, 'Politeness and the Interpretation of the British Eighteenth Century', *Historical Journal*, 43 (2002), 869 - 98, pp.874 - 5.

[55] Ibid.875; cf. David Hancock, *Citizens of the World: London Merchants and the Integration of the British Atlantic Community*, 1775 - 1785 (Cambridge, 1995), 279 - 85; Mark Girouard, *The English Town* (New Haven, 1990), 86.

[56] 关于文雅的文献参见 Laurence E. Klein, *Shaftesbury and the Culture of Politeness: Moral Discourse and Cultural Politics in Early Eighteenth-Century England* (Cambridge, 1994), 与他的'Politeness for Plebes', in John Brewer and Roy Porter (eds.), *The Consumption of Culture*, 1600 - 1800 (London, 1995), 362 - 82, pp.372 - 3; Paul Langford, 'The Use of Eighteenth-Century Politeness', Transactions of the Royal Historical Society, 12 (2002), 311 - 31, p.319; R.H.Sweet, 'Topographies of Politeness', ibid.355 - 74, 365 - 9; Helen Berry, 'Polite Consumption: Shopping in Eighteenth-Century England', ibid. 375 - 94, 377 - 8, 383, 388。

[57] Joan Thirsk, 'Luxury Trades and Consummerism', in Robert Fox (ed.), *Luxury Trades and Consumerism in Ancien Regime Paris: Studies in the History of the Skilled Workforce* (Aldershot, 1998), 257 - 62, p.259.

[58] Thirsk, 'Luxury Trade and Consummerism', Fox (ed.), *Luxury Trade and Consumerism*, 259.

[59] David Frisby and Mike Featherstone (eds.), *Simmel on Culture* (London, 1997), 190 - 202, p.191.

[60] M. Chevalier de Jaucourt, 'Mode', *Encyclopédie ou dictionnaire raisonné des arts et des métiers* (36 vols., Paris, 1751 - 80), x.198.

[61] Mukerji, *From Graven Images*, 190 - 2; Lemire, *Fashion's Favourite*, 15 - 17.

[62] Mukerji, *From Graven Images*, 241 - 7.

[63] Ibid.249 - 53.

[64]参见 Auslander, *Taste and Power*,58,67,90。

[65]Ibid.122 - 8.

[66]参见 Nef,*Cultural Foundations*,其中有对早期现代欧洲品质和乐趣的相关讨论,特别是第 128 - 139 页。

第二章 货从东方来

[1]James Cawthorn, *Of Taste*:*An Essay*(1756), cited in Hilary Young, *English Porcelain 1745 –95*:*Its Makers*,*Design*,*Marketing and Consumption*(London,1999),74.

[2]The National Archives,London(后文使用缩写 TNA 表示),Chancery Masters Exhibits, C112.24,Torriano.

[3]Conrad Gill,*Merchants and Mariners of the Eighteenth Century*(London,1961),19 - 25, 38 - 9.

[4]W.Halfpenny, J.Halfpenny,R.Morris,and T.Lightoler,The Modern Builder's Assistant(London,1742),cited in R.G.Wilson and A.L.Mackley,'Building the English Country House, 1660 - 1880', *Economic History Review*,52(1999),436 - 68,p.451.

[5]Geoffrey A.Godden,*Oriental Export Market Porcelain and its Influence on European Waes* (London,1979),96 - 8,106 - 8.

[6]S.D.Chapman,*The Cotton Industry in the Industrial Revolution*(2nd edn.,London,1987), 27.

[7]E.Said,*Orientalism*:*Western Conceptions of the Orient*(1978;Harmondsworth,1991)

[8]Gang Deng,*Chinese Maritime Activities and Socioeconomic Development c.* 2100 *B. C.* – 1900 *A. D.* (Westport,Conn.,1997),113.

[9]L.Jardine,*Worldly Goods*:*A New History of the Renaissance*(London,1996),69;Sargentson,*Merchants and Luxury Markets*,66;P.J.Marshall,'Taming the Exotic:The British and India in the Seventeenth and Eighteenth Centuries',in G.S.Rousseau and R.Porter(eds.), *Exoticism in the Enlightenment*(Manchester,1990),46 - 65.

[10]J.M.MacKenzie,*Orientalism*,*History*,*Theory and the Arts*(Manchester,1995),103.

[11]Oliver Impey,*Chinoiserie*:*The Impact of Oriental Styles on Western Art and Decoration* (Oxford,1977),20 - 6.

[12]Robert Finlay,'The Pilgrim Art:The Culture of Porcelain in World History',*Journal of World History*,9(1998),141 - 89,pp.178 - 9.

[13]John Irwin and Katherine Brett, *Origins of Chintz*(London,1970),4.

[14]Cited ibid. 30.

[15] Ibid,32.

[16] Anon.,*A Discourse of Trade,Coyn and Paper Credits and of Ways and Means to Gain and Retain Riches*(1679),cited in H.Huth,*Lacquer of the West*(London,1971),36.

[17] Impey,Chinoiserie,111 - 14;O.Impey,'Japanese Export Lacquer of the 17th Century',in W.Watson(ed.),*Lacquerwork in Asia and Beyond*,Colloquies on Art & Archaeology in Asia II(London,1982),124 - 59.

[18] Cited in Huth,*Lacquer of the West*,58.

[19] E.L.Jones,*Growth Recurring:Economic Change in World History*(Oxford,1988),173.

[20] P.K. O'Brien,'From the Voyage of Discovery to the Industrial Revolution',in H.Pohl (ed.),*The European Discovery of the World and its Economic Effects on Pre-industrial Society* 1500 - 1800(Stuttgart,1990),154 - 77.

[21] N.Steensgaard,'The Growth and Composition of the Long-Distance Trade of England and the Dutch Republic before 1750',in J.D.Tracy(ed.),*The Rise of Merchant Empires* (Cambridge,1990),102 - 52,pp.106,118.

[22] Ibid.151;K.N.Chaudhuri,*The Trading World of Asia and the English East India Company* 1660 - 1760(Cambridge,1990);D.Ormrod,'Northern Europe and the Expanding World-Economy:The Transformation of Commercial Organisation,1500 - 1800',in *Proceedings of the Istituto Internazionale di Storia Economica 'F. Dantini'* (Prato),29 (1998),671 - 700,table 2;K.N.Chaudhuri,'European Trade with India',in T. Raychaudhuri and I.Habib(ed.),*The Cambridge Economic History of India*,2 vols. (Cambridge,1982),i.382 - 406,p.401.

[23] M.Berg,'Manufacturing the Orient:Asian Commodities and European Industry 1500 - 1800',*Proceedings of the Istituto Internazionale di Storia Economica 'F. Datini'* (Prato),29(1998),385 - 419,Tables 2 and 3;Chaudhuri,Trading World,519,535,539, 547 - 8;appendix 5,table C.8.

[24] Richard Van Glahn,*Fountain of Fortune:Money and Monetary Policy in China* 1000 - 1700(Berkeley,1997).

[25] 参见 David Landes,*The Wealth and Poverty of Nations*(New York,1998)。

[26] 参见 A.G.Frank,*ReOrient:Global Economy in the Asian Age*(Berkley,1998)。关于亚洲衰落原因的详细解释参见 Jones,*Growth Recurring*,132.

[27] Jones,*Growth Recurring*,80 - 82;Tim Brook,*The Confusions of Pleasure. Commerce and Culture in Ming China*(Berkeley,1998),pp.220 - 222.

[28] Deng,*Chinese Maritime Activities*,134.

[29] Kent Deng, 'A Critical Survey of Recent Research in Chinese Economic History', *Economic History Review*, 53(2000), 1 - 28, pp.4 - 5.

[30] C. Ho, 'The Ceramic Trade in Asia, 1602 - 82', in A. J. H. Latham and H. Kawakatsu (eds.), *Japanese Industrialization and the Asian Economy*(London, 1994), 35 - 70, pp. 37, 38.

[31] Gang Deng, 'The Foreign Staple Trade of China in the Pre-modern Era', *International History Review*, 19(1997), 253 - 83, pp.264 - 5, 276.

[32] Jones, *Growth Recurring*, 158.

[33] Eric Jones, Lionel Frost, and Colin White, *Coming Full Circle: An Economic History of the Pacific Rim*(Boulder, Colo., 1993), 35.

[34] K.N.Chaudhuri, *Asia before Europe: Economy and Civilisation of the Indian Ocean from the Rise of Islam to* 1750(Cambridge, 1990), 304 - 9.

[35] Mark Elvin, *The Pattern of the Chinese Past*(Standford, Calif., 1973), 285.

[36] Finlay, 'The Pilgrim Art', 156.

[37] Ibid.148.

[38] Chaudhuri, *Asia before Europe*, 308.

[39] Chaudhuri, *Asia before Europe*, 309, 319.

[40] Impey, *Chinoiserie*, 112 - 14.

[41] Berg, 'Manufacturing the Orient', 401 and table 1; Chaudhuri, *Trading World*, 291, 296 and appendix 5, table C.2.

[42] 贝弗莉·勒米尔在 *Fashion's Favourite*(第 18 页)中论及此点。

[43] K.N.Chaudhuri, *Trade and Civilization in the Indian Ocean*(Cambridge, 1985), 200 - 2.

[44] Chaudhuri, *Asia before Europe*, 317.

[45] Impey, *Chinoiserie*, 92.

[46] Godden, *Oriental Export Market Porcelain*, 113; D. F. Lunsingh-Scheuleer, *Chinese Export Porcelain*(London, 1974), 24 - 8.

[47] Godden, *Oriental Export Market Porcelain*, 103; C.L.Jorg, *Porcelain and the Dutch China Trade*(The Hague, 1982), 123.

[48] Godden, *Oriental Export Market Porcelain*, 47.

[49] H.Nishida, 'Japanese Export Porcelain during the 17th and 18th Century', D. Phil. thesis (Oxford, 1974), 65 - 9.

[50] Cited in Chaudhuri, *Asia before Europe*, 302.

[51] Irwin and Brett, *Origins of Chintz*, 9.

[52] Chaudhuri, *Asia before Europe*, 302 - 3, 312.

[53] Cited ibid.303.

[54] Chaudhuri, 'European Trade with India', 382 - 406, p.388.

[55] K.N. Chaudhuri, *The English East India Company: A Study of an Early Joint Stock Company* 1600 - 1640 (London, 1965), 195.

[56] Ibid.195, 282, 402.

[57] Michel Beurdeley, *Porcelain of the East India Companies* (London, 1962), 117 - 18.

[58] Godden, *Oriental Export Market Porcelain*, 114.

[59] Oliver Impey, 'Japanese Export Market Procelain', in J.Aerys, O.Impey, and J.V.G.Mallet (eds.), *Porcelain for Palaces* (London, 1990), 25 - 36; Nishida, 'Japanese Export Porcelain', 65 - 9.

[60] Irwin and Brett, *Origins of Chintz*, 9.

[61] Gill, *Merchants and Mariners*, 38 - 9; Godden, *Oriental Export Market Porcelain*, 44.

[62] Jorg, *Porcelain and the Dutch chins Trade*, 102 - 8; Chaudhuri, *Trading World*, 287; Godden, *Oriental Export Market Porcelain*, 59, 78.

[63] TNA, Chancery Masters Exhibits C112.24, Torriano.

[64] Godden, Oriental Export Market Porcelain, 91 - 107.

[65] J.G.Phillips, *China-Trade Porcelain* (Cambridge, Mass., 1956), 27.

[66] Ibid.28 - 33; Deng, *Chinese Maritime Activities*, 130.

[67] H.B.Morse, Chronicles of the East India Company Trading to China 1635 - 1834 (Oxford, 1926), ii.213 - 15;也可参见相关书信:Factory Records China and Japan 1596 - 1840, G/12/91, Lord Macartney's Embassy to China. Misc.Letters, India Office Library, The British Library.

[68] Deng, *Chinese Maritime Activities*, 117 - 23.

[69] Deng, *Chinese Maritime Activities*, 134; Frank, *ReOrient*, 117.

[70] Chaudhuri, *Trading World*, 132; Jorg, *Porcelain and the Dutch China Trade*, 108.

[71] L. Weatherill, *The Growth of the Pottery Industry in England* 1660 - 1815 (London, 1986); L.Fontaine, *The History of Pedlars in Europe* (Cambridge, 1996), 182 - 201.

[72] Young, *English Porcelain*, 154 - 60.

[73] J.K.J.Thomson, 'State Intervention in the Catalan Calico-Printing Industry in the Eighteenth Century', in M.Berg (ed.), *Markets and Manufacture in Early Industrial Europe* (London, 1991), 57 - 92, p.61.

[74] Young, *English Porcelain*, 74.

[75] Huth, *Lacquer of the West*, 38.

[76] J. Mallet, ' European Ceramics and the Influence of Japan', in Ayers, Impey, and Mallet (eds.), *Porcelain for Palaces*, 38 - 51.

[77] William Bemrose, *Bow, Chelsea and Derby Porcelain* (London, 1989), 35.

[78] A.Finer and G.Savahe(eds.), *The Selected Letters of Josiah Wedgwood* (London, 1965), 7 - 9.

[79] J.Hardy, ' Western Japanning 1670 - 1770', in W.Waston(ed.), *Lacquerwork in Asia and Beyond* (London, 1982), 159 - 74, p.159.

[80] ' Exports of Glass and Earthenware from England 1700 - 1800', from Elizabeth Schumpeter, *English Overseas Trade Statistics* 1697 – 1808 (Oxford, 1960), table xxxvii.

[81] G.Hughes, *English and Scottish Earthenware* 1660 – 1860 (London, 1961), III.

[82] Thomson, ' State Intervention', 75.

[83] 参见 Colley, ' Britishness and Otherness', 309 - 10。关于带往中国货物的价值见 India Office Records, Factory Records China and Japan 1596 - 1840, G/12/92, pp.545 - 86。

第三章 民族的产品：论艺术与发明

[1] De Vries, ' Between Purchasing Power', 85 - 132; H. J. Voth, ' Work and the Sirens of Consumption in Eighteenth-Century London', in M. Bianchi(ed.), *The Active Consumer: Novelty and Surprise in Consumer Choice* (London, 1998), 143 - 73.

[2] William Hogarth, *The Analysis of Beauty*, ed. with introd. by R. Paulson (New Haven, 1997); Jules Lubbock, *The Tyranny of Taste: The Politics of Architecture and Design in Britain* 1550 – 1960 (New Haven, 1995), 200 - 2; Daniel Roche, *The Culture of Clothing: Dress and Fashion in the Ancien Regime* (London, 1996), 5 - 7.

[3] P. C. Reynard, ' Manufacturing Quality in the Pre-industrial Age: Finding Value in Diversity', *Economic History Review*, 53(Aug.2000), 493 - 516, p.511.

[4] Styles, ' Manufacturing, Consumption and Design', 533.

[5] Reynard, ' Manufacturing Quality', 510 - 11.

[6] Helen Clifford, ' A Commerce with Things: The Value of Precious Metalwork in Early Modern England', in Berg and Clifford(eds.), *Consumers and Luxury*, 147 - 69; Michael Vickers, ' Value and Simplicity: Eighteenth-Century Taste and the Study of Greek Vases', Past and Present, 116(1987), 98 - 137.

[7] 参见 N. De Marchi and H. J. Van Miergroet, ' Ingenuity, Preference and the Pricing of Pictures: The Smith-Reynolds Connection', in N. De Marchi and C. D. W. Goodwin(eds.), *Economic Engagements with Art* (Durham, NC, 1999), 379 - 412, pp.386 - 8, 392, 404。

[8] Hogarth, *Analysis of Beauty*, 29; Alexander Gerard, *Essay on Taste* (London, 1756); Sir Joshua Reynolds, *Discourses on Art* (2nd edn., London, 1997).

[9] Cited in De Marchi and Van Miergroet, 'Ingenuity, Preference', 386 - 8; J. Barrell, *The Political Theory of Painting from Reynolds to Hazlitt* (New Haven, 1986), 88.

[10] L. Hilaire-Pérez, 'Diderot's Views on Artists' and Inventors, 'Rights: Invention, Imitation and Reputation', *British Journal for the History of Science*, 35(2002), 129 - 50.

[11] R. Ackerman, *The Repository of Arts, Literature, Commerce, Manufactures, Fashions and Politics* (London, 1809), entry on Fine Arts, pp.69 - 71.

[12] 这一观念的阐释参见 Matthew Craske in *Art in Europe* 1700 - 1830 (Oxford, 1997), 187 - 216; David Solkin, *Painting for Money: The Visual Arts and the Public Sphere in Eighteenth-Century England* (New Haven, 1992)一书提供了艺术与公共领域研究的一个典型案例。

[13] Alfred Marshall, Industry and Trade (London, 1921), 111.

[14] 可参见如, P. K. O'Brien and C. Keyder, *Economic Growth in Britain and France* 1780 - 1914 (London, 1976); François Crouzet, 'England and France in the Eighteenth Century: A Comparative Analysis of Two Economic Growths', in R. M. Hartwell (ed.), *The Causes of the Industrial Revolution in England* (London, 1967), 53 - 80; William Sewell, *Work and Revolution in Nineteenth Century France* (Cambridge, 1982)。

[15] 参见在 Auslander, Taste and Power, by Dena Goodman in 'Furnishing Discourses'。参见 Colin Jones, *The Great Nation: France from Louis XV to Napoleon* (Harmondsworth, 2002), 349 - 63。

[16] Jones, *The Great Nation*, 164.

[17] Stanley Engerman, 'Mercantilism and Overseas Trade, 1700 - 1800', in R. Floud and D. McCloskey (eds.), *The Economic History of Britain since* 1700, 3 vols. (2nd edn., Cambridge, 1994), i. Tables 4, 6, 7.

[18] Colley, *Britons*, 56 - 65.

[19] Adam Anderson, *An Historical and Chronological Deduction of the Origin of Commerce, from the Earliest Accounts to the Present Time*, 2 vols. (London, 1764), i. p. viii.

[20] *The Wonders of Nature and Art: Being an Account of Whatever is Most Curious and Remarkable throughout the World*, 4 vols. (London, 1750), i.169 - 84.

[21] Robert Dossie, *The Handmaid of the Arts*, 2 vols. (2nd edn., London, 1764), i. p. vi.

[22] Charles Saumarez Smith, *Eighteenth Century Decoration: Design and the Domestic Interior in England* (London, 1993), 138 - 40; Anne Puetz, 'Design Instruction for Artisans in

Eighteenth-Century Britain', *Journal of Design History*, 12(1999), 217 - 41, pp.217 - 18, 225. 也可参见 Matthew Craske, 'Plan and Control: Design and the Competitive Spirit in Early and Mid-Eighteenth-Century England', *Journal of Design History*, 12(1999), 187 - 216, pp.196 - 205 中关于设计的全国性的争论。

[23] Shipley, cited in D. G. C. Allan, *William Shipley, Founder of the Royal Society of Arts* (London, 1968), 16, 46, 51.

[24] Saumarez Smith, Eighteenth Century Decoration, 139 - 40.

[25] D. G. C. Allan, *The Virtuoso Tribe of Arts and Sciences: Studies in the Eighteenth Century Work and Membership of the London Society of Arts* (Athens, Ga., 1992), 91 - 119.

[26] Carlo Poni, 'Fashion as Flexible Production: The Strategies of the Lyons Silk Merchants in the Eighteenth Century', in C. Sabel and J. Zeitlin(eds.), *World of Possibilities: Flexibility and Mass Production in Western Industrialization*(Cambridge, 1997), 37 - 74, p.50; L. Miller, 'Paris-Lyons-Paris: Dialogue in the Design and Distribution of Patterned Silks in the Eighteenth Century', in R. Fox and A. Turner(eds.), *Luxury Trades and Consumerism in Ancien Regime Paris*(Aldershot, 1998), 139 - 68, pp.163 - 5.

[27] Poni, 'Fashion as Flexible Production', 64.

[28] John Styles, 'The Goldsmiths and the London Luxury Trades, 1550 - 1750', in David Mitchell(ed.), *Goldsmiths, Silversmiths and Bankers: Innovation and the Transfer of Skill*, 1550 - 1750 (London, 1995), 112 - 20, p.116; Tim Clayton, *The English Print* 1688 - 1802(New Haven, 1997).

[29] Helen Clifford 'Making Luxuries: The Image and Reality of Luxury Workshops in 18th Century London', in P.S. Barnwell, M. Palmer and M. Airs(eds.), *The Vernacular Workshop: from Craft to Industry*, 1400 - 1900(York, 2004), 17 - 27.

[30] R. Campbell, *The London Tradesman* (London, 1747; repr.1969), 142.

[31] Wedgwood Papers, 1778. Cited in Clifford, 'Thinking and Writing', 22.

[32] E. A. J. Johnson, 'The Mercantilist Concept of "Art" and "Ingenious Labour"', *Economic Journal Supplement*(1930 - 3), 234 - 53, pp.241 - 51.

[33] Malachy Postlethwayt, 'Of Arts and Manufactories', *Dissertation XXXIII of Britain's Commercial Interest Explained and Improved*, ii.402 - 11.

[34] Revd Temple Henry Croker, *The Complete Dictionary of Arts and Sciences*, 3 vols.(London, 1765 - 6), p. viii.

[35] William Kenrick, *An Address to the Artists and Manufacturers of Great Britain: Respecting an Application to Parliament of New Discoveries and Invention in the Useful Arts* (Lon-

don,1774).

[36] Erasmus Middleton, *The New and Complete Dictionary of Arts and Sciences or an Universal System of Useful Knowledge*(London,1778); *The Universal Magazine of Knowledge and Pleasure*, ed. J. Hinton, vol. 17(London,1758),2.

[37] *Encyclopaedia Britannica*,10 vols.(2nd edn.,Edinburgh,1778 - 83),i.715 - 17.

[38] John Barrow, *A New and Universal Dictionary of Arts and Sciences*(London,1751),2.

[39] Joel Mokyr, *The Gifts of Athena: Historical Origins of the Knowledge Economy* (Princeton,2002),62.

[40] This point is made by Ken Alder, *Engineering the Revolution: Arms, Enligbtenment and the Making of Modern France*(Pinceton,1997),cited in Mokyr, *Gifts of Atbena*,63n.

[41] Craske,'Plan and Control',191.

[42] Malachy Postlethwayt, *The Universal Dictionary of Trade and Commerce. Translated from the French of... Monsieur Savary. . . with large additions and improvements*,'Printing from Copper Plates',2vols.(2nd edn.,London,1757),vol. ii.

[43] Cited in Puetz,'Design Instruction',230.

[44] Dossie, *The Handmaid of the Arts*,i. p. viii.

[45] *Arts Companion: or, A New Assistant for the Ingenious*(London, 1749); Mrs Dorothy Holt, *Address to the Ladies of Great Britain on Lace*(London,1757),6 - 7,18.

[46] 相关书籍的列表参见 Puetz,'Design Instruction',220。其他关于制图和透视图的手册参见 Craske,'Plan and Control',190。

[47] Puetz,'Design Instruction',235.

[48] Craske,'Plan and Control',210.

[49] Barrow, *New and Universal Dictionary*,'Commerce'.

[50] Ibid.1 - 2.

[51] Richard Rolt, *A New Dictionary of Trade and Commerce*(London,1756).

[52] William Henry Hall, *The New Royal Encyclopaedia*(3 vols.,London,1788),710.

[53] *Repertory of Acts and Manufactures…from the Transactions of Philosophical Societies of All Nations*,vol.i(London,1974),48 - 9.

[54] Dossie, *The Handmaid of the Arts*,p.xxvi.

[55] Mokyr, *Gifts of Athena*,76.

[56] Robert Dossie, *Memoirs of Agriculture and Other Oeconomical Arts*(London,1768),92.

[57] Ibid.107,122.

[58] A.Rees, *The Cyclopedia: or Universal Dictionary of Arts, Sciences and Literature* (Lon-

don, 1802 - 20), 'Japanning'.

[59] Society of Arts, Guard Book 3, vols.5, 6, letter 78: Thomas Whitty, Axminster, to the Society, 21 Mar.1757; Guard Book 4, no.1, London, 29 Mar.1758.

[60] Dossie, *Memoirs*, 230.

[61]关于织造业内容参见 T. Griffiths, P. Hunt and P. O'Brien, 'Inventive Activity in the British Textile Industry, 1700 - 1800', *Journal of Economic History*, 52(1992), 880 - 906。关于消费品专售许可参见 M.Berg, 'From Imitation to Invention: Creating Commodities in Eighteenth-Century Britain', *Economic History Review*, 45(2002), 1 - 30。

[62] Young, *English Porcelain*, 88; Clifford, 'Concepts of Invention', 245 - 8; Lara Kriegel, 'Culture and the Copy: Calico, Capitalism and Design Copyright in Early Victorian Britain', *Journal of British Studies*, 43(Apr.2004), 233 - 65; Katie Scott, 'Art and Industry—A Contradictory Union: Authors, Rights and Copyrights during the Consulat', *Journal of Design History*, 13(2000), 1 - 21.

[63] Benet Woodcraft, Subject-Matter Index of Patents of Invention(London, 1857), nos. 297, 386, 461, 939, 1055, 1299; id., *Titles of Patents of Invention*(London, 1854), nos.1729 (1790) and 1148(1777).

第二部分　怎样制造

[1] Edward T.Joy, 'Some Aspects of the London Furniture Industry in the Eighteenth Century', University of London MA thesis(1995), 9.

[2] Lorna Weatherill, *Consumer Behaviour and Material Culture in Britain* 1660 - 1760 (London, 1988), 63, 169, 189.

[3] R.Dossie, *Memoirs of Agriculture and other Oeconomical Arts* (London, 1768), 89, 230.

第四章　玻璃与瓷器:优雅餐桌上的语法

[1] Peter Burke, *The Italian Renaissance*(Cambridge, 1986, 1999), 223 - 34; Goldthwaite, *Wealth and the Demand for Art in Italy*, 249.

[2] Patrick McCray, *The Fragile Craft: A History of Venetian Glass*(Aldershot, 1999), 114.

[3] Ibid.131 - 41, 234 - 5.

[4]引自 R.D.Charleston, *England Glass and the Glass Used in England, circa* 1400 - 1940 (London, 1984), 50。

[5] Robin Hildyard, 'British Supermacy', in Reino Liefkes, *Glass*(London, 1997), 82 - 103, p.84.

[6] Eleanor Godfrey, *The Development of English Glassmaking* 1560 - 1640 (Oxford, 1975), 252; Charleston, *English Glass*, 53 - 64; Harris, *Industrial Espionage*, 342 - 3.

[7] Hildyard, 'British Supermacy', 86 - 7; Harris, Industrial Espionage, 326; Ada Polak, *Glass: Its Makers and its Public* (London, 1975), 152 - 3.

[8] Polak, *Glass*, 139; Godfrey, *Development*, 256.

[9] G.Bernard Hughes, *English, Scottish and Irish Table Glass from the Sixteenth Century to* 1820 (London, 1956), 56.

[10] Francis Buckley, *A History of Old English Glass* (London, 1925), 3 - 7; Polak, *Glass*, 139 - 41; Godfrey, *Development*, 256.

[11] David Barnett, *London, Hub of the Industrial Revolution: A Revisionary History* 1775 - 1825 (London, 1998), 104.

[12] J.R.Harris, 'Saint-Gobain and Ravenhead', in J.R.Harris, *Essays in Industry and Technology in the Eighteenth Century: England and France* (Aldershot, 1992), 34 - 77, pp.36, 45; Francis Buckley, 'The Birmingham Glass Trade 1740 - 1833', *Transactions of the Society of Glass Technology*, 11 (1927), 374 - 86; MSS Papers of Hicken Glass Business, Bilston, Staffs., Stafford Record Office D1798/647.

[13] George Unwin, *The Guilds and Companies of London* (London, 1908), 378; Catherine Ross, 'The Flint Glass Houses on the Rivers Tyne and Wear during the Eighteenth Century', *Glass Circle*, 5 (1986), 75 - 85, p.84; Hildyard, 'British Supermacy', 101; Buckley, Old English Glass, 3; Hughes, English, Scottish and Irish Table Glass, 49, 64; Sheenah Smith, 'Glass in Eighteenth-Century Norwich', *Glass Circle*, 2 (1975), 49 - 65, pp.52 - 7.

[14] Buckley, *Old English Glass*, 3 - 5.

[15] 参见上书第 41 页有关税收规模与玻璃制品的外观和重量之间关系的研究。类似观点可参见 Charleston, *English Glass*, 142; Hughes, *English, Scottish and Irish Table Glass*, 64。

[16] Smith, 'Glass in Eighteenth-Century Norwich', 50 - 7.

[17] Charleston, *English Glass*, 141, 168 - 71, 174 - 9; Hildyard, 'British Supremacy', 97 - 8; Polak, *Glass*, 143 - 8.

[18] Peter Brown and Marla Schwartz, *Come Drink the Bowl Dry* (York, 1996), 71; Smith, 'Glass in Eighteenth-Century Norwich', 53.

[19] 关于普通的奶油色陶器价格参见 Neil McKendrick, 'Josiah Wedgwood and the Commercialization of the Potteries', in Neil McKendrick, John Brewer, and J.H.Plumb, *The Birth of a Consumer Society* (London, 1982), 100 - 45; 关于餐具和铜质烛台的价格

参见表5.3。

[20]关于发现瓷器竞赛的一个颇受好评的记录,参见 Janet Gleeson, *The Arcanum*(London,1998)。

[21]Bevis Hillier, *Pottery and Porcelain* 1700 – 1914 (London,1968),36.

[22]Young, *English Porcelain*, 18.

[23]Hillier, *Pottery and Porcelain*, 38; Young, *English Porcelain*, 22, 33, and 43.

[24]Lorna Weatherill, *The Pottery Trade and North Staffordshire* 1660 – 1760(Manchester, 1971),142; E. Myra Brown and Terence A. Lockett(eds.), *Made in Liverpool: Liverpool Pottery and Porcelain* 1700 – 1850(National Museums and Galleries on Merseyside)(Liverpool,1993),44; Robin Reilly, *Wedgwood*, 2 vols.(London,1989), i.25.

[25]Weatherill, *The Pottery Trade*, 49 - 52; L. Weatherill, 'The Growth of the Pottery Industry in England, 1660 - 1815', *Post-Medieval Archaeology*, 17(1983), 15 - 46, p.22; George L. Miller, Ann Smart Martin, and Nancy S. Dickinson, 'Changing Consumption Patterns: English Ceramics and the American Market from 1770 to 1840', in Catherine E. Hutchins (ed.), *Everyday Life in the Early Republic*(Winterthur, Del., 1994), 219 - 48, p.225.

[26]Finer and Savage, *Selected Letters*, 154 – 6; Weatherill, 'The Growth of the Pottery Industry', 25 - 8.

[27]Geoffrey A. Godden, *Eighteenth-Century English Porcelain*(St Albans, 1985), 20; Young, *English Porcelain*, 74 - 5, 80.

[28]Weatherill, 'The Growth of the Pottery Industry', 25 - 8.

[29]*Abridgments of the Patent Specifications Relating to Pottery*(prepared by Dugald Campbell)(London, 1863).

[30]Godden, *Eighteenth-Century English Porcelain*, 214.

[31]Young, *English Porcelain*, 18 - 19.

[32]Godden, *Eighteenth-Century English Porcelain*, 56, 67, 194, 214.

[33]Reilly, *Wedgwood*, i.184.

[34]Weatherill, *The Pottery Trade*, 15, 29 - 30; Hughes, *English and Scottish Earthenware*, 54; Weatherill, 'The Growth of the Pottery Industry', 35.

[35]Finer and Savage, *Selected Letters*, 7.

[36]Hughes, *English and Scottish Earthenware*, 105, 110, 121; Finer and Savage, *Selected Letters*, 10.

[37]Reilly, *Wedgwood*, i.20.

[38]Miller, Martin, and Dickinson, 'Changing Consumption Patterns', 5; George L. Miller and

Robert Hunter, 'How Creamware Got the Blues: The Origins of China Glaze and Pearlware', in Robert Hunter(ed.), *Ceramics in America*(Milwaukee, 2001), 135 - 61.

[39] Hughes, *English and Scottish Earthenware*, 97; Godden, *Eighteenth-Century English Porcelain*, 179; Young, *English Porcelain*, 142; Bemrose, *Bow, Chelsea and Derby Porcelain*, 95 - 109.

[40] Weatherill, *The Pottery Trade*, 99 - 108; Young, *English Porcelain*, 131; Whieldon Papers, Notebook on Hiring and Wages, Staffordshire Record Office, Stafford, p.66.

[41] Weatherill, *Tbe Pottery Trade*, 98 - 104.

[42] Wedgwood to Bentley, 8 Sept.1772(Wedgwood Papers, University of Keele); Wedgwood to Bentley, 19 May 1770, repr. In Finer and Savage, *Selected Letters*, 92.

[43] Young, *English Porcelain*, 64; Hughes, *English and Scottish Earthenware*, 109, 125 - 7; Gaye Blake Roberts, 'Printing in Liverpool: The Association between Wedgwood and Sadler and Green', *Journal of the Northern Ceramics Society*, 14(1997), 45 - 70,文中有关韦奇伍德与萨德勒和格林之间的联系的论述, pp.45 - 67, pp.46, 50。

[44] Brown and Lockett(eds.), *Made in Liverpool*, 39 - 41.

[45] 参见 Clayton, *The English Print*; Roberts, 'Printing in Liverpool', 57。

[46] Arnold R. Mountford, 'Thomas Wedgwood, John Wedgwood and Jonah Malkin, Potters of Burslem: Analysis of Certain Unpublished Eighteenth-Century Documentary Sources with Particular Reference to the Manufacture and Distribution of Earthenware and Stoneware'(MA thesis, University of Keele, 1972), 67.

[47] 'Services'(Wedgwood Papers, University of Keele, 1419 - 45). 服务(services)是指对韦奇伍德公司购买的制成品(有浮雕制品、展示柜、印章、银器、小餐具、盘碟和书写桌)和器具的上釉和金饰工作,以及雕刻、安装、绘图、维修工作。

[48] Wedgwood to Bentley, 22 Nov.1773, in Finer and Savage, *Selected Letters*, 154 - 6.

[49] Joseph Green to Wedgwood, 18 Sept. 1788(Wedgwood Business Correspondence, Wedgwood Papers, University of Keele).

[50] 'Services'(Wedgwood Papers, University of Keele, 1419 - 45).

[51] 引自 Hiller, *Pottery and Porcelain*, 187。

[52] Finer and Savage, *Selected Letters*, 12; Barnett, *London, Hub of the Industrial Revolution*, 184, 188; J.A.Chartres and G.L.Turnbull, 'Road Transport', in D.H.Aldcroft and M.J. Freeman(eds.), *Transport in the Industrial Revolution*(Manchester, 1983); Gaye Blake Roberts, 'Wedgwood to America: Trading Concerns during the 18th Century', *Ars Ceramica*, 4(1987), 4 - 8, p.4.

[53] Weatherill, *The Pottery Trade*, 82 - 7.

[54] Mountford, 'Thomas Wedgwood, John Wedgwood and Jonah Malkin, Potters of Burslem', 94 - 5.

[55] Young, *English Porcelain*, 154 - 7; Aubrey Toppin, 'The China Trade and Some London Chinamen', *English Ceramics Circle Transactions*, 3 (1935), 37 - 57; Weatherill, 'The Growth of the Pottery Industry'; Hughes, English, *Scottish and Irish Table Glass*, 49.

[56] G.Turnbull, 'Canals, Coal and Regional Growth during the Industrial Revolution', *Economic History Review*, 40 (1987), 538 - 60; Pat Hudson (ed.), *Regions and Industries* (Cambridge, 1990).

[57] McKendrick, 'Commercialization of the Potteries', 135; Wedgwood to Bentley, 5 Aug.1772 (Wedgwood Papers, University of Keele); Reilly, *Wedgwood*, i.93.

[58] Reilly, *Wedgwood*, i.82.

[59] McKendrick, 'Commercialization of the Potteries', 128, 132.

[60] Reilly, *Wedgwood*, i.87, 143.

[61] Wedgwood to Bentley, 8 Sept.1767, in Finer and Savage, *Selected Letters*, 271.

[62] 参见 E.M.Collingham, *Imperial Bodies: The Physical Experience of the Raj*, 1800 - 1947 (Cambridge, 2001)。在印度的英国商人和管理层选择韦奇伍德的奶油色陶器而抛弃中国瓷器的行为体现了他们生活方式的"盎格鲁化"(Anglicization),特别参见 pp.50 - 80。

[63] Neil Ewins, '"Supplying the Present Wants of our Yankee Cousins...": Staffordshire Ceramics and the American Market 1774 - 1880', *Journal of Ceramic History*, 15 (1997), 18 - 20.

[64] Miller, Martin, and Dickinson, 'Changing Consumption Patterns', 17; Blkae Roberts, 'Wedgwood to America', 5; Gaye Blake Roberts, 'Patterns of Trade in the 18th Century', *English Ceramics Circle*, 14 (1990), 93 - 105, p.98.

[65] Wedgwood Papers, E6 - 4261 - 4290; E6 - 30608 - 30609 (University of Keele); Young, *English Porcelain*, 167; Boulton and Walker to Wedgwood, 17Feb. 1788, 22 Mar.1788, 2 Apr. 1788, 27 May 1788, 8 Dec 1788, 28 Mar.1783 and 25 June 1783 (Wedgwood Business Correspondence, Wedgwood Papers, University of Keele).

[66] Horace Walpole, *The World* (1753), 引自 Young, *English Porcelain*, 161。

[67] Young, *English Porcelain*, 161 - 5.

[68] Wedgwood to Bentley, 27 Sept.1766, in Finer and Savage, *Selected Letters*, 80 - 1.

[69] McKendrick, 'Commercialization of the Potteries', 118, 119; Young, *English*

Porcelain,170.

[70] Wedgwood to Bentley,18 Apr. 1772(Wedgwood Papers,University of Keele).

[71] Reilly,*Wedgwood*,i.327 - 40.

[72] 'A Catalogue of Cameos...',E50 - 599994 - 2399995,299997 - 8 A - B,L 25 - 4211 - 12(Wedgwood Papers,University of Keele).

[73] Wedgwood to Bentley,27 Sept. 1766 and 21 Nov. 1768,in Finer and Savage,*Selected letters*,80 - 1 and 68 - 9.

[74] McKendrick,'Commercialization of the Potteries',105.

[75] Ibid.

[76] Ibid.107.

[77] Ibid.137.

[78] Ann Eatwell and Alex Werner,'A London Staffordshire Warehouse - 1794 - 1825',*Journal of the Northern Ceramics Society*,8(1991),91 - 124,p.92.

[79] Young,*English Porcelain*,181 - 5.

[80] Hillier,Pottery and Porcelain,78。

[81] 引自 Ibid.81.

[82] Anna Somers Cocks,'The Nonfunctional Use of Cermaics in the English Country House during the Eighteenth Century',*Studies in the History of Art*,25(1989),195 - 215.

[83] McKendrick,'Commercialization of the Potteries',140.

[84] Wedgwood to Bentley,7 Mar 1772(Wedgwood Papers,University of Keele).

[85] Wedgwood to Bentley,18 Apr..1772(Wedgwood Papers,University of Keele).

[86] Eatwell and Werner,'A London Staffordshire Warehouse',97 - 9.

第五章　金属制品:实用的器具与讨人喜爱的小饰品

[1] Michael Vickers and David Gill,*Artful Crafts:Ancient Greek Silverware and Pottery*(Oxford,1996),66.

[2] Ibid. Mitchell(ed.),*Goldsmiths,Silversmiths and Bankers*.

[3] 引自 Asa Briggs,'Metals and the Imagination',*Journal of the Royal Society of Arts*,128(1980),665 - 70,p.665。

[4] Ibid.

[5] Andrew and Susan Sherratt,'From Luxuries to Commodities:The Nature of Mediterranean Bronze Age Trading Systems',in N.H.Gale(ed.),*Bronze Age Trade in the Mediterranean*(Jonsered,1991),351 - 86,pp.360 - 1,366.

[6]Deng, 'A Critical Survey of Recent Research in Chinese Economic History', 3; Deng, *Chinese Maritime Activities*, 116.

[7]Prasannan Parthasarathi, 'Thee Great Divergence', *Past and Present*, 116 (2002), 275 - 93, p.289.

[8]Göran Rydèn, 'Metallurgic Industry: Historical Overview', Oxford Encylopedia of Economic History, iii (Oxford, 2003), 490 - 3.

[9]Harris, *Industrial Espionage*, 202.

[10]Smith, *Wealth of Nations*, I. iii. 4, p.419; Smith, *The Theory of Moral Sentiments*, IV. i.180.

[11]Smith,引自 De Marchi and Van Miergroet, 'Ingenuity, Preference', 392, 404。

[12]引自 Helen Clifford, *Silver in London: The Parker and Wakelin Partnership* 1760 – 76 (New Haven, 2004), ch.4, p.63。

[13]Eric Robinson, 'Matthew Boulton and Josiah Wedgwood, Apostles of Fashion', in R.P.T. Davenport-Hines and Jonathan Liebenau (eds.), *Business in the Age of Reason* (London, 1987), 98 - 114.

[14]*Address to the Inhabitants of Birmingham from a Friend to Birmingham and the Constitution*, 29 Apr. 1793, 325311, City Archives, Birmingham Central Library.

[15]Matthew Boulton to Elizabeth Montagu, 16 Jan 1772; Elizabeth Montagu to Matthew Boulton, 1 Oct. 1778 (Matthew Boulton Papers, 330, City Archives, Birmingham Central Library).

[16]Robinson, 'Matthew Boulton and Josiah Wedgwood', 109.

[17]Memoir of James Bisset (1818), Warwick County Record Office, CR1526/246. 该回忆录的部分内容出现在 *Memoir of James Bisset*, ed. Dudley。

[18]James Bisset, *A Poetic Survey round Birmingham; With a Brief Description of the Different Curiosities and Manufactories of the Place. Intended as a Guide to Strangers. Accompanied by a Magnificent Directory* (Birmingham, 1799), Birmingham Central Library and Warwick County Record Office.

[19]Styles, 'Goldsmiths and the London Luxury Trades', 118 - 19.

[20]Clifford, 'A Commerce with Things'.

[21]H.R.Singleton, *A Chronology of Cutlery* (Sheffield, 1970), 2 - 3; David Hey, *The Rural Metalworkers of the Sheffield Region* (Leicester, 1972), 50 - 1.

[22]这段关于银子的描写参见 Clifford, 'A Commerce with Things', 161 - 2, 164 - 5。

[23]John Styles, 'Product Innovation in Early Modern London', *Past and Present*, 168 (2000), 124 - 69, pp.144 - 7.

[24] Helen Clifford, 'Concepts of Invention, Identity and Imitation in the London and Provincial Metal-Working Trades, 1750 - 1800', *Journal of Design History*, 12(1999), 241 - 56, pp.243, 250.

[25] Fothergill to Matthew Boulton, 30 Mar. 1771, 22 Apr.1771, 24 Feb.1773(Matthew Boulton Papers, 307). 也可参见 Ken Quickenden, 'Boulton and Fotherigill Silver: Business Plans and Miscalculations', Art History, 3(Sept. 1980), 274 - 92。

[26] Arthur Rylans, 'The Birmingham Assay Office', in Samuel Timmins(ed.), *The Resources, Products and Industrial History of Birmingham and the Midland Hardware District*(Birmingham, 1866), 499 - 510.

[27] Clifford, 'A Commerce with Things', 164.

[28] Journals of the House of Commons, 32 Geo. II, 20 Mar. 1759, xxviii, 496 - 7.

[29] H.W.Dickinson, *Matthew Boulton*(Cambridge, 1936), 32 - 3.

[30] 参见 G.de Bellaigue, 'The Vulliamys and France', *Furniture History*, 3(1967), 45 - 53; 也可参见 Public Record Office, Chancery Masters Exhibits, C. 104/58 Part 1, Vulliamy (Order Book for Silver) and Vulliamy(Beckford as a Client).两份文件显示了高级奢侈品在生产过程中存在着广泛的转包现象。

[31] Andrew Federer, 'Payment, Credit and the Organization of Work in Eighteenth-Century Westminster', unpublished paper, SSRC Conference on Manufacture in Town and Country before the Factory, Oxford, 1980; Styles, 'Goldsmiths and the London Luxury Trades', 114 - 16.

[32] Harris, *Industrial Espionage*, 211, 219 - 21.

[33] 引自 Clifford, 'Concept of Invention', 246。

[34] Ibid.

[35] Barnett, *London, Hub of the Industrial Revolution*, 164 - 5.

[36] Harris, *Industrial Espionage*, 174.

[37] Bisset, *Magnificent Directory*.

[38] Fothergill to Matthew Boulton, 22 Apr.1771(Matthew Boulton Papers, 307).

[39] Boulton to Mrs Montagu, 31 Oct.1771 to 23 Jan.1773(Matthew Boulton Papers 330); Boulton to Don Manuel de Torres, 20 Apr.1800(Matthew Boulton DBF, T1/245).

[40] Matthew Boulton to John Taylor, 23 July 1769(Matthew Boulton Papers, Letter Book D, 1768 - 1773, no.136).

[41] Francis Butcher to Matthew Boulton, Sept. 1769, Nov. 1788(Matthew Boulton Papers, B6/83, 84); Boulton to J.H.Ebbinghaus, 1767(Matthew Boulton Papers, E/28A; E1/30B).

[42] Clifford, *Silver in London*, ch.3, pp.65 - 8.

[43] Ibid., pp.30, 33, 37.

[44] 关于工资情况，参见 Henry Hamilton, *The English Brass and Copper Industries to* 1800 (London, 1926); Dickinson, *Matthew Boulton*, 32; D. C. Eversley, 'Industry and Trade 1500 - 1800', *Victoria County History of Warwickshire* (London, 1964), vii.81 - 139, p. 110; Robert Leader, *Sheffield in the Eighteenth Century* (Sheffield, 1905), 3; G. I. H. Lloyd, *The Cutlery Trades* (London, 1913), 168 - 9。

[45] Lord Fitzmaurice, *Life of William Earl of Shelburne*, 2 vols. (London, 1912), ii, 404.

[46] Ibid., ii, 400.

[47] Dickinson, *Matthew Boulton*, 72.

[48] Harris, *Industrial Espionage*, 214.

[49] Montagu to Boulton, 31 Oct. 1771 (Matthew Boulton Papers, 330/1).

[50] Clifford, 'Concept of Invention', 243.

[51] Tucker, *The Elements of Commerce and Theory of Taxes*, MS 1755, Manuscript edition in the Royal Society of Arts.

[52] Dickinson, *Matthew Boulton*, 60; 也可参见 Harris, *Industrial Espionage*, 183。

[53] Josiah Tucker, *Instructions for Travellers* (London, 1757), 20 - 1.

[54] R.B.Prosser, *Birmingham Inventors and Inventions* (Birmingham, 1881); Christine MacLeod, *Inventing the Industrial Revolution: The English Patent System* 1660 - 1800 (Cambridge, 1988), 124 - 31.

[55] Woodcroft, *Titles of Patents of Invention*, Patent 920, 7 Mar.1769; Patent 737, 10 Feb. 1759; Patent 1552, 5 Aug.1786; Patent 1576, 14 Dec.1796.

[56] Fothergill to Boulton, 14 Feb.1778, 20 Feb.1778 (Matthew Boulton Papers, 307).

[57] Boulton to Fothergill, 11 May 1773 (Matthew Boulton Papers, 307).

[58] 引自 Clifford, 'Concepts of Invention', 248。

[59] Ibid.

[60] George Madeley (16 Aug.1799), Birmingham Button Disputes, City Archives, Birmingham Central Library.

[61] Barnett, *London, Hub of the Industrial Revolution*, 164; Clifford, 'A Commerce with Things', 165.

[62] Eric Hopkins, *Birmingham* (London, 1989), 28.

[63] Thomas Bradbury & Sons, London Stock Book 1791 - 1800, Bradbury Records 239, Sheffield City Archives.

[64] William Hutton, *A History of Birmingham to the End of the Year* 1780 (Birmingham, 1781).

[65] William Hawkes Smith, *Birmingham and its Vicinity as a Manufacturing and Commercial District* (London, 1836); Eric Robinson, 'Boulton and Fothergill 1762 - 1782 and the Birmingham Export of Hardware', *University of Birmingham Historical Journal*, 7 (1959 - 60), 60 - 79.

[66] Eversley, 'Industry and Trade 1500 - 1800', *Victoria County History of Warwickshire* (London, 1964) vii, 81 - 139, pp.91 - 2.

[67] Leader, *Sheffield in the Eighteenth Century*, 92; P.Garlick, 'The Sheffield Cutlery and Allied Trades' (MA thesis, University of Sheffield, 1951), 88, 120.

[68] Leader, *Sheffield in the Eighteenth Century*, 73, 114 - 6; J.E.Cule, 'The Financial History of Matthew Boulton 1759 - 1800', M.Comm. thesis, University of Birmingham, 1935.

[69] Fothergill to Boulton, 31 July 1766 (Matthew Boulton Papers, 307).

[70] Du Roversay to Boulton 1771 (Matthew Boulton Papers, DBF, D2/339 - 43); Baron Cathcart to Boulton & Fothergill, 21 Feb.1772 (Matthew Boulton Papers, DBF, C194); Mierrs to Boulton, 11 June 1771 (Matthew Boulton DBF, M1/253).

[71] Thomas Nowill Papers, Sheffield City Archives; Thesis on Thomas Nowill, 1786 - 1825; Thomas Bradbury & Sons, Order Book, Bradbury Records 240, Sheffield City Archives.

[72] Dickinson, *Matthew Boulton*, 62.

[73] Josiah Wedgwood to Thomas Bentley, 11 Apr.1772 (Wedgwood Papers, E 25 - 18365), Wedgwood Archives, University of Keele.

[74] 'Recueil d'Adresses', 4 vols. Bound Collection of Trade Cards, Waddesdon Manor, TC1919, Rothschild Collection.

[75] Timothy Clifford, *Designs of Desire* (Edinburgh, 1999), 11 - 5, 43 - 9.

[76] Katie Scott, 'The Waddesdon Trade Cards: More Than One History', *Journal of Design History*, 17 (2004), 92 - 100。

[77] Robinson, 'Boulton and Fothergill', 71.

[78] Wedgwood to Boulton, 9 Aug.1767 (Matthew Boulton Papers, 361).

[79] *Aris's Birmingham Gazette*, Birmingham, 3 Oct.1796; 30 July 1798.

[80] Ibid., 4 June 1798; 30 July 1798.

[81] Harris, *Industrial Espionage*, 499.

[82] Harris, *Industrial Espionage*, 173 - 83, 189 - 93.

[83] L.Olieu to Boulton, 14 May 1772 (Matthew Boulton Papers, DBF 07).

[84]Robinson,'Boulton and Fothergill',60 - 70.

[85]这一讨论基于 John Money, *Experience and Identity: Birmingham and the West Midlands* 1760 – 1800(Manchester,1977),262 - 4.

[86]Peter Jones,'"England Expects...": Trading in Liberty in the Age of Trafalgar', in M. Crook *et al.* (eds.), *Enlightenment and Revolution: Essays in Honour of Norman Hampson*(Aldershot,2004),187 - 204;Sir *Edward Thomason's Memoirs*;Bisset,'Memoir'.

[87]有关政治的商业化,包括纪念性的转移印花物品,参见 John Brewer,'Commercialization and Politics', in McKendrick, Brewer and Plumb(eds.), *The Birth of a Consumer Society*, 197 - 264, esp.pp.248 - 252;关于爱国社团参见 Colley, *Britons*,95 - 100.

第三部分 一个购物者的国家

[1]Tucker, *Instructions for Travellers*,26.

[2]Smith, *Wealth of Nations*,ii,661.

第六章 中产阶级的男女:占有欲和体面

[1]Michel de Certeau, *The Practice of Everyday Life*, vol.i(Berkeley,1984),35 - 40;vol.ii (Minneapolis,1998),145 - 7.

[2]*Life of William Hutton*, with introduction by Carl Chinn(Birmingham,1998),18.也可参见 *The Life of William Hutton to wich is Sujoined the History of his Family Written by Himself and Published by C. Hutton*(London,1816)。

[3]*Memoir of James Bisset*,71.完整的手稿档案在 Warwick County Record Office, CR1563/246。

[4]*Life of William Hutton*,43 - 53;Catherine Hutton, *A Narrative of the Riots in Birmingham*, July,1791(Birmingham,1875).

[5]*Memoir of James Bisset*,74 - 7.

[6]Ibid.82.

[7]Neil McKendrick,'Home Demand and Economic Growth: A New View of Women and Children in the Industrial Revolution', in McKendrick(ed.), *Historical Perspective: Studies in English Thought and Society*(Cambridge,1974),152 - 210.

[8]参见如, Amanda Vickery, *The Gentleman's Daughter*(New Haven,1998).

[9]Paul Langford, *A Polite and Commercial People: England* 1727 – 1783(Oxford,1989), 61 - 71,574 - 82.

[10] Clunas, *Superfluous Things*; Craig Clunas, 'Modernity Global and Local: Consumption and the Rise of the West', *American Historical Review*, 104(1999), 1497 - 511; Goldthwaite, *Wealth and the Demand for Art in Italy*, 176 - 255; Evelyn Welch, *Art in Renaissance Italy*(Oxford, 1997), 275 - 311.

[11] Clifford, 'A Commerce with Things'.

[12] 关于铜绿参见 McCracken, *Culture and Consumption*, 5 - 22; 关于中世纪和近代早期的继承物品的观念,参见 Martha Howell, 'Fixing Movables: Gifts by Testament in Late Medieval Douai', *Past and Present*, 150(1996), 3 - 45; Raffaella Sarti, *Europe at Home: Family and Material Culture* 1500 – 1800(New Haven, 2002), 67 - 70.

[13] McCracken, *Culture and Consumption*, 5 - 22; Matthew Craske and Maxine Berg, 'Art and Industry: The Making of Modern Luxury in Eighteenth Century Britain', in *Economia e arte*, *Proceedings of the Istituto Internazionale di Storia Economica 'F. Datini'* (Prato), 33(2002), 823 - 36.

[14] Sombart, *Luxury and Capitalism*; Daniel Miller, 'Consumption as the Vanguard of History', in Miller(ed.), *Acknowledging Consumption*, 1 - 57, pp.26 - 7.

[15] Robinson, 'Matthew Boulton and Josiah Wedgwood', 98 - 114; McKendrick, Brewer, and Plumb(eds.), *The Birth of a Consumer Society*.

[16] John Burnett, *A History of the Cost of Living*(Harmondsworth, 1969), 151, 154.

[17] Peter Earle, *The Making of the English Middle Class*(London, 1989), 8, 269n.167.

[18] 引自 Lawrence E. Klein, 'The Polite Town: Shifting Possibilities of Urbanness, 1660 - 1714', in Tim Hitchcock and Heather Shore(eds.), *The Streets of London: From the Great Fire to the Great Stink* (London, 2003), 27 - 39, p.37。

[19] P.H.Lindert and J.G.Williamson, 'Revising England's Social Tables, 1688 - 1812', *Explorations in Economic History*, 19(1982), 395 - 408; William Hutton, *An History of Birmingham*(3rd edn., Birmingham, 1795), 99.

[20] 'Of Luxury', ch.14 of David Hume, Political Essays(1752); rev. and published in 1760 as 'Of Refinement in the Arts'. 最新的标准版是 Hume, *Essays Moral, Political and Literary*, ed. Eugene F.Miller(Indianapolis, 1985), 268 - 80, p.271。

[21] Julian Hoppit, *A Land of Liberty? England* 1689 – 1727 (Oxford, 2000), 419, 428.

[22] Peter Clark, *British Clubs and Societies* 1580 – 1800(Oxford, 2000).

[23] Langford, *A Polite and Commercial People*, 75.

[24] Clark, *British Clubs*, 106, 147; E.A.Wrigley, 'Urban Growth and Agricultural Change: England and the Continent in the Early Modern Period', in E.A.Wrigley, People, *Cities and*

Wealth: The Transformation of Traditional Society(Oxford,1987),157 - 93,p.164.

[25] Clark, *British Clubs*, 106 - 8.

[26] *Journeys of Celia Fiennes* 1662 - 1741, ed. Jonathan Hillaby(London,1983),152 - 3.

[27] Peter Clark, 'Small Towns 1700 - 1840', in Clark(ed.), *The Cambridge Urban History of Britain*, 3 vols.(Cambridge,2000), vol.ii, ch.22, 751 - 2; cf.Sweet, 'Topographies of Politeness', 355 - 70.

[28] Stana Nenadic, 'Middle-Rank Consumers and Domestic Culture in Edinburgh and Glasgow 1720 - 1840', *Past and Present*, 145(1994), 122 - 57, 126.

[29] J.Jefferson Looney, 'Cultural Life in the Provinces: Leeds and York 1720 - 1820', in A.L. Beier, David Cannadine, and James M. Rosenheim (eds.), *The First Modern Society: Essays in English History in Honour of Lawrence Stone* (Cambridge, 1989), 483 - 510, p.488.

[30] Maxine Berg, 'Commerce and Creativity in Eighteenth-Century Birmingham', in M.Berg (ed.), *Markets and Manufacture in Early Industrial Europe* (London, 1991), 173 - 204, p.178; T.M.Devine, 'The Urban Crisis', in T.M.Devine and Gordon Jackson(eds.), *Glasgow, i: Beginnings to* 1830 (Manchester, 1995), 402 - 16, p.406; Stana Nenadic, 'The Middle Ranks and Modernisation', in Devine and Jackson, ibid.278 - 311.

[31] Nenadic, 'The Middle Ranks', 279.

[32] Wrigley, 'Urban Growth', 163.

[33] Berg, 'Commerce and Creatvity', 178.

[34] C. W. Chalklin, *The Provincial Towns of Georgian England: A Study of the Building Process* 1740 - 1820(London,1974), 274.

[35] Nenadic, 'The Middle Ranks', 281.

[36] Nenadic, 'Middle-Rank Consumers', 127.

[37] Berg, 'Commerce and Creativity', 182.

[38] Hopkins, *Birmingham*, 66 - 9.

[39] Maxine Berg, 'Small Producer Capitalism in Eighteenth-Century England', *Business History*, 35(1993), 17 - 39.

[40] Maxine Berg, 'Women's Property and the Industrial Revolution', *Journal of Interdisciplinary History*, 24(1993), 233 - 50, p.237; Hopkins, *Birmingham*, 66 - 9.

[41] 引自 Joyce Ellis, 'Regional and County Centres 1700 - 1840', in Clark(ed.), *Cambridge Urban History*, ii, 673 - 704, p.696。

[42] 参见 Berg, 'Commerce and Creativity', 178; Estabrook, *Urbane and Rustic England*,

138 - 40。

[43] Hoppit, *Land of Liberty*, 419.

[44] Clark, ‘Small Towns’, 758.

[45] Clark, *British Clubs*, 153.

[46] Ibid.204.

[47] Clark, British Clubs, 163 - 4; Pamela Sharpe, ‘Population and Society 1700 - 1840’, in Clark(ed.), *Cambridge Urban History*, vol.ii, ch.15, esp. pp.491 - 528.

[48] 参见 Christine Wiskin, ‘Businesswomen in Birmingham’, Ph.D thesis, University of Warwick。

[49] *Memoir of James Bisset*, 84.

[50] Lorna Weatherill, ‘The Meaning of Consumer Behavior in Late Seventeenth-and Early Eighteenth-Century England’, in Brewer and Porter(eds.), *Consumption and the World of Goods*, 206 - 27, p.220, table 10.

[51] Lorna Weatherill, ‘Consumer Behavior and Social Status in England, 1660 - 1750’, *Continuity and Change*, 1(1986), 191 - 216, p.207.

[52] Mark Overton, ‘Geographies of Consumption in Early Modern England’, paper presented to the conference on Georgian Geographies, Paul Mellon Centre, London(Sept.2000).

[53] Mark Overton, Jane Whittle, Darron Dean, and Andrew Hann, *Production and Consumption in English Households*, 1600 – 1750(London, 2004), 107 - 8.

[54] Lorna Weatherill, *Consumer Behaviour & Material Culture in Britain* 1660 – 1760(London, 1988), 22 - 42; Carole Shammas, *The Pre-industrial Consumer in England and America*(Oxford, 1990).

[55] 参见 M.Spufford, ‘The Limitations of the Probate Inventory’, in J.Chartres and D.Hey (eds.), *English Rural Society* 1500 – 1800(Cambridge, 1990), 139 - 74; N.Cox and J. Cox, ‘Probate Inventories: The Legal Background’, *Local Historian*, 16(1984), 133 - 45, 217 - 27。

[56] Carole Shammas, ‘Changes in English and Anglo-American Consumption from 1550 - 1800’, in Brewer and Porter(eds.), *Consumption and the World of Goods*, 177 - 205, p.191.

[57] Estabrook, *Urbane and Rustic England*, 103 - 31.

[58] Burnett, *A History of the Cost of Living*, 167 - 9.

[59] Guillery, *The Small House in Eighteenth-Centuries London*, 66 - 7.

[60] Ibid.35.

[61] Ibid.72 - 3.

[62] S.D.Chapman and J.N.Bartlett, 'The Contribution of Building Clubs and Freehold Land Societies to Working-Class Housing in Birmingham', in S.D.Chapman(ed.), *The History of Working Class Housing* (Newton Abbot, 1971), 221 - 47, pp.237 - 8; Chalklin, *Provincial Towns*, 264 - 70, 310 - 11.

[63] Memoir of James Bisset, 77.

[64] Estabrook, Urbane and Rustic England, 152.

[65] Ibid.128 - 9, 152.

[66] Nenadic, 'The Middle Ranks', 288.

[67] Berg, 'Small Producer Capitalism', 30.

[68] Lorna Weatherill, 'Consumer Behaviour, Textiles and Dress in the Late Seventeenth and Early Eighteenth Century', *Textile History*, 22(1991), 297 - 311; Maxine Berg, 'Women's Consumption in Eighteenth-Century England', *Journal of Social History*, 30 (1996), 415 - 34.

[69]莱瑟姆家族对服饰的支出相关讨论细节参见 John Styles, 'Plebeian Fashion in Eighteenth-Century England', in Berg and Eger(eds.), *Luxury in the Eighteenth Century*, 103 - 18。

[70] Francis Place, *The Autobiography of Francis Place*, ed. Mary Thrale(Cambridge, 1972), 111, 127;引自 Rebecca Davies, 'Rage or Ruffles? The World of Goods of the Respectable Artisan, c.1780 - 1830(MA dissertation, University, 2002), 19.

[71] Estabrook, *Urbane and Rustic England*, 138, 147.

[72] Overton et al., *Production and Consumption*, 111.

[73] Cf.Joahim Voth, 'Time and Work in Eighteenth-Century London', *Journal of Economic History*, 58 (1998), 28 - 58; Nigel Thrift and Paul Glennie, 'The Spaces of Clock Times', in Patrick Joyce(ed.), *The Social in Question: New Bearings in History and the Social Sciences* (London, 2002), 151 - 74. Margaret Hunt, *The Middling Sort: Commerce, Gender and the Family in England* 1680 - 1780(Berkeley, 1986), 53 - 6.

[74]引自 Clark, *British Clubs*, 181。

[75]引自 Bridget Hill, 'Catherine Hutton(1756 - 1846): A Forgotten Letter-Writer', *Women's Writing*, 1(1994), 35 - 50, p.41.

[76] *Memoir of James Bisset*, 87。

[77] Vickery, *Gentleman's Daughter*, 206.

[78] Overton et al., *Production and Consumption*, 105. 关于餐桌礼仪的变迁的研究主要关

注的是精英阶层的情况,参见 Jean-Louis Flandrin, ' Disctinction through Taste' , in Roger Chartier(ed.) ,*A History of Private Life*,*iii Passions of the Renaissance*, ed. Philippe Ariès and Georges Duby(Cambridge, Mass., 1989) ,265 - 308。

[79] Nenadic, ' Middle Rank Consumers' ,143; ' The Middle Ranks' 291.

[80] Weatherill, ' The Meaning of Consumer Behaviour' ,220.

[81] William Woodruff Smith, *Consumption and the Making of Respectability* (London, 2003) , 185; Earle, *Making of the English Middle Class*, 273; Vickery, *Gentleman's Daughter*,206.

[82] Weatherill, ' The Meaning of Consumer Behaviour' ,214 - 15.

[83] Overton et al.,*Production and Consunption*,136.

[84] Mary Douglas, ' Why do People Want Goods?' , in S.H.Heap and A.Ross(eds.) , *Understanding the Enterprise Culture*: *Themes in the Work of Mary Douglas* (Edinburgh, 1992) ,19 - 31,pp.24 - 6.

[85]引自 Tim Hitchcock,*English Sexualities* 1700 – 1800 (Basingstoke,1997) ,13.

[86]关于《一个妓女的生涯》的相关讨论,参见 Hallett, *The Spectable of Difference*, 93 - 100。

[87] Jonas Hanway, ' An Essay on Tea' , in *A Journal of Eight Days Journey*,2 vols.(London, 1757) , ii.55,64.Jonathan White, ' Luxury and Labour: Ideas of Labouring-Class Consumption in Eighteenth-Century England' , University of Warwick Ph. D. thesis (2003) , 278 - 82.

[88] D.Forbes,*Some Considerations on the Present State of Scotland in a Letter to the Commissioners and Trustees for Improving the Fisheries and Manufactures*(London,1744) ,引自 Christopher A. Whatley,*Scottish Society* 1707 – 1830 (Manchester,2000) ,75。

[89] Estabrook,*Urbane and Rustic England*,128,139.

[90] Hutton,*A Narrative of the Riots*,5. Diary of Julius Hardy 1788 - 1793, Button-Maker, of Birmingham. Transcribed and annotated by A. M. Banks, April 1793. City Archives, Birmingham Central Library, MS 218.参见 the visits on 7,11,23 August,30 October,30 November,4 December 1790, pp.44 - 54.

[91] Smith,*Consumption*,151,173 - 4; Vickery,*Gentleman's Daughter*,207 - 8.

[92] Nicholas Philipson, ' Politics, Politeness and the Anglicisation of Early Eighteenth-Century Scottish Culture' , in R.A.Mason(ed.) ,*Scotland and England*,1286 – 1815(Edinburgh, 1987) ,17 - 34, and his *Hume*(London,1989) ,17 - 34.

[93] Langford, ' The Use of Eighteenth-Century Politeness' .

[94]关于历史学家把“文雅教养”应用到18世纪的物质生活、政治和文化诸方面的研究中的相关综述参见 Klein, ‘Politeness and the Interpretation of the British Eighteenth Century’。关于文雅教养和男子气概,参见 Philip Carter, *Men and the Emergence of Polite Society* 1660 – 1800(London,2001),53 – 75。海伦·伯瑞(Henlen Berry)对“文雅教养”作为一种分析类型的批评参见‘Rethinking Politeness in Eighteenth-Century England:Moll King's Coffee House and the Significance of “Flash Talk”’, *Transactions of the Royal Historical Society*,11(2001),65 – 81。

[95]参见 Hancock, *Citizens of the World*,17 – 34。

[96]Mandeville, *The Fable of the Bees*, Remark B, p.96.

[97]Sweet, ‘Topographies of Politeness’,368 – 9.

[98]关于“文雅”消费品的讨论参见 Klein, ‘Politeness and the Interpretation of the British Eighteenth Century’,884 – 92。

[99]John Gay, ‘To a Lady on her Passion for old China’(1725), in Gay, *Trivia, and Other Poems*(London,1899).

[100]Sombart, *Luxury and Capitalism*,105.

[101]Frisby and Featherstone, *Simmel on Culture*,187 – 98.

[102]Pollexfen in 1681,引自 Steensgaard, ‘Growth and Consumption’,127。

[103]Amanda Vickery, ‘Women and the World of Goods:A Lancashire Consumer and her Possessions 1751 – 81’, in Brewer and Porter(eds.), *Consumption and the World of Goods*(London,1993),274 – 304, esp.pp.274 – 8.

[104]De Vries, ‘Between Purchasing Power’,112 – 19.

[105]参见,如 Elizabeth Kowaleski-Wallace, Consuming Subjects(New York,1997);关于“妇女需要什么”(‘What Women Want’)这一部分在 Ann Bermingham and John Brewer(eds.), *The Consumption of Culture*(London,1995),419 – 534;Victoria de Grazia and Ellen Furlough(eds.), *The Sex of Things:Gender and Consumption in Historical Perspective*(Berkley and Los Angeles,1996);Marcia Pointon, *Strategies for Showing:Women, Possession and Representation in English Visual Culture* 1665 – 1800(Oxford,1997);关于“妇女和18世纪消费主义”(‘Women and Eighteen-Century Consumerism’)见 G.J.Baker-Benfield, *The Culture of Sensibility. Sex and Society in Eighteenth-Century Britain*(Chicago,1992),154 – 214。

[106]Vickery, ‘Women and the World of Goods’,280,292.

[107]Lorna Weatherill, ‘A Possession of One's Own:Women and Consumer Behaviour in England 1660 – 1740’, *Journal of British Studies*,25(1986),131 – 56, p.155.类似观点可

参见 Shammas, *The Pre-industrial Consumer*,180 - 1。

[108] Weatherill,'The Meaning of Consumer Behaviour',206 - 27.

[109]参见 Berg,'Women's Consumption',415 - 34。

[110] Berg,' Women's Consumption',422 - 4;Earle,*Making of the English Middle Class*, 283,288 - 90;Lemire,*Fashion's Favourite*,64,87.

[111]下面讨论的例子取自 Berg,'Women's Consumption',420 - 7.

[112]参见 Carter, *Men and the Emergence of Polite Society*,124 - 52,and E.M.Collingham, *Imperial Bodies*。

[113] Christopher Breward,The Hidden Consumer:Masculinities,Fashion and City Life 1860 - 1914(Manchester,1999),4 - 8.

[114] Lemire,*Fashion's Favourite*,109.

[115] Margot Finn,'Men's Things:Masculine Possession in the Consumer Revolution', *Social History*,25(2000),133 - 56.

[116]参见 Berg,'Small Producer Capitalism'。

[117]关于性别分工的观点参见 Breward,*The Hidden Consumer*,3 - 16;关于男性日记参见 Finn,'Men's Things',142 - 8,and Margot Finn, *The Character of Credit:Personal Debt in English Culture*,1740 – 1914(Cambridge,2003),85 - 8。

[118] Negley Harte,'Why Did Men Wear Wigs in the Eighteenth Century?',paper presented to the Warwick Eighteenth-Century Seminar(Mar.2001);Stana Nenadic,'Middle Rank Consumers',122 - 56.

[119]引自 Finn,'Men's Things',141。

[120] Ibid.142.

[121] Place,*Autobiography*,引自 in Davies,'Rages or Ruffles',19.

[122] John O'Neil,'Fifty Years' Experience of an Irish Shoemaker in London',*St Crispin*,2 (1869),40;cited in Davies,'Rages or Ruffles',19.

[123] Samuel Bamford,*The Autobiography of Samuel Bamford*,i:*Early Days*,ed.W.H.Chaloner(2 vols.,London,1967),98 - 9.

[124]参见 Kowaleski-Wallace, *Consuming Subjects*,53;Weatherill,'A Possession of One's Own',140;Sarah Richards,*Eighteenth-Century Ceramics*(Manchester,1999),107 - 10;Young,*English Porcelain*,192 - 3;S.Nenadic,'Print Collecting and Popular Culture in Eighteenth-Century Scotland',History,82(1997),203 - 22;Clayton,*The English Print*,esp.pp.25 - 31,167 - 9;J.Uglow,'Vase Mania',in Berg and Eger(eds.),*Luxury in the Eighteenth Century*,151 - 64。

[125] Finn, 'Men's Things', 144; Finn, *The Character of Credit*, 81 - 9.

第七章 "购物就是不断前往的地方":时尚、购物与广告宣传

[1] Jaucourt, 'Mode', 198. 参见 C.Fountaine, 'The Fashion Trade in the Encyclopédie' (MA dissertation, University of Warwick, 1998)中有关于《百科全书》词条分类的讨论,其中包括关于时尚业的情况,比如"商业""奢华"('Joli')和"新颖之物"(Nouveauté)等条目。也可参见 C.Fountaine, *Parcours d'une marchande de modes française en Italie* (mémoire de maîtrise, Sorbonne, Paris, 1997)。

[2] Neil McKendrick, 'The Commercialisation of Fashion', in Mc Kendrick, Brewer, and Plumb, *The Birth of a Consumer Society*, 34 - 99, p.41.

[3] J.Schor, The Overspent American (New York, 1998); Frank, Luxury Fever.但是关于大众消费主义模式的持续性,参见 E.Leopold, 'The Manufacture of the Fashion System', in J. Ash and E.Wilson (eds.), *Chic Thrills: A Fashion Reader* (London, 1992), 101 - 18.此书讨论了在 20 世纪早期女性服装样式的增多可以从这一工业未能接纳大众生产技术的角度进行解释。

[4] Lemire, *Fashion's Favourite*.

[5] H. Freudenberger, 'Fashion, Sumptuary Laws and Business', in G. Wills and D. Midgley, *Fashion Marketing: An Anthology of Viewpoints and Persepctives* (London, 1973), 137 - 46, p.138.

[6] Roche, *Culture of Clothing*, 4.

[7] Sombart, *Luxury and Capitalism*, 60 - 1.

[8] 参见 M.Bianchi, 'Taste for Novelty and Novel Tastes: The role of Human Agency in Consumption', in M.Bianchi (ed.), *The Active Consumer* (London, 1998), 64 - 86。

[9] Voth, 'Work and the Sirens of Consumption', 163 - 4.

[10] Tibor Scitovsky, *The Joyless Economy: An Enquiry into Human Satifaction and Consumer Dissatisfaction* (New York, 1976).

[11] G. Lipovetsky, *The Empire of Fashion: Dressing Modern Democracy*, trans. Catherine Porter (Princeton, 1994), 23.

[12] Lemire, *Dress, Culture and Commerce*.

[13] C.Campbell, 'The Desire for the New: Its Nature and Social Location as Presented in Theories of Fashion and Modern Consumerism' (1992), in D.Miller (ed.), *Consumption: Critical Concepts in the Social Sciences*, 4 vols. (London, 2001), i.246 - 61, p.253.

[14] Jones, 'England Expects', 188 - 9.

[15] P.Earl, Lifestyle Economics: Consumer Behaviour in a Turbulent World (New York, 1986), Bianchi, 'Taste for Novelty', 74 - 5.不过也有学者将收藏品与系列产品跟纪念品和博物馆联系起来研究,参见 Susan Stewart, *On Longing* (Durham, NC, 1993), 150 - 66.

[16] D. Miller, *Material Culture and Mass Consumption* (Oxford, 1987); Douglas, *Thought Styles*, 54 - 7; Styles, 'Manufacturing, Consumption and Design', 535 - 6.

[17] *Simmel on Culture*, 188 - 9; Douglas, *Thought Styles*, 121; Campbell, 'The Desire for the New', 247.

[18] Smith, *The Theory of Moral Sentiments*, 195.

[19] Allan Ramsay, *A Dialogue on Taste* (London, 1762), cited in A.Ribeiro, *The Art of Dress: Fashion in England and France*, 1750 – 1820 (New Haven, 1997), 20.

[20] Hogarth, *Analysis of Beauty*, 104.

[21] Smith, *The Theory of Moral Sentiments*, 194.

[22] Poni, 'Fashion as Flexible Production', 37 - 74, p.41. Miller, 'Paris-Lyons-Paris', 163 - 5.

[23] Defoe, *Complete English Tradesman*, cited in Craske, 'Plan and Control', 210.

[24] J.Smail, *Merchants, Markebs and Manufacturers: The English Wool Textile Industry in the Eighteenth Century* (London, 1999).

[25] Beverley Lemire, 'Second-Hand Beaux and "Red-Armed Belles": Conflict and the Creation of Fashions in England, c.1660 - 1800', *Continuity and Change*, 15 (2000), 391 - 417.

[26] Riberio, *The Art of Dress*, 70, 49; S. Chapman and S.Chassaigne, *European Textile Printers in the Eighteenth Century: A Study of Peel and Oberkampf* (London, 1981).

[27] D.Robinson, 'The Styling and Transmission of Fashions Historically Considered: Winckelmann, Hamilton and Wedgwood in the "Greek Revival"', in Wills and Midgley (eds.), *Fashion Marketing*, 20 - 35.

[28] Maxine Berg, 'Product Innovation in Cove Consume Industries in Eighteenth-Century Britain', in Maxine Berg and Kristina Bruland (eds.), *Technological Revolutions in Europe* (Cheltenhum, 1998), 138 - 60; H.Clifford, 'Concepts of Invention'.

[29] Craske and Berg, 'Art and Industry'.

[30] Craske, 'Plan and Control', 208 - 9; C. Christie, *The British Country House in the Eighteenth Century* (Manchester, 2000), 236.

[31] Douglas, *Thought Styles*, 54.

[32] Vickers, 'Value and Simplicity', 129 - 36.

[33] B. Collins, 'Matters Material and Luxurious: Eighteenth and Early Nineteenth-Century Irish Linen Consumption', in J. Hill and C. Lennon (eds.), *Luxury and Austerity* (Dublin,

1999),106 - 20,pp.112 - 3.

[34]E. L. Jones,'The Fashion Manipulators: Consumer Tastes and British Industries, 1660 - 1800' in P. J. Uselding(ed.), *Business Enterprise and Economic Change*(Kent, Oh., 1973),198 - 226.

[35]Campbell,'The Desire for the New',254.

[36]Postlethwayt,'Fairs', *Universal Dictionary*, vol. i(4th edn., London, 1774).

[37]Ibid.

[38]R. B. Westerfield, *Middlemen in English Business* (1915; repr. Newton Abbot, 1968),334 - 9; Hughes, *English, Scottish and Irish Table Glass*, 49.

[39]A. Everitt,'The Marketing of Agricultural Produce', in J. Thirsk(ed.), *The Agrarian History of England and Wales*, 6vols., iv: 1500 - 1640(Cambridge, 1967),466 - 589, p.537.

[40]J. Chartres,'The Marketing of Agricultural Produce', in J. Thirsk(ed.), *Agrarian History*, v: 1640 – 1750 (Cambridge, 1985),406 - 502, p.420; Fontaine, *History of Pedlars in Europe*, 183 - 201; Beverley Lemire,'Peddling Fashion', *Textile History*, 22(1991),67 - 82; Lorna Weatherill,'The Business of Middleman in the English Pottery Trade before 1780', in R. P. D. Davenport-Hines and J. Liebenau(eds.), *Business in the Age of Reason*(London, 1987),51 - 76, pp.67 - 8; Finn, *The Character of Credit*, 93 - 5.

[41]H. Mui and L. Mui, *Shops and Shopkeeping in Eighteenth-Century England*(London, 1989),38 - 9.南部在这里是指从林肯郡东北海岸通过莱斯特郡、沃里克郡、格洛斯特郡,直到萨默赛特郡这条线以南的地区。

[42]Bisset, *Magnificent Directory*, 26.

[43]Alan Dyer,'Small Towns in England', in Peter Borsay and Lindsay Proudfoot(eds.), *Provincial Towns in Early Modern England and Ireland*(Oxford, 2002),53 - 67, p.61; John Stobart,'County, Town and Country: Three Histories of Urban Development in Eighteenth-Century Chester', ibid.171 - 94, p.178.

[44]F. J. Fisher,'The Development of London as a Centre of Conspicuous Consumption in the 16th and17th Centuries', in E. M. Carus Wilson(ed.), *Essays in Economic History*, ii (London, 1962),197 - 207. 也可参见 Jones,'The Fashion Manipulators'.

[45]John Gay,'The Streets of London'(1715), in *Trivia, and Other Poems*, 25 - 6.

[46]Clifford, *Silver in London*, ch.3, pp.44 - 7.

[47]Berry,'Polite Consumption',382. 关于商店橱窗的设计情况参见 Kathryn Morrison, *English Shops and Shopping*(New Haven, 2004),43 - 5。

[48]William Hutton, *A Journey from Birmingham to London* (Birmingham, 1785),22 - 3.

[49] Clifford, *Silver in London*, ch.3, p.47.

[50] Bissett, *Magnificent Directory*, 27, plate D. Catherine Hutton Beale (ed.), *Reminiscences of a Gentlewoman of the Last Century: Letters of Catherine Hutton* (Birmingham, 1891), 29, 36.

[51] Cited in Nancy Cox, *The Complete Tradesman: A Study of Retailing*, 1550 – 1820 (Aldershot, 2000), 71 – 2.

[52] Hughes, *English, Scottish and Irish Table Glass*, 64.

[53] Claire Walsh, 'Shop Design and the Display of Goods in Eighteenth-Century London', *Journal of Design History*, 8 (1995), 157 – 76, pp.160 – 7; S. Foster, 'Going Shopping in 18th-Century Dublin', *Things*, 4 (1996), 36 – 62, pp.45 – 8; Morrison, *English Shops and Shopping*, 34 – 40.

[54]这两段引自 Clifford, *Silver in London*, ch.3。

[55] Ibid.

[56] Cited in Berry, 'Polite Consumption', 383.

[57] McKendrick, 'Commercialization of the Potteries', 120; Lemire, *Fashion's Favourite*, 185 – 96; T. Fawcett, 'Bath's Georgian Warehouses', *Costume*, 26 (1993), 32 – 8; Eric Robinson, 'Eighteenth-Century Commerce and Fashion: Matthew Boulton's Marketing Techniques', *Economic History Review*, 16 (1963 – 4), 39 – 60.

[58] Vickery, *Gentleman's Daughter*, 167.

[59] Place, *Autobiography*, 111, 124.

[60] Joseph Gutteridge, 'Lights and Shadows in the Life of an Artisan', in V. E. Chancellor (ed.), *Master and Artisan in Victorian England* (London, 1969), 75 – 238, p.123.

[61]参见 D. Miller, Peter Jackson, et al., *Shopping, Place and Identity* (London, 1998); Douglas, *Thought Styles*。关于这些观点的相关历史研究参见 Vickery, *Gentleman's Daughter*, and C. Walsh, 'Shopping in Early-Modern London c.1660 – 1800' (Ph.D. thesis, European University Institute, Florence, 2001), 39 – 42。

[62] Smith, *Wealth of Nations*, ii.49.

[63] Peter Jackson and Nigel Thrift, 'Geographies of Consumption', in Miller, *Acknowledging Consumption*, 204 – 38. 关于购物知识参见 Walsh, 'Shopping in Early-Modern London', 189.

[64]有用的知识的讨论参见 Mokyr, *Gifts of Athena*, ch.2. 也可参见 Lisa Roberts, 'A World of Wonders, a World of One', in P. H. Smith and Paula Findlen (eds.), *Merchants and Marvels* (London, 2002), 399 – 411; Jim Bennett, 'Shopping for Instruments in Paris

and London' ,ibid.370 - 98.

[65] Berry, 'Polite Consumption' ,379; Defoe, *Plan for the English Commerce*, 77.

[66] Berry, 'Polite Consumption' ,380.

[67] Walsh, 'Shopping in Early-Modern London' ,42,55 - 7,65 - 78. Finn, *The Character of Credit*, 90 - 2.

[68] Cox, *The Complete Tradesman*, 101.

[69] Deirdre Palk, 'Private Crime in Public and Private Places: Pickpockets and Shoplifters in London, 1780 - 1823' , in Hitchcock and Shore(eds.), *The Streets of London*, 135 - 50, p. 136.

[70] Berry, 'Polite Consumption' ,388.

[71] Ibid.388 - 90. 也可参见 Carter, *Men and the Emergence of Polite Society*。

[72] Mandeville, 'A Search into the Nature of Society' , in *The Fable of the Bees*, ed. Harth, 355.

[73] Campbell, 'The Desire for the New' ,259; Agnew, 'Coming up for Air' ,25.

[74] McKendrick, Brewer, and Plumb, *The Birth of a Consumer Society*, 34 - 92; A. Wernick, *Promotional Culture: Advertising, Ideology and Symbolic Expression* (London, 1991), 6 - 18.

[75] McKendrick, Brewer, and Plumb, *The Birth of a Consumer Society*, 152 - 3; Styles, 'Manufacturing, Consumption and Design' ,541; Cox, *The Complete Tradesman*, 108 - 9.

[76] *Aris's Birmingham Gazette*, 30Oct.1796; 30July 1798.

[77] C. Y. Ferdinand, 'Selling it to the Provinces: News and Commerce round Eighteenth-Century Salisbury' , in Brewer and Porter(eds.), *Consumption and the World of Goods*, 393 - 411, pp.398 - 9.

[78] McKendrick, Brewer, and Plumb, *The Birth of a Consumer Society*, 148.

[79] D. N. McCloskey, *Knowledge and Persuasion in Economics* (Cambridge, 1994), 367 - 78. 关于商业卡片的深度讨论参见 M. Berg and H. Clifford, 'Selling consumption in the 18th century: Advertising and the trade card in Britain and France' , *www. consume. bbk. ac. uk/knowconsumer. html*。

[80] 参见 M. Nava, 'Framing Advertising' , in M. Nava, A. Blacke, I. McRury, and B. Richards, *Buy this Book: Studies in Advertising and Consumption* (London, 1999), 34 - 50.

[81] Julia Muir, 'Printing Persuasion: Advertising Goods in Eighteenth-Century England' (MA dissertation, V&A/Royal College of Art, 2000), 158.

[82] 参见 T. Chippendale, *The Gentleman and Cabinet-Maker's Director* (London, 1754); T.

Sheraton, *The Cabinet Maker's London Book of Prices* (London, 1788); Sheraton, *The Cabinet Maker and Upholsterer's Drawing Book* (London, 1793)。参见 C. Edwards, *Eighteenth-Century Furniture* (Manchester, 1996), 171 - 94; Craske, 'Plan and Control', 209 - 10; M. Snodin, 'English Rococo and its Continental Origins', in C. Hind (ed.), *The Rococo in England* (London, 1984), 27 - 33。

[83] M. Berg and H. Clifford, 'Commerce and the Commodity: Graphic Display and Selling New Consumer Goods in Eighteenth-Century England', in M. North and D. Ormrod (eds.), *Art Markets in Europe*, 1400 – 1800 (Aldershot, 1998), 187 - 200, pp.197 - 9.

第八章　商业的舞台:英国商品与美洲消费者

[1] David Armitage and Michael J.Braddick, *The British Atlantic World* 1500 – 1800 (Basingstoke, 2002); Kathleen Wilson, *The Island Race: Englishness, Empire and Gender in the Eighteenth Century* (London, 2003); T. H. Breen, *The Marketplace of Revolution* (Oxford, 2004)

[2] Cited in Lois Green Carr and Lorena S. Walsh, 'Changing Lifestyles and Consumer Behavior in the Colonial Chesapeake', in Cary Carson, Ronald Hoffman, and Peter J. Albert (eds.), *Of Consuming Interests: The Styles of Life in the Eighteenth Century* (Charlottesville, Va., 1994), 59 - 166, p.145.

[3] Campbell, 'The Desire for the New', 258.

[4] P. K. O'Brien, 'Inseparable Connections: Trade, Economy, Fiscal State and the Expansion of Empire, 1688 - 1815', in P. J. Marshall (ed.), *The Oxford History of the British Empire: The Eighteenth Century* (Oxford, 1998), 53 - 77, p.54.

[5] 例如, C. Knick Harley, 'Trade: Discovery, Mercantilism and Technology', in Roderick Floud and Paul Johnson (eds.), *The Cambridge Economic History of Modern Britain*, i (Cambridge, 2004), 175 - 203; and Stanley L. Engerman and Patrick K. O'Brien, 'The Industrial Revolution in Global Perspective', ibid.451 - 64.

[6] Cary Carson, 'The Consumer Revolution in Colonial America: Why Demand?', in Carson, Hoffman, and Albert (eds.), *Of Consuming Interests*, 483 - 697, p.675.

[7] Nuala Zahedieh, 'London and the Colonial Consumer in the Late Seventeenth Century', *Economic History Review*, 47 (1994), 239 - 61, p.248.

[8] Malthus, *Principles of Political Economy*, 461.

[9] Ralph Davis, 'English Foreign Trade 1700 - 1774', in W. E. Minchinton (ed.), *The Growth of English Overseas Trade* (London, 1969), 99 - 120; Harley, 'Trade', 175 - 87;

J. J. McCusker and R. R. Menard, *The Economy of British North America* 1607 – 1789 (Chapel Hill, NC, 1985).

[10] Jacob M. Price, 'The Imperial Economy 1700 - 1776', in P. J. Marshall (ed.), *The Oxford History of the British Empire*, ii (Oxford, 1998), 78 - 104, p.88; S. D. Smith, 'The Market for Manufactures in the Thirteen Continental Colonies, 1698 - 1776', *Economic History Review*, 51 (1998), 676 - 708, p.695; Kenneth Morgan, *Bristol and the Atlantic Trade in the Eighteenth Century* (Cambridge, 1993), 90.

[11] Kenneth Morgan, 'Business Networks in the British Export Trade to North America, 1750 - 1800', in John J. McCusker and Kenneth Morgan (eds.), *The Early Modern Atlantic Economy* (Cambridge, 2000), 36 - 64, p.36.

[12] Weatherill, 'The Growth of the Pottery Industry', 28; Mille, Martin, and Dickinson, 'Changing Consumption Patterns', 222.

[13] Morgan, *Bristol and the Atlantic Trade*, 93.

[14] Zahedieh, 'London and the Colonial Consumer', 242, 252 - 3.

[15] Davis, 'English Foreign Trade', 116.

[16] 参见 'Appendix: The Statistics of British Overseas Trade, 1784 - 1856', in Ralph Davis, *The Industrial Revolution and British Overseas Trade* (Leicester, 1979), 77 - 127。

[17] Tim Breen, 'The Meanings of Things: Interpreting the Consumer Economy in the Eighteenth Century', in Brewer and Porter (eds.), *Consumption and the World of Foods*, 249 - 60. Tim Breen, ' "Baubles of Britain": The American and Consumer Revolutions of the Eighteenth Century', *Past and Present*, 119 (1988), 73 - 104, p.80.

[18] Rabuzzi, 'Eighteenth-Century Commercial Mentalities', 179 - 81.

[19] Breen, *The Marketplace*, p. xvii.

[20] Ibid.55 - 7.

[21] Davis, 'English Foreign Trade', 108 - 9; Crafts, *British Economic Growth*, 20 - 3.

[22] Claudia Goldin and Kenneth Sokoloff, 'Women, Children and Industrialization in the Early Republic: Evidence from the Manufacturing Censuses', *Journal of Economic History*, 42 (1982), 741 - 74; Kenneth L. Sokoloff and B. Zorina Khan, 'The Democratization of Invention during Early Industrialization: Evidence from the United States, 1790 - 1846', *Journal of Economic History*, 50 (1990), 363 - 78.

[23] Cited in Breen, *The Marketplace*, 88.

[24] James Horn, 'British Diaspora: Emigration from Britain, 1680 - 1815', in Marshall (ed.), *The Oxford History of the British Empire*, ii.28 - 52, pp.41, 49 - 50.

[25] Brinley Thomas, 'The First Atlantic Economy, 1700 - 1760', in Brinley Thomas (ed.), *The Industrial Revolution and the Atlantic Economy: Selected Essays* (London, 1993), 34 - 59, p.53; Lance Davis and Stanley Engerman, 'The Economy of British North America: Miles Travelled, Miles Still to Go', *William and Mary Quarterly*, 56 (1999), 9 - 22, p.13; McCusker and Menard, *The Economy of British North America*.

[26] Carr and Walsh, 'Changing Lifestyles', 109 - 15. 这一段引自 Breen, The Marketplace, 60 - 2。

[27] Cited in Breen, *The Marketplace*, 96.

[28] Cited in Breen, *The Marketplace*, 67.

[29] Anderson, *Imagined Communities*, 60 - 5.

[30] Ibid.202; Breen, ' "Baubles" ', 75 - 6.

[31] David Copeland, *Debating the Issues in Colonial Newspapers* (London, 2000), p. viii.

[32] Wilson, *The Island Race*, 32 - 3, draws on Tim Breen, 'An Empire of Goods: The Anglicization of Colonial America 1690 - 1776', Journal of British Studies, 25 (1986), 333 - 57.

[33] Kathleen Wilson, *The Sense of the People* (Cambridge, 1998), 275 - 8.

[34] Breen, ' "Baubles" ', 103. Stephen Conway, 'From Fellow-Nationals to Foreigners: British Perceptions of the Americans, circa 1739 - 1783', *William and Mary Quarterly*, 3rd ser.59 (2002), 65 - 100, pp.65 - 7.

[35] Joshua Gee, *The Trade of Great Britain Considered* (London, 1729), 104; Defoe, *Plan of the English Commerce*, 361.

[36] David Macpherson and Adam Anderson, *Annals of Commerce* (London, 1805), iii. 591; Calvin Coulter, 'The Import Trade of Colonial Virginia', *William and Mary Quarterly*, 3rd ser.2 (1945), 296 - 314, p.304.

[37] McCusker and Menard, *The Economy of British North America*, 354.

[38] Breen, 'Empire of Goods', 481 - 5; Thomas, 'The First Atlantic Economy', 38.

[39] Richard L. Bushman, *The Refinement of America* (New York, 1993), 7, 24 - 5, 71.

[40] 关于奢侈争论的详细阐释参见 Breen, *The Marketplace*, 172 - 92。

[41] 引自 Carson, 'The Consumer Revolution', 516, 520.

[42] Doron Ben-Atar, 'Alexander Hamilton's Alternative: Technology Piracy and the Report on Manufactures', *William and Mary Quarterly*, 52 (1995), 389 - 414, *p*. 393.

[43] 引自 Bushman, *Refinement of America*, 200.

[44] Frances Norton Mason, *John Norton & Sons, Merchants of London and Virginia* (Richmond, Va., 1937), 248, 278.

[45] Arthur L. Jensen, *The Maritime Commerce of Colonial Philadelphia* (Madison, Wis., 1963), 89.

[46] Benjamin Franklin, 引自 McCusker and Menard, *The Economy of British North America*, 279; 也引自 in Smith, 'The Market for Manufactures', 677。

[47] Coulter, 'The Import Trade', 305.

[48] John Wayles to Farell & Jones, 30 Aug. 1766, 引自 Jacob M. Price, *Capital and Credit in British Overseas Trade: The View from the Chesapeake*, 1700 – 1776 (Cambridge, Mass., 1980), 18。

[49] Carson, 'The Consumer Revolution', 579 - 604, 618.

[50] Davis, 'English Foreign Trade', 117.

[51] 关于《宾夕法尼亚公报》中的奢侈争论的研究参见 Philippa Hubbard, 'Transatlantic Clothing Cultures: Britain and her North American Colonies 1750 - 1800' (MA dissertation, University of Warwick, 2003)。

[52] Colin Kidd, *British Identities before Nationalism* (*Cambridge*, 2000); 也可参见他最近的批评文献 'Identity before Identities: Ethnicity, Nationalism and the Historian', in Julia Rudolph (ed.), *History and Nation* (*Lewisburg*, *Pa.* ,*forthcoming* 2005 – 6)。

[53] Conway, 'From Fellow-Nationals to Foreigners', 70 - 6.

[54] Cited in Wilson, *The Island Race*, 12 - 14; Weatherill, 'The Meaning of Consumer Behaviour', 206 - 27; Langford, *A Polite and Commercial People*, 71.

[55] Carson, 'The Consumer Revolution', 549, 524.

[56] Hubbard, 'Transatlantic Clothing Cultures', 67.

[57] McCracken, *Culture and Consumption*, 118 - 20; Carr and Walsh, 'Changing Lifestyles', 63, 67; Shammas, *The Pre-industrial Consumer*, 184 - 5.

[58] Carson, 'The Consumer Revolution', 545 - 6.

[59] Bushman, *Refinement of America*, pp. xi - xix.

[60] Carr and Walsh, 'Changing Lifestyles', 65.

[61] William Eddis, *Letters from America Historical and Descriptive... from* 1769 – 1777 (London, 1792), 引自 Breen, ' "Baubles" ', 85。

[62] Mason, *John Norton & Sons*, 518, 206, 211.

[63] Carr and Walsh, 'Changing Lifestyles', 117, 131 - 3; Carson, 'The Consumer Revolution', 618; Shammas, *The Pre-industrial Consumer*, 185.

[64] Carson, 'The Consumer Revolution', 665; Breen, ' "Baubles" ', 83.

[65] McCracken, *Culture and Consumption*, 118 - 29, pp.119, 124.

[66]参见 David S. Shields, *Civil Tongues and Polite Letters in British America* (Chapel Hill, NC, 1997),在 Eliga H. Gould, 'An Empire of Manners: The Refinement of British America in Atlantic Perspective', *Journal of British Studies*, 39(2000), 114 - 122, p.118 中的讨论。

[67] Bushman, *Refinement of America*, 71; Mason, *John Norton & Sons*, 72, 125.

[68]广告的例子参见 Hubbard, 'Transatlantic Clothing Cultures', 51, 67。商人的情况参见 Letter from Daniel Flexney to John Reynell, 9Feb.1737, Reynell Papers, Historical Society of Pennsylvania; Invoice of Devonshire Rees & Loyd for Jones & Wister, Birmingham, 13Aug. 1761, Jones & Wister Letterbook, Owen Jones Papers, Historical Society of Pennsylvania; The National Archives(London), Chancery Masters Exhibits, C112/61 William and George Panter, Sale by Auction, 12 July 1780—Goods for Export; Order from Mann Page to Norton & Son, 15Feb.1770, cited in Mason, *John Norton & Sons*, 125。

[69] Shammas, *The Pre-industrial Consumer*, 185.

[70] Coulter, 'The Import Trade', 298.

[71] Mason, *John Norton & Sons*, 103, 125, 188.

[72] *Pennsylvania Gazette: On Line Version*, Accessible Archives, Nov.1754 and Nov.1760.

[73] Miller, Martin, and Dickinson, 'Changing Consumption Patterns', 228 - 31.

[74] Ibid.222; Weatherill, 'The Growth of the Pottery Industry', 27.

[75] Mason, *John Norton & Sons*, 190 - 1.

[76] Mary M. Gilruth, 'The Importation of English Earthenware into Philadelphia 1770 - 1800' (MA thesis, Winterthur, n.d.), 31 - 4.

[77] Mason, *John Norton & Sons*, 58.

[78] Ibid.58, 125.

[79] Gilruth, 'The Importation of English Earthenware', 64 - 73.

[80] Ibid.152, 211.

[81] John E. Crowley, *The Invention of Comfort* (Baltimore, 2001), 136 - 9.

[82]所有内容引自 Edward T. Joy, 'Some Aspects of the London Furniture Industry in the Eighteenth Century' (thesis, University of London, 1955), 132, 136, 138。

[83] E. T. Joy, 'The Overseas Trade in Furniture in the 18th Century', *Furniture History*, 1 (1965), 1 - 11; also E.T. Joy, 'English Furniture Exports to America 1697 - 1830', *Antiques*(1964), 92 - 8, p.95.

[84] Beverly Lemire, 'Domesticating the Exotic: Floral Culture and the East India Calico Trade with England, 1600 - 1800', *Textile*, 1(2003), 65 - 85, p.80.

[85] Crowley, *The Invention of Comfort*, 129.

[86] M. E. Hayward, 'The Elliots of Philadelphia and the Looking Glass Trade 1755 - 1810', MA thesis, University of Delaware (1971), 161 - 4.

[87] Coulter, 'The Import Trade', 303.

[88] Philip L. White, *The Beekmans of New York in Politics and Commerce* 1647 - 1847 (New York, 1956), 289.

[89] 引自 Breen, *The Marketplace*, 131。

[90] Daniel Flexney to John Reynell, 9 Feb. 1737, 11 Feb. 1738, 8 Aug. 1738, John Reynell Papers, Historical Society of Pennsylvania. 一捆钢材相当于 120 镑。参见 Colin Chapman, *How Heavy, How Much and How Long? Weights, Money and Other Measures Used by our Ancestors* (Dursley, 1995), Table 5.37.

[91] Michael Lee Dicker to John Reynell, 6Sept. 1736, John Reynell Papers, Historical Society of Pennsylvania.

[92] Morgan, *Bristol and the Atlantic Trade*, 119; Jacob M. Price, *Joshua Johnson's Letterbook*, 1771 - 1774 (London, 1979), introd., p. xv; Jensen, *Maritime Commerce*, 103; Doerflinger, *A Vigorous Spirit*, 169; Clifford Family Papers, Historical Society of Pennsylvania.

[93] Morgan, 'Business Networks' 中有对商业和信贷网络的详细讨论。

[94] Morgan, *Bristol and the Atlantic Trade*, 108 - 9.

[95] Doerflinger, *A Vigorous Spirit*, 169 - 70.

[96] Jensen, *Maritime Commerce*, 93; White, *The Beekmans of New York*, 345, 362, 391 - 2.

[97] Flexney to Reynell, 9Feb. 1937, 17Aug. 1737, July 1738, Reynell Papers; Peter Stuyvesant Letters, 27 Feb. 1762, New York Historical Society; Invoice from Devonshire Rees & Loyd for Jones & Wister, Birmingham, 13Aug. 1761, Jones & Wister Papers, Philadelphia; Sales Charges and Proceeds of Sundry Merchandise, on risk of Nathaniel Barrell; for Boston, The National Archives, Chancery Masters Exhibits, Forsaith vs. Forsaith, C110/163.

[98] Price, *Joshua Johnson's Letterbook*, p. xiv; Letters, 17Apr., 22June, and 20Aug., 1772, pp. 33, 39, 44.

[99] Samuel Rowland Fisher's Manuscript Journal, Microfilm, Winterthur Library and Museum, Nov. 1783; 也可参见 Charles F. Hummel, 'Samuel Rowland Fisher's Catalogue of English Hardware', *Winterthur Portfolio*, 1 (1964), 188 - 97。

[100] Samuel Powel's London Order Book, Philadelphia, 1724, Joseph Downs Collection 232, 10 Winterthur Library, Winterthur, Delaware; John Jenks Papers 1751 - 1817, Joseph Downs Collection 295, Henry Francis du Pont Winterthur Museum; White, *The Beekmans of New*

York,446 - 8.

[101] Breen, *The Marketplace*, 118 - 32.

[102] Ibid.54 - 8, 133 - 5.

[103] 这一部分所谈及的广告都取自《宾夕法尼亚公报》。特别参见 advertisement by Joseph Stansbury for this stock of china, glass, and earthen wares, 24 Apr.1776。

[104] 关于这些商业名片的讨论参见 Berg and Clifford, 'Commerce and the Commodity', 187 - 200, esp. pp.197 - 9. 也可参见 T. R. Crom, *Trade Catalogues* 1542 - 1842 (Melrose, Fla., 1976)。

[105] Hummel, 'Samuel Rowland Fisher's Catalogue'; *Catalogue of English Hardware* (Birmingham, 1783 - 9) [Samuel Rowland Fisher], Henry Francis du Pont Winterthur Museum.

[106] *Catalogue of English Hardware* [Fisher]; Benjamin Hadley, *Trade Catalogue*, 1815, Winterthur Museum; James Whitehead, *Designs for Sundry Articles of Earthen - Ware*, Winterthur Museum, 1798.

[107] Jones, *The Great Nation*, 164 - 5. 关于大西洋的研究参见 David Armitage, 'Three Concepts of Atlantic History', and J. H. Elliott, 'Afterward: Atlantic History. A Circumnavigation', in Armitage and Braddick (eds.), *The British Atlantic World*, 11 - 30 and 233 - 49, esp. pp.19 - 21, 234 - 7。关于倡导对大西洋史展开研究的早期文献参见 Bernard Bailyn, 'The Idea of Atlantic History', *Itinerario*, 20(1996), 19 - 44。

[108] 参见 Kenneth Pomeranz, The Great Divergence: Europe, China and the Making of the Modern World Economy (Princeton, 2000), 264 - 85。关于"新世界繁荣"的探索参见 Nuala Zahedieh, The Capital and Commerce: London and the Atlantic Economy in the Late Seventeenth Century (forthcoming), ch.1。

尾 论

[1] *Memoir of James Bisset*, 72.

[2] 威廉·佩奇的故事取自关于他生平及书信往来的手稿。参见 John Haslem, *The Old Derby China Factory: The Workmen and their Productions* (London, 1876; repr. Wakefield, 1973), 70 - 96。

[3] Ibid.92.

[4] Maxine Berg and Elizabeth Eger, 'The Rise and Fall of the Luxury Debates', in Berg and Eger (eds.), *Luxury in the Eighteenth Century*, 1 - 27, p.22; Edward Hundert, 'Mandeville, Rousseau and the Political Economy of Fantasy', ibid.28 - 40.

[5] Smith, *The Theory of Moral Sentiments*, 1. iii.2, pp.50 - 2.

[6] Michael Snodin, ' Style' and ' Who Led Taste', in Snodin and Styles(eds.), *Design and the Decorative Arts*, 342, 369.

[7] 参见 Asa Briggs, *Victorian Things* (Harmondsworth, 1988), 15。

[8] Sargentson, *Merchants and Luxury Markets*, 113 - 26.

[9] ' Escher's Letters', in Henderson, *Industrial Britain under the Regency*, 31, 33and F. Lanza, *Viaggio in Inghilterra e nella Scozia* (Trieste, 1859), both cited in Riello and O'Brien, ' Reconstructing the Industrial Revolution', 17 - 18.

[10] Paul Greenhalgh, ' The Great Exhibition', in Snodin and Styles(eds.), *Design and the Decorative Arts*, 376 - 9.

[11] Briggs, *Victorian Things*, 53; Greenhalgh, ' The Great Exhibition', 377.

[12] Brewer, ' The Error of our Ways'; Trentmann, ' Beyond Consumerism', esp. pp.373 - 6.

[13] Mary Douglas and Baron Isherwood, *The World of Goods: Towards an Anthropology of Consumption* (Harmondsworth, 1978), 4.

[14] Agnew, ' Coming up for Air', 30; cf. Brewer, ' The Error of our Ways'.

[15] *The Guardian*, 5 June 2003, p.2; *The Guardian*, G2, 11 June 2003, p.2; *The Guardian*, Society Guardian, 29 May 2002, pp.2 - 3.

[16] 参见 e.g.Lemire, *Fasbion' s Favourite*, and her Dress, *Culture and Commerce*. On credit see Craig Muldrew, *The Economy of Obligation: The Culture of Credit and Social Relations in Early Modern England* (Basingstoke, 1998) and Finn, *The Character of Credit*.

[17] Breen, *The Marketplace*, Clare Midgley, *Women against Slavery: The Britisb Campaigns, 1780 - 1870* (London, 1992); Charlotte Sussman, *Consuming Anxieties: Consumer Protest, Gender and Britisb Slavery, 1713 - 1833* (Stanford, Calif., 2000); also see the essays in Martin Daunton and Matthew Hilton(eds.), *The Politics of Comsumption* (Oxford, 2001).

[18] 参见 e.g.Arnold J.Bauer, *Goods, Power, History: Latin America' s Material Culture* (Cambridge, 2001). See also C.A.Bayly' s global history of the long nineteenth century: *The Birth of the Modern World* 1780 - 1914 (*Oxford*, 2004).

[19] Douglas and Isherwood, *The World of Goods*, 3.

[20] Richard Sennett, ' Consumer' Lecture series, ' The Culture of the New Capitalism', Rothermere American Institute, Oxford, 18 May 2004.

精选参考书目

手稿资料

Birmingham Central Library, City Archives

Address to the Inhabitants of Birmingham from A Friend to Birmingham and the Constitution (29 Apr.1793),325311.

Birmingham Button Disputes, MSS, George Madeley(16 Aug.1799).

Birmingham Riots, Inventory of the House and Goods of Joseph Priestley, 399801/IIR30.

Diary of Julius Hardy(1788 - 93), Button - Maker, of Birmingham, 669002, MS 218.

Matthew Boulton Papers, 307, 330/331, 361, DBF, Letter Books.

Bodleian Library, Oxford

John Johnson Collection of trade cards.

Borthwick Institute of Historical Research, University of York

Sheffield Probate Records.

Henry Francis du Pont Winterthur Library and Museum, Wilmington, Delaware

Benjamin Hadley, *Trade Catalogue*, 1815.

John Jenks Papers 1751 - 1817, Joseph Downs Collection 295.

Samuel Powell, London Order Book, Philadelphia, 1724, Joseph Downs Collection 232, 1.

Samuel Rowland Fisher, manuscript journal, microfilm, Nov.1783.

[Samuel Rowland Fisher], *Catalogue of English Hardware*(Birmingham, 1783 - 9).

Historical Society of Pennsylvania, Philadelphia

Clifford Family Papers.

John Reynell Papers.

Owen Jones Papers, Jones & Wister Letterbook.

Keele University Archives

Wedgwood Papers, Correspondence.

Lichfield Joint Record Office

Birmingham Probate Records.

National Archives, London

Inspector generals' ledgers of imports and exports, PRO, Cust.3.

Chancery Masters Exhibits

George and William Panter, C112/61.

Nathaniel Barrell, *Forsaith v. Forsaith*, C110/163.

Nathaniel Torriano, C112/24.

Vulliamy (Order Book for Silver), C104/58Part 1.

New York Historical Society, New York

Peter Stuyvesant Letters.

Royal Society of Arts Archives, London

Josiah Tucker, 'The Elements of Commerce and Theory of Taxes', Society of Arts, Commerce, and Manufactures, MS, 1755.

Society of Arts, Commerce, and Manufactures, Guard Books.

Sheffield City Archives

Bradbury Records.

Thomas Nowill (1786 - 1825) Papers.

Stafford Record Office

Hicken Glass Business, Bilston, Staffs., D1798/647.

Whieldon Papers, Notebook on Hiring and Wages.

Warwick County Record Office

Memoir of James Bisset(1818),CR1526/246.

印刷原始文献

Abridgments of the Specifications Relating to Pottery(prepared by Dugald Campbell)(London, 1863).

Ackerman, R., *The Repository of Arts, Literature, Commerce, Manufactures, Fashions and Politics* (London, 1809).

Anderson, Adam, *An Historical and Chronological Deduction of the Origin of Commerce, from the Earliest Accounts to the Present Time*, 2 vols.(London, 1764).

Angerstein, R.R., *Illustrated Travel Diary, 1753 – 1755: Industry in England and Wales from a Swedish Perspective*, trans. Torsten and Peter Berg(London, 2001).

Aris's Birmingham Gazette.

Arts Companion: or, A New Assistant for the Ingenious(London, 1749).

Bamford, Samuel, *The Autobiography of Samuel Bamford*, i: *Early Days*, ed. W. H. Chaloner, 2 vols.(London, 1967).

Barbon, Nicholas, *A Discourse on Trade*(London, 1690).

Barrow, John, *A New and Universal Dictionary of Arts and Sciences*(London, 1751).

Bisset, James, *A Poetic Survey round Birmingham; With a Brief Description of the Different Curiosities and Manufactories of the Place. Intended as a Guide to Strangers. Accompanied by a Magnificient Directory*(Birmingham, 1799).

——*Memoir of James Bisset: Written by Himself*(1818), ed. T. B. Dudley (Birmingham, 1904).

Campbell, R., *The London Tradesman*(London, 1747; reprint 1969).

Cary, John, *An Essay towards Regulating the Trade and Employing the Poor of this Kingdom* (2nd edn., London, 1717).

Chippendale, Thomas, *The Gentleman and Cabinet-Maker's Director* (London, 1754).

Croker, Revd Temple Henry, *The Complete Dictionary of Arts and Sciences*, 3 vols.(London, 1765 - 6).

Defoe, Daniel, *A Plan of the English Commerce* (London, 1728).

——*The Complete English Tradesman*(London, 1726).

Dossie, Robert, *Memoirs of Agriculture and Other Oeconomical Arts*(London, 1768).

——*The Handmaid of the Arts*, 2 vols. (2nd edn., London, 1764).

Encyclopedia Britannica, 10 vols. (2nd edn., Edinburgh, 1778 - 83).

Ferguson, Adam, *An Essay on the History of Civil Society* (Edinburgh, 1767).

Fiennes, Celia, *Journeys of Celia Fiennes* 1662 – 1741, ed. Jonathan Hillaby (London, 1983).

Gay, John, 'The Streets of London' (1715), in *Trivia, and Other Poems* (London, 1899).

——'To a Lady on her Passion for old China' (1725), in Gay, *Trivia, and Other Poems* (London, 1899).

Gee, Joshua, *The Trade of Great Britain Considered* (London, 1729).

Gerard, Alexander, *Essay on Taste* (London, 1756).

Hall, William Henry, *The New Royal Encyclopaedia*, 3 vols. (London, 1788).

Hanway, Jonas, 'An Essay on Tea', in *A Journal of Eight Days Journey*, 2 vols. (London, 1757), vol. ii.

Haslem, John, *The Old Derby China Factory: The Workmen and their Productions* (London, 1876; repr. Wakefield, 1973).

Hogarth, William, *The Analysis of Beauty* (1753), ed. Ronald Paulson (New Haven, 1997).

Holt, Mrs Dorothy, *Address to the Ladies of Great Britain on Lace* (London, 1757).

Hume, David, *Essays Moral, Political and Literary*, ed. Eugene F. Miller (Indianapolis, 1985).

——*Essays Moral, Political and Literary* (London, 1903), Part II, Essay 1, 'Of Commerce' (1752). Essay 2, 'Of Refinement in the Arts' (1752) pp.259 - 274, 275 - 289.

Hutton, Catherine, *A Narrative of the Riots at Birmingham, July*, 1791 (Birmingham, 1875).

Hutton, William, *A History of Birmingham to the End of the Year* 1780 (Birmingham, 1781).

——*An History of Birmingham* (3rd edn., Birmingham, 1795).

——*The Life of William Hutton to which is Subjoined the History of his Family Written by Himself and Published by C. Hutton* (London, 1816).

——*Life of William Hutton*, introd. Carl Chinn (Birmingham, 1998).

Jaucourt, M.Chevalier de, 'Mode', *Encyclopédie ou dictionnaire raisonné des sciences, des arts et des métiers* (Paris, 1751 - 80), x.198.

Journals of the House of Commons.

Kenrick, William, *An Address to the Artists and Manufacturers of Great Britain: Respecting an Application to Parliament of New Discoveries and Invention in the Useful Arts* (London, 1774).

Macpherson, David, and Anderson, Adam, *Annals of Commerce, Manufactures, Fisheries and Navigation, Comprehending Part of Mr. Adam Anderson's History of Commerce* (London,

1805).

Malthus, T.R., *Principles of Political Economy*(2nd edn., London, 1835).

Mandeville, Bernard, *The Fable of the Bees; or Private Vices, Public Benefits*, ed. F. B. Kaye, 2 vols.(Oxford, 1924).

——*The Fable of the Bees*(1714), ed. Philip Harth(Harmondsworth, 1970).

Melon, J. - F. , *Essai politique sur le commerce*(Paris, 1734).

——'Of Luxury', in *A Political Essay upon Commerce, written in French by Monsieur M***. Translated with some Annotations, and remarks by David Bindon, Esq.* (Dublin, 1739).

Middleton, Erasmus, *The New and Complete Dictionary of Arts and Sciences or an Universal System of Useful Knowledge* (London, 1778).

Montesquieu, Charles Louis de Secondat, *De l'esprit des lois*(1740), trans. A. M. Cohler(Cambridge, 1989).

Pennsylvania Gazette: On Line Version, Accessible Archives.

Place, Francis, *The Autobiography of Francis Place*, ed. Mary Thrale(Cambridge, 1972).

Postlethwayt, Malachy, 'Of Arts and Manufactories', Dissertation XXXIII of *Britain's Commercial Interest Explained and Improved*, 2 vols.(London, 1757), vol. ii.

——*The Universal Dictionary of Trade and Commerce. Translated from the French of... Monsieur Savary... with large additions and improvements*, 2 vols.(2nd edn., London, 1757).

Prosser, R.B., *Birmingham Inventors and Inventions*(Birmingham, 1881).

Rees, A., *The Cyclopedia: or Universal Dictionary of Arts, Sciences and Literature*(London, 1802 - 20).

Reynolds, Sir Joshua, *Discourses on Art*(2nd edn., London 1997).

Rolt, Richard, *A New Dictionary of Trade and Commerce*(London, 1756).

Ryland, Arthur, 'The Birmingham Assay Office', in Samuel Timmins(ed.). *The Resources, Products and Industrial History of Birmingham and the Midland Hardware District*(Birmingham, 1866), 499 - 510.

Sheraton, Thomas, *The Cabinet Maker's London Book of Prices*(London, 1788).

——*The Cabinet Maker and Upholsterer's Drawing Book* (London, 1793).

The Pennsylvania Gazette.

Smith, Adam, *The Theory of Moral Sentiments* (1759; 1790), ed. D. D. Raphael and A. L. McFie(Oxford, 1976).

——*The Wealth of Nations*(1776), ed. R. H. Campbell and A. S. Skinner(Oxford, 1976).

Smith, William Hawkes, *Birmingham and its Vicinity as a Manufacturing and Commercial District* (London, 1836).

Thomason, Sir Edward, *Sir Edward Thomason's Memoirs during Half a Century*, 2 vols. (London, 1845).

Tucker, Josiah, *Instructions for Travellers*(London, 1757).

Universal Magazine of Knowledge and Pleasure, ed. J. Hinton(London, 1747 - 1815).

Whitehead, James, *Designs for Sundry Articles of Earthen-Ware*, Winterthur Museum, 1798.

The Wonders of Nature and Art: Being an Account of Whatever is Most Curious and Remarkable throughout the World, 4 vols. (London, 1750).

Woodcroft, Benet, *Titles of Patents of Invention, Chronologically Arranged from March* 2, 1617 (14 *James I*) *to October* 1, 1852(16 *Victoriae*), 2 vols. (London, 1854).

——*Subject-Matter Index of Patents of Invention*(London, 1857).

二手文献

Agnew, Jean-Christophe, 'Coming up for Air: Consumer Culture in Historical Perspective', in John Brewer and Roy Porter(eds.), *Consumption and the World of Goods* (London, 1993), 19 - 39.

Alder, Ken, *Engineering the Revolution: Arms, Enlightenment and the Making of Modern France*(Princeton, 1997).

Allan, D.G.C., *William Shipley, Founder of the Royal Society of Arts*(London, 1968).

——*The Virtuoso Tribe of Arts and Sciences: Studies in the Eighteenth Century Work and Membership of the London Society of Arts* (Athens, Ga., 1992).

Anderson, Benedict, *Imagined Communities: Reflections on the Origin and Spread of Nationalism*(London, 1991).

Appadurai, Arjun(ed.), *The Social Life of Things: Commodities in Cultural Perspective*(Cambridge, 1986).

——'Introduction: Commodities and the Politics of Value', in Appadurai: (ed.), *The Social Life of Thinge*, 3 - 63.

Armitage, David, and Braddick, Michael J. (eds.), *The British Atlantic World* 1500 – 1800(Basingstoke, 2002).

Auslander, Leora, *Taste and Power: Furnishing Modern France* (Berkeley, 1996).

Bailyn, Bernard, 'The Idea of Atlantic History', *Itinerario*, 20(1996), 19 - 44.

Barker-Benfield, G.J., *The Culture of Sensibility: Sex and Society in Eighteenth Century Britain* (Chicago, 1992).

Barnett, David, *London, Hub of the Industrial Revolution: A Revisionary History* 1775 - 1825 (London, 1998).

Barrell, J., *The Political Theory of Painting from Reynolds to Hazlitt* (New Haven, 1986).

Baudrillard, Jean, *For a Critique of the Political Economy of the Sign* (Paris, 1981).

Bauer, Arnold J., *Goods, Power, History: Latin America's Material Culture* (Cambridge, 2001).

Bemrose, William, *Bow, Chelsea and Derby Porcelain* (London, 1989).

Ben-Atar, Doron, 'Alexander Hamilton's Alternative: Technology Piracy and the Report on Manufactures', *William and Mary Quarterly*, 52(1995), 389 - 414.

Bennett, Jim, 'Shopping for Instruments in Paris and London', in Pamela Smith and Paula Findlen (eds.), *Merchants and Marvels* (London, 2002), 370 - 98.

Berg, Maxine, 'Product innovation in Core Consumer Industries in EighteenthCentury Britain', in Maxine Berg and Kristina Bruland (eds.), *Technological Revolutions in Europe: Historical Perspectives* (Cheltenham, 1998), 138 - 60.

——'Commerce and Creativity in Eighteenth-Century Birmingham', in Berg (ed.), *Markets and Manufacture in Early Industrial Europe* (London, 1991), 173 - 204.

——'Small Producer Capitalism in Eighteenth-Century England', *Business History*, 35(1993), 17 - 39.

——'Women's Property and the Industrial Revolution', *Journal of Interdisciplinary History*, 24 (1993), 233 - 50.

——'Women's Consumption in Eighteenth-Century England', *Journal of Social History*, 30 (1996), 415 - 34.

——'Manufacturing the Orient: Asian Commodities and European Industry 1500 - 1800', *Proceedings of the Istituto Internazionale di Storia Economica 'F. Datini'* (Prato), 29 (1998), 385 - 419.

——'French Fancy and Cool Britannia: The Fashion Markets of Early Modern Europe', *Proceedings of the Istituto Internazionale di Storia Economica 'F. Datini'* (Prato), 32(2001), 519 - 56.

——'From Imitation to Invention: Creating Commodities in Eighteenth Century Britain', *Economic History Review*, 45(2002), 1 - 30.

——'In Pursuit of Luxury: Global History and British Consumer Goods in the Eighteenth Century', *Past and Present*, 182(2004), 85 - 142.

——and Clifford, Helen, 'Commerce and the Commodity: Graphic Display and Selling New Consumer Goods in Eighteenth-Century England', in Michael North and David Ormrod (eds.), *Art Markets in Europe*, 1400 - 1800 (Aldershot, 1998), 187 - 200.

Berg, Maxineand Clifford, Helen (eds.), *Consumers and Luxury: Consumer Culture in Europe* 1650 - 1850 (Manchester, 1999).

——and Eger, Elizabeth (eds.), *Luxury in the Eighteenth Century: Debates, Desires and Delectable Goods* (London, 2003).

——'The Rise and Fall of the Luxury Debates', in Berg and Eger (eds.), *Luxury in the Eighteenth Century*, 7 - 27.

Bermingham, Anne, and Brewer, John (eds.), *The Consumption of Culture* 1600 - 1800: *Image, Object, Text* (London, 1995).

Berry, Christopher, *The Idea of Luxury. A Conceptual and Historical Investigation* (Cambridge, 1994).

Berry, Helen, 'Rethinking Politeness in Eighteenth-Century England: Moll King's Coffee House and the Significance of "Flash Talk"', *Transactions of the Royal Historical Society*, 11 (2001), 65 - 81.

——'Polite Consumption: Shopping in Eighteenth-Century England', *Transactions of the Royal Historical Society*, 12 (2002), 375 - 94.

Beurdeley, Michel, *Porcelain of the East India Companies* (London, 1962).

Bianchi, M., 'Taste for Novelty and Novel Tastes: The Role of Human Agency in Consumption', in Bianchi (ed.), *The Active Consumer: Novelty and Surprise in Human Choice* (London, 1998), 64 - 86.

Blake Roberts, Gaye, 'Printing in Liverpool: The Association between Wedgwood and Sadler and Green', *Journal of the Northern Ceramics Society*, 14 (1997), 45 - 70.

——'Wedgwood to America: Trading Concerns during the 18th Century', *Ars Ceramica*, 4 (1987), 4 - 8.

——'Patterns of Trade in the 18th Century', *English Ceramics Circle*, 14 (1990), 93 - 105.

Borsay, Peter, and Proudfoot, Lindsay (eds.), *Provincial Towns in Early Modern England and Ireland* (Oxford, 2002).

Bourdieu, Pierre, *Distinction: A Social Critique of the Judgement of Taste* (Cambridge, Mass., 1984).

Breen, T. H. 'An Empire of Goods: The Anglicization of Colonial America 1690 - 1776', *Jour-*

nal of British Studies,25(1986),333 - 57.

——' "Baubles of Britain": The American and Consumer Revolutions of the Eighteenth Century', *Past and Present*, 119(1988), 73 - 104.

——' The Meanings of Things: Interpreting the Consumer Economy in the Eighteenth Century', in John Brewer and Roy Porter (eds.), *Consumption and the World of Goods* (London, 1993), 249 - 60.

——*The Marketplace of Revolution* (Oxford, 2004).

Breward, Christopher, *The Hidden Consumer: Masculinities, Fashion and City Life* 1860 - 1914 (Manchester, 1999).

Brewer, John, ' Commercialisation and Politics', in Neil McKendrick, John Brewer and J. H. Plumb (eds.), *The Birth of a Consumer Society* (London, 1982), 197 - 264.

——The Pleasures of the Imagination: English Culture in the Eighteenth Century (London, 1997).

——' The Error of our Ways', Lecture to the Cultures of Consumption Programme, The Royal Society, 23 Sept. 2003, Working Paper No. 12, www.consume.bbk.ac.uk/publications.html.

——*Sentimental Murder: Love and Madness in the Eighteenth Century* (London, 2004).

——and Porter, Roy (eds.), *Consumption and the World of Goods* (London, 1993).

Briggs, Asa, ' Metals and the Imagination', *Journal of the Royal Society of Arts*, 128 (1980), 665 - 70.

——*Victorian Things* (Harmondsworth, 1988).

Tim Brook, *The Confusions of Pleasure. Commerce* and cultvre in ming china (Berkeley, 1998).

Brown, E.Myra, and Lockett, Terence A. (eds.), *Made in Liverpool: Liverpool Pottery and Porcelain* 1700 - 1850 (National Museums and Galleries on Merseyside) (Liverpool, 1993).

Brown, Peter and Schwartz, Marla, *Come Drink the Bowl Dry* (York, 1996).

Buckley, Francis, *A History of Old English Glass* (London, 1925).

——' The Birmingham Glass Trade 1740 - 1833', *Transactions of the Society of Glass Technology*, 11 (1927), 374 - 86.

Burke, Peter, *The Italian Renaissance* (Cambridge, 1986, 1999).

Burnett, John, *A History of the Cost of Living* (Harmondsworth, 1969).

Bushman, RichardL., *The Refinement of America* (New York, 1993).

Campbell, Colin, ' The Desire for the New: Its Nature and Social Location as Presented in Theories of Fashion and Modern Consumerism' (1992), in Daniel Miller (ed.), *Consumption: Critical Concepts in the Social Sciences*, 4vols. (London, 2001), i, 246 - 61.

Carr, Lois Green, and Walsh, Lorena S., ' Changing Lifestyles and Consumer Behavior in the Colonial Chesapeake' , in Cary Carson, Ronald Hoffman, and Peter J. Albert(eds.) , *Of Consuming Interests*(Charlottesville, Va., 1994) , 59 - 166.

Carrier, James, *Gifts and Commodities: Exchange and Western Capitalism since* 1700(London, 1995).

Carson, Cary, ' The Consumer Revolution in Colonial America: Why Demand?' , in Carson, Hoffman, and Albert(eds.) , *Of Consuming Interests*, 483 - 697.

——Hoffman, Ronald, and Albert, PeterJ. (eds.) , *Of Consuming Interests: The Styles of Life in the Eighteenth-Century*(Charlottesville, Va., 1994).

Carter, Philip, *Men and the Emergence of Polite Society* 1660 – 1800(London, 2001).

Chalklin, C.W., *The Provincial Towns of Georgian England: A Study of the Building Process* 1740 – 1820(London, 1974).

Chapman, Colin, *How Heavy, How Much and How Long? Weights, Money and Other Measures Used by our Ancestors* (Dursley, 1995).

Chapman, S.D., *The Cotton Industry in the Industrial Revolution* (2nd edn., London, 1987).

Chapman, S. D., and Bartlett, J. N., ' The Contribution of Building Clubs and Freehold Land Societies to Working-Class Housing in Birmingham' , in Chapman(ed.) , *The History of Working-Class Housing: A Symposium*(Newton Abbot, 1971) , 221 - 47.

——and Chassagne, S., *European Textile Printers in the Eighteenth Century: A Study of Peel and Oberkampf*(London, 1981).

Charleston, R.D., *English Glass and the Glass Used in England, circa* 1400 – 1940(London, 1984).

Chartres, J., ' The Marketing of Agricultural Produce' , in J. Thirsk(ed.) , *The Agrarian History of England and Wales*, v: 1640 – 1750(Cambridge, 1985) , 406 - 502.

——and Turnbull, G. L., ' Road Transport' , in D. H. Aldcroft and M. J. Freeman(eds.) , *Transport in the Industrial Revolution*(Manchester, 1983).

Chaudhuri, K. N., *The English East India Company. A Study of an Early Joint Stock Company*1600 – 1640 (London, 1965).

——*The Trading World of Asia and the English East India Company* 1660 – 1760 (Cambridge, 1978).

——' European Trade with India' , in T. Raychaudhuri and I. Habib(eds.) , *The Cambridge Economic History of India*, 2vols. (Cambridge, 1982) , i.382 - 406.

——*Trade and Civilization in the Indian Ocean*(Cambridge, 1985).

——*Asia before Europe: Economy and Civilisation of the Indian Ocean from the Rise of Islam to* 1750 (Cambridge,1990).

Christie, C., *The British Country House in the Eighteenth Century* (Manchester,2000).

Clark, Peter, 'Small Towns 1700 - 1840', in Clark (ed.), *The Cambridge Urban History*, ii. 733 - 74.

——*British Clubs and Societies* 1580 - 1800 (Oxford,2000).

——(ed.), *The Cambridge Urban History of Britain*, 3vols. (Cambridge,2000).

Clayton, Tim, *The English Print* 1688 - 1802 (New Haven,1997).

Clifford, Helen, 'Concepts of Invention, Identity and Imitation in the London and Provincial Metal-Working Trades, 1750 - 1800', *Journal of Design History*, 12 (1999), 241 - 56.

——'Making Luxuries: The Image and Reality of Luxury Workshops in Eighteenth-Century London', in P.S. Barnwell, M. Palmer and M. Airs (eds.), *The Vernacular Workshop: from Craft to Industry*, 1400 - 1900 (York,2004), 17 - 27.

——'A Commerce with Things: The Value of Precious Metalwork in Early Modern England', in Maxine Berg and Helen Clifford (eds.), *Consumers and Luxury* (Manchester, 1999), 147 - 69.

——*Silver in London: The Parker and Wakelin Partnership* 1760 - 76 (New Haven,2004).

Clifford, Timothy, *Designs of Desire: Architectural and Ornament Prints and Drawings* 1500 - 1850 (Edinburgh,1999).

Clunas, Craig, *Superfluous Things: Material Culture and Social Status in Early Modern China* (Cambridge,1991).

——'Modernity Global and Local: Consumption and the Rise of the West', *American Historical Review*, 104 (1999), 1497 - 511.

Cocks, Anna Somers, 'The Nonfunctional Use of Ceramics in the English Country House during the Eighteenth Century', *Studies in the History of Art*, 25 (1989), 195 - 215.

Colley, Linda, *Britons: Forging the Nation* 1707 - 1837 (New Haven,1992).

——'Britishness, and Otherness: An Argument', *Journal of British Studies*, 31 (Oct. 1992), 309 - 29.

Collingham, E. M., *Imperial Bodies: The Physical Experience of the Raj*, 1800 - 1947 (Cambridge,2001).

Collins, B., 'Matters Material and Luxurious: Eighteenth and Early Nineteenth Century Irish Linen Consumption', in J. Hill and C. Lennon (eds.), *Luxury and Austerity* (Dublin, 1999), 106 - 20.

Conway, Stephen, 'From Fellow-Nationals to Foreigners: British Perceptions of the Americans, circa 1739 - 1783', *William and Mary Quarterly*, 3rd ser.59(2002), 65 - 100.

Copeland, David, *Debating the Issues in Colonial Newspapers*(London, 2000).

Corfield, Penny, *Power and the Professions in England* 1700 – 1850(London, 1995).

Coulter, Calvin, 'The Import Trade of Colonial Virginia', *William and Mary Quarterly*, 3rd ser. 2(1945), 296 - 314.

Cox, N., and Cox, J., 'Probate Inventories: The Legal Background', *Local Historian*, 16 (1984), 133 - 45; 217 - 27.

Cox, Nancy, *The Complete Tradesman: A Study of Retailing*, 1550 – 1820 (Aldershot, 2000).

Crafts, N.F.R., *British Economic Growth during the Industrial Revolution*(Oxford, 1985).

Craske, Matthew, *Art in Europe* 1700 – 1830(Oxford, 1997).

——'Plan and Control: Design and the Competitive Spirit in Early and Mid-Eighteenth-Century England', *Journal of Design History*, 12(1999), 187 - 216.

——and Berg, Maxine, 'Art and Industry: The Making of Modern Luxury in Eighteenth Century Britain', in Economia e arte, *Proceedings of the Istituto Internazionale di Storia Economica 'F. Datini'* (Prato), 33(2002), 823 - 6.

Crom, T.R., *Trade Catalogues* 1542 – 1842(Melroze, Fla., 1976).

Crouzet, François, 'England and France in the Eighteenth Century: A Comparative Analysis of Two Economic Growths', in R. M. Hartwell(ed.), *The Causes of the Industrial Revolution in England*(London, 1967).

Crowley, John E., *The Invention of Comfort*(Baltimore, 2001).

Daunton, Martin, and Hilton, Matthew(eds.), *The Politics of Consumption*(Oxford, 2001).

Davies, Rebecca, 'Rags or Ruffles? The World of Goods of the Respectable Artisan, c.1780 - 1830' (MA dissertation, University of Warwick, 2002).

Davis, Lance, and Engerman, Stanley, 'The Economy of British North America: Miles Travelled, Miles Still to Go', *William and Mary Quarterly*, 56(1999), 9 - 22.

Davis, Ralph, 'English Foreign Trade 1700 - 1774', in W. E. Minchinton(ed.), *The Growth of English Overseas Trade* (London, 1969), 99 - 120.

——*The Industrial Revolution and British Overseas Trade*(Leicester, 1979).

De Bellaigue, G., 'The Vulliamys and France', *Furniture History*, 3(1967), 45 - 53.

De Certeau, Michel, *The Practice of Everyday Life*, vol. i(Berkeley, 1984); vol. ii(Minneapolis, 1998).

De Grazia, Victoria, and Furlough, Ellen(eds.), *The Sex of Things: Gender and Consumption in Historical Perspective*(Berkeley and Los Angeles, 1996).

De Marchi, Neil, 'Adam Smith's Accommodation of "Altogether Endless" Desires', in Maxine Berg and Helen Clifford (eds.), *Consumers and Luxury* (Manchester, 1999), 18 - 36.

——and Van Miergroet, H. J., 'Ingenuity, Preference and the Pricing of Pictures: The Smith-Reynolds Connection', in N. De Marchi and C. D. W. Goodwin (eds.), *Economic Engagements with Art* (Durham, NC, 1999), 379 - 412.

Deng, Gang [Kent], *Chinese Maritime Activities and Socioeconomic Development c. 2100B. C. - 1900A. D.* (Westport, Conn., 1997).

——'The Foreign Staple Trade of China in the Pre-modern Era', *International History Review*, 19 (1997), 253 - 83.

——, 'A Critical Survey of Recent Research in Chinese Economic History', *Economic History Review*, 53 (2000), 1 - 28.

Devine, T. M., 'The Urban Crisis', in T. M. Devine and Gordon Jackson (eds.), *Glasgow*, i: *Beginnings to* 1830 (Manchester, 1995), 402 - 16.

De Vries, Jan, 'Between Purchasing Power and the World of Goods', in Brewer and Porter (eds.), *Consumption and the World of Goods*, 85 - 132.

——'Luxury in the Dutch Golden Age in Theory and Practice', in Berg and Eger (eds.), *Luxury in the Eighteenth Century*, 41 - 56.

Doerflinger, Thomas, *A Vigorous Spirit of Enterprise: Merchants and Economic Development in Revolutionary Philadelphia* (Chapel Hill, NC, 1986).

Douglas, Mary, 'Why do People Want Goods?', in S.H.Heap and A.Ross (eds.), *Understanding the Enterprise Culture: Themes in the Work of Mary Douglas* (Edinburgh, 1992), 19 - 31.

——*Thought Styles: Critical Essays on Good Taste* (London, 1996).

——and Isherwood, Baron, *The World of Goods: Towards an Anthropology of Consumption* (Harmondsworth, 1978).

Earl, P., *Lifestyle Economics: Consumer Behaviour in a Turbulent World* (New York, 1986).

Earle, Peter, *The Making of the English Middle Class* (London, 1989).

Eatwell, Ann, and Werner, Alex, 'A London Staffordshire Warehouse—1794 - 1825', *Journal of the Northern Ceramics Society*, 8 (1991), 91 - 224.

Edwards, C., *Eighteenth-Century Furniture* (Manchester, 1996).

Eger, Elizabeth, 'Luxury, Industry and Charity: Bluestocking Culture Displayed', in Berg and Eger (eds.), *Luxury in the Eighteenth Century*, 190 - 206.

Elliott, J. H., 'Afterward: Atlantic History. A Circumnavigation', in David Armitage and Michael

J. Braddick(eds.), *The British Atlantic World* 1500 – 1800(Basingstoke,2002),233 - 49.

Ellis,Joyce,'Regional and County Centres 1700 - 1840',in Clark(ed.), *The Cambridge Urban History of Britain*,ii.673 - 704.

Elvin,Mark, *The Pattern of the Chinese Past*(Stanford,Calif.,1973).

Engerman,Stanley,'Mercantilism and Overseas Trade,1700 - 1800',in R. Floud and D. McCloskey(eds.), *The Economic History of Britain since* 1700, 3 vols.(2nd edn., Cambridge, 1994),i.182 - 204.

——and O'Brien, PatrickK.,'The Industrial Revolution in Global Perspective', in Roderick Floud and Paul Johnson(eds.), *The Cambridge Economic History of Modern Britain*, i (Cambridge,2004),451 - 64.

Estabrook,CarlB., *Urbane and Rustic England: Cultural Ties and Social Spheres in the Provinces* 1660 – 1780(Manchester,1998).

Everitt,A.,'The Marketing of Agricultural Produce',in J. Thirsk(ed.), *The Agrarian History of England and Wales*,6vols.(Cambridge,1987),iv.466 - 589.

Eversley,D. C.,'Industry and Trade 1500 - 1800', *Victoria County History of Warwickshire* (London,1964),vii.81 - 139.

Ewins,Neil,' "Supplying the Present Wants of our Yankee Cousins . . .": Staffordshire Ceramics and the American Market 1775 - 1880', *Journal of Ceramic History*, Special Issue, 15 (1997),18 - 20.

Fairchilds,Cissie,'The Production and Marketing of Populuxe Goods in Eighteenth-Century Paris',in John Brewer and Roy Porter(eds.), *Consumption and the World of Goods* (London, 1993),228 - 48.

Fawcett,T.,'Bath's Georgian Warehouses', *Costume*,26(1993),32 - 8.

Federer,Andrew,'Payment,Credit and the Organization of Work in Eighteenth-Century Westminster',unpublished paper,SSRC Conference on Manufacture in Town and Country before the Factory,Oxford,1980.

Feinstein,C. H.,'Pessimism Perpetuated: Real Wages and the Standard of Living in Britain during and after the Industrial Revolution', *Journal of Economic History*,58(1998),625 - 58.

Ferdinand,C. Y.,'Selling it to the Provinces: News and Commerce round Eighteenth-Century Salisbury', in John Brewer and Roy Porter(eds.), *Consumption and the World of Goods* (London,1993),393 - 411.

Finer,A.,and Savage,G.(eds.), *The Selected Letters of Josiah Wedgwood*(London,1965).

Finlay,Robert,'The Pilgrim Art: The Culture of Porcelain in World History', *Journal of World*

History,9(1998),141 - 89.

Finn, Margot, 'Men's Things: Masculine Possession in the Consumer Revolution', *Social History*,25(2000),133 - 56.

——*The Character of Credit: Personal Debt in English Culture*, 1740 - 1914 (Cambridge, 2003).

Fisher, F. J., 'The Development of London as a Centre of Conspicuous Consumption in the 16th and 17th Centuries', in E. M. Carus Wilson(ed.), *Essays in Economic History*, ii(London, 1962), 197 - 207.

Fitzmaurice, Lord, *Life of William Earl of Shelburne*, 2vols.(London, 1912), vol. ii.

Fontaine, Carolyn, 'Parcours d'une marchande de modes française en Italie' (Mémoire de maîtrise, Sorbonne, Paris, 1997).

——'The Fashion Trade in the Encyclopédie' (MA dissertation, University of Warwick, 1998).

Fontaine, Laurence, *The History of Pedlars in Europe*(Cambridge, 1996).

Foster, S., 'Going Shopping in 18th-Century Dublin', *Things*, 4(1996), 36 - 62.

Frank, A.G., *ReOrient: Global Economy in the Asian Age*(Berkeley, 1998).

Frank, Robert, *Luxury Fever: Why Money Fails to Satisfy in an Era of Excess* (NewYork, 1999).

Freudenberger, H., 'Fashion, Sumptuary Laws and Business', in G. Wills and D. Midgley(eds.), *Fashion Marketing*(London, 1973), 137 - 46.

Frisby, David, and Featherstone, Mike(eds.), *Simmel on Culture*(London, 1997).

Garlick, P., 'The Sheffield Cutlery and Allied Trades' (MA thesis, University of Sheffield, 1951).

Gilboy, Elizabeth, 'Demand as a Factor in the Industrial Revolution' (1932), in R. M. Hartwell (ed.), *The Causes of the Industrial Revolution in England* (London, 1967), 121 - 38.

Gill Conrad, *Merchants and Mariners of the Eighteenth Century*(London, 1961).

Gilruth, Mary M., 'The Importation of English Earthenware into Philadelphia 1770 - 1800' (MA thesis, Winterthur, n.d.).

Girouard, Mark, *The English Town*(New Haven, 1990).

Gleeson, Janet, *The Arcanum*(London, 1998).

Godden, Geoffrey A., *Oriental Export Market Porcelain and its Influence on European Wares* (London, 1979).

——*Eighteenth-Century English Porcelain: A Selection from the Godden Reference Collection* (St Albans, 1985).

Godfrey, Eleanor, *The Development of English Glassmaking* 1560 – 1640 (Oxford, 1975).

Goldin, Claudia, and Sokoloff, Kenneth, 'Women, Children and Industrialization in the Early Republic: Evidence from the Manufacturing Censuses', *Journal of Economic History*, 42 (1982), 741 - 74.

Goldthwaite, Richard, *Wealth and the Demand for Art in Italy*, 1300 - 1600 (Baltimore, 1993).

Goodman, Dena, 'Furnishing Discourses: Readings of a Writing Desk in Eighteenth-Century France', in Maxine Berg and Elizabeth Eger (eds.), *Luxury in the Eighteenth Century*, 71 - 88.

Gould, EligaH., 'An Empire of Manners: The Refinement of British America in Atlantic Perspective', *Journal of British Studies*, 39 (2000), 114 - 22.

Greenhalgh, Paul, 'The Great Exhibition', in Michael Snodin and John Styles (eds.), *Design and the Decorative Arts in Britain* 1500 - 1900 (London, 2001), 376 - 9.

Griffiths, T., Hunt, P., and O'Brien, P., 'Inventive Activity in the British Textile Industry, 1700 - 1800', *Journal of Economic History*, 52 (1992), 880 - 906.

Guillery, John, *The Small House in Eighteenth-Century London* (New Haven, 2004).

Gutteridge, Joseph, 'Lights and Shadows in the Life of an Artisan', in V. E. Chancellor (ed.), *Master and Artisan in Victorian England* (London, 1969), 75 - 238.

Hallett, Mark, *The Spectacle of Difference: Graphic Satire in the Age of Hogarth* (New Haven, 1999).

Hamilton, Henry, *The English Brass and Copper Industries to* 1800 (London, 1926).

Hancock, David, *Citizens of the World: London Merchants and the Integration of the British Atlantic Community*, 1775 - 1785 (Cambridge, 1995).

Hardy, J., 'Western Japanning 1670 - 1770', in W. Watson (ed.), *Lacquerwork in Asia and Beyond* (London, 1982), 159 - 74.

Harley, C. Knick, 'Trade: Discovery, Mercantilism and Technology', in Roderick Floud and Paul Johnson (eds.), *The Cambridge Economic History of Modern Britain*, i (Cambridge, 2004), 175 - 203.

Harris, J. R., 'Saint-Gobain and Ravenhead', in J. R. Harris (ed.), *Essays in Industry and Technology in the Eighteenth Century: England and France* (Aldershot, 1992), 34 - 77.

——*Industrial Espionage and Technology Transfer: Britain and France in the Eighteenth Century* (Aldershot, 1998).

Harte, N. B., 'Why Did Men Wear Wigs in the Eighteenth Century?', unpublished paper presented to the Warwick Eighteenth-Century Seminar (Mar. 2001).

——'State Control of Dress and Social Change in Pre-industrial England', in D. C. Coleman and A. H. John (eds.), *Trade, Government and Economy in Pre-industrial England* (London, 1976), 132 - 65.

Hayward, M. E., 'The Elliots of Philadelphia and the Looking Glass Trade 1755 - 1810', MA thesis, University of Delaware, 1971.

Henderson, W.O., *Industrial Britain under the Regency: The Diaries of Escher, Bodmer, May and de Gallors* 1814 - 18 (London, 1968).

Hey, David, *The Rural Metalworkers of the Sheffield Region* (Leicester, 1972).

Hilaire-Pérez, Lilianne, *L'Invention technique au siècle des lumières* (Paris, 2000).

——'Diderot's Views on Artists' and Inventors 'Rights: Invention, Imitation and Reputation', *British Journal for the History of Science*, 35 (2002) 129 - 50.

Hildyard, Robin, 'British Supremacy', in Reino Liefkes, *Glass* (London, 1997), 82 - 103.

Hill, Bridget, 'Catherine Hutton (1756 - 1846): A Forgotten Letter-Writer', *Women's Writing*, 1 (1994), 35 - 50.

Hillier, Bevis, *Pottery and Porcelain* 1700 - 1914 (London, 1968).

Hirsch, Fred, *Social Limits to Growth* (London, 1977).

Hirschman, A.O., *The Passions and the Interests: Political Arguments for Capitalism before its Triumph* (Princeton, 1977).

Hitchcock, Tim, *English Sexualities* 1700 - 1800 (Basingstoke, 1997).

Ho, C., 'The Ceramic Trade in Asia, 1602 - 82', in A. J. H. Latham and H. Kawakatsu (eds.), *Japanese Industrialization and the Asian Economy* (London, 1994), 35 - 70.

Holderness, B. A., 'The Birth of a Consumer Society', *English Historical Review*, 99 (1984), 122 - 4.

Hopkins, Eric, *Birmingham: The First Manufacturing Town in the World* 1760 - 1840 (London, 1989).

Hoppit, Julian, *A Land of Liberty? England* 1689 - 1727 (Oxford, 2000).

Horn, James, 'British Diaspora: Emigration from Britain, 1680 - 1815', in P. J. Marshall (ed.), *The Oxford History of the British* Empire, ii (Oxford, 1998), 28 - 52.

Howell, Martha, 'Fixing Movables: Gifts by Testament in Late Medieval Douai', *Past and Present*, 150 (1996), 3 - 45.

Hubbard, Philippa, 'Transatlantic Clothing Cultures: Britain and her North American Colonies 1750 - 1800' (MA dissertation, University of Warwick, 2003).

Hudson, Pat (ed.), *Regions and Industries* (Cambridge, 1990).

Hughes, G.Bernard, *English, Scottish and Irish Table Glass from the Sixteenth Century to* 1820 (London, 1956).

——*English and Scottish Earthenware* 1660 – 1860 (London, 1961).

Hummel, Charles F., 'Samuel Rowland Fisher's Catalogue of English Hardware', *Winterthur Portfolio*, 1 (1964), 188 – 97.

Hundert, Edward, 'Mandeville, Rousseau and the Political Economy of Fantasy', in Berg and Eger (eds.), *Luxury in the Eighteenth Century*, 28 – 40.

——*The Enlightenment's Fable* (Cambridge, 1995).

Hunt, Alan, *Governance of the Consuming Passions: A History of Sumptuary Law* (London, 1996).

Hunt, Margaret, *The Middling Sort: Commerce, Gender and the Family in England* 1680 – 1780 (Berkeley, 1986).

Hutchins, CatherineE. (ed.), *Everyday Life in the Early Republic* (Winterthur, Del., 1994).

Huth, H., *Lacquer of the West* (London, 1971).

Impey, Oliver, *Chinoiserie: The Impact of Oriental Styles on Western Art and Decoration* (Oxford, 1977).

——'Japanese Export Lacquer of the 17th Century', in W. Watson (ed.), *Lacquerwork in Asia and Beyond*, Colloquies on Art & Archaeology in Asia 11 (London, 1982), 124 – 59.

——'Japanese Export Market Porcelain' in J. Ayers, O. Impey, and J. V. G. Mallet (eds.), *Porcelain for Palaces* (London, 1990), 25 – 36.

Irwin, Johnand Schwartz, P.R., *Studies in Indo-European Textile History* (Ahmedabad, India, 1966).

Irwin, John, and Brett, Katherine, *Origins of Chintz* (London, 1970).

Jackson, Peter, and Thrift, Nigel, 'Geographies of Consumption', in D. Miller (ed.), *Acknowledging Consumption* (London, 1995), 204 – 38.

Jardine, L., *Worldly Goods: A New History of the Renaissance* (London, 1996).

Jensen, ArthurL., *The Maritime Commerce of Colonial Philadelphia* (Madison, Wis., 1963).

Jeyes, S.H., *The Russells of Birmingham in the French Revolution and in America* 1791 – 1814 (London, 1911).

Johnson, E. A. J., 'The Mercantilist Concept of "Art" and "Ingenious Labour"', *Economic Journal Supplement* (1930 – 3), 234 – 53.

Jones, Colin, *The Great Nation: France from Louis XV to Napoleon* (Harmondsworth, 2002).

Jones, E. L., 'The Fashion Manipulators: Consumer Tastes and British Industries, 1660 – 1800', in

P. J. Uselding (ed.) , *Business Enterprise and Economic Change* (Kent, Oh., 1973), 198 - 226.

——*Growth Recurring: Economic Change in World History*(Oxford, 1988).

——Frost, Lionel, and White, Colin, *Coming Full Circle: An Economic History of the Pacific Rim*(Boulder, Colo., 1993).

Jones, Peter, ' "England Expects ..." : Trading in Liberty in the Age of Trafalgar' , in M. Crook et al.(eds.) , *Enlightenment and Revolution: Essays in Honour of Norman Hampson* (Aldershot, 2004) , 187 - 204.

Jorg, C.L., *Porcelain and the Dutch China Trade*(The Hague, 1982).

Joy, EdwardT., ' Some Aspects of the London Furniture Industry in the Eighteenth Century' (MA thesis, University of London, 1955).

——' English Furniture Exports to America 1697 - 1830' , *Antiques* (1964) , 92 - 8.

——' The Overseas Trade in Furniture in the 18th Century' , *Furniture History*, 1 (1965) , 1 - 11.

Karp, I., and Lavine, S. D.(eds.) , *Exhibiting Cultures: The Poetics and Politics of Museum Display*(Washington, 1990).

Kidd, Colin, *Subverting Scotland's Past: Scottish Whig Historians and the Creation of an Anglo-British Identity*, 1689 – 1839 (Cambridge, 1993).

——*British Identities before Nationalism*(Cambridge, 2000).

——' Identity before Identities: Ethnicity, Nationalism and the Historian' , in Julia Rudolph (ed.) , *History and Nation*(Lewisburg, Pa., forthcoming 2005 - 6).

Klein, Laurence E., *Shaftesbury and the Culture of Politeness: Moral Discourse and Cultural Politics in Early Eighteenth-Century England* (Cambridge, 1994).

Klein, Laurence E., ' Politeness for Plebes' , in John Brewer and Roy Porter(eds.) , *The Consumption of Culture* 1600 – 1800(London, 1995) , 362 - 82.

—— ' Politeness and the Interpretation of the British Eighteenth Century' , *Historical Journal*, 43 (2002) , 869 - 98.

——' The Polite Town: Shifting Possibilities of Urbanness, 1660 - 1714' , in Tim Hitchcock and Heather Shore(eds.) , *The Streets of London: From the Great Fire to the Great Stink* (London, 2003) , 27 - 39.

Kowaleski-Wallace, Elizabeth, *Consuming Subjects*(New York, 1997).

Landes, David, *The Wealth and Poverty of Nations* (New York, 1998).

——*The Unbound Prometheus: Technological Change and Industrial Development in*

Western Europe from 1750*to the Present*(Cambridge,1969).

——*Revolution in Time*: *Clocks and the Making of the Modern World* (Cambridge, Mass., 1983).

Langford, Paul, *A Polite and Commercial People*: *England* 1727 – 1783(Oxford, 1989).

——'The Uses of Eighteenth-Century Politeness', *Transactions of the Royal Historical Society*, 12(2002), 311 - 31.

Leader, Robert, *Sheffield in the Eighteenth Century*(Sheffield, 1901).

Lemire, Beverly, 'Second-Hand Beaux and "Red-Armed Belles": Conflict and the Creation of Fashions in England, c.1660 - 1800', Continuity and Change, 15(2000), 391 - 417.

——'Peddling Fashion', *Textile History*, 22(1991), 67 - 82.

——*Fashion's Favourite*: *The Cotton Trade and the Consumer in Britain* 1660 – 1800 (Oxford, 1991).

——*Dress*, *Culture and Commerce*: *The English Clothing Trade before the Factory* 1660 – 1800 (London, 1997).

——'Domesticating the Exotic: Floral Culture and the East India Calico Trade with England, 1600 - 1800', *Textile*, 1(2003), 65 - 85.

Leopold, E., 'The Manufacture of the Fashion System', in J. Ash and E. Wilson(eds.), *Chic Thrills*: *A Fashion Reader* (London, 1992), 101 - 18.

Levine, David, and Wrightson, Keith, *The Making of an Industrial Society*: *Whickham* 1560 – 1765(Oxford, 1991).

Lindert, P. H., and Williamson, J. G., 'Revising England's Social Tables, 1688 - 1812', *Explorations in Economic History*, 19(1982), 395 - 408.

Lipovetsky, G., *The Empire of Fashion*: *Dressing Modern Democracy*, trans. Catherine Porter (Princeton, 1994).

Lloyd, G.I.H., *The Cutlery Trades* (London, 1913).

Looney, J.Jefferson, 'Cultural Life in the Provinces: Leeds and York 1720 - 1820' in A. L. Beier, David Cannadine, and James M. Rosenheim(eds.), *The First Modern Society. Essays in English History in Honour of Lawrence Stone* (Cambridge, 1989), 483 - 510.

Lubbock, Jules, *The Tyranny of Taste*: *The Politics of Architecture and Design in Britain* 1550 – 1960(New Haven, 1995).

Lunsingh-Scheuleer, D.F., *Chinese Export Porcelain*(London, 1974).

McCloskey, D.N., *Knowledge and Persuasion in Economics* (Cambridge, 1994).

McCracken, Grant, *Culture and Consumption*: *New Approaches to the Symbolic Character of*

Consumer Goods and Activities(Bloomington, Ind., 1988).

McCray, Patrick, *The Fragile Craft: A History of Venetian Glass*(Aldershot, 1999).

McCusker, J. J., and Menard, R.R., *The Economy of British North America* 1607 – 1789(Chapel Hill, NC, 1985).

McKendrick, Neil, 'Josiah Wedgwood and the Commercialization of the Potteries', in McKendrick, Brewer, and Plumb, *The Birth of a Consumer Society*, 100 - 45.

——'The Commercialisation of Fashion', in McKendrick, Brewer, and Plumb, The Birth of a Consumer Society, 34 - 99.

——(ed.), *Historical Perspectives: Studies in English Thought and Society* (Cambridge, 1974).

——Brewer, John, and Plumb, J.H., *The Birth of a Consumer Society: The Commercialization of Eighteenth-Century England*(London, 1982).

MacKenzie, J.M., *Orientalism, History, Theory and the Arts* (Manchester, 1995).

MacLeod, Christine, *Inventing the Industrial Revolution: The English Patent System* 1660 – 1800(Cambridge, 1988).

Mallet, J., 'European Ceramics and the Influence of Japan', in J. Ayers, O. Impey, and J. V. G. Mallet(eds.), *Porcelain for Palaces*(London, 1990), 38 - 51.

Marshall, Alfred, *Industry and Trade*(London, 1921).

Marshall, P. J.(ed.), *The Oxford History of the British Empire: The Eighteenth Century*, ii(Oxford, 1998).

——'Taming the Exotic: The British and India in the Seventeenth and Eighteenth Centuries', in G. S. Rousseau and R. Porter(eds.), *Exoticism in the Enlightenment*(Manchester, 1990), 46 - 65.

Mason, Frances Norton, *John Norton & Sons, Merchants of London and Virginia* (Richmond, Va., 1937).

Mennell, Stephen, *Norbert Elias: Civilization and the Human Self-Image*(Oxford, 1989).

Midgley, Clare, *Women against Slavery: The British Campaigns*, 1780 – 1870(London, 1992).

Miller, Daniel(ed.), *Acknowledging Consumption: A Review of New Studies* (London, 1995), 264 - 95.

——*Material Culture and Mass Consumption*(Oxford, 1987).

——Jackson, Peter, et al., Shopping, *Place and Identity* (London, 1998).

Miller, GeorgeL., Martin, Ann Smart, and Dickinson, NancyS., 'Changing Consumption Patterns: English Ceramics and the American Market from 1770 to 1840', in Catherine E. Hutchins (ed.), *Everyday Life in the Early Republic*(Winterthur, Del., 1994), 219 - 48.

Miller, GeorgeL., and Hunter, Robert, 'How Creamware got the Blues: The Origins of China Glaze and Pearlware', in Robert Hunter(ed.), *Ceramics in America* (Milwaukee, 2001), 135 - 61.

Miller, Lesley, 'Paris-Lyons-Paris: Dialogue in the Design and Distribution of Patterned Silks in the Eighteenth Century', in R. Fox and A. Turner(eds.), *Luxury Trades and Consumerism in Ancien Regime Paris* (Aldershot, 1998), 139 - 68.

Mitchell, David(ed.), *Goldsmiths, Silversmiths and Bankers: Innovation and the Transfer of Skill*, 1550 - 1750 (London, 1995).

Mokyr, Joel, *The Gifts of Athena: Historical Origins of the Knowledge Economy* (Princeton, 2002).

Money, John, *Experience and Identity: Birmingham and the West Midlands* 1760 - 1800 (Manchester, 1977).

Morgan, Ken, *Bristol and the Atlantic Trade in the Eighteenth Century* (Cambridge, 1993).

——'Business Networks in the British Export Trade to North America, 1750 - 1800', in John J. McCusker and Kenneth Morgan(eds.), The Early Modern Atlantic Economy(Cambridge, 2000), 36 - 64.

Morrison, Kathryn, *English Shops and Shopping*(New Haven, 2004).

Mountford, Arnold R., 'Thomas Wedgwood, John Wedgwood and Jonah Malkin, Potters of Burslem: Analysis of Certain Unpublished EighteenthCentury Documentary Sources with Particular Reference to the Manufactureand Distribution of Earthenware and Stoneware' (MA thesis, University of Keele, 1972).

Mui, H., and Mui, L., *Shops and Shopkeeping in Eighteenth-Century England* (London, 1989).

Muir, Julia, 'Printing Persuasion: Advertising Goods in Eighteenth-Century England' (MA dissertation, V&A/Royal College of Art, 2000).

Mukerji, Chandra, *From Graven Images: Patterns of Modern Materialism*(New York, 1983).

Muldrew, Craig, *The Economy of Obligation: The Culture of Credit and Social Relations in Early Modern England*(Basingstoke, 1998).

Nava, M., 'Framing Advertising', in M. Nava, A. Blacke, I. McRury, and B. Richards, *Buy this Book: Studies in Advertising and Consumption*(London, 1999).

Nef, John U., *Cultural Foundations of Industrial Civilization*(Cambridge, 1958).

Nenadic, Stana, 'Middle-Rank Consumers and Domestic Culture in Edinburgh and Glasgow

1720 - 1840' ,*Past and Present*,145(1994),122 - 57.

——'Print Collecting and Popular Culture in Eighteenth-Century Scotland' ,*History*,82(1997), 203 - 22.

——'The Middle Ranks and Modernisation' in Tom Devine and Gordon Jackson(eds.),*Glasgow*,i:*Beginnings to* 1830(Manchester,1995),278 - 311.

Newman, Gerald, *The Rise of English Nationalism: A Cultural History* 1740 – 1820(London, 1997).

Nishida, H., 'Japanese Export Porcelain during the 17th and 18th Century' (D.Phil. thesis, Oxford, 1974).

O'Brien, P. K., 'From the Voyages of Discovery to the Industrial Revolution', in H. Pohl(ed.), *The European Discovery of the World and its Economic Effects on Preindustrial Society* 1500 – 1800(Stuttgart, 1990).

——and Keyder, C., *Economic Growth in Britain and France* 1780 – 1914(London, 1976).

Ormrod, D., 'Northern Europe and the Expanding World-Economy: The Transformation of Commercial Organisation, 1500 - 1800', in S. Cavaciocchi (ed.), *Prodotti e tecniche d'oltremare nelle economie europee*, *Secc. XIII – XVIII*(*Atti della XXIX Settimana di Studi*, 14 – 19*aprile* 1997) (Florence, 1998), 671 - 700.

Overton, Mark, 'Geographies of Consumption in Early Modern England', paper presented to the conference on Georgian Geographies, Paul Mellon Centre, London(Sept.2000).

——Whittle, Jane, Dean, Darron, and Hann, Andrew, *Production and Consumption in English Households*, 1600 – 1750(London, 2004).

Palk, Deirdre, 'Private Crime in Public and Private Places: Pickpockets and Shoplifters in London, 1780 - 1823', in Tim Hitchcock and Heather Shore (eds.), *The Streets of London* (London, 2003), 135 - 50.

Parthasarathi, Prasannan, 'The Great Divergence', *Past and Present*, 116(2002), 275 - 93.

Philipson, Nicholas, 'Politics, Politeness and the Anglicisation of Early Eighteenth-Century Scottish Culture', in R. A. Mason(ed.), *Scotland and England*, 1286 – 1815(Edinburgh, 1987), 17 - 34.

——*Hume*(London, 1989).

Phillips, J.G., *China-Trade Porcelain*(Cambridge, Mass., 1956).

Pointon, Marcia, *Strategies for Showing: Women, Possession and Representation in English Visual Culture* 1665 – 1800(Oxford, 1997).

Polak, Ada, *Glass: Its Makers and its Public*(London, 1975).

Pomeranz, Kenneth, *The Great Divergence: Europe, China and the Making of the Modern World Economy* (Princeton, 2000).

Poni, Carlo, 'Fashion as Flexible Production: The Strategies of the Lyons Silk Merchants in the Eighteenth Century', in C. Sabel and J. Zeitlin (eds.), *World of Possibilities: Flexibility and Mass Production in Western Industrialization* (Cambridge, 1997), 37 - 74.

Porter, Roy, *Enlightenment* (London, 2002).

Price, JacobM., 'The Imperial Economy 1700 - 1776', in P. J.Marshall (ed.), *Oxford History of the British Empire*, ii., 78 - 104.

——*Joshua Johnson's Letterbook*, 1771 - 1774 (London, 1979).

——*Capital and Credit in British Overseas Trade: The View from the Chesapeake*, 1700 - 1776 (Cambridge, Mass., 1980).

Puetz, Anne, 'Design Instruction for Artisans in Eighteenth-Century Britain', *Journal of Design History*, 12 (1999), 217 - 41.

Quickenden, Ken, 'Boulton and Fothergill Silver: Business Plans and Miscalculations', *Art History*, 3 (Sept.1980), 274 - 92.

Rabuzzi, Daniel, 'Eighteenth-Century Commercial Mentalities as Reflected and Projected in Business Handbooks', *Eighteenth-Century Studies*, 29 (1995 - 6), 169 - 89.

Reilly, Robin, *Wedgwood*, 2vols. (London, 1989), vol. i.

Reynard, P. C., 'Manufacturing Quality in the Pre-industrial Age: Finding Value in Diversity', *Economic History Review*, 53 (Aug.2000), 493 - 516.

Ribeiro, A., *The Art of Dress: Fashion in England and France*, 1750 - 1820 (New Haven, 1997).

Richards, Sarch, *Eighteenth-Century Ceramics: Products for a Civilized Society* (Manchester, 1999).

Riello, Giorgio, and O'Brien, P. K., 'Reconstructing the Industrial Revolution: Analyses, Perceptions and Conceptions of Britain's Precocious Transition to Europe's First Industrial Society' (unpublished paper, 2003).

Roberts, Lisa, 'A World of Wonders, a World of One', in P. H. Smith and Paula Findlen (eds.), *Merchants and Marvels* (London, 2002), 399 - 411.

Robinson, D., 'The Styling and Transmission of Fashions Historically Considered: Winckelmann, Hamilton and Wedgwood in the "Greek Revival"', in G. Wills and D. Midgley (eds.), *Fashion Marketing* (London, 1973), 20 - 35.

Robinson, Eric, 'Boulton and Fothergill 1762 - 1782and the Birmingham Export of Hardware',

University of Birmingham Historical Journal, 7(1959 - 1960), 60 - 79.

——'Eighteenth-Century Commerce and Fashion: Matthew Boulton's Marketing Techniques', *Economic History Review*, 16(1963 - 1964), 39 - 60.

——'Matthew Boulton and Josiah Wedgwood, Apostles of Fashion', in R. P. T. Davenport-Hines and Jonathan Liebenau (eds.), *Business in the Age of Reason* (London, 1987), 98 - 114.

Roche, Daniel, *The Culture of Clothing: Dress and Fashion in the Ancien Regime* (London, 1996).

——*Histoire des choses banales: naissance de la consommation dans les sociétés traditionelles xviie-xixesiècle* (Paris, 1997).

Ross, Catherine, 'The Flint Glass Houses on the Rivers Tyne and Wear during the Eighteenth Century', *Glass Circle*, 5(1986), 75 - 85.

Rydèn, Göran, 'Metallurgic Industry: Historical Overview', *Oxford Encyclopedia of Economic History*, iii(Oxford, 2003), 490 - 3.

Said, Edward, *Orientalism: Western Conceptions of the Orient* (1978; Harmondsworth, 1991).

Sargentson, Carolyn, *Merchants and Luxury Markets: The Marchands Merciers of Eighteenth-Century Paris* (London, 1996).

Sarti, Raffaella, *Europe at Home: Family and Material Culture* 1500 - 1800 (New Haven, 2002).

Saumarez, Smith, Charles, *Eighteenth Century Decoration: Design and the Domestic Interior in England* (London, 1993).

Schlereth, Thomas J. (ed.), *Material Culture Studies in America* (Nashville, 1982).

Schor, Juliet, *The Overspent American* (New York, 1998).

Schumpeter, Elizabeth, *English Overseas Trade Statistics* 1697 - 1808 (Oxford, 1960).

Scitovsky, Tibor, *The Joyless Economy: An Enquiry into Human Satisfaction and Consumer Dissatisfaction* (New York, 1976).

Scott, Katie, 'Art and Industry—A Contradictory Union: Authors, Rights and Copyrights during the Consulat', *Journal of Design History*, 13(20), 1 - 21.

Sekora, John, *Luxury: The Concept in Western Thought, Eden to Smollett* (Baltimore, 1977).

Sennett, Richard, 'Consumer' Lecture series, 'The Culture of the New Capitalism', Rothermere American Institute, Oxford, 18 May 2004.

Sewell, William, *Work and Revolution in Nineteenth Century France* (Cambridge, 1982).

Shammas, Carole, *The Pre-industrial Consumer in England and America* (Oxford, 1990).

——'Changes in English and Anglo-American Consumption from 1550 - 1800', in John Brewer and Roy Porter(eds.), *Consumption and the World of Goods*(London, 1993), 177 - 205.

Sharpe, Pamela, 'Population and Society 1700 - 1840', in Clark(ed.), *The Cambridge Urban History of Britain*, ii.491 - 528.

Sherratt, Andrew, 'Reviving the Grand Narrative: Archaeology and Long Term Change', *Journal of European Archaeology*, 3(1995), 1 - 32.

——and Sherratt, Susan, 'From Luxuries to Commodities: The Nature of Mediterranean Bronze Age Trading Systems', in N. H. Gale(ed.), *Bronze Age Trade in the Mediterranean*(Jonsered, 1991), 351 - 86.

Shields, David S., *Civil Tongues and Polite Letters in British America*(Chapel Hill, NC, 1997).

Singleton, H.R., *A Chronology of Cutlery*(Sheffield, 1970).

Smail, J., *Merchants, Markets and Manufacturers: The English Wool Textile Industry in the Eighteenth Century*(London, 1999).

Smith, S. D., 'The Market for Manufactures in the Thirteen Continental Colonies, 1698 - 1776', *Economic History Review*, 51(1998), 676 - 708.

Smith, Sheenah, 'Glass in Eighteenth-Century Norwich', *Glass Circle*, 2(1975), 49 - 65.

Smith, William Woodruff, *Consumption and the Making of Respectability*(London, 2003).

Snodin, Michael, 'English Rococo and its Continental Origins', in C.Hind(ed.), The Rococo in England(London, 1984), 27 - 33.

——'Style' and 'Who Led Taste', in Snodin and Styles(eds.), *Design and the Decorative Arts in Britain* 1500 – 1900, 340 - 9, 369 - 71.

——and Styles, John(eds.), *Design and the Decorative Arts: Britain* 1500 – 1900 (London, 2001).

Sokoloff, Kenneth L., and ZorinaKhan, B., 'The Democratization of Invention during Early Industrialization: Evidence from the United States, 1790 - 1846', *Journal of Economic History*, 50 (1990), 363 - 78.

Solkin, David, *Painting for Money: The Visual Arts and the Public Sphere in Eighteenth-Century England*(New Haven, 1992).

Sombart, Werner, *Luxury and Capitalism* (1913; Ann Arbor, 1967).

Spufford, M., 'The Limitations of the Probate Inventory', in J. Chartres and D. Hey(eds.), *English Rural Society* 1500 – 1800(Cambridge, 1990), 139 - 74.

Steensgaard, Niels, 'The Growth and Composition of the Long-Distance Trade of England and the Dutch Republic before 1750', in J. D. Tracy(ed.), *The Rise of Merchant Empires* (Cambridge, 1990), 102 - 52.

Stewart, Susan, *On Longing* (Durham, NC, 1993).

Styles, John, 'Manufacturing, Consumption and Design in Eighteenth-Century England', in John Brewer and Roy Porter (eds.), *Consumption and the World of Goods* (London, 1993), 527 - 54.

——'The Goldsmiths and the London Luxury Trades, 1550 - 1750', in David Mitchell (ed.), *Goldsmiths, Silversmiths and Bankers* (London, 1995), 112 - 20.

——'Product Innovation in Early Modern London', *Past and Present*, 168(2000), 124 - 69.

——'Georgian Britain 1714 - 1837: Introduction', in Snodin and Styles (eds.), *Design and the Decorative Arts: Britain* 1500 - 1900, 157 - 85.

——'Involuntary Consumers? Servants and their Clothes in Eighteenth-Century England', *Textile History*, 33/1 (2002), 2 - 21.

——'Plebeian Fashion in Eighteenth-Century England', in Berg and Eger (eds.), *Luxury in the Eighteenth Century*, 103 - 18.

Sussman, Charlotte, Consuming Anxieties: Consumer Protest, Gender and British Slavery, 1713 - 1833 (Stanford, Calif., 2000).

Sweet, R. H., 'Topographies of Politeness', *Transactions of the Royal Historical Society*, 12 (2002), 355 - 74.

Thirsk, Joan, *Economic Policy and Projects: The Development of a Consumer Society in Early Modern England* (Oxford, 1978).

——'Luxury Trades and Consumerism', in Robert Fox (ed.), *Luxury Trades and Consumerism in Ancien Regime Paris: Studies in the History of the Skilled Workforce* (Aldershot, 1998), 257 - 62.

Thomas, Brinley, 'The First Atlantic Economy 1700 - 1760', in B. Thomas (ed.), *The Industrial Revolution and the Atlantic Economy: Selected Essays* (London, 1993), 34 - 59.

Thomson, J. K. J., 'State Intervention in the Catalan Calico-Printing Industry in the Eighteenth Century', in M. Berg (ed.), *Markets and Manufacture in Early Industrial Europe* (London, 1991), 57 - 92.

Thrift, Nigel, and Glennie, Paul, 'The Spaces of Clock Times', in Patrick Joyce (ed.), *The Social in Question: New Bearings in History and the Social Sciences* (London, 2002), 151 - 74.

Toppin, Aubrey, 'The China Trade and Some London Chinamen', *English Ceramics Circle Transactions*, 3 (1935), 37 - 57.

Trentman, Frank, 'Beyond Consumerism: New Historical Perspectives on Consumption', *Journal of Contemporary History*, 39(2004), 373 - 401.

Turnbull, G., 'Canals, Coal and Regional Growth during the Industrial Revolution', *Economic History Review*, 40(1987), 538 - 60.

Uglow, Jenny, 'Vase Mania', in Berg and Eger(eds.), *Luxury in the Eighteenth Century*, 151 - 64.

Unwin, George, *The Guilds and Companies of London*(London, 1908).

Van Glahn, Richard, Fountain of Fortune: Money and Monetary Policy in China 1000 - 1700 (Berkeley, 1997).

Vickers, Michael, 'Value and Simplicity: Eighteenth-Century Taste and the Study of Greek Vases', *Past and Present*, 116(1987), 98 - 137.

——and Gill David, *Artful Crafts. Ancient Greek Silverware and Pottery*(Oxford, 1996).

Vickery, Amanda, 'Women and the World of Goods: A Lancashire Consumer and her Possessions 1751 - 81', in Brewer and Porter(eds.), Consumption and the World of Goods, 274 - 304.

——The Gentleman's Daughter: Women's Lives in Georgian Britain(New Haven, 1998).

Voth, H. J., 'Work and the Sirens of Consumption in Eighteenth-Century London', in M. Bianchi(ed.), *The Active Consumer: Novelty and Surprise in Consumer Choice*(London, 1998), 143 - 73.

——'Time and Work in Eighteenth-Century London, *Journal of Economic History*, 58 (1998), 28 - 58.

Walsh, Claire, 'Shop Design and the Display of Goods in Eighteenth-Century London', *Journal of Design History*, 8(1995), 157 - 76.

——'Shopping in Early-Modern London c.1660 - 1800' (Ph.D. thesis, European University Institute, Florence, 2001).

Weatherill, Lorna, 'The Business of Middleman in the English Pottery Trade before 1780', in R. P. D. Davenport-Hines and J. Liebenau(eds.), *Business in the Age of Reason* (London, 1987), 51 - 76.

——*The Pottery Trade and North Staffordshire* 1660 – 1760(Manchester, 1971).

——'The Growth of the Pottery Industry in England, 1660 - 1815', *Post-Medieval Archaeology*, 17(1983), 15 - 46.

——'A Possession of One's Own: Women and Consumer Behaviour in England 1660 - 1740', *Journal of British Studies*, 25(1986), 131 - 56.

——*The Growth of the Pottery Industry in England* 1660 – 1815(London, 1986).

——'Consumer Behaviour and Social Status in England, 1660 - 1750', *Continuity and Change*, 1(1986), 191 - 216.

——*Consumer Behaviour & Material Culture in Britain* 1660 – 1760(London,1988).

——'The Meaning of Consumer Behaviour in Late Seventeenth-and Early Eighteenth-Century England', in John Brewer and Roy Porter(eds.), *Consumption and the World of Goods* (London,1993),206 - 27.

Weatherill, Lorna, 'Consumer Behaviour, Textiles and Dress in the Late Seventeenth and Early Eighteenth Centuries', *Textile History*,22(1991),297 - 311.

Welch, Evelyn, *Art in Renaissance Italy*(Oxford,1997).

Wernick, A., *Promotional Culture: Advertising, Ideology and Symbolic Expression* (London, 1991).

Westerfield, R.B., *Middlemen in English Business* (1915; repri. Newton Abbot,1968).

Whatley, Christopher A., *Scottish Society* 1707 – 1830(Manchester,2000).

White, Jonathan, 'Representing Plebeian Consumption in Eighteenth-Century England', (Ph.D. thesis, University of Warwick,2001).

——'The "Slow but Sure Poyson": The Representation of Gin and its Drinkers, 1736 - 1751', *Journal of British Studies*,42(2003),35 - 64.

White, PhilipL., *The Beekmans of New York in Politics and Commerce* 1647 – 1847 (New York,1956).

Wilson, Kathleen, *The Sense of the People*(Cambridge,1998).

——*The Island Race: Englishness, Empire and Gender in the Eighteenth Century*(London, 2003).

Wilson, R. G., and Mackley, A. L., 'Building the English Country House, 1660 - 1880', *Economic History Review*,52(1999),436 - 68.

Wiskin, Christine, 'Women, Credit and Finance in England, 1780 - 1826' (Ph.D. thesis, University of Warwick,2000).

Wrigley, E. A., 'Urban Growth and Agricultural Change: England and the Continent in the Early Modern Period', in Wrigley, People, *Cities and Wealth: The Transformation of Traditional Society*(Oxford,1987),157 - 93.

Young, Hilary, *English Porcelain* 1745 – 1795: *Its Makers, Design, Marketing and Consumption*(London,1999).

Zahedieh, Nuala, 'London and the Colonial Consumer in the Late Seventeenth Century', *Economic History Review*,47(1994),239 - 61.

——*The Capital and Commerce: London and the Atlantic Economy in the Late Seventeenth Century* (forthcoming).

索 引（词条后页码为原书页码，即本书页边码）

Aberdeen 212
Ackerman, Rudolph 90 - 1
Adam, Robert 256
Adams, John 297
Adams, William 149
Addison, Thomas 303 - 4
advertising 87
  and fashion 197
  and metal trades 185 - 8
  in newspapers 271 - 2
    American colonies 320 - 2
  and patents 179
  and pattern books 186 - 7, 277 - 8
  and product innovation 270
  and promotional culture of 271
  and trade cards 186, 197, 272 - 7
  and trade catalogues 147 - 8, 186 - 7, 277 - 8
    in American colonies 322 - 3
aesthetics:
  and consumer goods 88 - 9
  and principles of beauty 88 - 9
Africa, trade with 183
Agnew, Jean - Christophe 12, 329
Ainslie, Robert 143
Akerman, John 124
Albrechtsburg Castle 126
Alcock, Michael 189
Alcock and Kempson 171
Alexander, William 84
Alken, Samuel 133
American colonies:
  and advertising:
    in newspapers 320 - 2
    trade catalogues 322 - 3
  and British goods 279 - 80, 304 - 6
    boycott of 299
    buckles and buttons 306 - 7
    candlesticks 310 - 1
    clothing 302 - 3
    demand for 296, 298 - 9
    earthenware 308 - 9
    fashion dominance of 302 - 4
    furniture 311 - 3
    general hardware 310
    luxury debate over 297 - 8, 299 - 300
    mirrors 313 - 4
    silverware 310 - 1
    tableware 307
    teaware 309 - 10
  and British material culture of 289, 305
  and British perceptions of 295
  and economic development of 289 - 90
  and emigration to 291
  and growingwealth of 291 - 3

and imports 284 - 6,289
categories of 287 - 8
mercantile practices 314 - 20
and representation of values 288 - 9
and lack of manufacturing 294
as market 144 - 5,183
and national identity 300 - 1
adoption of English heritage 295 - 6,305
Britishness 295,301 - 2
print culture 294 - 5
and Navigation Laws 290
and newspapers 294 - 5
and population growth 291
and Puritanism 296
and sources of imports 290
and taxation of 299
and transatlantic consumer culture 324 - 5
and urban growth 293 - 4
Amoy 66
Amsterdam 78
Anderson, Adam 93 - 4
Anderson, Benedict 7,294
Anderton, Elizabeth 240
Angerstein, Reinhold 14
Anti - Gallican Association 95
Appadurai, Arjun 30
Archenholtz, Johann von 39,264
Archer, James 138
Argand Lamp 115
Arita 67
artificial flowers 106
arts:
and ceramics decoration 133 - 4,137
and liberal/mechanical division of 99, 100 - 1,104
and manufacturing 88, 91 - 3, 95, 96, 98 - 9
and meaning of 'art' 99
and promotion of knowledge 101
Asia:
and adapting to European markets 68
Asia (cont.):
and early economic development 58 - 60
and failure of economic growth 58
and imports from 19 - 20,24 - 5,130
and production for European markets 62 - 7
and production processes 60 - 2
and trade with 49 - 57
impact of 46
marketing 70 - 2
mechanics of 72 - 5
opening of 69 - 70
private trade 73 - 4
protectionism 78 - 9
see also entries for individual countries
Assay Offices 162,166,181
Astbury, John 129
Atlantic markets, and new product development 324 - 5
Au Petit Dunkerque 279
auctions:
and marketing of Asian wares 76 - 7
and metal trades 186
Augusta (trading vessel) 46 - 7
Axminster carpets 107,115

Bagnall, Sampson 137
Baltimore 294
Bamford, Samuel 245
Bargum, John Friedrich 189

Barrow,John 105
Basel 78
Bath 209 - 10,211,263,266
Baudrillard,Jean 29 - 30
Baumgartner,Lewis 183
Bayley,James 138
Bayreuth,and porcelain industry 80
beauty:
and characteristics of 101
and principles of 88 - 9
Beekman,Gerard 314,317
Beekman,James 317
Beekman,William 320
Bengal 61,62
Bentley,Thomas 38,99
Bentley & Boardman 143,144
Bentley & White 138
Berlin,and porcelain industry 80,87,127
Bernardeau,James 275 - 6
Betts,Thomas 124
Beverley 210
Bewick,Thomas 277
Bingham,William 312
Birmingham:
and buckles 167 - 8
and economic and commercial expansion 213 - 4
and factory production 171
and glass industry 122
and housing 224,225
and invention 178 - 9
and machinery 177 - 8
and marketing 182 - 3
and metal trades 158 - 61
as tourist attraction 173 - 5
and middling classes 213,214 - 15
and quality control 179 - 81
and shops in 187 - 8,215,262
and steelmaking 175
and urban growth 211,212 - 13
Birmingham Riots (1791) 1,201
Bisset,James 14,160 - 1,171,186,192,225,266 - 7,326,327
career of 201 - 3
and middle - class consumerism 199
on shops 260
and urban life 218 - 9
Blake,William 133
Blakesly & Sons,J 319
blanc de chine 64
Bombay 69,76
bone china 128,131
Boone,George 319
Booth,Enoch 129,137
Boston 294
Boswell,James 80
bottlemaking 120
Boulsover,Thomas 161 - 2
Boulton,Matthew 13,115,138,147,171
and apprentices 173
and buckles 167 - 8
and Elizabeth Montagu 159
and factory organization 170
and marketing 184,185 - 6
and patriotic goods 192
and poaching of labour 172
and quality control 179 - 81
and retailing 256,277
and silverware 164 - 6
and use of European craftsmen 189

and visiting dignitaries 175
Boulton & Co 138
Boulton & Scale 138
Bourdieu, Pierre 29 - 30
Bow, and porcelain industry 80, 128, 129, 131, 133
Boydell, John 147
Bradbury, Thomas 171, 184 - 5
brass - founding 167
and pattern books 187
breakfast 229
Breen, Tim 287, 290, 296, 305, 320
Bremen 78
Brett, Ann 145
Brewer, John 10
Brighton 263
Bristol 217
and creamware 133
and glass industry 121, 122
and housing 224, 225
and middling classes 216
and porcelain industry 132
Britannia, symbolic associations of 9
Britannia metal 176
British Cast Plate Glass Company 122
British fashion, and clothing 302 - 3
Britishness:
and consumer goods 20, 188 - 90, 280 - 1, 283, 298, 300, 323 - 4
and development of 7 - 8
and marketing of goods 189, 197
Brooks, John 136
buckles 159, 167 - 8
and American colonies 306 - 7
and changes in fashion 191
Burdett, Peter Perez 133, 137
Burslem, pottery works in 129
Bushman, Richard L 296, 303
Button Act 181
buttons:
and American colonies 306 - 7
and changes in fashion 191 - 2
Buxton 210, 263
Byng, John 140
Byzantium 49

Calcutta 69
calicoes:
and adaptation to European tastes 52 - 3
printed 43
and trade barriers against 78 - 9
and trade with China 49 - 50
and trade with India 71
Campbell, Colin 270, 281 - 2
Campbell, Robert 98 - 9
canals 140, 141, 142, 213
candlesticks 163, 310 - 11
Canton 46 - 7, 64, 66
Capo di Monte 127
Carpenter, Elizabeth 262
carpets 115
and encouragement of invention 107
Carr, Annabella 268
Carr, Harriet 268
Carter, James 310
Cary, John 34, 99
and role of shopkeepers 35
catalogues, *see* trade catalogues
Channon, John 114
Chantilly, and porcelain industry 80

Charles I 87
chartered companies, and trade with Asia 69 - 70
see also East India Companies
Cheapside 87, 261
Cheere, Henry 256
Chelsea, and porcelain industry 80, 128, 131
Cheltenham 210, 263
Chesapeake 316
Chester 216, 217, 260
Ch'ien - lung, Emperor 83
China:
  and decline in trade in manufactured goods 75 - 6
  and early economic development 58 - 9
  and European perceptions of 50 - 1
  and Hong merchants 74 - 5
  and impact of trade with 49, 50
  and imports from 24 - 5, 49 - 50, 56 - 7
  and intra - Asian trade 59
  and large - scale production 49
  and modern manufacturing 330
  and porcelain trade 72
    decline in 75
    importance of 75
  and production for European markets 64 - 7
  and production processes 61
  and trade barriers against 78, 79
  and trading voyages to 46 - 9
china shops 77, 145 - 6
chinaware 113, 232, 245
chinoiserie:
  and adaptation of calicoes 52 - 3
  and adaptation of porcelain 52
  and Asian adaptation to European markets 68
  as dominant style 55
  and lacquerware 53 - 5
  and popularity of 49, 51 - 2
chintz:
  and Asian adaptation to European markets 68
  and Indian production processes 61 - 2, 64
  and popularity of 52 - 3
Chippendale, Thomas 114, 256, 277
choice 328, 329
Church and King riots 1, 191
Chusan 66
civility:
  and shopping 270
  as social marker 205
Clarke, John 188
Clay, Henry 82, 109, 138, 178
Clifford, Helen 162
Clifford, John 316
clocks 227
clothing:
  and British fashion 302 - 3
  and men 243
  and middling classes 238 - 9
coal, and steelmaking 175
cobalt blue 64
Cobden, Richard 155
coffee, and polite behaviour 230
coffee houses 57, 207, 230
Collett, Jonathan 124
Colley, Linda 8
colonies:
  as markets 282, 324

and trade with 283 - 6
see also American colonies
commerce:
and communication of knowledge 105
and luxury goods 31 - 3
andpraise of 6
commercialization:
and consumer goods 23
and luxury goods 44
Compagnie de la Chine 69
Compagnie des Indes Orientales 69
Compagnie Perpetuelle des Indes 69
Condé, Duc de 81
Confucius 51
consumer culture 5
consumer goods:
and aesthetics 88 - 9
and attributes of 26
and British identity of 20, 188 - 90, 197, 280 - 1, 283, 298, 300, 323 - 4
and changed nature of 3 - 4
and characteristics of 85
and development of 113
and domestic life 115
and economic change 22 - 3, 27 - 8
and fashion 196 - 7, 247 - 8, 254 - 5
and gender 196, 204
and gentility 115
and global economy 7
and global success of 279, 282 - 3, 324 - 5
and historians' disregard of 12 - 13
and historical writing on 26 - 7
and modernity of 26
and national identity 7 - 8, 19, 20, 280 - 1
and national power 87 - 8
and national project to produce quality 92 - 6
and nineteenth century 328 - 9
and novelty of 23 - 4, 44, 86, 87, 281
and perceptions of 21
and power issues 330
and product revolution 6
and significance of 13 - 14, 25
and trade 12
and transatlantic consumer culture 324 - 5
and variety 86 - 7
and wider ownership of 4 - 5, 10
see also entries for individual goods; middling classes, possessions of consumer revolution 5 - 6, 9
and economic growth 27
and historians' disregard of goods 12 - 13
and historical debate over 10 - 11
and theoretical framework of 9 - 10
and trade 12
consumer society 329
and global nature of 329 - 30
and modern 331
consumers:
and contemporary descriptions of 35
and gender 234 - 46
and middling classes as 35, 195, 196, 203 - 4
urban setting of 217 - 18
and producing goods to satisfy 99 - 100
consumption:
conspicuous 206
and gender:
men 242 - 6
women 234 - 42
and industrialization 27 - 8

and learning of 195
as marker of inclusion 11
and production 16,329
Cookworthy, William 133
Cooper & Glover 139
copyright 109
Coromandel coast 62,68
cotton industry 115 - 16
and development of European 83
and growth of 79
cotton trade 55
and Asia 57
court society:
and luxury goods 37 - 9
and patronage of porcelain factories 87 - 8
Covent Garden 207,261
Cowper, Lady 124
Cox, James 128,148
creamware 81,83,100,100,132 - 3
and American colonies 309
and innovation 133
creativity, and invention 89
crime, and shops 269
Crisp, Nicholas 128
Croker, RevTemple Henry 100
curtains 113

da Gama, Vasco 24
Darley, Mathias 137
Darling, William 139
Davis, Ralph 286
Dawson, Isabella 240 - 1
Dawson, William 139
De Certeau, Michel 199 - 200,266
De Vries, Jan 11,28,235 - 6
Dearman, Richard 319
Defoe, Daniel 22,195,263
and American colonies 296
and changing fashions 253
and consumer goods 34
on consumers 35
andimpact of trade 31 - 2
and shopping 268
Delft, and porcelain industry 80
delftware 80,109
Denmark, and trade with Asia 69
Derby Works 80
and creamware 133
and porcelain industry 110,128,131
Deshima 67
design:
and anti - French strategy 190
and assimilation of Oriental 52
and design studios 96
and French prominence 93,94
and manufacturing 94,96
and metals and metalware 163,166 - 7,190
and need for improvement in 94 - 5
and print trade 98
and promotion of 95
and silverware 163,166 - 7
and training of designers 97 - 8
and use of European craftsmen 189
Devonshire, Duchess of 196
Devonshire Rees & Loyd 317
Dickin, Charles 139
dictionaries:
and communication of knowledge 105 - 6
and promotion of invention 101
Diderot, Denis 302 - 3

on invention 89
Diderot effect 306
distribution:
and ceramics industry 139 - 42
and glass industry 122 - 3
and metal trades 182
division of labour 6
Adam Smith on 33
and Chinese porcelain production 64,67
and manufacturing 98 - 9
and metal trades 169 - 70,173 - 4,177
and subcontracting 169
domestic furnishings 39,40 - 1
see also furniture
domestic goods:
and changed nature of 3 - 4
and range of 113
domestic life, and consumer goods 115
Dossie, Robert 94,95,103
and encyclopaedias 106
Douglas, Mary 29,256,329,330 - 1
drawing:
and doubtful impact of 104
and encouragement of 102 - 4
and importance of 102
and improving skills in 98
and role of 102
Dresden, and porcelain industry 126
Dundee 212
Dunkerley & Cockings 275,277
Durnall, Edward 187 - 8
Dutch East India Company 68,69
and marketing of Asian wares 76
and textile trade 70
Earl of Elgin (trading vessel) 47,74
earthenware 126
and concentration of production 129
and decorating of 133 - 4
and distribution 139 - 42
and fashion 254
and markets for:
American colonies 308 - 9
domestic 141 - 2
expansion of 130,132,150 - 2
international 143 - 5
and networking 137 - 9
and product innovation 109 - 10
and retailing 145 - 8
Wedgwood's pricing policy 148 - 9
and stoneware 132
and transfer printing 136 - 7
and wages 134,135
earthenware (cont.):
see also creamware; porcelain; pottery industry
East, *see* Asia; entries for individual countries
East India Companies 20,49
and marketing of Asian wares 76 - 7
and opening of Asia trade 69 - 70
and private trade 73 - 4
and trade with Asia 72 - 3
see also Dutch East India Company;
English East India Company
eating and drinking:
and American colonies 305 - 6
and breakfast 229
and dinner 227 - 9
and tea drinking 57,150,230 - 2
Ebbinghaus, John Herman 189
economic change, and consumer goods 22 - 3,

26 - 8
economic development, Anglo - French comparison 91 - 2
'economy of quality' 20,27
Eddis, William 304
Eden Treaty (1786) 92,130
Edge, John 138
Edinburgh 211,213
and housing 225
Edwards, George 137
Elers Brothers 129
Elias, Norbert 301 - 2
and court society 38
elites 205
and incomes of 207
and London 208 - 9
Elizabeth I 38
Elliott, John 324
Elliott and Sons 171
empire:
and colonial trade 283 - 6
and colonies as markets 282
and national identity 8
and trade 93
see also American colonies
Encyclopaedia Britannica 100
encyclopaedias:
and communication of knowledge 105 - 6
and promotion of invention 101
Encyclopédistes 51
English East India Company 62,68,265
and chintz 52 - 3
and marketing of Asian wares 76,77
and porcelain trade 56,73,79,130
and private trade 74
and textile trade 70 - 1
engravings:
and communication of knowledge 101 - 2
as design tool 98
and trade catalogues 322 - 3
and transfer printing 136,137
see also trade cards
Epsom 210
Estabrook, Carl 225
Etruria 129
Exeter 216
exports:
and American colonies 283 - 6,289,306 - 14
categories of goods 287 - 8
mercantile practice 314 - 20
and representation of values 288 - 9
and growth of 282 - 3

factory production:
and factory tours 173 - 5
and metal trades 170 - 1
faience 80
fairs, and shopping 258 - 9
Farmer, Joseph 137
Farquharson, Elizabeth 239
fashion:
and advertising 197
and consumer goods 196 - 7,247 - 8,254 - 5
and definition of 249
and imitation 251
and novelty 250 - 1
and the senses 249 - 50
and design change 96,253 - 4
and desirability of objects 36 - 7

and earthenware 254
and expanded role of 41 - 2
as an experience 257
and fashion cycles 252 - 4,255
and glass industry 254
and imitation 251
and innovation 43
and international demand 281
and lifestyle 257
and luxury 42
and metalware 158,166 - 7,191 - 2
and middling classes 6,42
and politeness 41
and product cycles 252 - 4,255
and role of retailers 255 - 6
and significance of 247 - 8
and social emulation 251 - 2
and toymakers 158
and trade 314 - 15
trade catalogues 197
and upholders 256
and variety 86
Faster, Thomas 319
Fenton, Creswick & Company 163
Ferguson, Adam, on luxury 33
Fiennes, Celia 210
Finn, Margot 243
Fisher, Jack 261
Fisher, Samuel Rowland 318 - 19,322 - 3
fitness, as principle of beauty 88,101
Fitzgerald, Francis 104
Flaxman, William 133
Fleet Street 261
Fletcher & Tittensor 139
Florence, and porcelain industry 80,87
Folgham, John 139
Fothergill, John 165 - 6,184
France:
and colonies 324
as competitor 93
and consumer goods production 91 - 2
and design:
design studios 96
prominence in 93,94
training of designers 97 - 8
and imitation of British goods 189 - 90
and porcelain industry 127
and protectionism 78,190 - 1
and trade with Asia 69
François I 41
Frankfurt 78
Franklin, Benjamin 14,243,291
and demand for British goods 293
on imports 298
and lack of manufacturing 294
Frederick II (the Great) 127
Frye, Thomas 128
Fulton, James 225
furnishings 39
and innovations in 44
furniture:
and American colonies 311 - 13
and growth in demand for 113 - 14

Galton, Samuel 1
Garbett, Samuel 213
Gardiner, Nancy 232
Gay, John vii 234 - 5,261
Gee, Joshua 296
gender:

and clothing possessions 238 - 9
and consumer goods 196,204
and dining 228
and household behaviour 235 - 6
and male consumers 242 - 6
and possessions 237 - 8
personalization of 242
silverware 241 - 2
women's bequests of 239 - 41
and women as consumers 203 - 4, 234 - 7,245
Geneva 78
Genn, Grace 240,241
gentility:
and consumer goods 115
and luxury goods 6
as social marker 205
and teaware 163
gentry:
and incomes of 207
in London 208 - 9
Gerard, Alexander, and principles of beauty 88,89
Germany:
and marketing of British goods 191
and porcelain industry 126 - 7
and Wedgwood 143
Gilboy, Elizabeth 26 - 7
Giles, James 134
Gillows furniture makers 114,256
Gilpin, Joshua 319
Glasgow:
and housing 225
and urban growth 211 - 12,213
glass industry 113
and bottlemaking 120
and cut glass 124 - 5
and development of European industry 119
and distribution 122 - 3
and fashion 254
and international markets 123
and invention of flint glass 119
and lead glass 124
and London as marketing centre 122 - 3
and price of glassware 125 - 6
and range of products 124
and retailing 123 - 4
and structure of 120,121 - 2
and survey of 120
and taxation 123
and use of coal - fired furnaces 119 - 20
Venetian 117 - 19
and workforce of 120
Glass Sellers' Company 121,122 - 3
global economy 7,11 - 12,331
Gloucester 217
Goldin, Claudia 289 - 90
goldsmiths 168 - 9
and quality control 181
and subcontracting 170
Goldsmiths Hall 162
Goldthwaite, Richard, and taste 39
Gonzaga, Cardinal 50
Goodes, William 188
Great Exhibition (1851) 328
Greatbatch, William 129,138
Greaves, William 138
Gregg, Robert 317
Gujarat 61 - 2,71
Guppy and Armstrong 319

Gutteridge, Joseph 267

Hackwood, Alan 133
Hadley, Benjamin 323
Hague, Thomas 184
Halfpenny, John 47
Halfpenny, William 47
Hall, Charles 47
Hall, John 129
Hall, Thomas 73
Hall, William 105
hallmarking 162, 181
Hamburg 78
Hamilton, Alexander 297
Hammett, Charlotte 144 - 5
Hancock, Robert 136
Hancock & Shepherd 138
Hanway, Jonas 150, 231
hardwaremen 170, 182
Hardy, Julius 232
Harrison, William 118
Harrogate 210
Hartley, Green & Co 133
Henry VIII 41
Hepplewhite, George 114
Herculaneum Pottery 129, 137
Herodotus 154
Hickey, Thomas 84
Hickey, William 47
Hickin Glass Business 122
Hirado Island 69, 72
historiography:
and industrialization 27 - 8
and luxury goods 26 - 7, 37 - 9
Hogarth, William 231, 252
and principles of beauty 88 - 9
on variety 86
Holland 78
and luxury goods 27
and trade with Asia 69
Holland, William 244
Holt, Dorothy 103
Honeybone, Robert 138
Hong merchants 74
Hoskings & Oliver 139
housing, and middling classes 224 - 5
Howlett, George 171
Hoyland, John 318
Hull 212
Hume, David 8
and division of the arts 99
on luxury 6
on luxury and commerce 33
and national identity 301
Humphrey, Ozias 103
Huntsman, Benjamin 175
Hutton, Catherine 227 - 8, 232, 262
Hutton, William 183, 233 - 4
and career of 200 - 1
on London' s shops 262
and middle - class consumerism 199
Hyde, Nathan 320
Hyde, Robert 320

Imari ware 67, 72
imitation:
and Asian adaptation to European markets 68
of Asian goods 20, 50
lacquerware 81 - 2

porcelain industry 80 - 1
and concept of 23
and fashion 251
and innovation 81 - 2
and invention 89,105 - 10
and patenting 109
as principle of beauty 88,89
and product innovation 106
and role of 45
import - substitution, and tariff barriers 79
incomes 3,10
and the gentry 207
and middling classes 207,208,224
India:
and imports from 24 - 5,52 - 3
and production for European markets 62 - 4
and production processes 61 - 2
and textile trade 70 - 1
industrial enlightenment 106,268
industrial revolution 328
and narrow technological definition of 92
industrialization:
and colonial trade 286
and consumer goods 22 - 3,27
and consumption 27 - 8
and origins of 327 - 8
'industrious revolution' 235 - 6
inequality, and luxury 327
innovation:
and consumer goods 44
and fashion 43
and imitation 81 - 2
see also invention; process innovation; product innovation
invention 82
and commercialization of luxury 23
and consumer goods 86
and encouragement of 95 - 6,101
and imitation 89,105 - 10
and metal trades 178 - 9
and new materials 24
and patents 107 - 9
see also innovation; process innovation; product innovation
iron, and innovation 43
ironmongers 170
Isherwood, Baron 329,330 - 1
Italy:
and marketing of British goods 191
and silk production 49

Jackson, William 3
Jacquelin, Martha 307
James Wilson & Co 139
Japan:
and early economic development 59 - 60
and imports from 24 - 5
lacquerware 53
and porcelain trade 72
and production for European markets 67
and production processes 62
japanned ware 55,107
and imitation of Asian goods 81 - 2
Jaucourt, M Chevalier de 42,248
Jee, Eginton & Company 323
Jefferson, Thomas 299
Jenks, John 319
Jingdezhen 61,64
Johnson, Jerome 124
Johnson, Joshua 318

Johnson, Samuel 80, 120
  and advertising 272 - 3
Jones, Colin 324
Jones, Thomas 109
Jones & Wister 317

Kaldemon ware 72
Kenrick, William 100
Khan, B Zorina 289 - 90
Kidd, Colin 300
Kidderminster carpets 115
Klein, Naomi 11
knowledge:
  and communication of 101 - 2
  and shopping 267 - 8

La Charité 189 - 90
labour force:
  and glass industry 120
  and metal trades 171 - 3
  and pottery industry 82 - 3, 130
  and prohibitions on migration 189
lacquerware:
  and development of European industry 81 - 2
  and Japanese production processes 62
  and tariffs on 79
  and trade with Asia 53 - 5, 56
  and trade with China 49 - 50
Langford, Paul 209
Lanza, Francesco 328
Lausanne 78
Law, John 69
Leeds, and urban growth 211
Leeds Pottery, and creamware 133
Leibniz, Gottfried Wilhelm 51
Leicester 212
Lemire, Beverley 313
Lennox, Lady Caroline 196
Lichfield 210
lifestyle, and fashion 257
lighting 114 - 15
  and cut glass chandeliers 124
Lightoler, Thomas 47
Linnell, John 114, 256
Liverpool:
  and housing 224
  and urban growth 211
livery companies 207, 261
Lloyd, Nemiah and Sampson 319
Lock, Matthias 103
London:
  and glass industry 121, 122
  and impact of high - income families 208 - 9
  and middling classes 208, 209
  and role of 93
  and shops in 13 - 14, 157, 261 - 2, 264
Longton Hall Works 132, 137
Loome, Sarah 239
Louis XIV 38
Louis XV 38, 55
Lowe, Thomas 138
Lowestoft, and porcelain industry 128, 132
Ludlow 210, 260
luxury and luxury goods:
  and American colonies 297 - 8, 299 - 300
  and changed perceptions of 21, 32, 37, 44
  and contemporary thought on 31 - 7
  and cultural role of 29 - 31
  as economic benefit 22
  and historical writing on 26 - 7, 37 - 9

and inequality 327
and misgivings over 326 - 7
and significance of 21
and wider ownership of 4 - 5
Lyme Regis 210
Lynes, Elizabeth 15, 239, 241
Lyons, Peter 306, 309

Macartney, Viscount 83, 144
machinery:
and metal trades 177 - 8
and prohibitions on export of 189
Madras 69, 76
majolica 80, 118
majolica 80
Malkin pottery 137
Malthus, Thomas 26, 284, 291
Manchester:
and housing 224
and urban growth 211
Manchester Literary and Philosophical Society 106
Mandeville, Bernard 233, 301, 319
and benefits of luxuries 22, 32
and luxury goods 33
Manila 59
manufacturing:
and the arts 88, 91 - 3, 95, 96, 98 - 9
and design 96
and division of labour 98 - 9
and growth of 93
and industrial organization 168 - 71
and luxury goods 6
and variety 87
Margate 210
marketing:
and Asian trade 70 - 2
and Asian wares 76 - 7
and British identity of goods 188 - 90, 197
and ceramics industry 145 - 8
and glassware 122 - 3
and metal trades 182 - 5
see also advertising; retailing
markets:
evolution of 19 - 20
and shopping 258 - 9
Marks, Joseph 15, 225, 232
Marquis de Prié (trading vessel) 47
Marshall, Alfred, and Anglo - French comparison 91 - 2
mass consumption 329
mass culture 329
Massie, Joseph 207
materials:
and metal trades 175 - 7
and novelty of 24
Matlock 210
May, Eleanor 239
Maydwell & Windle 124
Mayhew & Ince 114
McCracken, Grant 303
McKendrick, Nell 9, 151 - 2, 203 - 4, 206, 235, 248, 270 - 1
mechanization 6
Meir, Richard 138
Meir, Sarah 138
Meissen factory 80, 87, 126
Melon, J - F 32, 33
men:
and clothing 243

as consumers 242 - 6
Mesopotamia 155
metals and metalware:
and advertising 185 - 8
and attraction of 158
and Birmingham 158 - 61
and brass - founding 167
and Britishi dentity of 188 - 90
and British industrial identity 155
and buckles 167 - 8
and consumer goods:
as characteristic British products 157
growth in demand for 156 - 7
variety of 158,166
and design 163,166 - 7,190
and division of labour 169 - 70, 173 - 4,177
in early material cultures 154 - 5
and factory production 170 - 1
and factory tours 173 - 5
and fashion 158,166 - 7,191 - 2,254 - 5
and goldsmiths 168 - 9
and industrial organization 168 - 71
and invention 178 - 9
and machinery 177 - 8
prohibitions on export of 189
and marketing 182 - 5
and advertising 185 - 7
and shops 187 - 8
and materials 175 - 7
and metalworking 155
and national power 155
and prices of 185
and quality control 179 - 82
and Sheffield 161 - 2
and silverware:
diversification of output 162
and Matthew Boulton 164 - 6
silver plate 161 - 2,163,166 - 7
and subcontracting 168,169,170
and tableware 162 - 3
and teaware 163 - 4
and workforce of 171 - 3
and worldwide use of 155 - 6
Middleton, Erasmus 100,105
middling classes:
and characteristics of 195 - 6
and consumer goods 280
embrace of 15,20
preoccupation with 19
social significance of 205 - 6
as consumers 35,195,196,203 - 4
urban setting of 217 - 18
and eating and drinking 227 - 9
and fashion 6,42
and housing 224 - 5
and incomes of 207,208,224
and London 208,209
as market leaders 86 - 7
and modernity 26
and politeness 233 - 4
and possessions of 219
chinaware 232
clocks and watches 227
clothing 238 - 9
cutlery 228
dining room 228,229
domestic setting of 224 - 5
gender differences 237 - 8
insurance of 225 - 6

personalization of 242
politeness 234
probate inventories 219,222 - 3
regional variations 220 - 1
self - presentation/identity 226 - 7
silverware 24i - 2
social status 219 - 20
tea drinking 230 - 2,241
tradesmen 220
women's bequests of 239 - 41
and property 215
and shopping 36,195
and size of 208
and tableware 162 - 3
and teaware 163
and towns 208,216 - 17
industrial towns 212 - 16
London 208,209
and provincial urban growth 211 - 12
regional centres 211
small towns 216
spa towns 209 - 11
Millar,John 36
Ming dynasty (1368 - 1644) 59
mirrors 114,115,313 - 14
mistresses 6 - 7,39
modelling:
and ceramics industry 133
and improving skills in 98
modernity,and consumer goods 26
Mokyr,Joel 106
Montagu,Elizabeth 15
and Matthew Boulton 159,176 - 7
and 'right use of luxury' 40
Montagu,Lady Mary Wortley 143
Montesquieu,Charles Louis de Secondat
on commerce 6,22
and luxury 32
moral reform,and consumer goods 7
Moritz,Carl Philip 264
Morris,Robert 47
Morris,William 328
Morton,Richard 166
Motteux,John 183
Mountford,Ralph 138
muslins 43

Nagasaki 67,69
Nankeen ware 2
Naples 191
and porcelain industry 80,87
Napoleonic Wars,impact of 191 - 2
nationa lidentity 7 - 8,300 - 1
and consumer goods 7 - 8,19,20,280 - 1
and 'manners' 301 - 2
national power,and consumer goods 87 - 8
Navigation Laws,and colonial trade 290
Nef,John U 26,27
Neptune (trading vessel) 74
networking:
and manufacturing 171
and pottery industry 137 - 9
Neuchatel 78
NewYork 294,313
Newcastle:
and glass industry 121,i22
and housing 224
and urban growth 212
newspapers:
and advertising 271 - 2

in American colonies 320 - 2
in American colonies 294 - 5
Nicholas, Robert 306
North American colonies, *see* American colonies
Norton, George F 297 - 8
Norton, John Hatley 297, 304, 307, 309, 310
Norwich 217
Nottingham 212
and housing 224
novelty:
and consumer goods 23 - 4, 44, 86, 87, 281
and fashion 250 - 1, 256
and metalware 166
and significance of 21
and trade 284
Nowill, Thomas 184
Nowill & Hague 184

O' Neil, James 245
ormolu 176 - 7
ornamental goods, and trade with China 50
ornamental ware 113
see also metals and metalware
Ostende Company 69, 73
Ottoman Empire 76
Overton, Mark 220, 222
Owen, Thomas 320

Page, Mann 306 - 7, 310
Pal lMall 146, 186, 261
Palmer and Neale 148
Palmer' s 138
Papendiek, Mrs 151
paper, and encouragement of invention 106 - 7
Paris, and porcelain industry 80, 87
Parival, Jean - Nicholas 34
Parker and Wakelin 170
Parker' s glass cutters 124
Parkes, Samuel 138
Parrett, Samuel 232
patents:
as advertising 179
and ceramics 131
and consumer orientation of 108 - 9, 178 - 9
and imitation 109
and opposition to 95
and understatement of invention 107 - 8, 178
patina, and distinction 205 - 6
patriotism, and consumer goods 191 - 2
pattern books, and advertising 186 - 7, 277 - 8
pearlware, and American colonies 309
Pearson, Joseph 138
pedlars, and shopping 258, 259
Pegg, William 326 - 7
Pennsylvania 295, 313
Pepys, Samuel 274
Philadelphia 294, 309, 310, 315, 317
Piccadilly 261
Pickering, John 178
pinchbeck 176, 178
Pinkey Chougua 46, 74
Place, Francis 226 - 7, 245, 264, 267
Plumstead, Thomas 319
Plymouth, and porcelain industry 128
politeness 232 - 3
and fashion 41

and middling classes 233 - 4
and shopping 270
as social marker 205
and tea drinking 230
poor rates, and middling classes 208
populuxe goods 25
porcelain:
and adaptation to European tastes 52
and Asia:
decline in trade 75
trade with 71 - 2, 130
and bone china 128, 131
and China:
importance of imports from 75
production for European markets 64 - 7
production processes 61
trade with 49 - 50, 56 - 7, 72
and decorating of 129 - 30, 133 - 4
and development of European industry 80
and distribution 139 - 42
and entrepreneurs 128 - 9
and European royal factories 126 - 7
and Japan:
production for European markets 67
trade with 72
and markets for 127 - 8, 129 - 30
domestic 141 - 2
expansion of 150 - 2
international 143 - 5
and national power 87 - 8
and protective tariffs 130
and retailing 145 - 8
Wedgwood's pricing policy 148 - 9
and semi/luxury markets for 71 - 2
and transfer printing 136 - 7
and use of new ingredients 131 - 2
see also earthenware; pottery industry
Portugal, and trade with Asia 69
Postlethwayt, Malachy 34
on consumers 35, 99 - 100
on fairs 258
and importance of drawing 102
and improvement of commodities 105
pottery industry:
and distribution 139 - 42
and domestic development of 43, 80
and expansion of 130
and markets for:
domestic 141 - 2
expansion of 150 - 2
international 143 - 5
and networking within 137 - 9
and retailing 145 - 8
Wedgwood's pricing policy 148 - 9
andworkforce of 82 - 3, 130
Powell, Samuel 319 - 20
Priestley, Joseph 326
attack on home of 1
inventory of possessions 1 - 3, 4
Priestley, Mary 1
print culture:
and American colonies 294 - 5
and communication of knowledge 105 - 6
and expansion of 102
see also newspapers; trade cards
printing industry:
and design 98
and textiles 79
private trade, and Asian goods 73 - 4, 76 - 7
probate inventories 219, 222 - 3

process innovation 86,110
product cycles,and fashion 252 - 4,255
product innovation 23,44 - 5,85 - 6
and advertising 270
and consumer goods 86
and imitation 106
and invention 95 - 6
product revolution 6
and extent of 6 - 7
and global economy 7
property,and middling classes 215
protectionism 92
and Asian goods 78 - 9
and French prohibitions on British imports 190 - 1
and luxury expenditure 29
and porcelain industry 130
and sumptuary laws 29
Punjab 61
Puritanism,and American colonies 296
Pye,John 147

quality control,and metal trades 162,179 - 82

Ramsay,Allan 252
Rathell,Catherine 304,310 - 11
Ravenhead,and glass industry 122
Ravenscroft,George 109,110
Rawlinson,Sarah 4
Redrich,Robert 109
Reed and Wainwright glassworks 121 - 2
Reeves,John 187
Renaissance,and Venetian glass 117 - 19
retailing 197
and ceramics industry 145 - 8
Wedgwood's pricing policy 148 - 9
and china shops 77,145 - 6
and fairs 258 - 9
and fashion - making 255 - 6
and glass 123 - 4
and metal trades 170,186,187 - 8
and pedlars 259
and variety 86 - 7
see also advertising; marketing; shopping and shops
Reynell,John 315,317
Reynolds,Joshua,and principles of beauty 88,89
Reynolds,William 307,310
Richardson,Samuel 211
Ridgeway,Dorothy 15,241
Right of Genius,Act of the (1793) 109
roads 140,141
Robinson,Eric 159
Robinson & Smith 139
Roche,Daniel 249
Roche,Sophie von la 264
Rolfe,William 319
Rollason,Mary 145 - 6
Rolt,Richard 105
Royal Academy of Arts 104
Royal Exchange 263,265
Rylands,William 201

Sadler,John 136
Sadler & Green 13,136 - 7,139,143,147
Said,Edward 50
Saint - Gobian glassworks 119
salon culture,and luxury goods 37,39 - 40
Samuel Pemberton & Son 138

satire, and tea drinking 230 - 1
Saudray, Charles de 190
Savary, Jacques 31
Sayer, Robert 137
Schopenhauer, Johanna 263
Schumpeter, Elizabeth 287
Scitovsky, Tibor 250
Scott, Sarah 40
senses, and luxury goods 37
servants, and consumption 235
Seven Years War 282, 283, 299
Sèvres, and porcelain industry 80, 87, 127
sexuality, and luxury 37 - 8, 234 - 5
Shackleton, Elizabeth 237, 241, 243
Shammas, Carole 222, 290
Sheffield:
  and machinery 177 - 8
  and marketing 182 - 3, 184
  and metal trades 161 - 2
  and middling classes 214 - 15
  and silversmithing 172
  and steelmaking 175
  and urban growth 211
Sheffield, Lord 312
Shelburne, Earl of 173 - 4, 295
Shelburne, Lady 174 - 5
Sheraton, Thomas 256, 278
Sherwin, Will 79
Shipley, William 95, 102 - 3
shopkeepers 35, 36, 217, 270
  American 314, 315 - 16, 320
shoplifting 269
shopping and shops 259 - 60
  and auctions 265
  in Birmingham 187 - 8, 215, 262
  and china 77, 145 - 6
  and civility 270
  and consumer responsiveness 266
  and crime 269
  and display of goods 263 - 4
  as education 264
  and factory tours 174
  and fairs 258 - 9
  and glassware 123 - 4
  and knowledge - based shopping 267 - 8
  and London 13 - 14, 157, 261 - 2, 264
  and markets 258 - 9
  and memorability of shopping 266 - 7
  and men 243 - 5
  and metal trades 187
  and middling classes 195
  and motivations for shopping 267
  and number of shops 260
  and pedlars 258, 259
  and politeness 270
  and sociability 36, 266, 268 - 9
  and spa towns 263, 266
  and tourism 263, 264
  in towns 217
  and variety of shops 260, 262
  and warehouse selling 265 - 6
see also retailing
Short, Dr Thomas 230
Shrewsbury 216
silk, and Asian trade 49
Silk Route 49
silverware:
  and design 163, 166 - 7
  and diversification of output 162
  and Matthew Boulton 164 - 6

and quality control 162,181
and Sheffield 172
and silver plate 161 - 2,163,166 - 7
and subcontracting 169
and teaware 163 - 4
and women 241 - 2
Simmel, Georg 42,206,235,251
Simon, Edward 319
Simpson, Thomas 137
Skidmore, John 178 - 9
Smiles, Samuel 155
Smith, Adam 8,14,324
and consumption and production 16,327
and definition of luxury 33 - 4
and desirability of objects 36 - 7
and division of labour 33
and empire as source of customers 197
on fascination with trinkets and toys 21 - 2
and fashion 252
and imitation 20,89,157
on passion for possessions 157
and principles of beauty 88
and shopping 267
Smith, William 138
smuggling 190 - 1,283
sociability:
and luxury goods 35 - 6
and shopping 36,266,268 - 9
and tea drinking 230,232
Society for the Encouragement of Arts, Manufactures, and Commerce, *see* Society of Arts
Society of Arts:
and campaign on drawing 102 - 3
and encouragement of invention 95 - 6, 101,106 - 7
Soho Works 15,169,170
and pattern books 187
as tourist attraction 173,174
Sokoloff, Kenneth 289 - 90
Sombart, Werner 26
and fashion 249
and luxury and sexuality 37 - 8,235
and women and luxury 39
Song - Yuan dynasty (960 - 1368) 58
spa towns:
and middling classes 209 - 11
and shopping in 263,266
Spain, and protectionism 78
Spice Islands 69
Spitalfields 40,158,247
Spode, Josiah 129
Sprimont, Nicholas 128
Staffordshire:
and craftsmen's wages 135
and creamware 81,132,133
and earthenware production 129
and porcelain industry 80,110,128,132
and pottery industry 82 - 3
Stalker, John 81
Stamford 210,260
Stamp Act (1765) 299
standard of living 9 - 10
Stansbury, Joseph 322
steel, and metal trades 175
Steele, Richard 207
Steuart, Sir James, and benefits of luxuries 32
Stockport 212
stoneware 132

Stourbridge, and glass industry 121
Stourbridge Fair 259
Stretser, Thomas 231
Sturbich Fair 125
Stuyvesant, Peter 317
Styles, John 6
subcontracting, and metal trades 168, 169, 170
sugar 21
Sugar Act (1764) 299
sumptuary laws 24, 28 - 9
  and disappearance of 32
  and purpose of 25
supercargoes, and Asian trade 46, 74
Surat 69
Swansea, and creamware 133
Sweden, and trade with Asia 69
Swedish East India Company 71

tableware 162 - 3
  and American colonies 307
tariffs, and Asian trade 78 - 9
taste:
  and consumer goods 43, 88
  and luxury goods 39
  and rejection of principles of 328
  and salon culture 40
  and the senses 249
  as social marker 205
  and upholders 256
taxation:
  and American colonies 299
  and glass industry 123
Taylor, John 167, 169, 184
  and employment of women 173
Taylor, Thomas 138
Taylor, William 15
tea and tea - drinking 21
  and American colonies 305 - 6
  and demand for ceramics 43, 150
  and middling classes 230, 231 - 2, 241
  and polite behaviour 230
  and popularity of 57, 150
  and satires of 230 - 1
  and sociability 230, 232
  and tea sets 153
  and trade with China 47, 57
teaware 163 - 4, 309 - 10
technical innovation 44
Tehua 64
textiles:
  and decline in woolen exports 93
  and development of European industry 83
  and encouragement of invention 107
  and fashion 253 - 4
  and India:
    production for European markets 62 - 4
    production processes 61 - 2
    trade with 70 - 1
  and protectionism 78
  and semi/luxurymarkets for 71
  and trade with Asia 56
Thomason, Edward 14, 178, 192, 276 - 7
Thrift, Nigel 267 - 8
timekeeping 227
Tokugawa shogunate 59
Torriano, Nathaniel 46 - 7
  and private trade 74
Torrington, Viscount 274
tourism:
  and factory tours 173 - 5

and shopping 263,264
towns, and middling classes 208,216 - 7
and industrial towns 212 - 6
and provincial urban growth 211 - 2
and regional centres 211
and shops 217
and small towns 216
and spa towns 209 - 11
Townsend & Crossley 170
Townshend Acts (1767) 299
toymakers 14
and fashion 158
trade:
and American colonies 283 - 6, 289, 306 - 14
categories of goods 287 - 8
mercantile practice 314 - 20
and representation of values 288 - 9
with Asia 49 - 57
decline in manufactured goods 75 - 6
and marketing 70 - 2
mechanics of 72 - 5
opening of 69 - 70
private trade 73 - 4
production for European markets 62 - 7
and protectionism 78 - 9
and China 24 - 5,49 - 50,56 - 7,78,79
intra - Asian 59
and colonies 93,283 - 6
and consumer revolution 12
and gentility 207
and growth of exports 282 - 3
and India 24 - 5,52 - 3
and Japan 24 - 5,53,62,67,72
and luxury goods 28 - 9,31 - 3
and marketing of Asian wares 76 - 7
and Navigation Laws 290
and provision of variety 284
trade cards 186,197,272 - 7
trade catalogues:
and advertising 277 - 8
in American colonies 322 - 3
and fashion 197
and retailing 147 - 8,186 - 7
transfer printing, and ceramics industry 136 - 7
transport, *see* distribution
Trumball, Josiah 319
Tucker, Josiah 34,178
on consumers 35
and display of wealth 195
Tunbridge Wells 210
Turner, William 138
Tyneside, and steelmaking 175

Universal Magazine of Knowledge and Pleasure 4 - 5,100,101
upholders 256
upholstery 113,312,313
urban society:
and American colonies 293 - 4
and luxury 42 - 3
and middling classes 208,216 - 17
consumption 217 - 18
industrial towns 212 - 16
London 208,209
Negional centres 211
small towns 216
spa towns 209 - 11
and provincial urban growth 211 - 12
useful knowledge 106,268

variety:
and consumers' aspiration for 86 - 7
and marketing of 87
and trade 284
varnishes, and encouragement of invention 106,107
Veblen, Thorstein 206,235,249
Venetian glass 117 - 19
Verzelini (Venetian glassworker) 119
Vicenza, and porcelain industry 80,87
Vickery, Amanda 237,243,266
Vienna, and porcelain industry 80,87
Vigne, Neave, Winscote & Walker 121
Voltaire 51
Vulliamy, Benjamin 169

WW & Startins 319
wages:
in metal trades 173
and pottery industry 134,135
wallpaper 115
Walsh, Claire 268
Warburton, Joseph 137,138
Warder, John 319
Warner, Thomas 138
Warner and Cooke 182
Warrington 212
Warwick 210
Washington, George 310
Watches 227
Watkins, Thomas 319
Wayles, John 299
Weatherill, Lorna 162,219,222,237
Wedges, Thomas 319
Wedgwood, John 129,137,138,142 - 3,149
Wedgwood, Josiah 13,83,99,1 - 9,129
and commercial networking 137 - 9
and creamware 81,132 - 3
and fashion 254
and innovation 43
and international markets 143 - 5,314
and porcelain 133
and pricing policies 148 - 9
and retailing 146 - 8,256,265
and trade catalogues 187,277
on unpopularity of gold 153
Wedgwood, Thomas 129,137,138
Welch Willdnson 319
Weils, Elizabeth 230
West Indies:
and British perceptions of 295
and dependence of 296
and emigration to 291
and exports to 284 - 6
West Pans, and porcelain industry 131,132
Westwood, Obadiah 179
Wheeley, James 275
Whieldon, Thomas 129
Whitechapel 209
Whitehead, James 323
Whittle, Jane 220
Whitty, Thomas 107
Whitworth & Company 138
Wicksteed, Philip 328
Wilcox, Catherine 136
Wilkinson, Thomas 319
Williamsburg 294,304
Willie, John 149
Wilson, William 319

Withers, Mary 242
Wolverhampton 212
Women
as china dealers 145 - 6
as consumers 203 - 4, 234 - 7, 242, 245
and luxury goods 39
in metal trades 173
and possessions of 237 - 8
bequests of 239 - 41
clothing 238 - 9
personalization of 242
silverware 241 - 2
and salon culture 39
and shopping 268 - 9
and work opportunities 236
Wood, Aaron 129
Wood, Jesse 138
Wood, John 138
Wood, Ralph 138
Wood, William 138
Woodeford, Rev James 244, 246
woolens, decline in exports 93
Worcester, and porcelain industry 80, 110, 128, 129, 132
Wordsworth, Dorothy 213
Wright, Joseph 133
Wythe, George 310

York 211, 216

图书在版编目（CIP）数据
奢侈与逸乐：18世纪英国的物质世界 /（英）马克辛·伯格（Maxine Berg）著；蒋竹山主编；孙超译.
—北京：中国工人出版社，2018.9
（全球视野与物质文化史丛书） 书名原文: *Luxury and Pleasure in Eighteenth-Century Britain*
ISBN 978-7-5008-6908-5
Ⅰ.①奢… Ⅱ.①马… ②蒋… ③孙… Ⅲ.①消费品-消费文化-文化史-研究-英国-18世纪
②休闲娱乐-消费文化-文化史-研究-英国-18世纪 Ⅳ.①K561.03
中国版本图书馆CIP数据核字（2018）第218611号

奢侈与逸乐：18世纪英国的物质世界

出 版 人 王娇萍
责任编辑 董 虹
责任校对 董春娜
责任印制 黄 丽
出版发行 中国工人出版社
地 址 北京市东城区鼓楼外大街45号 邮编：100120
网 址 http://www.wp-china.com
电 话 （010）62005043（总编室）（010）62005039（出版物流部）
（010）62379038（社科文艺分社）
发行热线 （010）62005049 （010）62005042（传真）
经 销 各地书店
印 刷 北京盛通印刷股份有限公司
开 本 880毫米×1230毫米 1/32
印 张 15.5
字 数 400千字
版 次 2019年3月第1版 2024年12月第4次印刷
定 价 88.00元